兰州财经大学丝绸之路经济研究文库

增长极体系与跨国经济带建设

安江林　著

中国财经出版传媒集团
中国财政经济出版社

图书在版编目（CIP）数据

增长极体系与跨国经济带建设／安江林著．--北京：中国财政经济出版社，2020．5

（兰州财经大学丝绸之路经济研究文库）

ISBN 978－7－5095－9773－6

Ⅰ．①区…　Ⅱ．①安…　Ⅲ．①跨国经济－经济带－区域经济发展－研究－中国　Ⅳ．①F127

中国版本图书馆CIP数据核字（2020）第072276号

责任编辑：蔡　宾　　　　责任校对：徐艳丽

封面设计：陈宇琰

中国财政经济出版社 出版

URL：http：//www.cfeph.cn

E－mail：cfeph@cfeph.cn

社址：北京市海淀区阜成路甲28号　邮政编码：100142

营销中心电话：010－88191522　编辑中心电话：010－88190666

天猫网店：中国财政经济出版社旗舰店

网址：https：//zgczjjcbs.tmall.com

北京财经印刷厂印刷　各地新华书店经销

成品尺寸：185mm×260mm　23.75印张　600 000字

2020年7月第1版　2020年7月北京第1次印刷

定价：75.00元

ISBN 978－7－5095－9773－6

（图书出现印装问题，本社负责调换，电话：010－88190548）

本社质量投诉电话：010－88190744

打击盗版举报热线：010－88191661　QQ：2242791300

前 言

本书是多年来研究区域经济的一些课题成果的加工整理稿。书的前半部分的主要观点形成于2004年6月申报、2010年4月完成的国家社科基金项目《构建中国西部增长极体系带动新型工业化发展研究》的成果中。书的后半部分的主要内容是2013年以来研究“一带一路”倡议和区域发展实际问题的一些成果。全书所要说明的核心思想，就是带动区域经济发展的增长极不是独特的一两个“极化点”或简单的一两种极化形式，而是由多种类型和许多的“极化体”组成的一种特殊系统——增长极体系；在我国的省市域及其以上的较大区域，增长极的类型主要有企业式增长极、行业式增长极、产业集群式增长极、中心城市式增长极、城市群式增长极、经济带式增长极、经济网络区式增长极等，由这些不同类型的增长极耦合而成的增长极体系，是带动区域现代化发展的发动机；为了更加有效地促进包括国家在内的各类区域的高质量发展，尤其是在当前和今后的转型发展时期，重点解决好经济稳步增长和区域发展差距扩大的突出问题，必须重视区域增长极体系建设，发挥多种增长极各展其长、相互促进、相互补缺、交叉发挥辐射带动功能的优越性，将充分利用非均衡发展规律的积极作用与最大限度促进相对均衡发展的政策要求恰当结合起来，有利于实现各类区域的协调、融合发展；在纷繁复杂的区域发展过程中，建设增长极体系是加快现代化发展的战略中枢环节，紧紧抓住这一战略中枢环节，不仅能够形成高屋建瓴的决策优势，而且能够产生既快又稳的可持续发展效果。

中共中央总书记、国家主席习近平提出的“一带一路”建设思路，极大地丰富了区域经济发展的理论和实践，使中国版的经济带理论和经济带建设实践产生了世界性的战略影响作用。“一带一路”倡议在短短的几年中成为世界发展的主流话题，同时也越来越深入地影响和改变着中国国内的区域发展思路，产生了使人意想不到的重大发展成就。中国推进“一带一路”建设的实践，为如何更加有效地组织和引导区域经济发展提供了宝贵经验，为提升国家和地区发展质量开辟了许多新领域，探索到越来越多的新途径、新方法，当然也为今后实现更大发展提出了许多需要尽快解决的新问题。自然，国家建设的这种需要就是经济学研究的路标。“一带一路”建设发展对本书探讨增长极体系的一系列观点给予了重要的启迪，将原本只限于研究国内经济带的思路，引向了研究跨国经济带以及跨国经济带与国内增长极体系建设相互促进、相互融合的方向，使本书中原有的一些观点得以丰富和提高，并且形成了一些新的观点。这些观点主要包括：区域增长极的八种基本类型；区域非均衡发展规律；区域趋同发展与分化发展的对立统一规律；极化发展与均衡发展相反相成的规律；区域开发规律；中国的“三大支柱、三级集聚、一体化网络”的增长极体系模式及其建设思路；延伸到世界主要地区的“一带一路”轴带网络体系及其建设思路；阐述马克思的生产片面性与消费全面性矛盾运动规律，以及根据这一规律推动“一带一路”由商贸之路发展为经济共同体和命运共同体的途径；建设覆盖全国并延伸到周边国家的跨国经济带网络和辐射国内外的轴带枢纽型中心城市、城市群；实行陆海并重的开发和发展战略，建设陆海一体的经济强国等。

本书在研究和写作过程中，得到兰州财经大学丝绸之路经济研究院、甘肃省社会科学院等单位的大力支持。作为本书的作者，我有幸被兰州财经大学丝绸之路经济研究院聘请为该院的兼职研究员。在此，谨向上述单位的同事、朋友、领导表示诚挚的感谢！

本书是针对国家和地区经济发展的实际问题进行的探讨之作，虽意在提出和论证一系列对区域经济理论和解决实际问题有参考作用的新的理论观点，但限于个人的水平，同时也有虑于斟酌、修改时间过长而与实际需要脱节，故难免存在诸多缺点和不足，衷心希望广大读者和各界人士给予批评指正。

安江林

2020 年 3 月 29 日

目 录

第一章

中国经济的转型发展道路

在当今经济社会信息化程度迅速提高的浪潮中，中国还没有完成工业化的历史任务。曾经被看作是已经走完了工业化路程而将制造业大量转移到发展中国家的发达国家，现在又提出了“让制造业回归本土”的“再工业化”国策。在世界范围，以工业为主导的物质财富的生产，仍然是决定经济实力和综合国力强弱的主导力量。然而，自20世纪80年代以来发生的科学技术革命，已经极大地改变了物质生产各领域的自然属性和社会属性，知识和信息在物质生产中所占的地位越来越重要，越来越多的产业部门和生产环节正在向知识化、信息化转化。社会经济发展的主要难点，不再是物质财富的生产和积累过于缓慢，而是决定物质财富生产能力的知识财富的生产和积累不能随人所愿。只要有先进的学科技术知识持续投入，人们就能更大规模并且更合理地驾驭自然力来生产迅速增多的物质财富，新兴产业就能够因此而迅速成长，传统产业也能够得到改造、提高，新的消费领域和消费方式就可大量出现，消费领域扩大和消费量增长就可以拉动经济持续、较快增长；反之，缺少足够的科学技术知识的投入，传统产业就会陷入停滞、萎缩，新兴产业缺乏成长动力，经济因缺乏新的增长领域，尤其是缺乏引起新的产业革命的增长领域而长时间陷于低增长、停滞和危机。2008年金融危机发生以来的事实表明，当今人类如果创造不出引起产业革命的新技术，世界经济就难以出现长期较快增长的奇迹。世界主要经济体都在为新的产业革命的能否到来找答案。为了促进新产业革命的发生，并在新产业革命中获得优势或有利地位，发达国家和发展中国家都在如何更有效地调整发展模式、探索新的发展道路方面展开竞争。竞争的焦点在科技创新，支撑科技创新的基础条件是人力资源和人才的数量、素质，保证科技创新和人力、人才素质获得优势的根本条件是体制改革，而这一切归根结底取决于社会的知识创新能力，包括社会思想、发展观念、科技理论、技术工艺、劳动经验、文化艺术等各领域的知识生产、知识传播和知识运用能力。

中国经过连续40多年的高速发展，现在就处在这样一个危机尚未消退、复苏十分缓慢、转型刻不容缓、前景尚不明朗的世界经济环境中。中国今后如何发展和发展的效果如何，取决于两方面的因素：一方面是世界大环境能否有重大改变，能否以经济和社会的转型推动新的产业革命，实现较长时期的经济繁荣；另一方面是中国能否科学地把握科技创新、人力人才素质、体制改革、综合知识创新这几个重大领域之间的规律性联系，在它们之间的良性互动和相互促进、相互转化中走上坚实的革新和富强之路。

第一节　中国正在进入转型发展的关键时期

一、中国的工业化和新型工业化

中国从20世纪70年代末、80年代初实行改革开放政策，推动经济持续高速增长达30多年。中国经济保持高速增长的根本动力，归根到底还是以信息技术为主导的科学技术革命。就经济发展水平来看，中国现在还算不上一个中等发达国家。作为创造物质财富的主要领域的现代工业，以及由工业水平所决定的农业、建筑业、服务业等主要产业的技术装备水平和综合发展能力仍较落后。要使占世界上人口五分之一的全国人民群众过上较为富裕的生活，必须建立起世界上最发达和规模最大的工业体系。然而，中国已经不能按照传统工业化的道路继续走，而是要适应变化了的社会历史条件，以新的方式走完工业化的路程并同时达到经济社会的高度信息化、知识化、绿色化。

中国从实施第一个五年计划起，就开始了工业化的发展过程。在特殊的国情条件、体制条件和国际环境条件下，国家整体工业化发展取得了举世瞩目的成就。但是，中国工业化的道路选择经过了相当长的时间，探索和选择工业化道路的艰难性使工业化初期阶段经历的时间长达40多年，并且使这期间的经济发展经历了多次的起伏。至20世纪90年代，全国基本上进入了工业化的中期阶段。这时，中国的国情条件、体制状况和国际环境等与50年代初期相比发生了巨大的变化。进入21世纪，国家确定了以信息化带动工业化、以工业化促进信息化、信息化与工业化融合发展的新型工业化方针，亦称为“两化融合发展”方针。按照这一方针，今后的工业化发展应当符合科技含量高、经济效益好、资源消耗低、环境污染少、人力资源优势得到充分发挥的基本要求，首先实现以工业化为主要标志的现代化目标，然后再实现以高度信息化、知识化为主要标志的现代化目标。

从“十三五”亦即2015年到2020年这一时期开始，中国的新型工业化要经历20年至30年的时间。在这期间，中国将基本完成工业化的历史任务，接近或达到世界信息化的先进水平，为后工业经济的全面发展打好基础，同时在后工业经济的重要领域实现适度跨越式发展，在经济社会发展的总体水平上缩短与世界发达国家之间的差距，成为全球化发展中的经济强国。完成工业化任务，意味着以先进、成熟和有益于环境质量提高的科学技术体系和工业体系，生产社会所需要的工业品；依靠先进、成熟的工业技术体系和高度化的工业结构，使工业生产效率和经济效益大幅度提高，工业部门的就业人口比重下降到社会就业人口总量的20%以下。

中国是一个国土面积广大、人口众多、区域条件复杂多样的发展中国家。新型工业化的发展方针和发展目标只有落实到各级各类地区，转化为这些地区各类经济主体追求自身合法利益的自觉行为，全国的新型工业化才能取得成功。在新型工业化发展时期，各级各类区域如何结合自己的实际条件，选择并实行创造性的发展战略模式，是区域管理决策者需要解决好的首要问题。

二、新型工业化的实质是经济的全面、深刻转型

中国的新型工业化发展不只是经济发展水平的重大提高，更为重要的是发展方式的重大转变。这里所说的发展方式，其含义与马克思“社会生产方式”的含义有些近似，两者的实质内容都是指“生产力与生产关系的总和”，所不同的地方是：马克思的社会生产方式概念更为抽象，而我们现在所说的方展方式概念则较为具体，它包括体现生产力实质内容的科学技术、产业技术装备、产业结构水平和劳动力素质，体现生产关系状况的经济体制和经济运行机制，以及体现生产关系与生产力对立统一状况的经济效率、经济效益和经济增长速度，还包括了政府政策和政府的调控、管理行为对经济的干预方式和干预程度等。所以，新型工业化发展实质上是生产力体系、经济和政治、文化体制的革新，是支柱产业的新旧更替和产业结构的升级。

中国从改革开放初期就开始了经济的“双重转型”，即体制上从计划经济转向市场经济，发展阶段上从农业社会转向工业社会①。在改革开放的最初十几年间，即20世纪80年代初到90年代中期，体制转型居主导地位。这时发展模式转型的问题尚不十分突出，且转型的基本条件也不具备。随着改革开放政策的深入推行、市场经济体制基本确立和经济发展水平的提高，发展模式转型的问题越来越突出。到90年代中后期，

① 厉以宁：《中国经济双重转型之路》，第2页，中国人民大学出版社，2013年版。

注重增长速度的粗放式发展模式已经产生了日益严重的弊端。针对这些弊端，国家在宏观政策和经济调控手段上逐步推进发展模式的转型。90年代初国家制订“八五”计划的主旨，虽然仍是注重提高发展速度、经济总量增长和产业规模的扩大，但是已经开始注意到要“积极调整产业结构，促进产业结构合理化并逐步走向现代化”和“把国民经济的整体素质提高到一个新的水平”。① 到“九五”时期，发展模式转变的问题更加突出，发展模式转型被正式提上议事日程。“九五”计划提出经济和社会发展必须贯彻的第二条方针，是“积极推进经济增长方式转变，把提高经济效益作为经济工作的中心，实现经济增长方式从粗放型向集约型转变”②。

经过20多年的改革开放和高速发展，中国以告别“短缺经济”、进入工业化中期阶段的实力跨进新世纪，社会生产力、综合国力和人民生活水平显著提高，市场供求关系、体制环境和对外经济关系发生了重大变化。尤其是加入世贸组织后，中国经济以更快的步伐走向市场化、国际化，巨大的国际竞争压力要求在经济体制和发展模式、贸易规则等方面与国际规则全面接轨。“十五”计划提出中国经济“已经进入必须通过结构调整才能促进经济发展的阶段。要以提高经济效益为中心，以提高国民经济的整体素质和国际竞争力、实现可持续发展为目标，积极主动、全方位地对经济结构进行战略性调整”③。此后，发展模式转型的政策力度明显加大，转型的思路、目标更加清晰，措施越来越健全、得力。“十一五”规划纲要进一步强调要加快转变经济增长方式，把节约资源作为基本国策，发展循环经济，切实走新型工业化道路，坚持节约发展、清洁发展、可持续发展。提出“把增强自主创新能力作为国家战略，促使经济增长由主要依靠资金和物质要素投入带动向主要依靠科技进步和人力资本带动转变”④。“十二五”规划强调“以加快转变经济发展方式为主线，是推动科学发展的必由之路，是我国经济社会领域的一场深刻变革，是综合性、系统性、战略性的转变”。提出深化改革开放，推动科学发展，重点推进经济结构战略性调整和科技创新、保障和改善民生、保护生态环境等基本要求⑤，可以说经济转型发展已形成较为成熟的战略方案。

“十三五”及以后时期，转型发展进入一个新的、关键性的阶段。世界大环境的变

① 《中华人民共和国国民经济和社会发展十年规划和第八个五年计划纲要》，1991年4月9日第七届全国人民代表大会第四次会议批准。

② 《中华人民共和国国民经济和社会发展第九个五年计划和2010年远景目标纲要》1996年3月第八届全国人民代表大会第四次会议通过。

③ 《中华人民共和国国民经济和社会发展第十个五年计划纲要》2001年3月15日第九届全国人民代表大会第四次会议批准。

④ 《中华人民共和国国民经济和社会发展第十一个五年规划纲要》，2006年3月14日第十届全国人民代表大会第四次会议批准。

⑤ 《中华人民共和国国民经济和社会发展第十二个五年规划纲要》，2011年3月14日第十一届全国人民代表大会第四次会议批准。

化仍将为中国发展提供许多重要机遇，但金融危机的严重后果迟迟不能消退、世界经济长期低迷不振、经济不景气引发的国际社会不稳定因素对中国来说成为不容忽视的发展障碍。为了摆脱经济困境或获得尽可能多的有利条件，发达国家和发展中国家都在对危机前的发展模式进行反思和革新，在如何实现更有效的经济转型方面各显其能。在全球一体化程度不断加深的条件下，每一个国家的经济转型或实施重要经济政策，都会对其他国家产生正负两方面的作用，所以各种经济体和各个国家的经济转型本身就是一种伴随着复杂的相互关系和激烈竞争的共同发展过程，由此构成合作领域不断扩大、纷争和摩擦接连不断的世界经济转型浪潮。发达国家是在经济发展的高起点上由工业化、信息化社会向“再工业化”和高度信息化的社会转变，由成熟的但仍有其缺陷的市场经济体制向更为进步、合理和更加适应新的产业革命的市场经济体制转变，基本目标是实现经济社会的高科技化、智能化、绿色化，并且依仗其经济和科技实力，在转型发展的许多领域抢占先机，占据有利竞争位置。发展中国家则是由传统的农业经济或初级工业化经济向工业化与信息化相融合的新型经济转变，由缺陷和弊端较多的市场经济体制向适应全球一体化发展的现代市场经济体制转变，并且力求缩短与发达国家之间的发展差距，跨越式地达到较高水平的高科技化、智能化、绿色化。

中国的经济转型与发达国家和实行市场经济的发展中国家相比，特殊性主要在于：第一，体制改革的任务仍非常艰巨，必须通过深化体制机制改革，由不完全的市场经济体制转变为健全的现代市场经济体制；第二，转变传统的经济发展模式，即由投资驱动型、数量增长型、环境污染型的发展模式转变为创新驱动型、效益主导型、环境友好型的发展模式；第三，实现经济形态的更替，由落后的农业经济和传统工业经济转变为发达的工业化—信息化经济，再由发达的工业化—信息化经济转变为高度信息化、高科技化、绿色化的后工业经济。

三、转型发展中的区域趋同—分化趋势

经济发展中，各类区域之间普遍存在着既趋同又分化的规律和趋势。一方面，由于先进科学技术、先进文化和各级各类教育的传播、普及，各种经济主体交往活动的日益频繁和紧密，尤其是国家重大方针政策的颁布和统一实行，以及交通通信网络、产业关联网络、传媒网络的日趋发达，各类区域的发展目标、政策措施、发展模式等呈现越来越明显的趋同化特征。那些能够给各区域带来好处的共性的知识、经验、制度、政策、文化、发展方式、管理决策方式、生活方式甚至风俗习惯等，能够借助现代交通信息技术和交往方式等被普遍采用，促进了各类区域在经济、文化、社会等领域走向同质化。区域之间也因为这种同质化的发展而更便于实现广度和深度上的交往

与合作。另一方面，区域之间交往的日益发达，不断引发它们之间在社会分工、产业分化、创新创业和相互竞争领域的深化，各个区域不断寻求和创造为其他区域所难以具有的特殊优势，创造比其他地区更为优越的条件，建设具有区域独特性的项目、产业、社会组织等，尤其是针对其他区域的劣势、短板，加强科技、文化、政策等领域的创新，以求在竞争中获得更大的主动权和更多的利益。由此使区域之间呈现出越来越明显的分化发展的趋势。区域之间也因为这种分化的、异质的发展，产生和增大外部推动力、外部性溢出效应和多样化的发展方式、发展效果，同时也导致发展水平的差距不断扩大。

区域间的趋同发展与分化发展是既相互对立、相互制约又相互统一、相辅相成的一种矛盾运动规律，是产生发展活力和增强发展动力的积极力量。在工业化与信息化深度融合的转型发展过程中，区域之间的这种既趋同又分化的发展规律及其作用方式显得更加重要。结合国家和各地区的实际条件，认识和把握好这种矛盾运动规律，最大限度地利用其积极作用，有效限制其消极作用，是加快发展步伐、提高发展质量的重要条件，也是提高区域综合创新水平和战略决策水平的重要基础。

第二节　发展思想和经济发展道路

一、人类对经济发展过程的控制

人类自身的经济活动本质上是一种受人的主观意识控制的自觉活动，这在个人的经济活动和微观组织的经济行为中表现得尤为明显。但是在由众多的个人和微观组织构成的宏观社会范围内，无数个具有不同意志的个人和出于不同利益动机的微观组织的经济活动，则永远处于既相互联合、协作、促进又彼此区别、制约、冲突的复杂关系之中，形成一种不以个人和少数人的意志为转移的宏观社会经济运动过程。人类对自身的这种宏观经济系统的运动、变化、发展规律的认识，以及自觉地利用规律的积极作用进行宏观经济的有效控制，则经历了很长的历史时期。

自人类社会形成时起，人们也就开始了自觉的实践活动，因而也就开始了人类对自身经济活动进行自觉控制的发展史。原始社会发生的各种社会组织的变革和演化，社会组织的管理方式和管理者产生方式的变化、进化，以及新的生产工具的发明和使用等，就是人类早期的经济控制行为。人们通过这些行为，力求使社会组织的生产、分配、交换、消费过程尽可能地符合共同生存下去并使生存状况有所改善的意愿。进入文明时代后，各民族的历代统治阶层实行的制度、政策、法令，提倡或强力推行的经济社会思想，采取的各种发展经济的措施，被统治的阶级、阶层变革社会的革命运动，以及它们对经济社会危机做出的各种反应等，都是直接或间接地对社会的经济过程进行控制的自觉行为。人类的重要本质属性就在于永不止步地追求社会经济的发展，永远不满足于社会经济发展所达到的状态和所取得的结果。因而，人类的历史也就是一部永不停息地追求对社会经济活动和社会经济发展过程的有效控制的历史。每一时代居于社会支配地位的人，都力求运用自己所能够获得的一切条件、手段，特别是利用一定的社会组织结构形式和科学技术手段，将社会经济过程控制在符合自身利益最大化的要求之内。

然而，在工业革命特别是在20世纪中后期新的科学技术革命以前的各个历史时期，由于人类对自身的经济活动进行科学预测和有效控制的能力过于低下而一直处于盲目性的状态。经济规律的自发作用，经济利益的差别和对抗，使利益不同的经济主体，包括不同的阶级、阶层、社会集团、国家、民族等，在如何控制社会经济运行、发展中既有默契、合作，也充满着激烈的斗争和冲突。无数个具有不同意志的经济主体的彼此冲突等，导致了连续不断的社会动荡。从原始社会的氏族间、部落间、部落联盟间的冲突，到国家形成以后的阶级冲突、利益集团间的冲突、民族间的冲突等，各时代无法用和平方式解决的经济矛盾，总是表现为相应的政治对抗或暴力冲突，并且或迟或早地诉诸军事斗争。社会经济发展只有在经历了相当长的时期和付出了沉重的冲突、浪费的代价后，才能展现出解决经济矛盾的社会方式的进步性特点。人类控制社会经济过程的经验和手段在人与人彼此的合作和冲突中不断积累、丰富，逐渐产生出显著优越于以往时代的社会制度、政策体系和经济控制方式。

这种长期不能由人类进行有效控制的盲目的经济发展过程，在现代条件下正在发生极大的变化，这种变化突出地表现为经济过程的可控制性和可预见性的增强。自近代以来的社会科学发展和科学技术革命，增强了人们自觉地变革、改造社会和运用科学知识来控制社会经济过程的能力。20世纪出现的经济科学、管理科学的繁荣，导致了经济领域的“管理革命”，社会科学知识的极大丰富和先进的技术手段的广泛运用，使人类进入了全面地控制和精确地管理社会经济过程的新时代。正像人们在自然科学和工程技术领域所取得的成功一样，人类在社会经济的科学领域也取得了毫不逊色的成就。尤其是20世纪后半期，科学技术革命直接带来了经济形态的变革，人们通过日益丰富的经济思想、经济专业理论知识，不断改进的经济体制、经济政策、经济发展的战略模式、经济管理的技术手段和管理的实践活动等，实现了对经济发展过程的有效预测和控制。虽然经济发展所带来的难以预测、难以控制的因素在成倍地增多，但经济科学自身的发展特别是经济学知识的更新、普及、运用也极为迅速。经济学借助于其他科学技术领域提供的丰富知识和先进的技术、社会手段，在有效开发利用资源、合理调整经济利益关系、有效进行经济管理方面创造了越来越多的堪称先进的思想、理论、知识、政策、制度、措施，以几何级数的增长速度培养着一代又一代的经济管理人才和掌握一定的经济学知识的其他人才。经济发展中的问题、危机往往能够被提前发现、提前进行研究，并且往往能够在问题和危机还没有造成巨大灾难性后果的情况下得到缓解或解决。社会经济的发展过程因此减少了震荡和起伏，提高了速度和效率、效益水平。

值得人们高度重视的是，由于知识和教育的普及、新的科学技术革命、经济科学的进步和经济管理水平的提高等多方面因素的共同作用，在20世纪后期产生了一种新的经济形态，人们将其称为“后工业经济”“知识经济”“信息经济”“服务经济”等。这种新的经济形态还只是一种雏形，甚至还只是萌芽，但它的一些本质特征表明，它不仅更能促进生产力的发展，而且更有利于人们对它进行有效控制，更符合人的本质和本性发展的要求。与以往的经济形态相比，以知识为基础的经济（我们暂且先这样称呼它），将不再是难于驾驭的野马，它将是逐步而全面地按照人类本性丰富、发展的要求和运用人类的全部知识得以在很大程度上进行控制的经济。人们对新的经济形态及其运动过程的控制，本质上是按照人的全面发展的要求并运用科学技术手段把经济规律的自发性、盲目性作用转化为人的自觉行为，把物性统治人性的经济过程改造为人性有效控制物性的过程。毫无疑问，促进知识型和高度文明型经济发展的重要途径，就是在全面发展科学技术、革新社会经济关系的基础上，全面地进行社会经济控制、管理的创新和进步。

在现代，人们有效地认识和控制经济发展过程的手段，大致包括以下四个基本的层次：

第一，思想控制。主要的形式是创立、发展、普及哲学和社会科学思想、经济科学理论和经济学的各门专业知识，使各种经济活动主体运用这些思想性的知识，改造和规范自己的经济行为，增强经济行为的理性素质。

第二，体制和政策控制。依据以经济学为主的科学知识，创立进步而健全的制度、政策、法律法规，以制度和政策促进经济系统组织结构的合理变化，建立和完善相关的社会体制，实行维护新体制的社会政策等，使经济过程在很大程度上能够被控制在有效促进经济发展的体制框架和政策体系之内。

第三，发展战略控制。制定经济发展的战略模式（这些模式有时被通俗地称为“经济发展道路”）、战略规划、发展计划、战略措施等，使经济发展在中长期内被控制在预定的总体目标及相应的措施体系之内。

第四，技术控制。通过经济管理的日常工作、具体的管理措施和一定的技术手段等，消除经济运行、发展的障碍，实现经济运行、发展的具体目标。

然而，人类距离完全控制经济发展过程的目标可能还相当遥远，现在我们能够做到的，只是“在很大程度上”和“越来越广泛、深入的范围内”认识和控制经济运行发展过程，因为经济的运行发展至少有这样几方面的因素对我们来说是不可控的：影响经济的重大自然因素；社会经济系统中彼此存在利益冲突的不同经济体和不同利益阶层；人们尚未认识或尚未充分认识的经济规律及其作用形式。

一个地区、国家、民族甚至全人类，在一定历史条件下不能超越自己的能力去创造更加丰富的物质财富，因而也不可能超越自己的能力去构造自己所希望、所理想的经济系统，它们只能适应已有的生产力水平和经济系统的结构特征来决定自己的经济行为方式和经济管理模式。现时代，一个国家甚至全人类要想超越自己的能力来解决经济问题、实施经济控制，那也只能是望洋兴叹，正如马克思所说，“人类始终只能提出自己能够解决的任务”①。当我们还没有能力去大规模开发利用照射到地球上的更多的太阳能、海洋中蕴含的氢能和核聚变能时，我们的能源产业就只能是以化石能源为主的结构，其他的所有产业就只能适应这样的能源产业体系，保持较低级的结构和非常有限的发展能力。同样，我们没有能力设计更理想的作物和畜禽品种，农业就只好依靠增长幅度有限的种植业和养殖业来生产人们所需的食物。我们不能用基因工程设计人类更加聪明的大脑，社会生产力就不可能实现以神奇的智力为基础的巨大进步，人们也就难以设想这种生产力推动下的经济结构模式和发展方式。仅仅就能源、农业和人的智力这几方面不能实现上述的重大突破，社会生产力水平、经济结构状况、经济发展能力和人们的经济行为、经济管理模式等就难以实现相应的改变，所谓的经济结构调整和经济发展方式转变，仍然只能是对原有经济结构和发展方式进行修补和对其自然演进过程施加一定的影响。

所以，从科学的发展思想来看，一方面我们必须积极主动地认识经济规律，不断提高对经济运行发展的影响和控制能力；另一方面则要对自己影响、控制经济的能力有清醒的认识，提出和解决“自己能够解决的任务”。

二、发展思想及其对经济发展的指导性控制作用

发展思想是人们对客观世界和人的主观世界运动、发展规律进行广泛而深刻的科学研究所得出的深刻而系统的理论观点。现代科学的发展思想是在全面、深刻地总结

① 《马克思恩格斯选集》第2卷，第83页，人民出版社，1975年版。

各门科学知识的基础上，以全人类的共同利益与各民族、各种合法利益主体的利益相统一为基本原则，提高人们从事经济社会活动的主动性、创造性、规范性的精神支柱，是人们以科学、文明的理性思维自觉调控自身的经济行为并有效控制经济系统的运行发展过程的高度概括的理论体系。不断创新和丰富经济社会发展思想，造就掌握科学发展思想的经济主体和经济社会管理队伍，是提高经济运行发展质量和社会文明水平的重要保证条件，同时也是现代文明与以往各种文明形态相区别的重要标志。科学的发展思想应当包括以下基本内容：

物质世界是永恒地运动、发展着的，发展是一切存在物的最本质的特征和普遍规律。

发展是在事物之间的普遍联系和普遍的相互作用的关系中进行的；发展不是事物和现象的单纯数量的增加和减少或空间位置的变化，而是事物由简单到复杂、由低级到高级的合乎规律的前进、上升的运动；规律则是事物、现象之间本质的、稳定的联系和普遍性的形式，是支配事物运动、发展的客观法则。

人类社会的发展是在生产力发展这一根本性力量的推动下，以人与人的经济关系为基础，包括政治关系、思想文化关系、其他交往关系在内的社会系统和社会经济形态由简单到复杂、由低级到高级的前进、上升的运动，这种运动的总的趋势是：人类获得越来越先进的生产力，形成更加有效率和更加节约资源的生产组织形式和经济增长方式，创造越来越丰富的物质财富和精神财富，建立更加符合人的本性、本质的社会关系，采取更加高级、更加进步、既实现当代人的发展目的又不对后代人的发展造成障碍的可持续的生产方式和生活方式。

人们在实践活动的基础上能够认识事物发展的规律，能够依靠关于自然规律和社会规律的知识预见发展的趋势和某些结果，有意识地改变客观事物的特性和人们的生存条件，认识并把握发展的基本途径和具体机制，从而越来越充分地利用规律的积极作用来实现有利于人的发展结果。

现代的经济发展是人们在提高生产力水平的基础上，不断地解决效率与公平的矛盾的过程。人们主要通过更有效地掌握知识来利用更多的规律、驾驭更大更多的自然力、获得更加丰富的社会财富、创造更有利于人类生存的环境条件。与此同时，人们主要依靠包括社会科学知识在内的一切科学知识来指导和创新自己的社会实践，努力探索和建立新的社会经济组织形式，探索和建立更加公平合理的经济交往方式和相应的制度、体制、政策，不断变革和调整个人之间、群体之间、行业之间、地区之间、国家或民族之间的利益关系，为有效地解决效率与公平的矛盾并在此基础上推进全球经济一体化创造良好的条件。现代科学发展思想的核心，就是依靠科技、经济、社会的更快和更高质量的发展来解决各种利益主体、各个民族和全人类面临的各种问题和危机，依靠知识创新和组织创新、制度创新、管理创新来实现更快和更符合人的本性要求、符合人类整体利益要求的发展。

高度文明的社会是人人拥有科学、丰富、深刻的思想并用这种思想自觉地指导、控制自身行为的社会。科学的发展思想对经济发展过程的指导性控制作用主要体现为：通过创立和发展科学的发展理论，不断向具体的科学知识进行渗透、转化，通过指导各级各类经济组织的政策、战略模式、战略规划、体制改革方案的制订和完善，通过对各类经济活动主体和经济管理者的思想理论教育和业务知识培训等，发挥改造和提高经济发展主体素质、提高经济发展决策水平、规范经济行为的作用，从而达到用科学的思想和立场、用客观规律的力量来控制经济发展过程的目的；掌握了科学发展思想的经济活动主体，特别是其中的管理决策者，能够自觉地从增进广大人民群众的利益以至全人类的利益出发，根据科学所揭示的客观规律的要求和社会全面进步的原则，提出科学的经济发展理论、发展战略和发展措施，创造性地解决经济发展中的问题，及时发现并纠正经济运行和管理中背离科学发展观的种种偏差，规范自己和组织系统的经济行为，保证经济发展过程基本上处于健康状态。

三、“经济发展道路”及其对经济发展的战略控制作用

探索和选择经济发展的正确道路，是实现可控制的和健康的经济发展过程的核心环节和最重要的途径。经济能否持续、健康和较快地发展，能否使各类经济主体在发展过程中最大限度地增进其合理、合法的利益，关键是选择和实行怎样的发展道路。

所谓经济发展的道路，就是人们根据对一定经济系统（国家、地区、行业、企业等）成长、发展的客观规律、基本条件、必然趋势和必然经历的基本阶段的认识，为系统的运行、发展指出方向、确定目标、选择方式和手段，对系统的变化、发展进行总体控制以实现预定目标的基本模式。或者说，经济发展道路乃是人们依据对经济发展的客观规律和基本条件的全面、深刻的认识，力求把系统的变化、成长、发展控制在最佳状态的主观模型。

为经济系统确定某种道路，是现代条件下人们对经济发展过程进行有效控制的基本方式，是经济系统的管理机构进行战略决策和战略控制的核心任务。

“经济发展道路”只是一种比喻性、形象化的概念，它把指导、控制经济发展的理论模型或战略模式形象地比喻为人在地上行走的道路，这样使人易于理解和接受。但“经济发展道路”这一概念主要并不是指经济运行的空间轨迹，它的真实含义是指系统在其发展变化中怎样提高物质财富和非物质财富的生产能力、怎样组合和利用内外部条件、怎样调整或变革各种利益主体之间的关系、创造怎样的手段克服所面临的困难

并实现预期的目标，从而在发展变化过程中形成与其他系统有别的优越性特征。因此，经济发展道路是以深刻的思想性和高度的科学预见性来反映并控制经济发展过程的理论模型，把它称为战略模式更为准确。作为理论模型，它包括经济发展的基本方向、基本目标、基本方式、基本条件以及四者之间相互适应、相互控制、紧密结合的整体联系等内容。其中，指明基本方向的理论原则一般被称作经济发展的战略方针，反映着经济发展主要增进哪些人群的利益、主要依靠哪些社会力量推动发展、主要挖掘和转化哪些潜力来实现发展目标；指明基本目标的理论内容反映着经济系统在一定的发展周期内所达到的基本状态和所取得的基本成效；基本方式的理论内容反映着经济系统应当形成的结构特点、制度体系和重大利益关系特点；指明基本条件的理论内容反映着实现发展目标所依赖的内外环境条件和发展主题必须创造的条件，即主要的战略措施等。

经济发展道路通过其特有的理论模型，发挥以下战略性控制作用：反映经济系统内部主要的利益主体的共同利益，为经济系统的运行、发展提供不断增强的整体推动力；使系统的运行、发展不偏离已确定的方向和目标，不改变已选择好的方式和手段，保证战略目标的实现；把理论模型的总体控制行为落实、转化为系统内各级各类管理机构的具体控制行为及其日常的管理工作，消除系统变化、发展中的盲目性、混乱性、主观随意性，使系统的运行、变化、发展具有基本的定向性、秩序性和具有一定竞争力的效益性，保证系统实现持续、健康、快速的发展。比如“人才强国”的战略或发展道路，就是要把经济发展过程引导、控制在主要依靠科技进步、依靠知识创新、依靠大量培养和合理使用人才的基本秩序之中，对背离这一秩序的经济主体及其决策行为，以有效的方式进行干预、矫正，使之回到依靠科技进步、依靠人才的发展轨道上来。

第三节　中国的新型工业化和转型发展道路

新型工业化道路是现代条件下我国作为发展中国家实行循序发展与跨越式发展相结合的一种特殊的经济发展模式。实行这种发展模式，既是我国经济社会发展的客观必然性和内在需要所决定的，同时也是新时期外部环境条件发生重大变化所规定的。新型工业化是在新的国内外环境条件下，针对前工业化因素、工业化因素和后工业化因素同时并存并且相互交织、共同影响经济建设这一特殊的国情特点，按照信息化、知识化、全球化、绿色化的目标和方式推动经济发展，最终实现经济形态转变的一种发展过程。有人将这一国情特点和发展对策概括为：针对中国工业2.0、3.0和4.0并存的局面，“既要补工业2.0的课，又要普及工业3.0，还要进行工业4.0示范”①。这里所说的“工业2.0”，是指工业的电气化与自动化时代的生产技术水平，即采用电力驱动的大规模批量生产的模式；“工业3.0”是指20世纪70年代开始并延续至今的信息化时代的生产技术水平，生产领域广泛应用电子与信息技术控制的机械设备进行生产，电子与信息技术控制的机器逐步替代人类作业，越来越广泛地替代人的体力劳动和脑力劳动；“工业4.0”概念是德国政府2013年在其《高技术战略2020》中确定的一项国家战略，旨在推动工业领域的新一代技术革命，使制造业产销之间形成“无缝对接”的智能供应链，工业以及各类产业的运营模式由此将发生根本性的转型和升级。与德国的工业4.0战略大体相类似，中国政府提出“互联网+”行动计划和“中国制造2025”战略，主旨在于以信息化与工业化深度融合为主线，重点发展云计算、物联网、大数据为代表的新一代信息技术和高档数控机床、机器人等行业，实现工业和服务业在生产方式、投资方式、管理方式和商业模式的重大转型升级。

中国由传统工业化转变为两化深度融合的新型工业化，这种在转型中实现发展的基本道路包括以下几个战略重点：遵循以信息化为主导的经济发展规律，提高工业化与信息化融合的深度和发展水平；坚持以人为本的发展方向和发展原则；深化改革，扩大开放，健全现代市场经济体制；促进经济结构优化和产业结构高度化；全面提升自主创新能力，推动传统经济向高度信息化、知识化、绿色化的新经济形态过渡。

一、遵循以信息化为主导的经济发展规律

未来几十年是传统的工业经济与新兴的信息化、服务化经济并存发展的时期，后者将逐步取代前者的主导地位，实现经济社会形态的重大更替。传统的工业经济，以及比传统工业经济更为落后的传统农业经济，其生产力的构成是体力劳动占主导地位、知识劳动处于附属地位的经济形态。新兴的信息化、服务化经济则是知识型劳动特别是知识创新型劳动占主导地位、体力型劳动处于附属地位的一种经济形态。传统经济发展的主要驱动力是体力劳动的投入，包括以体力为主的劳动的积累形态——资本的投入，而新兴经济发展的主要驱动力则是知识的投入，其中新创造的知识的投入在知识投入总量中占据主导的地位，所以这种经济形态就只能是创新驱动型的经济。我国的新型工业化就是适应新兴的知识创新型经济形态取代传统的体力主导型经济的变革过程的一种特殊发展道路。适应这种变革过程，主要在于遵循这一过程中发挥作用的

① 中国企业联合会编著：《智能制造：中国视角与企业实践》，第63页，清华大学出版社，2016年版。

一系列经济规律。这些规律既包括在传统经济形态和新兴经济形态中都发挥作用的规律，如价值规律、边际效益递减规律、非均衡增长规律、经济结构演变规律等，也包括只在新经济形态中发挥作用的规律，如知识产品的价值形成和价值增值规律、知识总量加速积累规律、知识的溢出效应规律、科技成果加速转化规律、人力资本的积累和人力价值增值规律，信息化发展和信息财富增值规律等。

遵循经济发展规律，主要体现在全面认识这些规律的本质内容、它们发挥作用的条件和特点，把握好经济发展中起主导作用的规律。在经济社会信息化的变革、发展过程中，起主导作用的规律有可能就是信息财富增值和信息化改变、提升物质财富增值方式等方面的规律。因此应当通过不断改进和健全“信息化与工业化融合发展”的方式，主动而全面地利用主导性规律和其他重要规律的积极作用，完成工业化的历史任务并使信息化、知识化、绿色化达到较高水平。

（一）以信息化提升工业化

深化推进信息产业革命，以信息化带动和提升工业化，是加快经济主导部门新旧更替和推动产业结构升级的主要途径，也是利用科技革命和产业革命推动经济快速、高效发展的客观规律的不二选择。新型工业化的主要任务是实现经济社会的高度信息化。信息是帮助人们提高社会实践的科学性、精确性、效率性的重要资源。获得足够的信息资源并将其加工成丰富多样的信息财富，就可以使人们创造物质财富和精神财富的能力成倍、成十倍甚至成百倍、成千万倍地得到提高。信息财富在现代社会财富中占据越来越重要的地位，是人类社会的财富构成体系发生革命性变化的重要标志。信息化是不断深化运用信息技术和开发利用信息资源的经济社会变革、发展过程。国家要更快实现信息化的根本原因，在于信息化是近几十年内科学技术高度发展的集中表现。信息技术是现代各门先进科学技术的主导和代表，是经济更快增长的主要源泉。信息化的实质是以信息科学技术为核心，全面发展和运用当代最先进的科学技术改造传统产业体系，使传统产业转化为以知识和知识劳动力为主导因素的现代化产业，优化配置各种资源，大幅度提高社会生产和人们的工作效率，进而推动经济结构和社会关系的变革。信息化的基础是知识化，是更加有效地学习和运用已有的知识、更快地创造新知识、用知识塑造劳动者和装备所有产业，使知识和知识载体成为经济运行发展的主导因素。由于以信息技术为主导的现代科学技术的加速发展及其向现实生产力的快速转化，工业越来越成为高度发达和相当成熟的产业部门，就工业来发展工业，依靠工业来装备和带动发展农业及第三产业，越来越不如依靠以信息科学技术为主导的知识产业来装备和带动发展工业、农业和第三产业的潜力更大，速度更快，效率和效益更高。如同几百年前农业主导地位曾让位于工业主导地位的社会变革一样，工业在未来的几十年内必将合乎规律地失去其经济主导部门的地位，成为新的主导产业部门——信息和知识产业部门的辅助部门，人类将通过高效率、大规模地生产信息和生产知识的途径来更大规模、更高效率地生产工业、农业、建筑业和服务业产品。因此，加快国家信息化步伐，是加快经济社会科学化、知识化的一条捷径，是产业结构由工业主导转变为由知识型服务业特别是智能化知识服务业主导的必由之路，也是缩短工业化进程、为全面知识化发展奠定基础的唯一可行的道路。

信息化的重要领域之一是加快发展信息产业，提高信息产业在国民经济中的比重。广义的信息产业包括信息技术产业和所有的知识产业，加快发展信息产业的实质就是推动知识主导型和知识创新驱动型产业发展，形成越来越多的知识型经济增长点。最近十多年世界信息化发展的事实表明，我们现在正处在信息产业革命走向深化的重要时期，20 世纪 80 年代以来出现的信息产业革命正在向更高水平发展，并且为新的产业革命兴起奠定着基础。信息科学技术仍在不断地得到创新和提高，现在出现的新一代互联网、物联网、云计算、大数据、机器人、3D 打印等前沿信息技术不断涌现并走向产业化，并且与新能源、新材料、智能制造、生物工程、航空航天等一大批高科技产业融合发展，带动了制造业以及一二三产业的所有行业在技术、生产组织、经营管理等方面发生革命性的变化，工业化由此被提升到一个人们想象不到的新水平。

但是，这还只是信息化的初级阶段，在这一阶段上人类所能驾驭的信息技术和信息产业还难以取代工业特别是制造业的主导地位，信息技术和信息产业的分工职能也还只是在有限的领域和有限的程度上提高通信效率、生产效率和人们的生活水平，人类社会中繁重的脑力、体力劳动主要还得人类自身来承担，社会财富还难以实现极快增值和极大丰富。尤其是现阶段的中国，虽然在信息化方面正在迅速缩短了与发达国家的差距，并且已经成为全球最大的工业国，但是大多数工厂还没有掌握制造的核心材料、设备，以及工艺，缺乏原创技术，徘徊在价值链的底端，处于工业 2.0 时代的水平①。这种初级阶段的信息化必须而且必然要走向它的中、高级阶段。在信息化的较高一级的阶段，人类社会的各个领域将实现智能化，万物之间实现互联互通，而且不只是信息交流式的互联互通，而是智能式的互联互通。这种智能式的互联互通，是以更为聪明的人脑与那些安装在万物之上的与人脑的聪明程度相差无几的甚至在越来越多的方面优于人脑的电脑、感知装置、类人意识装置之间的互联互通。科学家正在破解人脑产生智慧的生理奥秘，而且在将这种生理机制与人造的智能机制二者进行沟通和衔接、融合方面不断取得进展。这就意味着制造出与人类大脑相媲美的甚至在越来

---

① 周凯歌、卢彦：《工业 4.0：转型升级路线图：中国制造 2025 背景下互联网 + 制造业的融合与重构》，第 126 页，人民邮电出版社，2016 年版。

越多的方面超过人类大脑的机械装置只是时间问题。当然，正如人类历史上所出现的所有重大发明一样，人类制造出超过自己大脑的电脑和“长着”这种电脑的机器人，会产生它的负面效应，但更多的则是发挥它的进步性作用。而且，人类同时也会创造出消除这种负面效应的产品和社会措施。与人的综合能力相差无几甚至在越来越多的方面大大优于人的能力的机器人，将取代人类不愿意承担和承担不好的几乎所有的劳动，由此使社会劳动生产率和人均拥有的财富水平发生神奇式的提高。千百年来既磨炼、提高了人，又严重折磨、压抑人的繁重劳动，将陆续被机器人的“劳动”所取代。机器人不仅将具有与人类相类似的学习能力和思维能力，还将具有可替代人的经济、政治、科技研发、艺术创作、哲学思考、心理咨询等一系列社会行为的能力，它们将作为人的“代理人”，帮助人类更为深刻、准确地理解人类社会①，与人类一起快捷、高效地创造财富，更为理想地解决各种社会问题。机器人成为人的“代理人”，将是人类极大地消除自身局限性而获得人性化解放的划时代的进步。自然而然，互联网时代所具有的那种“全球化、开放性、分布式、交互式、去中心化、海量信息”等特征，在机器人走向社会化的时代可能都显得严重落后了，传统社会那些财富统治人、一些人以财富和权力为中介统治、压抑另一些人的制度和意识形态也将成为历史的垃圾。辩证法关于万物之间普遍联系的观点，因为有了发达的信息技术而更易于理解。万物之间以智慧型的头脑和发达的通信手段而建立起现实的、随时可以互动互知的网络式关系，使人与人的交往和人与物的相互促进作用达到了神话般的快捷、高效，达到了更加人性化的进步水平。人们在信息、知识、智慧等这些财富的源泉跟前和人与人、人与物的普遍联系跟前实现了真正的平等，因而在财富跟前的不平等以及其他领域的不平等也就会被扫下历史舞台。这种以机器人广泛代替人从事劳动和社会活动，以及以现实的而不是哲学式抽象的普遍联系为重要标志的新经济形态，将取代以传统工业化为主要标志的旧社会形态，人类社会大踏步进入大同之境还有什么力量能够阻挡呢？

现在我们推进的初级阶段的信息化，是为实现中、高级阶段的信息化创造条件和奠定基础。我们现在加快发展信息产业，形成更多的知识型和信息化经济增长点，是中国当前转型发展的重大战略任务，更是我们稳稳地把握规律、趋势和赢得未来的命运之战。

（二）以工业化促进信息化

以工业化促进信息化，是加快物质财富与信息财富相互转化、实现社会财富总量

---

①（意）多梅尼科．帕西里著，王志欣、廖春霞、刘春容译：《机器人的未来：机器人科学的人类隐喻》，第494页，机械工业出版社，2016年版。

更快增长的重要途径。实现信息化并不意味着工业的发展步伐减缓和工业绝对规模大幅度缩小，相反，它意味着工业要向更加发达的水平升级，工业的绝对规模将更加巨大，工业仍然是生产物质财富的主导部门。对于中国这样的发展中国家来说，由于传统工业化的任务尚未完成，工业总体上还较为落后，加快发展工业乃是实现信息化、知识化的重要物质基础。信息化所需的庞大基础设施和硬件产品，信息化所需的关联产业及其所依赖的物质条件，信息化所需要的社会环境及其硬件条件等，都需要工业来制造。工业越是发达，物质投入能力就越强；物质投入能力增强，则信息财富尤其是知识财富的生产能力就会提高得更快，信息化、知识化的目标就能够更快实现。物质财富在占有方式上容易形成垄断，而财富垄断不仅不利于财富的增值，而且容易产生严重的社会问题甚至社会冲突。而信息和知识财富不易为少数人所垄断，更易于为全社会所共享。每一份物质财富的投入所生产的信息财富，可以为千千万万的人所运用、所共享，形成千万份的财富再增值过程，从而产生“春种一粒粟，秋收万颗籽”的倍增效果。有人把这种规律归结为“摩尔定律”，阐释了英特尔公司创始人之一的戈登·摩尔关于电子信息产业的投入与产出的“翻倍”关系：“一美元所能买到的集成电路的计算能力每年都会翻倍”；电子信息技术的更新换代越来越快，电子信息产品的生产变得日益复杂和昂贵，但因其销量会大增，所以芯片等电子产品的单价还是会持续降低①。所以，以工业的发展增强物质投入来扩大信息财富的生产，不仅是成倍提高财富增值能力和社会财富总量的主要途径，而且是逐渐改变财富的不合理分配方式和不合理占有方式的重要战略途径。以工业化促进信息化，加快物质财富与信息财富的相互转化，是加快经济发展和社会进步的重要基础条件。

在信息化更快发展的时代，工业化的内涵、外延和道路与以往已大不相同。工业化在促进信息化发展的同时，也在促进工业自身发生质的变化和升级。

工业化的内涵不再是建立起完整的传统工业体系，也不只是工业在经济总量中的比重下降到一定的数值，而是建立起以信息技术为主的先进科学技术装备起来的现代工业体系，工业生产实现智能化、分散化、个性化、绿色化；工业不仅以更高的劳动生产率和经济效益生产社会所需要的产品，而且还生产日益增多的和先进的科学技术产品、精神文化产品和优质的环境产品；工业日益走向服务化，工业结构趋于“软化”和知识化。

工业化的外延不只是用工业生产的设备装备经济社会的各个部门，在一二三产业发展中发挥主要的带动作用，而是工业以越来越“软化”和知识化、服务化的趋势与

① （意）安德里亚福尼 Andrea Forni 著，潘苏悦译：《机器人新时代：机器人社会的工作、生活和投资》，第13～14页，机械工业出版社，2016年版。

农业和服务业相融合，由此日益深刻地改变着社会生产方式、人们的生活方式和价值观、伦理道德。工业与农业相互渗透，农业生产越来越具有工业化生产的特征，工业生产也越来越具有农业生态系统的循环运行特征。工业与服务业的界限越来越模糊，工业生产中的服务环节越来越多、越来越密集，工业生产硬件产品的人员、劳动、工艺、环节与它生产精神性软件产品的人员、劳动、工艺、环节越来越难以区分。工业使生产分散化，消费个性化，市场人性化，它使越来越多的企业、产业、生产环节具备了低排放甚至零排放的绿色生产经营能力，使人类健康水平普遍提高、人的寿命普遍得以延长，使社会的思想文化观念发生翻天覆地的改变。工业化的外延不只是装备和带动各个行业，而是改变整个社会，创造新的经济和社会形态。

工业发展的方式和道路不再是主要依靠工业的手段即主要依靠扩大物质的投入获得更大规模的物质产出这样的循环来扩大工业的总规模，提高工业生产水平，而是建立起工业与农业和服务业越来越相互融合的新型产业体系，主要依靠扩大知识投入、扩大科技创新成果的投入来获得更大规模产出这样的循环来提高工业生产水平。按照这种方式和道路，工业的生命线不是物质投入能力而是创新投入能力，工业的重心不是重化工业而是门类迅速增多的高科技行业。工业化发展的最终的结果是：工业创造价值的能力和规模更加扩大，工业的产业门类更多，结构水平更高，但工业的传统特征逐渐弱化，工业在经济中的主导地位趋于消失，工业日益变成一种知识和文化生产比重越来越大、物质生产比重越来越小的产业部门。也就是说，新型工业化的基本道路和最终结果，是以知识创新为主要手段，大幅度提高工业创造物质财富和精神财富的能力，同时又不断创造条件，使工业部门以及工业与农业、服务业的差别趋于消失，从而推动传统工业经济形态向更高级的后工业经济形态转变。这也就是实现了传统工业化的发达国家，为什么现在又提出“再工业化”发展目标的原因。“再工业化”的实质上就是信息产业革命深化发展时期的延续性工业化，也可以看作是信息产业革命过渡到下一轮产业革命时期的一种特殊的工业发展道路。

中国新型工业化与发达国家“再工业化”的不同之处在于：中国还没有完成传统工业化的历史任务，但已经不能用传统工业化的方式来完成这一任务，而必须用信息化与工业化融合发展的方式补上工业化的“缺课”；中国必须在“补课”的同时，主动适应信息产业革命正在深化发展的形势、新一轮产业革命正在酝酿和兴起的趋势，将完成传统工业化尚未完成的任务与实现发达工业化与高度信息化深度融合的任务紧密衔接起来，以工业实力的增长扩大对信息产业的投资，在信息产业的制高点领域尽快形成优势。

（三）在“两化深度融合”发展中实现经济转型目标

信息化与工业化的融合发展是提高经济发展的质量和效益，缩短工业化发展周期，加快向新经济形态过渡的必由之路。信息化、知识化经济的兴起为发展中国家和欠发达地区提供了适度跨越传统工业化和现代信息化某些阶段的重要发展机遇，这种机遇使发展中国家和欠发达地区有条件在新兴经济取代传统工业经济这一全球社会变革中，通过实施新型工业化发展战略形成后发优势，把握发展的主动权，跟上世界新兴经济发展的步伐。信息化与工业化融合发展的核心是提高以信息科学技术为主的社会创新能力，实现生产效率与经济效益的革命式提高。为此必须卓有成效地建立、发展国家和地区的生产力推动体系。通过扩大创新领域、提高创新深度、壮大创新队伍，增强全民创新意识，在科技创新、体制和政策创新、管理创新、全面知识创新等方面突破一道道难关，积累实力，塑造优势，不断开拓社会生产力发展的新途径。尽快掌握先进、前沿、核心的信息技术，促进大数据、云计算、3D 打印、机器人、物联网、智能制造等前沿高科技产业发展壮大，在世界科技革命和产业革命中获得越来越大的主动权。促进传统的社会结构关系、社会体制和社会意识实现重大变革，激发、增强全体社会成员推动先进科学技术和新兴产业生成、发展的积极性。依托条件相对优越的大型企业、重点行业、科技园区、中心城市、产业集中带等经济聚集体，实施“弯道超车”式的战略突破，实现信息化有效带动工业化和农业、服务业的现代化，工业化和农业、服务业现代化进一步促进信息化的良性互动发展。结合国情和各地区的区情实际，建立、健全这种互动良性发展的体制机制，制定实施互动良性发展的指标和规划，推动信息化与工业化和农业、服务业现代化的良性互动发展由初级水平过渡到中级、高级水平，最终使信息化、知识化、绿色化成为经济发展的主导因素。

信息化与工业化深度融合发展的基本目标大致有以下三个方面：一是实现经济社会的高度信息化和高度知识化，形成支撑经济社会高效运行发展的科学技术体系和现代教育体系，基本完成信息产业革命和支撑信息革命的全社会知识化革命；二是以先进科学技术改造、提高传统产业，建立起高科技主导型的新型产业体系和高效增值物质财富的经济体系，完成工业化的历史任务；三是为新的产业革命兴起奠定知识基础和物质基础，推动以前沿信息技术、新能源技术、生物工程技术、新材料技术、环境保护技术为主导的新经济形态取代工业化主导的传统经济形态。

信息化与工业化深度融合的发展具有深远的世界意义，它将使全世界进入一个共同的信息化—工业化发展网络之中，使不同的企业之间、行业之间、地区之间和不同的国家之间因需要共享信息财富、共用信息传输网络而形成广泛的相互依赖关系。脱离这种相互依赖关系有如脱离社会化大生产而蜕变为原始部落一样悲惨。全世界协同起来实现“共网”而发展，这是与一切客观规律一样不可人为改变的又一条客观规律。它的深刻性可以追索到生产力不受生产关系和上层建筑的阻碍而为自己开拓前进道路的法则，也可以追索到辩证法揭示的普遍联系法则，但它不可抗拒的力量主要还在于更为直接的谋求利益最大化的经济法则。“共网发展”的“网”，首先是日益发达的信息传输网（如互联网、物联网等），其次是由信息传输网不断助长和加固起来的产业关联网，再次是由信息网和产业关联网不断助长和加固起来的经贸合作网，最后是由前三种网促进演变和逐渐加固的政治—文化网。政治虽然具有强制性的特点，但是它归根结底是以技术—经济为基础而形成和发展的，共同的技术—经济网必然要塑造出与它相适应的政治—文化网。未来的先进生产力、未来的人性化经济关系和未来的高度文明社会，其先进性、人性化和文明的高度，主要体现在这种“共网发展”的技术基础和经济基础上。“共网发展”带来的利益远远大于自起炉灶的利益，并且还有可能无情地“吞噬”或改造自起炉灶的孤立发展方式。所以作为规律，它将以铁的强制性和人性化的影响力促使世界上的一切发展主体加深认识“共网发展”的意义和前景，自觉放弃与“共网发展”相违背的一切不合时宜之举，主动走上由“共网”发展过渡到“共命运”而发展的道路。

二、坚持以人民为中心的发展方向和发展原则

经济发展要以人民为中心，发展的根本目的是最大限度地增进全体人民群众的利益，这一点是中央确定的经济发展的根本性原则，也是由国家根本性质所决定的长期发展方向。转型发展时期的经济思想、经济政策、经济体制和利益关系合理化的基本标准，一方面有利于社会财富更快增值、经济总量更快增长、经济发展的协调程度持续提高，另一方面使全体社会成员的收益得到全面、合理、相应的增加，使人的全面发展得以持续向前推进，人民群众获得充分和平等的生存权、发展权。因此，必须协调不同收入阶层和不同职业阶层间的利益关系，及时发现和处理经济利益方面的矛盾、隐患和冲突。按照全面、协调地增进全体人民群众的利益的原则改革分配制度，及时调整社会分配中的不合理、不合法的关系和体制。革除利用职权和其他不正当手段非法获取财富、将特权者的利益凌驾于群众利益之上的关系和体制弊端，消除利用垄断财富、占有生产条件来侵占或剥夺他人正当利益的体制，依法制裁侵占他人正当利益的牟利行为，使物质财富统治人、压抑人、限制人的发展的经济和社会条件持续得到改变。要防止经济利益方面的矛盾和隐患积累成重大社会冲突。要通过经济思想、经济政策、经济体制和利益关系方面的改革、创新和完善，使各阶层的利益动机转化为推动全国发展的积极动力和最大合力。鼓励、支持广大的劳动者和经营者依靠诚实劳

动、依靠发明创造和合法经营致富，鼓励、支持依靠要素的投资获得合理、合法的收益，允许在收入分配方面存在一定的差距，但必须使差距保持在有利于社会健康发展的区间。完善社会保障制度，帮助低收入人群更快增加收入，帮助贫困人群脱贫致富，提高全社会相对均衡富裕的文明水平。

三、坚持深化改革和扩大开放的基本政策

现代科技进步和经济社会发展推动了体制更新的加快，不间断地进行体制改革和制度创新成为促进发展和增强竞争力的根本性手段。中国的快速发展主要得益于改革开放的政策。在市场经济体制基本确立但还需要健全、完善的过程中，必须全面推进体制创新，使体制改革成为长期坚持的基本国策。转型发展的重要保证条件和重大战略任务之一，就是继续深化体制机制改革，形成成熟的市场经济体制和更加进步的经济社会制度体系。根据生产力发展和经济结构演化、升级的需要，并参照成熟的市场经济体制，主动进行企业、政府机构、财政、税收、投资、金融、外贸、农村、科技、教育、文化等诸多领域体制的总体配套改革，推进各方面体制的健全和完善。在国有企业、资本市场、外贸、新兴服务业、科技等领域，结合国情实际并广泛借鉴国外的体制优点，设计、实行更加先进、有效的新制度，完善法律法规体系，使制度和政策创新成为发展经济的根本性手段，以制度和机制为重点改善社会软环境质量。

现代的经济增长已经成为世界性的、各国之间密切关联的整体过程。中国实现高度工业化和由工业社会向信息社会过渡，必须进一步扩大对内对外开放，融入全球经济一体化之中，充分利用国内国外两个市场、两种资源发展本国经济。通过深化改革和调整国家的总体发展战略，积极创造条件支持企业到世界各地去发展，增强各类产业的国际化发展能力和竞争力，在世界分工体系中占据有利位置、高端位置。积极承担国际产业转移，引进国际产业链的高端环节投资。推进自由贸易区谈判，扩大与各国和各类国际组织建立自由贸易区。积极创造条件，分步实现自贸区向关税同盟、共同市场、经济货币联盟、完全经济一体化等更高级的地区一体化组织过渡。在国内广泛进行各类自贸区的试验和推广，推动国内市场与国际市场全面接轨。发挥贸易拉动投资快速增长和带动经济合作深化发展的作用，扩大对外投资，在合作对象国兴办越来越多的独资、合资企业和资源勘探、矿山、装备、加工、物流、工程技术、金融、研发、信息等配套性生产企业和服务企业，由单一业务的投资发展为全产业链的投资，逐步形成贸易—投资良性互动的国际利益共同体，使国际化发展成为推动转型发展和新型工业化的强大动力。在21世纪初已经进入世界贸易大国、经济大国、知识大国行列的基础上，分阶段向世界贸易强国、经济强国和知识强国的目标前进。

四、促进经济结构优化和产业结构高度化

以工业化与信息化深度融合为主要特征的转型发展意味着经济结构的重大变革。经济结构是经济系统的整体性生存和发展的形式，是经济系统吸收、转化各种经济要素，产生、容纳一定的生产力和经济发展的推动力，实现经济增长和经济发展的整体构造形式。合理的和较快实现升级的结构形式，是国家、地区获得先进的社会生产力、不断增大的经济推动力和高效增长方式并取得良好的经济发展效果的基本条件。成功地实现转型发展，加快工业化、城市化进程和发展以知识为基础的新型经济，必须科学、务实地认识和把握未来几十年全球、全国经济结构演变的规律和趋势，以有效的结构调整、宏观调控措施和制定、实施科学的战略规划促进经济结构的合理化，缩短结构演化周期，加快结构升级，为先进生产力特别是科技型生产力的更快发展开拓越来越广阔的领域。要按照国内外市场需求及其变化趋势来确定企业和产业发展的方向，确定产业结构、经济结构的基本模式，改进经济运行的组织和调控方式，使结构变化始终在内外贸易和竞争型生产体系的引导、带动下，紧跟市场变化，有效地支撑对外贸易和国内需求的扩大，增强经济发展的需求推动力。产业结构调整是经济结构调整的主导环节。要把技术密集产业和高新技术产业确定为国家的主导产业和战略产业，予以大力培育、扶持。加快发展科技、教育、信息、文化等知识产业，提高全民知识水平和知识创新能力，强化战略产业、支柱产业的知识基础。

五、实现传统经济向新经济形态过渡

经济形态转变是一个相对漫长的过程，与市场和经济运行的快速变化状况相比，它只是一个不太明显的趋势。但是从近十多年科技进步、科技领域的革命性变化、产业结构的演进、意识形态变迁和各国的竞争焦点及其所采取的有关政策中，人们还是可以看出传统经济形态逐渐消退、新经济形态已萌芽和显露的大致轮廓。国际上一些著名学者在这方面不乏远见卓识，他们关于“信息社会”“后工业社会”“第三次工业革命”等重要著作可以看作是预见经济形态转变的先知先觉之言。全世界至今还没有一个实现经济形态转变的确定目标，中国当然也不例外。但是，不谋全局不足以谋一隅，不谋长远不足以谋眼前。对于眼前变化背后的规律性、趋势性力量及其所导致的必然结果，任何一个负责任的社会人士都不应当忽视。国家、地区、企业的决策者尤其应当具有这方面的战略远见性和竞争警觉性，认清和把握好经济形态变化的趋势，确定大致的目标，在把握经济形态变化的大趋势中实现主动发展、成功发展。

经济形态是社会经济系统的生产力水平、结构和功能特征、制度体系、运行发展方式、政治和意识形态特征等多层次、多维度属性和构成部分相互联系的完整体系和整体状态，一般习惯上称作某某经济或某某社会，如原始经济、原始社会、封建经济、封建社会等。人类社会在马克思区分的原始社会、奴隶社会、封建社会、资本主义社会、共产主义社会这五种基本经济形态的基础上，还有许多穿插于、横跨于或渗透于这五种基本经济形态之间的特殊经济形态，如古代的农业社会，近代以来的工业社会，现代的信息社会，以及生态经济、循环经济、绿色经济等。这些经济形态虽不是基本的、典型的、完整的经济形态，但可以看作是基本经济形态在特殊历史条件下的变异形态或过渡形态，其中的一些经济形态，如信息社会、后工业社会、绿色经济等，有可能成为更为典型的新经济形态的前奏曲。

经济形态转变意味着重大的、根本性的社会变革，是经济和社会系统整体发生的革命性变化。现时代的经济形态转变是由传统工业化经济形态转变为以人本化和高度科学化、信息化、知识化、绿色化为主要特征的后工业经济形态。

在现代，经济形态转变的基础环节是推进科学技术革命、全面提高生产力水平，而主导环节是促进经济结构的优化和合理变化，建立、发展以先进科学技术为基础的现代产业体系，在此基础上形成效率与公平相统一的经济利益关系，最终建立起全体社会成员和各类社会组织互利共存、平等参与发展和平等分享发展成就的制度体系。经济形态转变的核心是增强和提升各级经济系统的综合功能，包括运行功能、增长功能、发展功能，实现高效率、高效益、高协调水平、低排放的目标，创造发达、平等、高效、绿色的经济繁荣。经济形态转变的基本保证条件是改革和不断创新经济社会的制度体系，提升制度的完善程度和文明水平。经济形态转变的重要任务还包括革新、完善政治和社会意识形态，促进社会全面进步和人的全面发展，创造更高级的社会文明；协调人与自然、社会与自然环境的相互关系，建立经济发展、社会进步、环境质量提高三者之间动态协调的机制，从根本上解决经济增长与人口、资源、环境之间不协调的问题。

对中国来说，转型发展的实质及长远目标也就是转变传统的经济形态，即由传统的农业经济和工业化经济形态转变为信息化、知识化、绿色化的新经济形态。只有从经济形态变革的高度来看待当前的转型发展和新型工业化道路，才能洞察国内外经济和社会形势的复杂变化，产生创造性的发展思路和政策，谋取主动的、有战略远见的发展成就。

第四节 转型发展时期的区域发展模式创新

新型工业化是未来几十年我国经济发展的总体模式或基本道路，这一道路所体现的基本原则，如创新驱动的原则、结构合理化的原则、绿色发展的原则、效率与公平相统一的原则等，是国内各级各类经济系统都必须坚持的。但这一道路只有通过各级各类经济系统的具体发展道路才能得到落实。对层次和类型极为繁多的区域来说，在坚持国家新型工业化道路和原则的前提下，全面认识内外部环境条件及其变化趋势，遵循区域非均衡增长规律、区域趋同－分化发展规律等客观规律的要求，研究、提出并不断完善本区域的特殊发展模式或特殊发展道路，进一步提高区域发展战略模式的创新水平，走出具有独特优势的高质量发展道路，是各级各类区域实现成功发展的首要任务。

一、区域和区域经济的基本特点

区域是根据一定的自然联系、社会经济联系或自然—社会综合联系划分的有限的地域空间范围。由于划分区域所依据的要素间联系的性质不同，区域的类型、层次、范围也不相同。因此，最抽象意义上的区域“往往没有严格的范畴和边界以及确切的方位，地球表面上的任何一部分，一个地区，一个国家乃至几个国家均可称为一个区域。”① 在大小不等的各类区域层次中，国家是一个特殊的层次，即国家是拥有完整的主权和行政管理权的区域层次。

区域或经济区域的概念大致包括以下四种类型的内容：第一种类型是国家区域，即拥有完整的主权和行政管理权的国家所占据的地域范围；第二种类型是一个国家内的多种经济区域，如中国的东中西部地区、长三角地区，以及大到省、市、自治区小到县、乡镇的各类行政区和经济特区、自贸试验区、产业园区等经济区；第三种类型是由若干个国家构成的国际性、世界性经济区域，如欧盟经济区、亚太经济区、东南亚经济区、北美自由贸易区等；第四种类型是几个国家的部分地区共同构成的经济区域，如丝绸之路经济带、中巴经济走廊、湄公河流域经济区等。“在大多数情况下，区

① 郝寿义、安虎森：《区域经济学》，第1页，经济科学出版社，1999年版。

域这一概念表明的是一国经济范围内划分的不同的经济区”；国外一些地理学家强调区域划分的差异性与内聚性等标准，即对区间而言，要求不同区域具有一定差异，对区内而言，则是区域组成部分在某些方面是同质的；国内外没有一个公认的将一国划分为区域的绝对标准。研究者往往自设标准，于是产生了许多区划标准。[①]

也有一些经济学家强调区域概念的行政性含义，认为“区域包括某一主权国家的疆域内（有时可能相等），中央政府对它拥有政治、经济方面的控制权，或中央政府的代表代理中央政府行使控制权”；区域在经济结构上具有相对的完整性，能够独立地组织与其他区域的经济联系；任一区域在全国或更高一级的区域系统中担当某种专业化分工的职能，由此决定了在区域共同利益的基础上区域内的经济活动必然具有一定的内在联系。[②]

本书中所使用的“区域”概念的含义较宽泛，既包括由若干个国家构成的世界经济区域、由若干个国家部分地区共同构成的经济区域和一个主权国家构成的区域，也包括一个国家内部按照差异性、内聚性、功能性等标准划分的任何区域，如我国的东、中、西三大区域，东北地区、长江三角洲地区、关中地区、成渝地区、陇海兰新沿线地区、各种自然保护区、经济技术开发区，以及省、市、县、乡、镇等各类行政区等。赋予“区域”概念如此宽泛的含义，主要是将区域经济与企业、行业的经济形式进行对比，突出区域经济的以下重要特点：

（1）现代国家和区域经济社会系统是一种以人为最基本的要素，以人与人的社会关系为基本纽带组织而成的有机体。由于人与人的社会关系的性质不同，社会就由此分成不同的领域。但是，社会各个领域之间并不存在严格的、绝对的界限，只有相对的或人为规定的界限。由于人与人之间的社会关系的本质所决定，社会各领域之间处于不间断的相互作用、相互交织、相互渗透的状态中，每一领域与其他领域、每一部门与其他部门、每一行业与其他行业之间，以及组织与组织、集团与集团之间，总是你中有我、我中有你、此中生彼、彼中生此，相互间直接地或通过某些中介、媒介条件，发生相互作用，处于无休止的交织、融合、分化和彼此作用的动态关系之中。

（2）人类的一切经济活动最终都要落实在一定的区域空间，区域经济就是人们的经济活动与一定的地域自然条件相结合形成的具有某种社会经济功能的系统及其发展过程，是具有地域自然属性和社会经济属性双重属性的经济形式。区域经济的形成、发展、结构特点等受自然资源分布状况和其他地域性自然条件的规定作用较大，因而改变区域经济的发展和结构特点，往往要以改变某些自然条件或以新的方式利用自然

① 陈秀山、张可云：《区域经济理论》，第 1 ~ 3 页，商务印书馆，2005 年版。

② 郝寿义、安虎森：《区域经济学》，第 3 ~ 5 页，经济科学出版社，1999 年版。

条件为前提。

（3）区域产业结构受生产力布局及其演化特征的直接影响，一般具有较大的综合性特征。区域内总是分布着多种产业，或者随着经济的发展形成越来越多的产业门类，各类产业与地域自然条件相结合，往往形成多产业集聚的经济、社会综合体。

（4）社会劳动地域分工规律在地区经济结构的形成和变化中发挥着决定性的作用。注重发挥劳动地域分工规律的积极作用，增强不同地域之间的优势叠加和优劣互补，避免地域之间的产业趋同和结构趋同，是促进区域经济发展的普遍途径。

（5）非均衡增长规律是影响区域经济发展的重要规律。利用非均衡增长规律加快区域经济发展的主要途径，就是促进增长极的形成并使之发挥带动区域整体发展的聚集—扩散作用。

（6）区域之间经济社会发展的不协调，区域开发中的不协调甚至冲突、对立等，其原因既有客观的、自然的方面，包括自然形成的隔离性、间接性，客观存在的对立性、差别性、隔离性等，也有人为的、主观的方面，包括行政划分形成的区域分割、区域经济社会联系的割裂，区域之间利益关系处置不当，以及对区域开发和发展规律的主观认识错误导致的政策失误等。

二、从认识区域分工地位中形成战略思路

指导区域经济发展，最重要的是根据区域趋同—分化规律和其他重要发展规律的要求，及时形成富于创造性的战略思路，确定最能发挥本区域综合优势的经济发展模式。

由于劳动地域分工规律的作用，区域经济发展的类型或模式，不仅取决于本区域的条件，更重要的是取决于外部大范围的区域分工状况。一切发展都是在普遍联系中进行的。地区、行业、企业、个人的发展，都不可能在孤立状态中实现。越是社会化程度高的条件下，地区之间、行业之间的联系越紧密，区域发展模式就越是取决于大范围的分工状况和经济社会联系。在影响区域经济社会发展的多种多样的因素中，国内外各类区域之间的分工状况以及这些区域的综合竞争力此消彼长的变化，是对每个区域的发展产生直接影响作用的主要因素。因此，每一区域的特色、优势、困难、出路、机会、方向等，不仅取决于本区域的条件或者要从本区域的范围进行调查研究，而且取决于更大的区域条件甚至只有从大范围中才能看得更清楚、更深刻。制定地区发展战略，一个重要的思想方法就是广泛了解大区域的综合条件，了解世界性、全国性的环境状况及其发展变化，善于从外部经济社会的一切变化、一切条件中寻找发展机会，形成决策方案。每一个地区或每一个企业、单位，其发展的机会主要由外部环

境的变化所造成。从战略的角度看，外部机会中最重要的就是社会分工造成的机会。及时发现本区域的发展机遇并成功地利用之，必须从以下几方面做出努力：

（1）顺应国内外经济社会发展的大趋势，在大环境变化的过程中发现和利用发展机遇。如世界性的科技革命、信息化、知识经济、经济全球化的发展趋势，国内的新型工业化、小康社会、结构调整等发展趋势或发展措施，都能够给各类区域带来新的发展机遇。有的地区适应新经济兴起的社会需求变化，大规模投资发展信息产业、教育产业、科技开发和科技服务产业、高科技工业和高新技术农业等，率先形成优势，就是这方面的成功范例。

（2）经常了解国内外产业体系的构成和变化，了解与本区域有关的其他地区的产业体系和变化，从中寻找本地的有利分工位置，以比其他地区成本更低的方式，发展那些社会需要的、短缺的项目和产业，建立和发展本地区所需要的经济技术联系，使本地区以最有利的地位进入区际产业链、产业网中。

（3）经常而广泛地了解国内外市场的现状及其变化，从中寻找需求旺盛而供给有缺口的产品和产业领域，确定相应的开发和发展项目，使之形成本地区的优势。

（4）从国内外环境变化中发现新的趋势，预见有利于本地区发展的未来变化，超前创造条件，形成先人一步的发展优势。

（5）积极创造有效的区域发展机制。对本地区经济社会的各个领域和各个方面进行经常性的调查和研究，找出有利于促进地区发展的积极因素和不利于地区发展的社会关系、思想意识、传统习惯、风俗文化等消极因素，采取政治的、经济的、教育的、科技的、思想文化的手段，对前者进行有效的扶持和利用，使之发扬光大，对后者进行持续不断的革新、改造、纠正，使其向积极方面转化。以逐步深化的社会改革、持续的社会进步、主动的社会创新方式，去除阻碍发展的消极因素，激发社会成员的创新动机和创新能力，促进传统的区域经济社会运行机制向富于竞争性和创新性的区域发展机制转变。

三、区域战略调整和发展模式创新

新时期的转型发展，最重要的是适应新的趋势、新的条件和新的目标，创新区域发展的战略模式，在国内外的分工格局和竞争关系中获得最大的主动权。

战略调整和战略转型是发展模式创新的重要内容。中国转型发展时期是经济运行节奏加快和产业结构变化、升级较快的时期，同时也是世界经济大环境条件发生重大变化和各国经济风险增大增多的时期。这种时期的特殊性加大了经济预测、形势判断和战略决策的难度，对区域战略调整和发展模式创新提出了更高要求。全国以及各级各类区域，都需要适应新的变化，以迎接严峻挑战的精神准备进行发展战略调整和战略转型，逐步形成适应国情、地区区情和信息化趋势的发展模式。

事实上，由于在快速发展时期对发展趋势认识不足并由此导致的战略调整的滞后，我们已经付出了一定的代价。“十一五”期间，东部沿海地区的经济状况和产业结构就开始了转折性变化。多数省市在连续实现了近30年的高速增长之后，陆续出现经济下行甚至严重滑坡的现象。以传统产业为主的长期高速增长，使衣食住行等主要消费品领域的需求增长空间越来越小，交通、通信、农业、城镇等基础设施的瓶颈制约基本上得到消除，传统产业所能提供的消费品和生产资料、公共服务等领域的市场趋于饱和，经济增长的基数持续扩大，产能过剩越来越普遍并日趋严重，土地、矿产等资源和能源更为紧缺，劳动成本提高，加之金融危机带来的国际市场需求锐减、人民币汇率走向市场化和出口退税减少，环保和节能减排压力加大，支撑经济高速增长的一系列重要因素和环境条件发生了重大变化。工业、外贸增长速度持续放缓，纺织、服装、部分原材料和建筑材料等传统产业呈现萎缩之势，投资增长速度受到极大制约，经济效益下降，大量企业陷入亏损、破产境地或因不能达到环保标准而被强制关闭，优胜劣汰的法则促使低水平的生产力、低端的产品及其生产企业陆续退出市场。但同时，一些高新技术产业、技术密集行业、新型服务业则保持着快速、强劲的增长。显然，东部地区已经不是要不要进行战略模式的调整、转型和创新，要不要进行产业结构升级的选择问题，而是怎样进行和如何更快进行的问题。长期以来在政府用行政方式调整产业结构而不能奏效的地方，市场用“看不见的手”进行着更具有强制性的“调整”。加强自主创新，加快科技成果转化，提高产业结构水平和各类产业的信息化水平，以更有效的方式进入工业化繁荣阶段，完成工业化的历史性发展任务，成为东部沿海地区进行发展战略模式调整、转型的基本方向。

东部的转折性变化在“十二五”期间陆续传导到了全国各类地区。与东部地区的变化密切相联系，中、西部地区也在进行着相应的结构变化，增速放缓、产能过剩、经济下行成为全国性的普遍现象。事实告诉人们：以传统产业和传统发展方式为主的高速增长只是经济发展长过程中的一种特殊阶段，当这一特殊阶段结束后，经济增速必须回到与新时期的条件相适应的合理区间，相应地，经济发展的主要推动力、主要的结构关系和利益关系，以及体制、政策、战略模式和管理调控方式等，均应发生适应新条件的变化。高速增长在解决了它所面临的一系列重大而紧迫的问题之后，必须陆续让位于中速和低速增长。经济发展必须转到新的轨道、实行新的模式，并保持与社会总需求增长相适应的速度。中央及各类地区、行业、企业必须进行相应的战略调整，各类经济主体必须自觉、主动地实现自身转型并推动宏观经济转型，在转型中实现新式的高质量的发展。

在转型中实现新式的高质量的发展，区域非均衡增长规律依旧在发挥作用，但其作用的特点与高速增长时期有所不同。因此，带动转型和发展的各类增长极必须具备新的结构、机制和功能。各类区域要成功实现转型发展，必须探索和实施新的发展模式。这种新的发展模式必须包含建设新的增长极的内容，由新的区域增长极来带动新式的发展。东部地区要由过去的以传统产业增长极建设为主转变为以战略性新兴产业为主导的增长极建设为主，通过增长极体系的革新和转换，带动区域经济进入高技术产业和现代服务业为主导的新阶段。中西部地区在结构调整、结构升级方面既有与东部相同的条件和任务，也有与东部不同的条件和任务，其增长极战略调整和创新的基本方向，是通过建设传统产业与战略性新兴产业、工业经济与信息经济混合型的增长极体系，带动新型工业化更快发展，既解决传统产业发展不足、经济实力增长缓慢的老问题，同时又适度跨越式地解决信息化、知识化水平低和新兴产业更为薄弱的新问题，缩短由工业化中期阶段到后工业阶段的发展进程，利用好新的条件，实现与东部地区的一体化发展。

第二章

区域非均衡增长规律和增长极理论

第一节　区域非均衡增长规律

一、经济发展中的非均衡规律

在人类社会发展史上，特别是近代以来的工业化发展过程表明，区域经济总是通过以非平衡发展为主的一定阶段和一定形式，实现经济要素向条件优越的地区集聚，由此导致条件相对优越的地区实现快速增长并率先发展成为经济相对发达的核心地区，与外围地区在发展水平上形成迅速扩大的差别；这种非均衡的或极化发展的状况持续到一定程度，相对发达的核心地区加快速度向外围地区扩散经济能量，形成周围地区更快发展的新特点和新阶段，最终实现核心地区与外围地区的相对均衡发展；在相对均衡发展的基础上，又产生出新的非均衡发展条件，并开始下一周期的非平衡到平衡的发展过程。由不平衡到相对平衡再到新的不平衡，这种循环式的周期变化是迄今一切经济形态下区域发展的普遍规律。

与经济发展的这种非均衡规律大体相适应，社会领域中政治、思想、科学、文化的发展，同样遵循着由不平衡到相对平衡再到新的不平衡的周期变化规律。在每一历史时期，与已经形成和正在形成的经济核心区与经济外围区并存的状况大体相对应，也在形成政治、思想、科学、文化的核心区与外围区并存的状况，后者与前者往往是大体上重合但又不完全重合，体现出经济发展与社会发展在发展能力的形成和分布上、在发展水平的地域差别和地域关联上遵循着同一规律，但规律发挥作用的具体形式各有不同。

其实，自然界也普遍存在着类似的非均衡发展规律。宇宙演化过程中，物质的分布和物质形态的演变呈现出典型的极化发展特征。行星、恒星、星系、星系团、黑洞、星云等，其核心与外围的物质密度、物质结构以及温度等，从来就是处于极大的反差之中的。生物演化过程中，从细胞、器官、生命个体到物种、生物群落、生态系统等，其内外部结构和空间分布则具有形态更为复杂的极化发展特征。

客观外界的非均衡发展规律反映到人的思维领域，则形成思维的非均衡活动特点和非均衡发展过程。其中较为典型的，就是人在获取大量感性认识、经验知识的基础上，使认识活动向事物的本质和本质之间的联系上深化，最后获得反映事物本质和事物运动发展规律的理性知识这一过程。人类从这样的认识过程中所形成的任何知识系统，都具有知识和智慧在人与人之间、在不同的认识领域之间和不同的认识阶段之间相对密集与相对稀疏的差异，具有真理成分相对多与相对少的差异。人们在认识和解决各种实际问题中，也普遍存在着集中力量解决本质问题、核心问题或重点问题与兼顾其他问题的非均衡原则。不难理解，人们认识和解决经济、社会发展的实际问题，必然要优先认识和解决那些关系整体发展的重点领域、重点地区、关键环节上的问题，遵循非均衡的思维、决策和实践的原则。

可以说，非均衡发展规律是存在于客观世界和人的主观世界的一条普遍规律。甚至可以进一步认为，正是受非均衡发展规律的支配，事物才能在低级的发展状态中通过在一定的时间和空间范围内凝聚发展要素和发展能力，产生出向高级状态发展的新因素并过渡到高级的整体发展状态。

发展经济学家、诺贝尔经济学奖金获得者威廉·刘易斯认为，“不同的地区具有不同的增长潜力”，从经济学的观点来看，“应该把资源配置在对国民收入做出最大贡献的地方，或者是对国民收入的增长率——如果它是所选择的目标的话——最有促进作用的地方①”。

新古典增长理论认为经济增长与发展具有内在的均衡倾向的论断，受到持非均衡发展观点者的批评。“在实际经济生活中，不同区域、不同国家或不同经济部门的繁荣与衰退常常并存，这些区域、国家或部门之间形成了巨大的收入差别和价格差别。第三世界的发展中国家的发展问题，发达国家存在的农业、重工业以及矿产业和造船业的衰落问题，都使人们对新古典阐述的市场具有自动实现均衡功能的学说产生怀疑。”与新古典理论相对立的是极化理论，该理论提出了经济发展的非均衡和趋异倾向的观

① （美）威廉·刘易斯著，何宝玉译：《发展计划》第59、65~66页，北京经济学院出版社，1989年版。

点，认为经济发展过程不是导致均衡，而是导致区域差别的强化[①]。

其实，经济增长与发展既具有内在的非均衡倾向，同时又具有内在的均衡倾向，二者是一种既对立又统一的关系。但是，前者是绝对的、在发展中一般起决定性作用的，后者是相对的、在发展中一般起非决定性作用的。经济发展过程中总是存在一种与导致非均衡发展的力量相反的力量——导致均衡发展的力量。极化理论虽然也指出了有这样一种力量，即扩散效应等，但是极化理论的代表人物没有精确地说明，这究竟是一种什么力量，这种力量什么时候占优势，什么时候不占优势。实际上，导致均衡发展的主要力量，就是与在极化发展中获得好处的相对少数的经济主体相比，数量更大的另一类经济主体追求经济利益均等的力量，此外还有非均衡发展的潜力随发展过程的延续逐渐消减、均衡发展的潜力相对增大的其他力量。

因此，从本质上看，非平衡发展是区域经济由相对不发达状态向某种发达状态过渡的必经阶段和必要形式，具有绝对性的特点，而平衡发展则主要是区域经济发展主体的一种要求和发展所达到的一种阶段性结果，具有相对性的特点。区域在空间上的发展规律，体现为绝对的非平衡发展与相对的平衡发展相结合的发展过程或发展状态。可以将这种规律称之为非平衡发展规律，其基本内容似乎应当概括如下：区域经济总是通过以非平衡发展为主的阶段和非平衡发展的一定形式，实现经济总量的快速增长和经济结构的较快升级，最终达到相对发达和相对平衡的发展水平，然后又开始下一周期的非平衡－平衡发展；由不平衡到相对平衡再到新的不平衡的循环式周期转化，是区域经济发展的普遍模式。

利用“不平衡——平衡——新的不平衡”这种规律的积极作用规划和引导区域经济发展，是包括中国在内的世界各国促进经济较快增长和实现区域之间协调发展的普遍经验，当然也是中国今后实现区域协调发展的基本途径。实现全国区域经济的协调发展，首要的和根本的目的是实现一定条件下的速度最快和效果最好的发展，因此必须遵循包括非平衡发展规律在内的区域经济发展的多种客观规律，针对极化作用不足、聚集效益低等突出问题，适应经济要素向核心地区聚集的趋势，充分发挥增长极聚集先进生产能力和辐射带动周围地区发展的积极作用。

增长极理论是反映非平衡增长规律的主流理论，点—轴开发理论、核心—边缘理论、圈层结构理论等是增长极理论的延伸和发展。这些理论主张将有限的资源集中投入在综合条件优越、经济增长潜力相对较大的少数地点或条带上，形成聚集经济的优势，产生发展能力、经济效益和经济利益的累积效果，增强吸引外部投资、自我发展和向周围扩散经济能量的能力。

---

① 陈秀山、张可云：《区域经济理论》，第195～196页，商务印书馆，2005年版。

二、区域非均衡增长规律的作用形式

非均衡增长规律是通过怎样的具体形式来推动区域的非均衡—均衡发展的呢？这种作用的形式大致有以下几方面：

一是综合条件最优越的地区经济增长最快，逐渐形成一定区域范围内的高增长“空间点”。这里所说的“综合条件最优越”，不仅包括自然资源、地理位置、交通、已有的经济基础等硬件条件，也包括学习和创新能力、思想文化、传统习惯等精神因素。相对于其他地区，经济主体在综合条件最优越的地区投入等量的经济要素（劳动力、资金、物资、以技术为主的知识等），能够获得较多的产出，从而能够获得较多的经济利益，因而就具有持续增加投入以实现经济利益最大化的强烈动机，由此使综合条件最优越的地区比其他地区更易于形成“投入—产出—更大的投入—更多的产出”这样的高增长良性循环。

二是高增长地区等量投入能够获得较多产出的利益效应，使这样的地区成为“利益高地”，吸引更多的经济主体到该地区从事经济活动，从而吸引越来越多的经济要素向该地区聚集。这种聚集在一定的自然规律、技术规律和经济社会规律的作用下形成最有利于经济增长的要素组合形式和经济结构模式，产生出以先进技术为核心的新生产力和先进的生产组织形式，并产生出适应这种形式和模式的优越的体制、机制、政策等。其中，创新活动密集、活跃是产生先进技术、新生产力、先进的生产组织形式和新的体制、机制、政策的决定性因素。正是要素的聚集及其必然产生的创新能力的形成和增强，推动了经济的快速增长、经济效益的提高和经济组织不断进步、经济结构高级化相统一的发展过程，使“利益高地”出现经济繁荣的局面。

三是伴随着经济繁荣的持续，高增长地区产生的先进生产能力和先进的生产组织形式，以及适应这种形式的新的体制、机制、政策等也不断得到改进、完善、成熟，以至于将这些先进的生产能力和体制、政策等运用于综合条件次优地区、综合条件一般化的地区甚至综合条件较差的地区也能获得较高水平的产出和较多的经济利益，于是这些先进的生产能力和体制、政策等便由高增长地区输出、“溢出”到综合条件次优地区、综合条件一般的地区甚至综合条件较差的地区，使这些地区成为吸引经济要素聚集的次高增长地区和一般增长地区。

四是高增长地区经济繁荣和要素聚集的持续进行逐渐产生出相反的结果：土地、劳动力、技术等要素成本上升，主要的优势资源趋于枯竭或失去竞争力，发展潜力呈消减趋势，经济效益下降，经济主体的利益增长达到极限并开始下降，越来越多的经济主体寻求在高增长地区之外获得更高的投资效益和经济利益。这种变化使次高增长地区和一般增长地区获得了要素快速聚集和经济快速增长的机遇，以前高增长地区上升和繁荣的发展过程，现在则在次高增长地区和一般增长地区开始重演，新的更多的高增长地区陆续形成，原先的一极兀立、周围萧条的区域经济状况转变为多极并起、多点关联并逐步趋于一体化发展的新局面。

五是在政府政策的干预下，上述作用形式会有很大的变化。政府可以通过实行一定的经济政策，使某些综合条件较差的地区具备与综合条件优越地区大体差不多的优越条件，如政府支持建立的各种开发区、特殊经济区、自贸区等等，使非均衡增长规律发挥出在一定区域的多个“空间点”上形成增长极的作用，从而产生出“多极化”的相对均衡增长效果。如我国在20世纪60年代中期至70年代后期进行的三线建设，就产生了类似的效果。改革开放以来中央和地方政府在发达地区、次发达地区和欠发达地区支持建立的各种经济特区、开发区、产业园区、自由贸易试验区等，大多数都获得了类似的积极效果。

三、区域非均衡增长规律的负面效应

（一）非均衡增长理论的有关观点

非均衡增长规律有其造成企业、行业和地区间发展差距过大，发展动力单一甚至产生严重危机等一系列消极作用，对此，现有的非均衡增长理论也有反映。

增长极理论的创始人法国经济学家佩鲁认为，作为行业性增长极的“推动型单位”，对其他经济部门的影响作用既有积极的“推动效应”，也有消极的“制动效应”。这种消极的“制动效应”包括：推动型单位以其优势吸引其他经济部门的生产要素；运用自己拥有的市场权力施加负面影响；阻碍其他经济部门的创新。

“累积因果”理论指出，增长极的负面效应是它的“回流效应”，强调通过政府干预来削弱“回流效应”，强化“传播效应”，实行“诱导的发展极”政策，克服地区经济不平等的弊端。

我国的有关区域经济学家指出，在一个区域经济体系中，发展的进程是趋向均衡还是极化（非均衡）取决于扩散效应占优势还是回流（吸收）效应占优势。国外学者对此看法不一。赫尔希曼对此持乐观看法，认为从长期看是趋向均衡。缪尔达尔则持悲观看法，认为极化效应是主导性的发展趋向，尤其是那些穷国和落后地区更是如此。他认为，两种效应的相对比重取决于交通、通信等基础设施水平、文化教育水平、企业发展潜力等因素，这些因素同发展水平联系在一起。

按照极化理论的观点，发展与不均衡或不平等是密不可分的。之所以如此，是因为发展本身就不是均衡分布的，它集中在少数区域并通过与吸收效应相连的过程阻碍其他区域的发展。根据所引起的消极的循环累积过程来解释，欠发展同样是自身的原因作用的结果，或者如有人针对发展中国家所说的“国家之所以穷就是因为穷”。

因为市场机制的作用不是导致均衡，而是导致发展差距的强化，所以按照极化理论的一些代表人物的观点，主张通过国家的经济政策实现区域经济发展的均衡，或者至少是不能使区域之间（或国家间）发展的差距过大。①

（二）我国其他经济理论的有关研究

我国市场经济的发展过程也显示出极化效应具有其消极性的一面。这方面的研究指出，前沿技术进步一方面推动着工业生产力的快速增长，另一方面也加剧了落后企业相对前沿的技术效率差距。大中型工业企业的全要素生产率不断提高，这些呈极化式发展的企业与其他企业之间的差距则逐渐扩大，使过多的企业处于生产率的落后状态，行业的整体发展过分依赖少数极化发展的企业，从而严重阻碍了行业的整体生产率增长。与行业内企业间的这种差距扩大的趋势同时存在的，还有行业间差距的扩大趋势，即开放程度高、竞争性强的行业的全要素生产率增长快，高度垄断、开放程度低的行业生产率增长慢，甚至出现下降的局面。显然，完全不加以限制、引导、干预的极化发展，容易导致发展动力单一、整体效率和效益提高缓慢的弊病。对这种既有积极效果又有一定的消极效果的非均衡发展规律的作用，政府政策的正确引导应当是：在保持极化发展有效推动技术进步的同时，通过加强竞争和提倡比学赶帮，缩短行业内各企业间的效率差距，提高行业整体的技术效率水平②。

在我国改革开放的最初十几年，外商直接投资企业由于其技术和管理的先进，往往成为所在地区的企业式增长极，在区域经济发展中能够发挥重要的带动作用。但是研究表明，这种极化程度过高，即“三资”企业与所在地企业之间的技术和管理差距越大，越不利于“三资”企业技术和管理知识溢出效应的产生。因此，要鼓励和推动FDI（外国直接投资）产生积极的溢出效应，政府应该做的恰恰是扶持本地企业的发展，同时大力发展本地的教育培训，提高本地人才的学习能力，使企业和人才更多更快地学习和掌握外国企业的先进技术和管理知识，这样才能充分发挥FDI的积极作用。③

企业、行业以及人才、知识等要素在地域上的高度聚集，同样也会导致不同地区

① 陈秀山、张可云：《区域经济理论》，第201～202页，商务印书馆，2005年版。

② 涂正革、肖耿：“中国的工业生产力革命”，《经济研究》2005年第3期。

③ 袁城、陆挺：“外商直接投资与管理知识溢出效应：来自中国民营企业家的证据”，《经济研究》2005年第3期。

之间差距扩大的类似弊病。有关研究表明，1996～2003年我国各省市对现有技术的利用效率的差距逐渐扩大，其中效率降低较大的主要是西部地区。①

（三）我国经济发展中的二元结构特征

我国长期以来经济相对发达区域偏集于东部沿海地区。经过新中国成立以来70多年的开发建设，全国性的生产力布局及相应的开发建设方式，与国家工业化的水平大体相适应。先后经历了以点式开发、线式开发为主的初级阶段，非均衡增长规律在这些阶段中产生的最主要的消极作用，就是形成了工业与农业、城市与农村彼此分割的“二元结构”。尽管在20世纪50年代至70年代国家运用行政手段在西部地区布点了大批建设项目，并且从东部向西部迁移了一批企业、科学技术研究机构及一定数量的劳动力，显著地改变了西部经济过于落后的状态，但由于东、西部已有基础和综合条件相差悬殊，两类地区间经济发展的不平衡状况没有得到根本改变。至“九五”期间，全国的开发建设基本进入了以大网络式开发为主的阶段，地区间相对均衡发展的程度有所提高，但是中西部地区的“二元结构”并没有发生根本性变化。70年间，各级政府根据国情、区情特点和国家、地区的发展需要，也曾自发地或自觉地运用增长极原理和相对均衡发展理论进行生产力布局的安排和调整，在加快重点地区建设、实现地区间的协调发展方面取得了巨大的成就，同时也有注重重点地区发展而忽视均衡、协调发展和注重均衡发展而忽视重点开发、极化效应等许多教训。

地区发展不平衡性是中国国情的基本特征之一，这其中就有自古代以来各个历史时期出现的“极化”发展及其长期累积的原因。古代经济的极化发展虽然不像近代以来工业化发展中区域增长极的作用那么典型，但不同时代区域非均衡发展的规律及其形成“增长极”的基本机制是相同的。改革开放以来全国经济的高速增长，各类增长极发挥了主导的作用，其中最主要的增长极就是沿海地区的经济特区、中心城市、城市群，其次是内地的中心城市和城镇密集地区。改革开放初期的十几年，国家实行建设重点向东部倾斜的政策及相应的生产力布局政策，使东部地区连续20多年保持领先全国的快速发展，经济实力迅速增强，出现了一批辐射作用极大增强的企业、行业、城市、城镇密集带。其中，长江三角洲地区、珠江三角洲地区和环渤海地区成为增长最快、发展水平最高的全国性增长极。但同时，极化发展也造成了东西部之间差距过大和生产力布局失衡的新问题，连带产生的许多困难和危机因素有加剧之势。

改革开放40多年间，政府实行非均衡发展的政策和市场产生的自发性非均衡发展作用的共同效果，一方面加快了经济发展的速度，另一方面却都不同程度地产生了扩

① 岳书敬、刘朝明：“人力资本与区域全要素生产率分析”，《经济研究》2006年第4期。

大地区发展差距和居民收入差距的效果。至 90 年代中后期，东部与中西部之间的发展差距迅速扩大，以西部为主的欠发达地区发展过于落后，贫困面积大且人口多，地区之间不协调关系及其产生的诸多问题等，使经济结构不合理更加严重。西部 12 省（市、区）GDP 与东部 10 省（市）的比例，1990 年为 0.44∶1，1995 年为 0.35∶1，2000 年为 0.32∶1；西部与东部城市居民人均可支配收入的比例 1990 年为 0.92∶1，1995 年为 0.88∶1，1998 年为 0.86∶1。从 1982 年到 2007 年，东部城镇化率由 24.1% 上升到 52.8%，上升了 28.7 个百分点，中部由 19.9% 上升到 39.4%，上升了 19.5 个百分点，西部由 16.6% 上升到 36.96%，上升了 20.4 个百分点。西部地区由于城镇化水平低，尤其是大中型城市的数量和人口容量太小，城镇带动区域经济发展的能力过于薄弱，地方工业缺乏良好的发展载体，使大片农村长期处于落后、闭塞、贫困的状态，二元结构的状况长期得不到改变。地区之间在增长速度、收入水平、城市化、市场化、生产率等方面差距的扩大，增大了体制改革、结构调整和宏观调控的阻力，积累着各种危机和社会不稳定因素。

这期间中央和地方政府虽然也采取了抑制非均衡发展、缩小地区发展差距的一系列政策，不同程度地延缓了地区发展差距和居民收入差距扩大的速度。特别是进入新世纪以后，中央陆续实行西部大开发战略和促进中部崛起、振兴东北老工业基地等重大政策，中、西部和东北地区基础设施建设步伐加快，较快形成一批新的城镇和产业密集区，东、中、西三大地带之间以及各地带内部的不平衡状态初步得到改变，地区之间发展水平和居民收入的差距出现缩小趋势。“十一五”末到“十二五”初，一度出现了西部 GDP 增长速度快于中部、中部快于东部的局面。根据《中国统计年鉴》《中国区域经济统计年鉴》、全国人口普查资料的有关数据及对其进行的一些推算，西部地区 12 省（市、区）GDP 占全国的比重，由 2000 年的 18.6% 上升为 2010 年的 20.3% 和 2013 年的 22.2%，人均 GDP 2000 年相当于全国的 66.4%，2010 年相当于全国的 74.1%，2013 年相当于全国的 82.3%；西部地区 GDP、人均 GDP 与东部 10 省（市）的比例，由 2000 年的 0.32∶1、0.41∶1 分别上升为 2010 年的 0.35∶1、0.46∶1 和 2013 年的 0.39∶1、0.55∶1，地区之间发展差距缩小的趋势在这一时期较为明显。

但是，地区之间发展差距缩小的过程存在着起伏。2015 年和 2017 年，西部 12 省市区 GDP 占全国的比重分别回落至 20.1% 和 19.9%，人均 GDP 相当于全国人均 GDP 的 78.3% 和 75.2%、相当于东部地区人均 GDP 的 55% 和 53.3%，居民人均可支配收入分别相当于全国平均水平的 84.9% 和 77.5%、相当于东部地区的 72.2% 和 60.2%。地区发展的绝对差距依然很大。虽然国家实施西部大开发战略和促进中部崛起、振兴东北老工业基地的政策效果明显，但由于中西部和东北地区地域广大，条件复杂，大片地区长期处于落后状态所积累的问题很多，缩短落后地区与发达地区发展差距的任务还非常艰巨。尤其是西部地区综合环境条件差，深加工制造业和高端产业投资不足，发展缓慢，经济持续、稳定发展的基础支撑条件脆弱，经济实力和经济发展能力在全国所占的比重与其人口在全国所占的比重极不相称，极大影响了全国协调发展的效果和效益。

西部各省市区之间的差距呈迅速扩大的趋势。根据国家统计局提供的资料，甘肃省与陕西省的实际经济总量之比，1990 年为 0.60∶1，1995 年为 0.62∶1，1999 年为 0.60∶1，2005 年为 0.53∶1，2010 年为 0.41∶1，2013 年为 0.39∶1，2017 年为 0.34∶1；甘肃与内蒙古的经济总量之比按上述各年分别为 0.76∶1、0.75∶1、0.71∶1、0.50∶1、0.35∶1、0.37∶1、0.46∶1。

城市与农村之间的发展差距，90 年代基本上是逐渐扩大，2000 年以后略有缩小。以城市人均可支配收入与农村居民人均纯收入的比例为例，1990 年全国为 1∶0.45，1995 年为 1∶0.37，2000 年为 1∶0.36；2005 年为 1∶0.31，2010 年为 1∶0.31，2013 年为 1∶0.33，2017 年为 1∶0.37。其中，2009 年城市人均可支配收入与农村居民人均纯收入的比例东部地区为 1∶0.34，中部地区为 1∶0.33，西部地区为 1∶0.27，东北地区为 1∶0.38；2013 年上述地区城市人均可支配收入与农村居民人均纯收入的比例分别为 1∶0.33、1∶0.37、1∶0.37、1∶0.30 和 1∶0.43；2017 年上述地区城市人均可支配收入与农村居民人均纯收入的比例分别为东部 1∶0.39、中部 1∶0.41，西部 1∶0.35，东北 1∶0.42。虽然城乡差别有缩小趋势，但绝对差距在 1～2 倍以上，而且西部地区城乡差距更大。

一些省（区）内部相对发达地区与落后地区的差距也呈扩大之势。如云南省的研究资料表明，1978 年到 2006 年的近 30 年间，云南各地区经济发展的绝对差距总体上越来越大，两极分化愈加明显。1978 年，发展水平最高的昆明市与发展水平最低的文山和怒江州人均 GDP 之比约为 3.5∶1。到 2005 年，发展水平最高的昆明市与发展水平最低的昭通市人均 GDP 之比约为5∶1。位于滇中的昆明、玉溪地区是全省最富裕的地区和全省的增长中心，其国土面积仅占全省的 7.9%，人口占全省的 16.17%，GDP 总值占全省的比重则由 1978 年的 27.1% 增加到 2006 年的 44.64%；而昭通、文山、迪庆、怒江、临沧、普洱等地市成为全省最贫困的地区，这些地区的国土面积占全省的 41.5%，人口占 31.4%，GDP 总量占全省的比重则由 1978 年的 22.8% 下降到 2006 年的 16.2%①。到 2012 年，昆明市人均 GDP 相当于云南全省平均水平的 2.5 倍，相当于保山市的 3.6 倍、昭通市的 5.8 倍，差距比 2005 年继续扩大。②

与云南相类似的情况，在贵州、西藏、重庆、四川、甘肃、青海、宁夏、新疆等

① 李灿光、潘玉君、胡利人等：《区域发展研究：发展条件与空间结构》，科学出版社，2007 年版。
② 资料来源：2013 中国省市经济发展年鉴。

西部省市区也普遍存在。如甘肃省经济相对发达的兰州—白银地区和酒泉—嘉峪关地区，人口约占全省的23%，从20世纪90年代后期到2012年，GDP总值约占全省的将近一半，工业增加值占全省的一半以上，人均GDP为全省人均水平的两倍；兰白和酒嘉地区与经济较落后的陇南—临夏地区人口总数之比约为1:0.7，GDP总量之比为1:0.15，人均GDP之比为1:0.2。[①]

尽管非均衡增长规律有其负面效应，但充分利用其积极作用、最大限度地限制其消极作用始终是促进经济发展的重要政策取向。

第二节　区域增长极理论

国际上有关区域经济增长与发展的经济理论有两种相互对立的流派，即新古典均衡理论和非均衡的极化理论或增长极理论。前者认为，由于区域内资本积累和区域间要素和产品的流动机制的作用，可以实现区域的均衡增长与发展。后者的基本观点是：经济发展过程本质上是非均衡的，其基本趋向是区域差别的强化，即“贫者愈贫，富者愈富”。后一流派的另一些学者认为，在区域差别强化的发展过程中，可以通过政府政策的干预使区域发展差距呈缩小趋势。

一、现代增长极理论的产生

最早提出极化理论或增长极理论的代表人物是佩鲁。早期的极化理论既论证了部门之间的非均衡发展，也论证了区域之间的非均衡发展，把区域发展的极化现象看作是部门极化的一种结果，并注重研究经济发展与社会发展、政治发展的相互联系和相互影响，强调平衡区域之间收入分配的差别。

最早提出的增长极理论构筑在对创新扩散进行分析的基础上，把区域发展视为一个创新扩散以及这种扩散的演进过程。这一理论的创始人法国经济学家弗朗索瓦·佩鲁（F. Perrour），以熊彼特的创新理论为基础，指出经济增长不是遵循均衡的路径，而是发源于“推动型单位”，经济增长首先出现在具有创新能力的企业或部门，形成发展的核心，这种核心是一种具有创新优势的“产业极”或“活动极”，在经济空间中发挥着类似“磁极”的作用，吸引周围的经济要素向中心积聚，同时产生外部经济能

① 资料来源：甘肃年鉴、中国省市经济发展年鉴。

力，对其他经济要素、企业、行业具有支配作用，并通过诱导、推动产生带动许多企业、行业发展的乘数作用。佩鲁的增长极理论有两个重要的并且是紧密关联的思想观点：一是增长极的真正极核和真正主体是富于创新优势的企业；二是增长极发挥其支配性聚集—扩散效应的力量源泉是它的创新能力。

佩鲁所说的“推动型单位”实际上是企业型、行业型的增长极，即现在人们所指的创新型骨干企业和主导行业、支柱行业、重点行业，这一理论反映了经济增长的一条重要规律——创新推动下的非平衡发展规律。佩鲁的观点为增长极理论的发展奠定了重要的基础。

法国地理学家布德维尔（J. R. Boudeville）和拉塞（J. R. Lasuen）把佩鲁的抽象性经济空间落实到现实的地理经济空间，提出增长极的发展功能直接同城市的聚集模式联系在一起的“区域发展极”概念，认为一个增长极或增长中心的形成离不开一个城市的聚集优势和多种功能，增长极就是位于城镇或其附近的区域推进型产业的复合体，是引导区域经济进一步发展的地理“增长中心”或区域经济增长的“发动机”。在区域发展初期，投资应当集中于这种增长中心，使增长由中心向周围地区传播；如果一个不发达国家或地区缺少发展极，就应该建立一系列推动型产业，使之聚集成为增长极，推动经济增长。城市作为增长极，它对腹地的增长刺激不是无条件地在空间持续扩散，而是从最高一级的中心城市逐级向低一级的城市地区扩散，因而不同等级的城市有着不同的发展机会。

布德维尔等人关于增长极及其形成和发展机制的理论，是典型的增长极核开发模式或称据点开发模式理论，认为要开发和建设一个地区，不能一开始就在面上铺开进行，而应当集中建设一个或几个据点，即先把作为区域开发中心的城市经济基础打好，通过加强城市的开发和建设来影响和带动周围地区的发展。

布德维尔理论的重要观点实际上在以德国经济学家韦伯（Alfred Weber，1868～1958）为代表的区位理论和以德国地理学家克里斯塔勒为代表的“中心地理论”的一些学派中早就有反映，只是反映的角度不同而已。韦伯、廖什的工业区位理论对产业聚集区、城市、城市群的形成、演变的推动力的研究，包括了成本推动、市场和消费推动、利润推动，以及集聚因子的综合推动等内容，指出了工业集聚的最佳区位也就是能够获取最大利润的地点。克里斯塔勒、廖什的中心地理论对城市的数量、规模、等级、分布规律进行了研究，提出了“中心地系统”概念，与布德维尔等人的增长极理论形成十分相似的观点和应用效果。

增长极理论认为经济活动的集中化导致创新，创新在增长极的功能中处于中心位置。由创新产生的发展优势又进一步吸引经济活动，强化了经济的聚集优势和创新优势。而发展能力弱的区域则吸收创新要素少，因而其未来发展的条件会变得相对更差。

拉塞认为，一个国家的经济发展和城市化模式是创新吸收过程在时间上和空间上的轨迹；创新的扩散是一个循环累积的过程，即城市由于其经济活动的聚集优势及其形成的发展优势，比外围农业区域容易吸收创新，能够接受到更强烈的发展刺激，并且能巩固和扩展它的优势；越是发展了的城市化区域，其创新的吸收越好、越快，在这些区域创新会得到更好的扩散，创新扩散的速度会越来越快，由此导致了创新累积地区与创新薄弱地区之间不断扩大的反差。拉塞所说的这种情况在一些发展中国家尤其在中国的西部地区相当普遍。中国西部的12个省市区，几乎毫无例外地存在着省会城市及其周围地区与大面积边远、落后地区之间在发展水平、发展能力、“创新累积”等方面的巨大反差，其中如甘肃、青海、云南、贵州等省，在这方面最具有典型性。

二、增长极理论的发展

增长极理论经过几十年的发展，先是把据点式的“增长极”扩展到“增长地区”或“增长轴”，形成了地域经济开发的“点—轴”系统理论；该理论的进一步发展又把各类城镇视为地域范围内从事经济开发的中心地，将“点—轴”开发与“面”的开发有机地结合起来，形成“点—轴—面”多层次的开发模式。这一模式主张区域经济开发和建设重点可由点到轴、由轴到面逐步推进，从而带动整个区域的全面开发。

自20世纪中期以来，增长极理论被许多国家运用于制定区域经济政策、经济发展规划和发展战略之中，发挥了极为重要的作用。

以增长极理论为主流的非均衡增长理论的主要学派及代表性观点主要有：

（一）“累积因果”理论

区域增长极理论的代表人物瑞典学者缪尔达尔（G. Myrdal）和德裔美国发展经济学家赫尔希曼（A. O. Hirschman），其核心思想体现在“累积因果”理论中。

缪尔达尔提出了循环累积因果过程的观点。缪尔达尔和卡尔多认为，经济发展在地域上并非同时产生和均匀扩散，而是通过“回流效应”（极化效应）和“传播效应”（扩散效应），以非平衡的形式实现的。“累积因果”学派的卡尔多—狄克逊—瑟尔沃尔模型揭示了规模经济、报酬递增、专业化水平、生产率提高等相互作用产生的利益的循环累积机制，指出不同区域之间企业发展的不平衡，如一些区域的企业获得发展和另一些区域的企业倒闭这种不平衡发展，通过循环关系导致形成了以工业为主导结构的繁荣区域和以农业为主导的停滞区域，亦即“中心”区域和“外围”区域。资本流动和国际间自由贸易总是有利于繁荣区域的发展，使“中心”区域的聚集优势得以增加，区域内的需求增长则提高了人们对未来利润的预期，并导致投资的持续增加，吸引停滞区域的资本流入，加剧停滞区域的衰退，强化着区域之间的发展差距。

赫尔希曼（A. O. Hirschman）提出主导部门和重点地区优先增长的极化理论，认为增长极发挥以极化效应为主到发挥以扩散效应为主，要经过一定的过渡时期，因而在区域发展中应当先发挥部门和地区增长极的极化效应，集中力量把资源投入前后向联系效应比较强的产业部门，经过长期发展，增长极的扩散效应将会超过极化效应，使地区差距趋于缩小。赫尔希曼把产业与空间、时间因素统一起来，使增长极理论朝实用性方向大大前进了一步。

“累积因果”理论强调政府干预的重要性，认为政府应当采取削弱“回流效应”、强化“传播效应”的“诱导的发展极”政策，干预市场机制运行过程，阻止极化力量，克服和消除区域发展差距及其造成的地区经济不平等的弊端。缪尔达尔建议发展中国家至少在一定时期内通过制定、实施经济发展规划，一方面强化均衡效应，削弱吸收效应；另一方面促进积极的循环累积过程，阻断消极的循环累积过程。政府可以采取诸如促进资本向落后区域转移或者限制这些区域资本流出，实行有选择的贸易壁垒政策防止自由贸易带来的消极影响，向落后区域进行投资以强化扩散效应（包括在交通、通信等基础设施建设方面的投资），刺激需求增长，促进经济发展进入积极的循环累积过程。

（二）核心—边缘理论（“中心—外围模型”）

以美国学者弗里德曼（J. R. P. Friedmann）为代表的核心—边缘理论是增长极理论向动态化、系统化发展的形态，该理论认为区域经济发展的主要形式，是通过中心地区的创新聚集或扩散资源要素，引导和支配外围地区，最终走向区域经济的一体化。该理论试图揭示随着区域经济的增长，区域经济的空间结构由互不关联、孤立地和非平衡发展的特征，演变为彼此联系的、平衡发展的系统结构特征的规律，认为核心与边缘形成区域经济的二元结构在进一步的发展中，如依次从前工业化到初期工业化、成熟阶段工业化、后工业化的发展过程中，将演变为核心与边缘相统一的结构，区域间的差距逐渐缩小，中心与外围的界限归于消失。维宁（D. R. Vining）在20世纪80年代也认为，在经济发展的早期阶段，人口、产业和资本会集中于各项基本设施较完善且费用较低的中心地区；到了发展中期，这种情形会逐渐地趋于缓慢；到了发展后期，因中心区出现外部不经济的现象，地价逐渐高涨、交通阻塞、噪音、空气污染及其他问题，人们便渐渐地转向外围区域发展，区域不均衡因此缩小。这就把以前带有很大抽象性的增长极理论放到了更加现实的区域经济发展的时空关系中，揭示了增长极及其发挥作用的机制随区域经济发展水平的提高和区域经济空间结构向高度化演化的过程而变化的规律。

弗里德曼强调综合创新在区域的“核心—边缘”发展模式中的主要作用，认为区域发展是通过一个不连续的但又是逐步累积的创新过程实现的。他所理解的创新不仅是指技术—经济意义上的创新，而且包括诸如新的组织形式和新的生活格调等方面的社会革新。发展通常起源于区域内少数的“变革中心”，创新由这些中心向周边地区扩散，周边地区依附于“中心”而获得发展。因此，发展本身就包含着极化过程。根本的革新只是在相对数量较小的城市地区亦即“变革中心”形成，这种“中心”是决定经济体系发展路径和发展过程的局部空间，而“外围”则是在发展中依附于“中心”的另一些局部空间，中心和外围共同构成了一个区域发展体系。弗里德曼指出了增长极的相对性和层次性特征，认为有些局部空间如一些城市区往往同时具有“中心”与“外围”的双重位置，它们相对于上一级中心是“外围”，受上一级中心的支配和影响，但相对于下一级中心地却是“中心”，占据着发展的优势地位。

核心—边缘理论对经济落后地区的发展有重要的指导作用，但这一理论对于像中国西部地区这种地域广大、自然和经济社会条件复杂多样的大范围区域的发展来说，仍然显得过于抽象，需要进一步向现实性过渡。我国西部地区经过近 70 年的发展，实际上形成了区域经济的多元化空间结构特征，即前工业化、初期工业化、中期工业化等不同阶段的经济形态同时共存，因而，其所需要的增长极及其发挥作用的机制就更为复杂。

（三）倒 U 模型

所谓倒 U 模型亦称倒“U”曲线，是指经济增长与区域平衡之间的依存关系呈现为倒“U”形曲线。这一观点是威廉姆逊（J. G. Williamson）于 1965 年提出的，认为在经济尚不发达的早期发展阶段，区域经济不均衡程度较低；在经济开始起飞的初期阶段，区域差异逐渐扩大，倾向于不平衡增长；当经济发展进入成熟阶段，全国统一市场逐步形成，发达地区投资收益递减，资本等生产要素向欠发达地区回流，区域差距趋于缩小。倒 U 模型揭示了经济增长与区域发展不平衡之间的动态性、阶段性依存关系，为制定区域发展战略提供了重要理论依据。

倒 U 模型论述了区域均衡发展与非均衡发展以及扩散效应和回流效应、渗透效应和极化效应并不是截然对立的，而是区域经济在不同发展阶段的两种具体形式，它们可以依一定条件相互过渡、相互转化的观点。当扩散效应小于回流效应时会导致区域差距加大，造成不均衡增长；反之，当渗透效应强过极化效应时，区域差距会缩小，进入均衡发展过程。按照倒 U 模型制定和实施区域发展战略时，要根据国家和地区发展阶段的不同，采取相应的发展策略。在区域发展的早期阶段，为实现经济顺利起飞，应扶持一些条件较佳的地区优先发展，将公共投资适度集中于这类地区，并通过贸易、关税等政策来保护该地区产业的稳定成长；在区域发展进入成熟阶段时，则应将公共投资更多转向落后区域，促使区域差距趋于缩小，实现经济的均衡发展。

（四）经济轴带理论

生长轴、发展轴、点—轴开发、条带发展理论等，可以统称为“经济轴带理论“。生长轴理论由德国学者沃纳·松巴特（Werner Sambart）于20世纪60年代初提出，把交通运输与区域经济发展直接联系起来，强调交通干线对经济活动的引导和促进作用，认为以交通线为“主轴”将逐渐形成一条产业带，依靠交通运输在现存增长极之间建立联系，把若干增长极结合为系统的产业带。美国学者沙利文等在20世纪90年代提出了将交通运输基础设施与沿线经济开发作为一个整体进行统一规划和建设的“发展走廊”思想。波兰学者萨伦巴和马利士提出了“点—轴开发”理论，后来被进一步发展成条带开发理论。经济轴带理论是增长极理论沿经济地理学的方向进一步走向系统化、实用化的较高级形态，它与核心—边缘理论同出一源，各有侧重又相互补充。这一理论对生产力布局、区域发展规划和发展战略的制定以及弱化二元结构等有着重要的意义。

（五）圈层结构理论

以狄更生和木内信藏为代表的圈层结构理论，是对增长极发挥聚集—扩散作用的地理空间结构机制进行深入研究的学派，认为大城市圈层由中心地域、周边地域和外缘腹地三种地带构成。其中，作为中心地域的内圈层是城市经济区的“原子核”，它所蕴藏的经济能量最大，成为城市向外扩散的源泉；城市向外扩展的方式是非平衡的，是沿区域性的交通干线形成轴线逐步蔓延的。圈层结构理论进一步发展成大区域经济圈理论，广泛应用于城市经济区和综合经济区的研究和规划之中。

（六）发展中国家的区域政策理论

一些研究发展中国家区域政策的经济学家阐发了这样一些重要的增长极理论观点：经济增长特别是更高的经济增长率将减轻贫困的程度，而经济停滞或滑坡则会使贫困加剧；企业、部门、地区的非平衡增长方式能够加快经济增长，因而是实现公平和快速减轻贫困的重要手段；非平衡增长理论与平衡增长理论是“一枚钱币的正反两面”，它们在本质上是统一的，增长极与非增长极之间“明确联系的力量最终会使发展复归平衡，而在最初阶段实行非平衡增长”①；区域经济发展中发生创新活动的地点的数量

① （美）吉利斯、波金斯、罗默、斯诺德格拉斯著，黄卫平总译校：《发展经济学》，第60、79页，中国人民大学出版社，1998年版。

是有限的，高级劳动力更倾向于在空间上的集中，他们的流动性促进了创新能力的“部分极化”，从而使某个区域的总体技术水平超过其他区域的技术水平；制定、实行增长极政策必须与国家和地区的城市发展战略相结合，有利于加强国家和地区的城市体系的作用，有助于城市和区域的一体化发展，避免增长极的孤立、零散布点；实行增长极战略要重视发展轴理论或多增长极理论的运用，促进中间级城市发展，扩大城市化，产生聚集经济效果。①

（七）新增长经济理论

以罗默（P. M. Romer）等为代表的新增长经济理论认为，技术知识的累积过程亦即创新过程是经济增长的发动机；国民经济的增长率是与在研究部门中投入的人力资本成比例的；投资于人力资本和技术知识生产的收益是递增的；区域经济政策的实施重点应该是促进创新过程和创新在空间上的扩散。新增长理论注重阐述和解释创新过程，分析影响创新的各种因素。认为区域网络在创新过程中发挥着重要作用。区域创新的主体首先是企业，导致区域创新差别的影响因素既有内部的又有外部的。区域环境、区域企业结构、企业战略、企业规模等都是影响区域创新的重要因素。

分析新增长理论的观点可以得出这样的结论：一个区域越是能够生产更多的技术知识，其经济的增长也就越快，因此，创新的形成和扩散是区域之间经济发展不平衡并经过一定时期回复到平衡状态的一个重要原因。

（八）新产业区理论和产业集群理论

熊彼特的创新理论从 20 世纪 50 年代起至少被经济学家朝两个方向予以引申和发展：一个方向是由佩鲁等区域经济学家朝增长极的方向予以发展，形成了以增长极理论为主线的非平衡发展理论；另一个方向是由技术创新学派予以发展，形成了索洛（S. C. Solo）、伊诺思（J. I. Enos）、弗里曼（C. Freeman）的技术创新理论和理查德．纳尔逊、佩特尔、伦德瓦尔等人的国家创新系统理论。这两个理论发展系列到 80 年代以后出现了汇合的趋势，波特的产业集群理论和国家创新系统理论可以看作是这种汇合的体现。增长极理论由此获得了新产业区理论、产业集群理论等前沿性的形态。

产业区的概念最早是由英国经济学家马歇尔提出的，他认为某种产业在地域上的企业集聚便形成产业区，这种产业区主要分布在较大的城市或经济中心，并由于外部效应和局域化优势使它获得发展活力。马歇尔强调产业的氛围对信息扩散和企业创新

---

① （荷）彼得·尼茨坎普主编，安虎森等译：《区域和城市经济学手册第一卷·区域经济学》，第 589 页、611 页、623 ~ 624 页经济科学出版社，2001 年版。

行为的积极作用。

新的科学技术革命和信息、知识主导型经济的兴起，使区域经济发展面临着许多以前不曾遇到的新问题，传统的增长极理论难以涵盖和解释这些问题，受到来自不同方向的批评和非难。新产业区理论和产业集群理论就是伴随新的科学技术革命和高知识含量经济兴起而出现的非平衡增长理论或增长极理论的重要前沿领域。

从20世纪70年代开始，意大利学者巴格那斯科（Bagnasco）和皮埃尔、赛伯等人提出了以发达的劳动分工的外部性为特征的地域生产综合体的区域发展模式，认为具有合作关系的企业依靠外部联系的增强而形成的企业集群更富有创新性，由此形成了"新产业区"理论。新产业区被视为柔性专业化的空间组织形式，形成了所谓的"柔性专业化观点"。柔性专业化的新产业区主要的行为主体是中小型企业以及它们聚集而成的网络，理想的模式就是"第三意大利"产业区：有大量的高度专业化的产业区，众多的中小企业以专业化分工的形式生产某种产品，并且相互之间形成了供货、协作关系和密切的信息联系，共同组织超越单个企业内部生产能力之外的相关服务活动，如培训、技术咨询、质量控制、研究开发、市场调研和展览宣传等。产业区的形成使许多新的企业大量涌现，就业机会增加，收入水平不断提高。柔性专业化观点强调企业的创新能力，这种创新能力通过在企业的合作与竞争之间保持恰当的平衡而得以产生和提高。柔性专业化和新产业区观点实际上提出了一种区域发展的新模式，这种模式在法国、德国、丹麦、挪威、瑞典以及日本、中国台湾等也都有体现。

20世纪80年代以来，发达国家和发展中国家的学者对新产业区理论的研究进一步深化和丰富，强调知识聚集、创新聚集对经济增长的重要作用，先后出现了以研究高技术产业为主的"新产业空间"学派、"创新环境"学派、"创新系统"学派等。这些学派的重要理论观点有：企业、大学、研究机构的外部创新联系，使依托大学和科研机构、靠近大中城市、在老工业区边缘能够生成"新的产业空间"（即后来的高科技园区），其发展机制在于产业的创新与本地知识交流存在着密切的相关关系。以内尔森为代表的"国家创新系统理论"及其发展到后来的区域创新系统理论、跨国创新系统理论等，极大地丰富了自50年代就已出现的新增长理论，阐发了技术创新比规模经济和资本投入更能推动经济增长的观点，成为现代知识主导型经济的重要理论基础。

以美国哈佛商学院教授M. 波特为代表"产业集群"理论，认为地理的集中可以使产业集群的生产率和创新利益进一步放大，一个国家要提高其产业的国际竞争力，必须在国内创造最有生气、最富有挑战性的创新环境，建立地区内大学、研究机构、中介服务结构、政府机构结成的研究和开发合作网络，推动产业聚集，减少企业成本，增强创新能力。波特的"产业集群"理论可以看作是增长极理论与国家创新系统理论的结合形态，对知识主导型的经济增长极理论起了奠基的作用。韩、美等国的学者把发达国家出现的新产业区理论用以研究发展中国家的新产业区问题，使这一理论涵盖的地域范围进一步扩大。

柔性专业化、新产业区和产业集群现象在中国改革开放过程中表现得更为典型、更为普遍，尤其是在中国东部地区，形成了星罗棋布的专业村、专业镇、专业市县等企业集聚区，成为引导、辐射区域经济发展的重要增长极。

三、中国增长极理论研究现状

20 世纪 80 年代以来，我国经济理论界在大量介绍、引进国外增长极理论成果的基础上，结合各地区的实际，对增长极理论的科学价值给予了充分的肯定，对增长极、生长轴理论及其在各类地区的应用对策进行了深入研究和补充、发展，形成了许多创新性的理论观点。

陆大道院士的“点轴开发理论”基本观点，主张在全国或地区范围内确定若干具有有利发展条件的大区域之间、省域间及城市间线状基础设施轴线，对轴线地带的若干个点予以重点发展；随着经济实力的不断增强，将经济开发的重心转移至其他较低级的发展轴和发展中心上；发展轴线逐步向不发达地区延伸。有些学者发展了点轴开发的理论，主张将沿海地区和长江沿岸轴作为全国一级重点开发轴线，采取“T”形开发战略，长江三角洲是“T”形轴线的核心、长江经济带的龙头，同时也是全国最大的增长极。张文尝等提出了“交通经济带”理论体系，阐述了交通经济带形成的规律及其发展模式，将交通干线、运输通道建设布局与区域有序开发结合起来，对点轴开发理论做了进一步的发展，成为区域经济学领域的重要创新成果。方创琳、姚士谋、刘盛和等在《2010 中国城市群发展报告》等著作中，分析了中国城市群形成、发育的历程及驱动因素，提出中国城市群空间范围的识别标准与“15 + 8”的空间结构格局，提出城市群发展的总体方针、发展目标、发展战略、建设重点、建设路径、空间布局、未来发展趋势等，对政府决策提出了多方面的建议。

顾朝林《中国城镇体系——历史、现状、展望》《北京首都圈发展规划研究——建设世界城市的新视角》及译著《城市化》等著作中，分别阐述中国国情条件下的城市发展和全球化背景下的城市化发展特点，在区域城市化发展方面做出了基础性和前沿性的贡献。著名经济学家厉以宁在其《区域发展新思路》一书中，提出以若干中心城市联网辐射、叠加辐射式发展战略带动贫困地区发展的理论。著名区域经济学家王洛林、魏后凯、陈栋生等，分别在《中国西部大开发政策》《东北地区经济振兴战略与政策》《区域经济学》等著作中，对区域增长极的有关政策和创建中国区域经济学理论体系问题均做出重要贡献。陈秀山、张可云、侯景新等分别在《区域经济理论》《区域经济分析方法》《西部开发重大工程项目区域效应评价》中，对包括增长极在内的区域经济学的重要问题进行了系统研究。饶会林90年代就提出“城市化的中前期阶段，大城市化是不可避免的现象”的观点，代表作有《城市经济学》等。崔功豪论述了区域空间结构理论、多种区域增长极相统一的理论等观点，代表作有《区域分析与规划》等。郝寿义、安虎森在《区域经济学》等著作中对非均衡增长和增长极理论进行了多方面研究。梁琦提出了产业集聚的以下重要观点：产业集聚的机理——引起产业集聚的基本因素主要是运输成本、收益递增和经济外部性效应，其次是市场需求、产品差异性、市场关联、贸易成本，再次是知识溢出效应；中国的产业集聚引致东、中、西部区域的非均衡发展。金煜等人提出了地区工业集聚观点：“工业在少数地区集聚，从而形成规模效应是一个普遍存在的现象”；“工业集聚和地区间差距是工业经济发展的必然趋势；地区经济协调发展的实现并不是要扭转由经济力量的收益递增性导致的工业集聚，而是加快落后地区的工业化进程，有效促进工业在地区的集聚。王缉慈等提出高技术产业开发区是一种带动地区经济发展的特殊的增长极的观点”。

张军扩、侯永志等在《中国区域政策与区域发展》一书中，全面论述了国家在新时期实行的区域发展战略和发展政策，提出了国务院指导全国区域发展的一个总体要求—区域协调发展；建设三个基础环境—全国统一市场、基本公共服务均等化、普适性的环保规制；实行三类区域政策—四大板块政策、功能区政策、问题区政策；形成四种主要机制—市场机制、合作机制、互助机制、扶持机制。

对国内欠发达地区特别是西部地区区域增长极问题研究的重点主要有：

（1）如何培育、建设西部区域增长极是实施西部大开发战略迫切需要解决的重要理论问题和实践问题。理论界在这方面较有代表性的观点有：西部开发应当坚持“效率优先”的原则，实行非平衡增长战略，集中力量建设以大中城市为中心的区域增长极和条件相对优越的区域增长带，同时在国家和地区的宏观调控政策中注意兼顾区域的平衡发展，解决小城镇建设和贫困地区发展的问题。曾任国务院副总理的曾培炎在《西部大开发决策回顾》一书中，总结了西部大开发的经验和做出重要决策、实施重大建设项目的过程，论述了西部大开发这一宏大的区域开发系统工程的一些规律、特点和解决问题的思路，指出了今后西部开发和发展的方向、道路、重点。

（2）西部地区城市化与增长极建设。主要观点有：西部大中城市数量、规模严重不足，改变西部二元经济结构的重要途径是建设以大中城市为依托的区域增长极。建设长江上游产业圈、沿黄河—陇海线西段经济带（包括黄河上游产业—经济走廊、以西安为中心的西北城市经济区、新疆城市经济区），在西北、西南地区有条件地布局各种发展极[①]；建设黄河上游经济开发区，构筑西北地区实现现代化的桥梁。[②]

（3）多种区域增长极相统一的增长极体系观点。“增长极的极化作用和扩散作用是同时并存的复合过程”，在一个区域中，可能有一个极化中心，也可能有多个极化中心，“几种极化方式可能同时存在”。增长极必然“形成体系，”有国家、省区、地县等不同等级区域的增长极，同时还要考虑“增长极的分工与联系”。[③]

（4）反贫困战略与区域增长极建设。贫困地区尤其要培育本地区的增长极；在省、地、县等多级区域建设多层次的辐射中心和道路、通信等良好的辐射媒介，实现若干中心城市联网辐射、叠加辐射式发展战略，带动贫困地区发展。[④]

（5）建设西部地区的知识型增长极。西部开发的未来方向是提高知识要素的生产能力，应以西安、成都、兰州等为西部知识生产的中心，建设能够吸收、传播、使用国内外知识创新成果、率先实现现代化的增长极，带动区域经济实现适度跨越式发展。[⑤]

第三节　非均衡增长理论与均衡增长理论的统一——区域协调发展思想

在早期的增长极理论中，就包含着非均衡增长规律与均衡增长要求相统一的思想。如倒U形曲线的代表人物威廉姆逊认为，非均衡增长与均衡增长实际上是区域经济发展的不同阶段所具有的两种形式，在经济发展的初期阶段，区域差异逐渐扩大，发展形式主要表现为不平衡增长；当经济发展进入成熟阶段，区域差距趋于缩小，发展形式主要表现为均衡增长。在其他区域经济理论中，类似的思想也十分丰富。非均衡增长与均衡增长相统一的区域经济理论主要有以下四种形式或流派：产业区位理论和中心地理论；区域经济格局演变理论；区域经济干预理论；区域经济政策和区域规划理论。

① 顾朝林：《中国城镇体系——历史、现状、展望》，商务印书馆，1996年版。
② 冯之浚等：《区域经济发展战略研究》，经济科学出版社，2002年版。
③ 崔功豪等：《区域分析与规划》，第223、224、227页，高等教育出版社，1999年版。
④ 厉以宁：《区域发展新思路》，经济日报出版社，2000年版。
⑤ 胡鞍钢：《知识与发展：21世纪新追赶战略》，北京大学出版社，2001年版。

一、产业区位理论和中心地理论

韦伯的工业区位理论包含有非均衡增长与均衡增长相统一的重要思想。该理论指出，工业的费用最小点也就是最佳的区位点，但最佳区位点不是固定不变的，而是根据交通运输、生产技术、劳动生产率的变化而变化的；工业受集聚因子的作用而向一定区位点集聚，但集聚的持续进行必然产生费用上升，推动工业由集聚走向分散；工业由分散状态向最佳区位点集聚，再由集聚趋于分散是工业区位空间运动的一种规律。

以德国地理学家克里斯塔勒和德国经济学家廖什为代表的“中心地理论”将区域经济发展的极化点或集聚点称为“中心地”，一般也就是中心城市，并对城市的数量、规模、等级、分布规律进行了深入研究，提出了“中心地系统”概念，将中心地划分为高级、中级、低级等不同的等级，每个高级中心地附属有几个中级中心地，每个中级中心地又附属有若干个低级中心地。按照中心地理论的观点和基本原则，合理规划和布局不同等级的中心地，促进结构合理的中心地的形成，乃是极化发展转变为均衡发展的重要途径。

二、区域经济格局演变理论

区域经济格局演变理论是研究极化发展向相对均衡发展转化的重要理论，主要包括产品生命周期理论、区域生命周期理论、梯度转移理论、区域技术传播理论、区域趋同理论、区域空间组织理论等具体形式。

（一）产品生命周期理论

弗农（R. Vernon）的产品生命周期理论揭示了由极化发展向相对均衡发展转化的重要机制之一，就是随产品技术含量的变化而出现生产区域转移与技术传播的规律。该理论认为，大城市由于具有科技和经济的聚集优势，因此最适合于组织、开展科技创新和新产品开发，最有利于形成技术密集产品生产的优势。这些优势可使大城市凭借技术开发产生的新产品垄断价格获取超额利润，在一定程度上抵消地租、水电费、工资、原燃料价格等较高成本的劣势，保证技术开发和新产品生产持续进行，形成极化发展的核心地区。但是，集中于大城市的技术开发及其产生的新产品的生产技术进入成熟阶段，由于产品的市场需求日益扩大，市场销售量增加，产品生产就由少数大城市依次向周围的一些中等城市、小城市、乡镇扩散，这种扩散成为促进大城市与周围地区实现相对均衡发展的重要途径。

（二）区域生命周期理论

汤普森（J. H. Thompson）提出的区域生命周期理论认为，一个工业集聚区在其形成的初期，依靠其比较区位优势，吸引大量投资和技术、管理专家等要素进入区内，形成市场急剧扩张、经济快速增长的极化发展能力。当工业聚集区发展至成熟期，就开始向周围地区进行经济传播的过程，这时制造业快速增长，大城市开始发展，人口也开始迁移。工业聚集区的管理人员由于具有专业知识而被输出到其他区域，其他区域也具备了与之相同的发展条件，工业集聚区中的企业开始将其分厂布局在其他区域，工厂管理与监督人员也从原厂转移至新的布局区位，新的工业聚集区遂不断形成，区际竞争逐渐剧烈。老的工业聚集区在区际竞争中出现了逐渐衰落的趋势：劳动成本升高，土地费上涨，企业扩展的空间越来越小，企业竞争力不断被削弱，它与新出现的工业区遂趋于均衡。

（三）梯度转移理论

产业和技术的梯度转移与传播是实现极化发展向相对均衡发展转化的重要机制，也是区际关系协调与区域经济布局优化的客观需要。梯度理论认为，客观上存在经济与技术发展的区域梯度差异，以及产业与技术由高梯度地区向低梯度地区扩散与转移的趋势，这种趋势是产品经历创新阶段、扩展阶段、成熟阶段、衰老阶段等生命周期过程在空间上的表现形式。处在创新阶段的产业一般出现在高梯度发达地区，而产业发展到衰老阶段后，一般会出现向低梯度落后地区转移的趋势。产业在其一定的生命周期阶段向外转移，是高梯度地区产业结构调整和产业布局合理化的需要，否则，成熟产业如不能适时转移出去，就会产生衰退产业与新兴产业在用地、用电、用水、用工等方面的冲突，导致区域经济陷入危机之中。落后地区接受产业转移与传统技术，可大大降低其生产成本，增加地区的就业机会，提高居民的收入水平，并以此为契机累积经济起飞的条件。近年来国际和国内的产业转移事实也证明了梯度理论的科学性和合理性。

（四）区域技术传播理论

区域技术传播理论认为，科技创新会扩大区域间经济与技术差距，而技术的模仿和传播则会缩小这种差距。

科学技术在区域间的传播，特别是发达地区技术创新成果在落后地区传播，有利于缩小后者与前者的发展差距，促进极化发展向相对均衡发展转化。经济与技术发展水平较低的区域可以通过模仿领先区域的更先进的技术而追赶甚至超过领先区域的发展水平。但必须有两个条件：一是具备一定的社会能力，即能促进技术模仿、获得技术溢出效应的综合社会条件，包括建立合理的制度、实行进步的体制，政府具有制定有效的经济政策的能力，以及人民群众具有较高的科技教育水平等。二是领先技术在落后区域要有适用性。一个技术落后但社会先进的区域，如果同时具有吸收和应用先进技术的能力，它就基本上具有了追赶上技术领先区域的综合能力和经济的快速增长潜力。

经济地理学的“一般空间技术传播理论”认为，技术创新能够从一个区域向邻近区域扩散。技术发明的应用一般总是发生在创新源的周围。在创新成果被应用于创新中心的邻近区域后，传播过程就会中止。技术创新成果很少会渗透到较小的城市与农村，特别是在城乡二元结构突出的条件下。

“等级扩散传播理论”则认为，技术创新成果在区域间扩散是有序的，创新技术往往是从高等级中心向低等级中心跳跃式扩散的，先扩散至人口较多的区域，然后是人口较少的区域；决定一项新技术传播的时间与速度的最主要的因素是区域的经济规模（一般用人口数量表示），因为区域的经济规模代表了企业家与产业的空间集中度以及市场潜力；技术创新成果总是从发明地向其他较大的中心逐级扩散，直至传播到低等级城市。其中，大城市是最具有接受技术传播优势的区域。较大的城市一般具有较大的聚集经济优势，它不仅吸引创新精英，而且吸引企业和研发机构，这些都能够增强区域吸收创新技术的能力。较大的城市由于社会结构良好，人们的心理素质易于吸收新的思想观念和生产方式、生活方式，因而具有接受创新成果的精神有利条件；大型跨区域企业的总部与决策中心一般都分布在大城市，而其分支决策机构则扩散到低等级城市，这种空间等级结构有利于技术的等级传播；区域创新传播网往往与区际资本流动是结合在一起的，资本流动主要发生在城市之间，并按等级流动；创新技术的传播也往往通过分销商的业务活动得到强化，因为分销网是由城市等级控制的。在缺乏大城市与企业家的区域，技术传播将会受到极大的限制。城市体系越是完善，创新技术在区际的传播也就越快、越普遍。因此，落后地区要不断扩大吸收与采用其他地区的技术创新成果，就必须加快发展各级中心城市，提高其在全国城市等级体系中的地位。

西伯特（H. Siebert）的技术传播理论认为，不论知识的流动程度如何，技术进步的分布都是不平衡的，技术知识的创新都会以极化的形式发展。区域的研究机构、高素质管理人员、科学家、技术专家、决策中心等创新要素越多，知识的流动性就越大。与研究机构和大学保持非正式联系的企业，会比其他企业更快、更多地得到技术创新的信息，而拥有这种企业多的区域则会获得更多知识。但是，即使在发明地与其他区域间不存在任何信息障碍（即知识完全流动），技术知识的生产仍然会在具有最优良的创新环境的区域中实现极化发展。一些区域由于具有最有利的创新环境而成为专门从事创新的技术增长极，而其他区域则由于具有更适合模仿而不是进一步从事技术发明的条件而成为专门模仿或采纳技术成果的专业化地区，于是就形成一些区域从事技术创新而其他区域从事技术模仿和技术成果推广的区域分工关系。跨国公司则有所不同，它会将其下属的某一个工厂中的发明应用于分布在许多区位的其他下属工厂。

克鲁格曼（Krugman）等新经济地理学代表人物对企业聚集地的形成与成长进行了多方面的研究。他们认为，企业的地理集中即产业集群一旦形成，就会不断增大并长期存在。绝大多数企业所选择的区位，一般也就是在一定范围内对企业发展最有利的区位。优越性包括技术溢出、熟练劳动力、基础设施、运输成本等。企业的这种选择一旦完成，即企业集群一旦形成，就会出现维持其生存的良性循环，即规模经济不断得到保持甚至强化的循环过程。

（五）区域趋同理论

区域趋同理论认为，产业梯度转移与要素在区域间流动，特别是区域技术传播，有利于缩小区域间发展水平的差距，实现区域间收入水平趋于一致或人均收入水平差距逐渐缩小的区域趋同的发展。领先地区与跟随地区间的发展差距逐渐扩大往往有一个限度，当这种差异扩大到一定程度时（这种差异的扩大或存在有可能持续十几年、几十年甚至更长的时间），即可出现相反的变化：低收入区域由于获得某些优越条件，如重要资源的发现以及社会变革、技术革命等，增长率超过高收入区域，两种区域的发展差距趋于缩小，甚至经过一定的时期跟随者赶上或超过领先者，实现跳跃式或跨越式的发展。由于某些技术的进步、某些经济和社会条件的变化以及领先地区经济实力的积累等，使得大规模开发跟随地区成为有利可图的事情或不能不实行的发展目标，于是领先地区运用先进的技术和雄厚的资金对跟随地区进行“反哺”式投资，使长时间“掉队”的跟随地区实现快速发展，“跟上”领先地区的发展水平。这种投资的主体，既包括领先地区的企业、个人、政府等，也包括跟随地区的受到领先地区的一定程度影响或帮助的企业、个人、政府等，还包括统摄、管理领先地区和跟随地区的上一级地区的政府或中央政府。这些投资主体各有其利益目标，企业和个人往往是为了实现利益最大化的目标，地方政府则往往是为了实现地方的某些局部利益目标，上一级地区的政府或国家则往往是为了实现社会发展、经济的长远发展等目标。

（六）区域空间组织理论

区域空间组织理论是以研究区域经济空间结构变化规律为主的多种理论流派的集合体。其中贾内尔（Janelle）提出的运输条件导致空间重组理论在这方面具有代表性，该理论认为区域空间组织变迁直接影响区域的趋同或趋异发展，而交通运输技术的变革则又是区域空间组织变迁的直接推动力，其大致内容如下：

（1）不同区域之间的“可接近性需要”是一种原始的推动力，即经济活动的扩张导致追求更好的交流与交通需求。

（2）这种需求会通过技术革新及其传播而导致交通创新或“运输革新”被采纳，“被采纳”也就意味着运输条件的改善、运输速度的提高、运输量的增加、运输功能的全面增强，从而使区域内各类生产经营主体和消费主体彼此满足需求的空间距离缩短，空间距离的缩短又必然导致满足需求的时间长度的缩短，这样，由于交通创新或“运输革新”而使区域间的交流得到改善，从而促进了区域的“时空收缩”或空间—成本收缩。

（3）时空—成本收缩会导致区域之间及区域内各类主体、各类组成部分之间相互作用的增强，使生产经营成本普遍降低、经济效益普遍提高，导致市场范围和市场需求量扩大，从而提高区域开发的专业化潜力，推动生产经营的集中化与专业化水平得到提高，形成集中化、专业化的极化区域。

（4）集中化与专业化水平提高、空间相互作用增强又会增强区域之间的“可接近性需求”，从而推动新一轮“可接近性需求—运输革新—时空收缩—集中化与专业化水平提高”的循环。

（5）交通改善、时空收缩也能够导致区域内经济活动的拥挤，拥挤会导致“时空发散”，即时空距离或时间成本增大，以及集中化与专业化增加对空间扩展的需求，这又要求调整空间组织，在更大的空间范围从事经济活动；空间范围扩大后，经济主体又必然要求提高可接近性，从而回到新一轮循环。

（6）区域之间的产业发展、经济增长与交通条件改善二者相互促进，形成“时空收缩—空间扩展—新的时空收缩—新的空间扩展”的循环累积过程，推动了区域空间重组，促进了不同区域之间经济交往的加强和一体化发展。

区域空间一体化理论是区域空间组织理论的又一重要形式和流派，其突出的特点是反映增长极体系及其发展、演变的过程。该理论认为，持续的经济增长会导致空间经济的一体化。在区域经济持续增长过程中，空间子系统会重组，其边界会发生变化。这一过程的最终格局是全国各区域经济全面一体化。弗里德曼（J. Friedmann）概括了空间一体化过程的四个阶段，其中的第一阶段为前工业化时期的空间结构，第二阶段相当于发展中国家工业化初期所具有的二元结构阶段，作为区域增长极的中心城市数量少、彼此孤立，区域增长极的单极性特征明显，发达的城市地区与不发达的农村地区甚至存在一定的对立关系。第三阶段为工业化成熟时期的初期，全国形成较发达的城市体系，区域增长极既有中心城市也有次中心城市，呈现为多极性的增长极体系，但仍存在二元结构的某些特征。第四阶段相当于工业化的成熟时期，全国形成了功能相互依存的城市体系和发达的交通网络，城市之间的边缘地区已融入其邻近的城市经济中，中心与边缘的对立基本消失，区域空间体系演变为组织良好的综合体，空间组织呈现出一体化、布局高效率、增长潜力最大化、重要的区际差异最小化等特征。

点轴开发理论和网络开发理论是空间一体化理论在区域开发战略选择方面的具体体现，这两种理论研究的对象不是单个的增长极，而是由许多增长极彼此联结成的增长极群，以及极化发展与相对均衡发展的统一。

点轴开发理论中的“点”，是指在一定地域的各类中心城市，即各类点式“增长极”，而“轴”是指连接各个“点”的以交通运输线路或网络为主的基础设施。所谓点轴开发，是指开发重点放在由点和轴在一定地域内有机组合而成的核心地区上。点轴开发理论的重要观点包括：将区位条件好的重要干线作为重点发展轴，形成线状基础设施轴线；在发展轴内，确定重点发展的中心城市（即增长极）、城市群及其主要发展方向；确定中心城镇和发展轴的等级体系与网络结构；逐步向不发达地区延伸发展轴线。

网络开发是点轴系统进入相对完善阶段后，体现区域经济一体化或区域空间结构现代化特征的一种高级开发形式。网络开发理论中的“网络”已不完全是指交通网络，而是指在点与轴的辐射范围内由商业贸易网、经济和技术协作网、城镇布局网以及资金、技术、信息、劳动力等要素的流动网，交通、通信、电力等基础设施网等所组成的综合网络。

网络开发理论的基本含义是：依据空间一体化的一般规律，将开发重点放在点轴与其腹地之间的综合网建设上，以促进区域经济一体化。综合网由点轴体系向外伸展，将发展机会传播到更多的地区，使生产要素的利用更加充分，空间结构与产业结构更趋合理。网络开发是区域经济发展走向成熟阶段的标志。

三、区域经济干预理论

研究非均衡增长与均衡增长相统一的区域协调发展的又一重要领域，是区域经济干预理论。该理论认为，在市场经济条件下，政府干预是影响区域经济发展与区域经济关系格局演变的重要因素，政府为实现一定的社会经济目标，针对市场经济中存在的“市场失灵”等缺陷，对区域经济运行进行有目的的干预，是弱化以至消除极化发展的负面效应、促进极化区域与非极化区域实现相对均衡发展和各类区域协调发展的不可缺少的条件。

有代表性的政府干预区域经济的理论可举出以下几种：

（一）新凯恩斯主义的政府干预思想

新凯恩斯主义认为，政府干预应以公共福利最大化为原则，并应在市场失败和市场扭曲的领域发挥作用。政府的干预作用包括：维护竞争，限制垄断；提供公共产品；运用货币政策、财政政策调控有关宏观经济变量（如货币供应量、汇率、政府支出、税收等）；实现宏观经济环境稳定；调节收入再分配，消除贫穷和不平等；界定和维护产权，促使经济的外部性内部化。

新凯恩斯主义给人的重要启发是：市场调节区域发展并不总是稳定的、有效率的，政府虽然不能无限制地干预经济，甚至在干预中存在诸多不完美、不尽理想之处，但其在实现区域经济协调发展目标中毕竟扮演着重要角色；实现区域协调发展必须对市场调节作用与政府干预手段进行合理的组合；协调中央政府与地方政府的干预作用。

（二）增长极理论与输出基础理论的政府干预思想

增长极理论认为，将一些关键产业布局于边缘区域，可以起到启动边缘区域增长循环的作用，达到缩小区域差距的目的。具体途径是：政府集中力量在边缘区域寻找合适的区位，将其作为潜在的增长中心，并对在这一区位布局的工业企业给予特殊的刺激（补贴、信贷与基础设施等），促进潜在的增长中心产生自我发展能力，形成“分散化的集中”格局。

输出基础理论的政府干预思想被许多国家和地区的成功发展实践所证实。该理论的基本观点是：区域经济增长的核心因素是外部需求的刺激，输出型产业部门的优先发展对促进区域全面起飞能够发挥关键的作用；启动区域经济全面增长过程的途径，是在区域内选择增长潜力大、在外部市场有竞争力的输出型产业部门，促进其快速增长，依靠输出部门的收入刺激区域内部市场需求的增长，推动具有内部市场导向作用的经济活动的开展，从而导致区域收入增长成倍高于输出部门所获得的收入。

（三）中心—边缘理论的政府干预思想

发展经济学家缪尔达尔（G. Myrdal）提出的中心—边缘模型的政府干预思想认为：作为增长极的中心区域与边缘区域之间的不合理经济联系，如贸易联系、劳动力流动、资本转移与依存关系等，导致边缘区域的资源大量流向中心区域，中心区域的企业拥有的竞争优势使边缘区域的加工业失去大量的发展机会，中心区域的区位优势大大超过了边缘区域的工资成本优势，由此导致了这两种区域发展差距的扩大。要缩小这两种区域的发展差距，必须实行“有选择的空间封闭”的政策，即边缘区域自主发展和基本利益必须受到保护，以避免被来自中心区域工业的过度竞争所“吞食”。

（四）区域经济关系协调理论中的政府干预思想

区域经济关系协调理论有关政府干预的基本观点主要有：

（1）政府干预区域经济关系主要是为了协调各区域的发展，而各区域协调发展的一个关键是能否实现区域利益的帕累托改进，即在至少不降低任何其他相关区域的利益的前提下的区域利益增进。这是区域经济分工与合作的基本前提与效应。

（2）区域经济差距是区域经济不协调的主要原因。当区域经济差距达到至少使一个区域的利益低于利益临界点时，区域经济合作就不可能发生，区域经济关系就很难协调；区域经济合作组织的主要形式应当是企业主导型，政府干预主要是为区域间企业合作创造良好的基础结构和制度环境，通过制度创新等途径促进区域经济合作，并使之导致区域利益帕累托增进，最终实现缩小区域经济差距的目的。

四、区域经济政策和区域规划理论

在市场经济条件下，政府干预区域经济的运行发展一般是通过实施一定的区域经济政策和区域发展规划等途径来实现的。有关区域经济政策和区域规划的经济理论包含着较为丰富的区域一体化发展思想。其中，有关不发达地区如何更快地赶上发达地区、实现不同地区一体化发展的重要思想观点可列举如下：

（1）注重选择区域主导产业或支柱产业。发展成功的区域往往是以发展扩张性产业为主要特征的，这些产业包括石油产业、高新技术产业、生产性服务业、现代旅游业等。发展缓慢的区域一般以衰退型产业为主导，如农业、煤炭、钢铁、造船等。政府可通过选择区域主导产业、调整产业结构、刺激扩张性产业更快发展等途径，促进落后地区发展，实现区域经济一体化。

（2）注重内需拉动与外需拉动的相互结合。输出型产业部门在带动区域经济得到一定发展后，应当及时转化为内向与外向并重的持续高增长部门，以新的内部结构和新的功能继续带动区域发展，而不应依赖单一的外向型产业功能。

（3）注重发展城市经济。城市是第二产业和第三产业的主要载体，城市的第二产业和第三产业技术水平高，能够形成有竞争力的聚集经济并产生良好的外部性经济效益。经济落后地区尤其要重点发展城市资本密集型工业，它可以带动区域整体经济得到较快发展。

（4）注重建设大型投资项目，因为大型项目对不发达地区经济的拉动效应更显著。

五、极化发展与均衡发展的辩证统一

结合我国经济建设和区域发展的实际来研究以上各种均衡和非均衡发展的理论观点，可以得出这样的基本结论：

从本质上来看，所有的增长极都具有极化发展与均衡发展的两重性。各类增长极在发挥极化发展功能的同时，也不同程度地发挥着均衡发展的功能。增长极的极化发展与均衡发展两种属性和两种功能既相互区别、相互制约甚至相互对立，又相互联系，并依一定条件相互转化。极化发展持续到一定程度，就会产生要素集聚的不经济和不可持续，从而导致要素的扩散配置或“扩散化集聚”配置，即要素扩散形成更多的或越来越多的集聚点，并以多集聚点或多元增长极体系为过渡形式，最终实现区域的均衡发展。不同流派的区域经济理论和经济地理理论，只是分别从不同的角度、不同的侧重点上研究了增长极的这种两重性特征及其相应的功能。

研究区域空间经济的理论如果能够对极化发展理论和均衡发展理论的诸多流派的学说采取有取有舍的兼容态度，对区域经济发展的长过程和各种特殊性进行全面的、本质性的反映，它就必然得出这样的结论：区域的极化发展与均衡发展是既相互区别、相互对立又相互联系、相互依赖、相互转化的，二者中的每一方只是在一定的时空条件下处于主导的、支配的地位，而在另一种时空条件下则处于非主导的、从属的地位；随着区域内外重要条件和区域发展阶段的变化，极化发展合乎规律地转化为均衡发展，均衡发展也合乎规律地转化为极化发展。正是二者的这种辩证关系，才使看似冰炭不可同炉的“极化”与“均衡”能够形成一种“合力”，为经济发展由较低的水平进到较高水平提供永不枯竭的推动作用。所以，区域发展的战略决策应当按照极化发展与均衡发展的辩证关系，通过设计健全的政策、体制、机制、调控管理方式，充分发挥每一方的积极作用，限制其消极作用，以提高协调发展水平。

在实现新型工业化发展和区域协调发展目标的过程中，区域经济发展思想创新的重点领域之一，就是建立极化发展与均衡发展辩证统一的理论体系和指导思想。

第三章

现代市场经济条件下的区域增长极和增长极体系

第一节　现代市场经济条件下区域增长极的类型及其作用机制

自 20 世纪中期以来，经济理论界对区域增长极及其作用机制的研究和理论概括，随着经济和社会的发展以及增长极的历史演变过程而不断变化、不断深入和不断走向系统化。在区域经济开发的早期阶段，以少数的骨干企业和中心城市为主要形式的点状增长极处于主导地位，理论界对增长极的反映多倾向其点状性、独特性、孤立性、聚集性。当经济开发进入较为发达的阶段，增长极的形式及其作用越来越趋于多样化，有关增长极的理论观点也注重反映增长极形式及其作用的多样化特征。在现代市场经济条件下，发达的、中等发达的和渡过初期开发阶段的区域经济系统所形成的增长极或进一步发展所需要的增长极，已经不是单一形式的和孤立发挥作用的传统式增长极，而是形式多种多样、彼此联系而形成一定的增长极群并发挥复杂作用的体系。在这种较高的经济发展水平上，如果说还有点状的或单一形式的增长极的话，那就是新一代的或新经济形态的增长极，如知识主导型增长极、高科技主导型增长极、循环经济或生态经济增长极等，或者是经济十分落后、开发难度很大的边远地区或特殊地区的增长极。

对中国这样的发展中大国，以及国内东、中、西部地区甚至多数的省域地区这些范围广大、条件复杂、发展水平基本达到工业化中期阶段的区域来说，经济发展过程已经形成的和经济进一步发展所需要的增长极必然是类型多样、相互间形成一定结构关系的增长极体系。从理论上认识这种增长极体系中不同的增长极形式及其彼此联系、相互作用的特点，以及增长极体系演变、升级和发挥作用的规律等，是政府制定、实行区域增长极的政策、规划，提升对区域经济的宏观指导和调控能力的重要依据。

一、增长极及其基本类型

所谓增长极，实质上就是在一定的空间范围或经济关系范围内实现经济增长和经济发展所依赖的优越条件的最佳组合体，其核心的功能是聚集经济要素、实现自身快速发展并带动其他经济体发展。被习惯地称作“增长极”的对象，实际上并不是单纯地只具有增长的功能，而是具有增长和在增长的基础上实现综合性、上升性发展等多重的功能。所以增长极大多也就是发展极，将增长极称作或看作是发展极也没有错。

全面地总结、借鉴非均衡发展的各种理论，特别是总结、借鉴增长极理论的各种流派的观点，并结合现代市场经济条件下非均衡发展和增长极功能的实际，可以得出这样的结论：较大区域的增长极往往具有多种多样的类型，基本的类型主要有企业式增长极、行业式增长极、产业集群式增长极、中心城市式增长极、城市群式增长极、经济带式增长极、区域经济网络式增长极、多种增长极相互关联的增长极体系，其中每一类型的增长极又可以划分为许多更具体的类型。

企业式增长极是在一定区域或行业经济增长中发挥支柱作用和重要带动作用的骨干企业，具体类型包括大型企业、企业集团、骨干性中小企业或中小企业群、科技型企业、成长型企业等。

行业式增长极是在一定区域经济中发挥主导性、支柱性、战略性增长功能和辐射、带动功能的重点行业，依趋于范围大小和区域产业构成的不同，区域的行业式增长极有的是综合性的大行业，如工业、农业、商业、建筑业、运输业等产业部门，有的则是小行业或细分行业，如矿产、有色和黑色金属冶炼、能源、石油化工、铝加工、汽车、机床、纺织、食品、旅游等。

产业集群式增长极是在区域经济中发挥主要增长功能和带动功能的企业、行业密集分布区，包括城市产业集群、农业和农村产业集群、中小企业产业集群、高新技术产业开发区、工业园区、自由贸易试验区，以及由集中分布、具有相同产业构成或产业关联紧密的若干城市和乡镇组成的大型产业集聚区等。

中心城市式增长极即在一定区域范围内处于经济中心地位的大、中、小型的城市。

城市群式增长极是在区域经济中处于核心地位、承担主要增长功能和辐射带动功能的城市圈、城镇群、城市群等。

经济带式增长极是以重要交通线为轴心形成的带状产业密集区或城镇密集区，包括主轴带、分支轴带等具体形式。

经济网络式增长极是一定区域范围内产业、城镇、交通设施呈网络状均衡分布并具有一定分工协作和经济联系水平的地域综合体，具有自身较快增长并带动更大区域发展等功能，具体形式包括松散式网络、发达型网络、一体化网络等。

多种增长相互关联的增长极体系是指一定区域范围内不同类型、不同等级的增长极相互联系形成的系统体，包括松散式体系、一体化体系等。

上述各类增长极的内部结构及其发挥作用的机制既有共同的规律，同时也有其各自的特殊性。

二、增长极的聚集和扩散机制

增长极的基本功能或基本作用机制有两种，这就是经济聚集机制和经济扩散机制。

（一）经济聚集机制

增长极的经济聚集机制，就是增长极相对于其他经济体，能够快速、高效地聚集经济要素，形成先进生产力、高素质经济实体和实现自身快速发展的特性。经济要素总是受经济主体的利益动机的驱动，向着最能为经济主体带来利益的地点和时段聚集。而增长极作为实现经济增长的多种优越条件的最佳组合体，不论是一个或若干个企业、某个或某些行业，还是一个或若干个企业聚集区、城市或城市群，它们的共同特点就是最能够为有关的经济主体带来利益，因而也就是最能够吸引经济要素聚集的实体。所以，聚集经济要素乃是增长极首要的、最基本的功能和作用机制。

要素的聚集是在要素之间产生直接的相互作用、形成要素之间新的关联关系并由此产生新的事物的重要条件，这在自然界、人类社会和人的思维领域都是一条普遍的规律。要素聚集的实质，就是要素与要素之间显著地缩短空间或时间上的距离，有利于形成要素与要素之间直接而密集的相互作用。这种直接而密集的相互作用，使要素与要素之间产生某种“组合反应”，形成一种新的系统结构关系，从而为处于相互作用中每一种要素提供了新的系统性环境条件。这种环境条件，能够改变处于相互作用关系中的要素的原来的某些性质，使要素形成某些新的性质，甚至产生全新的事物，于是，原来彼此隔离的要素因缩短了空间或时间距离而获得快速的变化、发展。在自然界，宇宙尘埃的聚集会产生恒星、行星、星系等天体，较轻的元素彼此聚合能够形成较重的元素，不同元素的聚合会产生化合物分子，小分子相互聚集、结合能够产生大分子，大分子彼此聚集、结合能够产生更大的分子甚至生命体等。在社会领域，经济要素的聚集，如资金的积累和积聚、设施的配套和组合及其与人才、劳动力、技术、信息等要素的一定组合，能够产生新的技术成果、新的产品、新的经济实体、新的经济运行方式或新的发展模式。一定数量的经济实体的聚集，能够产生具有良好外部性效益的集群或群落。这些都遵循着聚集产生密集而直接的相互作用，进而产生新事物并引致新的发展这一共同规律。

经济主体追求最佳的效益和最大的利益，是一切增长极形成并发挥作用的动力机制。由于利益机制和效益形成机制的作用，增长极聚集经济要素是有选择的，尤其是在与其他增长极或增长实体存在竞争关系的情况下，每一增长极在一定条件下或一定时期内聚集哪些要素、聚集多少、怎样聚集等，是由经济主体的利益目标和经济效益目标决定的。经济主体实现利益最大化和效益最佳化的目标决定着增长极聚集经济要素所产生的经济增长功能，这种功能又决定着增长极聚集经济要素所形成的结构和比例。增长极聚集各种经济要素达到某种合理的比例和结构，就能够产生相对于一定投资量的最大的经济增长功能，因而也就能够为有关的经济主体带来最佳的投资效益和最大的利益。

增长极的又一重要聚集机制，就是地区之间经济效益的高低差推动经济要素向高效益地区聚集。增长极的聚集作用与区域要素流动规律密切相关。要素流动是区域经济增长与发展的重要推动力。经济要素总是由效益低的地区流向效益高的地区。在各种要素中，资本要素占有中心位置。区域之间的利润率差别是资本空间流动的决定性因素，资本总是从利润率低的区域流向利润率高的区域，利润率高的趋于往往就容易发展成为经济效益普遍高的地区，进而发展成为一定区域的增长极。

创新机制是增长极聚集机制的实质。增长极理论从一开始就包含着创新推动经济增长的观点。传统增长极理论就已经认识到了创新形成和扩散的重要因素和作用机制，强调创新推动型企业以及创新集中的区域和部门对推动区域创新的意义。在现代市场经济条件下，科技创新能力的形成、聚集和扩散已成为经济增长的主要源泉。大学、研究机构和技术交易、推广机构是构成区域创新体系的主体。生产技术、生产组织、体制甚至文化领域的创新能力，已成为企业、地区、国家提高其竞争力的关键因素。创新活动的空间分布、区域创新体系的结构、创新的聚集和扩散过程等，越来越成为各类增长极形成、发展的核心问题。

增长极的形成、发展或升级，往往体现为要素聚集的连锁反应特征。某种要素的形成或聚集，进一步引致其他许多种要素的聚集，形成持续的或连锁性的要素聚集过程，并逐步产生具有新结构的东西，实现要素聚集向新的实体、新的结构关系和新的运行方式的转化。因此，要素聚集必然产生创新，创新是增长极形成、发展、升级的本质性推动力。资本主义的发展史充分地体现了市场经济条件下由要素聚集产生新事物的创新机制。有关研究认为，“只有资本积累达到充分的水平，相应的人力资本投资

（如高等教育、医疗卫生等）以及对技术研发的大力投资才有可能；另一方面，也只有在充分的资本积累下，公路、铁路、大型轮船等交通设施的建设才有可能。"[①] 而在另一种情况下，譬如在科技主导型经济兴起的现代经济条件下，往往是知识要素的聚集引致资金和其他要素的连带性聚集，如风险基金、风险投资的形成和发展，就是如此。所谓学习型组织，就是以聚集知识要素为主要特征的组织，它的重要性不仅在于学习本身，更为重要的是在于学习所引致的连锁性要素聚集以及这种聚集引致的创新型发展变化。

各种各样的经济增长极，就是通过有效地聚集经济要素、加快要素之间的"组合反应"，较快地产生先进的生产能力、高素质的经济实体、高效率的经济运行方式并引致经济快速发展的特殊系统。所以说，增长极是先进生产力和高素质经济实体的摇篮，是经济快速、高效发展的发动机。建造和发展这样的摇篮或发动机，固然会引致经济发展的不平衡，产生一定的负面作用，但其更为重要的而且是无可替代的进步作用，则是产生了密集的创新活动和先进的创新机制，有效地发展了新的、更为进步的生产力，创造了不断增多的先进经济实体和先进的经济运行方式，加快了经济的全面发展和升级。

（二）扩散机制

增长极的扩散机制又称辐射带动机制，主要是指增长极向外部扩散经济能量，带动周围其他经济体实现较快增长的机制。

增长极与非增长极之间并没有绝对分明的界限，在很多情况下，二者之间的区别是相对的。比如，省域的增长极在全国范围来看往往是接受全国性增长极辐射带动的非增长极，而市州域、县域的增长极相对于省域的增长极来说也同样是非增长极。增长极体系理论把大区域、大系统看作是由多层次系统构成的复合系统，着眼于从多层次、多测度的系统观点分析和认识多种多样并存着的增长极。出于实际需要，这种理论有时也从单一的或特殊的区域层次来分析认识增长极，只把高层次区域的增长极看作是增长极，而把包含在高层次区域之中的低层次区域的增长极看作是非增长极，但更多的则是从多层次区域结构的视角，把高低不同层次区域的增长极看作是同时并存并形成一定结构关系的增长极系统，如把全国、大区域、省域、市州域、县域甚至乡镇的增长极看作是同时并存、发挥各自不同作用的增长极层次系列，把若干个省市、若干个市州各自的增长极看作是同时并存并相互作用、相互影响的增长极群或增长极横向关联系列，并分析和研究这些增长极相互联系、相互作用的特点和规律，因而是

---

① 陈昆亭、周炎：《富国之路：长期经济增长的一致理论》，《经济研究》2008 年第 2 期。

从绝对性与相对性辩证统一的角度来分析和认识增长极与非增长极的区别的。

区分增长极与非增长极、高层次增长极与低层次增长极的主要目的之一，就是研究和全面认识前者对后者的辐射带动作用和后者对前者的影响、推动作用。通过总结和借鉴许多国家、地区发挥增长极功能的经验可以看出，在一定区域或一定经济关系范围内，增长极对非增长极的扩散功能即辐射和带动作用主要有以下几方面的本质性、规律性特征：

（1）增长极对非增长极的最基本的扩散功能就是通过经济运行发展的关联关系实现经济扩散，发挥对非增长极的辐射带动作用。现代经济是在日益致密的社会关系网中运行、发展的，经济运行发展所依赖的关联关系包括企业与企业之间的投入产出关系、各类经济主体间的商品交换关系以及不同经济主体之间的合作、协作、联合、交流、交往、影响关系，这些关系既是要素聚集的渠道，也是经济扩散的渠道。渠道多样而畅通是提高运行效率、发挥增长极扩散功能的关键。增强增长极经济扩散功能的重要途径之一，就是在增长极与非增长极之间建立和发展多种多样的和更加畅通的关联关系，建立、健全它们之间相互关联的媒介体系。

（2）增长极不断产生相对于非增长极的创新溢出效应，使自身的创新成果不断地向非增长极传导、扩散，带动非增长极发展。增长极因其拥有多方面的优越条件而能够有效集聚经济要素，从而形成创新性发展能力和发展过程，对非增长极产生“利益高地”对“利益洼地”的“利益落差”刺激效应和利益诱导效应，以及发展方式、经营管理方法等方面的示范、引导效应，引发、激励非增长极学习和跟随增长极的发展而发展。企业、大学、科研机构等的地理接近促进了知识交流和创新密度提高，创新能力的聚集能够率先产生新的生产力，使更能够为经济主体带来利益的新产业快速成长并取代成熟产业而居主导地位，非增长极的各类经济主体由此就竞相学习和跟随增长极的主体而发展新产业，由此形成创新的空间扩散带动经济要素和经济活动的扩散，从而带动提高整个区域的经济效益和经济增长速度，持续扩大区域的经济总量，促进区域经济全面发展。

（3）增长极的快速发展形成对非增长极的迅速扩大的现实需求，并通过供需关系和产业链带动非增长极面向增长极的需求扩大产品和服务供给，同时，非增长极也不断增加对增长极的产品、服务和交往需求，双方之间由此形成不断扩大、深化的分工，以及基于分工而产生的互为市场并逐步扩大的互利协作关系和贸易关系，这种关系加强了增长极带动非增长极实现经济较快增长的功能，也不断强化后者对前者的促进、推动作用。

（4）增长极经济实力的增强形成不断增大的投资能力，并且因为规模经济的持续和累积，逐渐产生规模不经济的问题，增长极要实现持续发展就必须扩散生产能力，扩大向非增长极投资，从而带动非增长极发展。

(5) 作为增长极的地区，其经济实力的快速增强必然引起财政的相应增长，通过财政渠道支持非增长极地区发展。

(6) 作为增长极的企业、行业、地区等经济体，其率先发展的累积效应使其经济实力增强并转化为对非增长极的反哺能力，以反哺式的作用带动非增长极发展。

(7) 增长极与非增长极之间的公平竞争，能够有效推动非增长极在区域体系和行业体系中占据越来越多的有利分工位置，实现追赶、超越增长极的后发发展。

三、增长极的结构—功能机制

增长极是一种具有特殊结构的社会经济系统。增长极能够发挥聚集—扩散功能的根本机制在于它的内部结构。在增长极的内部结构中，有利于经济增长的各种优越条件的组合形式处于核心的地位，这种组合形式是增长极具有高增长功能的主导因素。与非极化的经济体相比，增长极的内部结构特征可以概括为以下几方面：

(1) 复杂的增长极内部包含着大、中、小不同层次的聚集系统及其相互间更为合理、进步的关联关系，具有内部组织结构方面的特殊优势。外部要素进入这种组织结构关系之中，就会以更高的效率和效益被加工、制作成系统所需要的或具有特殊性质、特殊用途的创新物，表现出系统特有的高效率、高效益、高增长功能。在企业式增长极内部，杰出的企业领导人、企业技术骨干、企业决策层、企业技术创新组织、企业人际关系以及运转灵活的组织结构和管理体系等，往往是吸引和加工、提升人才、技术成果、经验、资金等稀缺要素，形成和增强企业创新能力和高效率运转机制的关键性因素。城市更是如此，城市承载的优质企业、科研单位、政府机构、产业集群、环境特点、文化特色及其彼此的关联关系，包括城市的产业组织和产业结构关系、内部空间结构关系、平等竞争关系和其他经济社会关系等，是吸引、聚集、改造稀缺经济要素，形成城市竞争力、城市创新能力和经济高增长能力的关键性结构关系。

(2) 增长极的内部结构具有较快演变、升级的特点。增长极的聚集—扩散功能及其引起的经济快速增长机制是推动其内部结构较快变化的直接力量。在增长极系统中，经济的快速增长容易较快形成新的结构关系和新的经济、社会功能。新的结构—功能的逐步健全导致形成新的子系统，带动产生新的因素、新的发展能力和更新的结构关系，由此使结构进化、升级加快。从 20 世纪 80 年代到 21 世纪最初几年，我国沿海地区的各类中心城市和高增长区域在经济增长的速度和产业结构的变化、升级方面普遍快于内地的城市和地区，沿海的老工业城市如上海、青岛、天津等，其经济增长速度和产业结构的变化、升级也快于内地的老工业城市。与此相类似，城市的经济增长速度和产业结构变化、升级也普遍快于农村。当沿海发达地区已进入工业化繁荣阶段，越来越多的城市密集地区开始了产业结构的轻型化、高度化调整、升级过程时，内地的许多城市虽然也急需实现产业结构的优化和升级，但进展却较缓慢。这种差别的主要原因，是沿海的主要中心城市和高增长区域作为全国的增长极，创新聚集程度高，经济增长快，政府和企业在产业结构调整、升级方面的投入能力普遍强于内地，能够引起结构变化、升级的新建设项目增加快，产业结构关系的更新和升级速度自然也快。

（3）增长极的结构演变和升级往往体现为它更具有体制和运行机制创新的能力。与非增长极相比，增长极由于经济增长速度和内部结构的变化、升级更快，因而使得其体制和运行机制的相对老化速度也快。各类经济主体为了获取更高的效益和更大的利益，在变革旧的体制和机制方面具有更高的积极性和创造性，因而能够主动适应经济增长和结构变革的要求进行体制和机制创新。增长极主动适应经济发展的需要进行体制和机制的创新、变革，是其能够持续、稳定、高效地发挥经济增长潜力和辐射、带动能力的根本性结构特征。

（4）增长极具有创新其发展模式的机制。相对于非极化的经济系统，作为增长极的经济系统更容易形成新的、更有效的发展模式，新的发展模式的形成和完善化，使增长极系统具有更大的发展潜力和现实发展能力，能够实现更快的经济增长。

（5）增长极具有更快的经济形态更替机制。增长极因为具有上述重要机制，相对于非极化的经济体而言，能够较早产生高级经济形态的种子、萌芽或产生高级经济形态的核心区，较快形成高级经济形态并实现新旧经济形态的更替。正因为如此，增长极往往同时也是发展极，是在快速增长的基础上具有综合性、上升性发展优势的极化系统。世界上经济最发达的国家和地区，我国沿海最发达的地区尤其是特大型城市，如上海、北京、天津、广州、深圳及其所在的城市群地区，在工业化的中期阶段就已经产生了知识主导型经济的萌芽和知识型产业、高科技产业的快速发展过程，在传统工业经济形态还占主导地位的同时，已经开始了生态经济或绿色经济形态的建设工程。它们实现经济形态较快更替的主要条件，就是经济高速增长所积累的经济和科技实力。我国内地也有类似的地区，如武汉、郑州、成都、重庆、西安、沈阳、长沙等特大城市及其近辐射的地区，虽然经济形态的更替不如上海、广州等地那么快，但与内地的其他地区相比则明显领先。作为能源产业聚集度较高的鄂尔多斯、榆林等新兴的增长极地区，以及许多成功发展的经济新区、改革试验区等，也不同程度地显示出由产业聚集推动的经济形态更快更替的趋势。

增长极的结构—功能机制表明，要建设功能良好的增长极，重要的是设计或设法调整增长极的结构，促进增长极的内部组织结构趋于合理、进步和高级化，使增长极依赖自身结构的优越性，最大限度地发挥聚集、创新、增长、发展的功能和对外辐射带动的功能。

第二节　企业式增长极及其作用机制

增长极理论的创始人法国学者佩鲁认为，增长极的真正极核和真正主体是富于创新优势的企业，他的这一理论反映了现代经济增长的一条重要规律—创新推动下的非平衡发展规律以及这一规律发挥作用的重要形式—企业式的极化发展。

企业是按照市场经济法则从事生产经营的基本经济单位，是现代社会的基本“造血细胞”。现代真正意义上的企业是资本主义机器大生产产生以后才出现的，其中，近代公司制企业产生于16世纪到17世纪。经过数百年的发展演变，公司制企业的组织结构、功能和制度规范进一步完善，规模空前扩大，在现代社会经济发展中占据着绝对的统治地位。这种不断发展、完善的公司制企业，本质上具有整合经济和社会资源、聚集经济和科技实力、组织社会化生产经营、形成创新能力、在市场竞争中实现优胜劣汰，通过以非平衡发展为主的形式提高社会生产力水平的多种功能。尤其是具有创新优势的企业，乃是各种增长极的真正“极核”和增长源泉。聚集经济要素—形成创新能力—以创新驱动企业发展—企业发展辐射带动行业和区域发展，这是企业能够成为行业和区域增长极的真正“极核”和真正主体的基本规律，也是社会化大生产条件下生产力加速发展的重要规律和机制。

企业发挥增长极作用的规律和机制主要体现为这样几个方面：高效率聚集经济要素；全面增强发展动力；创新成为本质力量；追求大企业的特殊优势。

一、高效率聚集经济要素

聚集经济要素，形成微观增长点，是企业式增长极的基本特征。企业是经济要素的集合体或聚集体，企业的创建及其运行、发展的本质特征是聚集经济要素，形成社会的微观经济系统，适应社会发展需要生产和增值物质财富。企业的杰出领导人即人们所称谓的企业家，就是善于发现和引进创新要素、使经济要素实现新的组合、在配置稀缺资源方面能够做出判断性决策的创业者和组织管理者。有效聚集经济要素是企业形成和增强创新能力，实现自身发展并能够成为区域或行业的微观增长点的基础功能。

构成企业的基本经济要素包括：企业从事生产经营的设备、设施、工具、资金等物质要素；以劳动力和企业财产所有者为主的人的要素；专利、商标、劳动经验、信息、文化等精神要素。企业的经营目的、组织结构、制度体系、经营管理方式及其相互之间的关联关系，是企业聚集经济要素、形成创新能力和经济增长能力的主要构造机制。企业按照特定的生产经营目的要求并在市场机制的作用下，通过自身的组织结构、制度体系、经营管理方式等机制，对各种社会和经济要素进行选择、吸收、聚集、组合，形成内部组织结构关系不断合理化的物质转化系统，将输入的各种资源转化为产品和产品的销售收入，发挥创造国民财富、承担社会责任、推进社会文明发展的职能，成为现代各种微观经济组织中增值物质财富最有效的组织形式。

现代企业与传统企业相比，由于具有更为广阔和深厚的市场基础，具有更为发达、便捷的经济社会联系和更为进步、健全的体制和机制，其配置资源、吸收利用社会进步成果的效率和效益也高得多。不仅是企业生产经营直接需要的资金、原料、劳动力、技术和管理人才、专利成果、设备和设施、市场信息等重要资源，而且社会上一切先进的科技和文化成果、一切进步的因素、一切信息和机遇等，只要能够直接或间接地给企业带来利润、带来成本的节约和综合素质的提高，都会迅速地被善于经营的企业吸收、消化、运用，转化为企业的创新能力和经济实力。企业的文化体系、组织结构、制度体系、经营管理越是先进、合理，企业把分散在社会各个领域的经济要素、社会资源、进步成果等聚合成自身创新能力和转化为自身经济实力的能力就越强，企业的发展就越快。企业的生命力在于创新，而要素的聚集则是产生创新的基础。能够成为区域或行业增长极的企业，其聚集经济要素的效率显著高于一般企业，这种企业从聚集经济要素到形成创新能力、经济增长能力和综合发展能力，具有以下几方面的特点：

（1）聚集经济要素遵循着量变引起质变的规律。企业对经济要素的聚集在数量上达到一定程度，即产生某种质的变化，这种变化突出表现为企业创新能力和综合发展能力的形成。资本的积累和积聚达到一定程度，能够使企业投资能力发生重大变化，企业必然会在先进技术的研究开发、人才引进和培养、设备更新、信息收集和处理、企业文化建设等方面扩大投入，形成并增强科技创新和综合创新的优势。企业通过兼并、重组、投资建立新的分支机构、扩大经营范围等，能够更大规模地聚集外部要素，扩大自身规模，实现外部交易的内部化，减少市场风险和交易成本，将越来越大的市场份额控制在企业内部的交易中，从而由非垄断性企业转变为某种垄断性企业，获得垄断性利润或超额利润。

（2）对外部要素具有更高的转换能力。企业是一种特殊的社会系统，其内部组织结构、制度体系和经营管理方式是将外部环境因素和各种经济要素转换成为企业创新过程和运行、发展过程的基本构造机制。企业聚集经济要素的基本方式是合理配置资源。企业聚集的物质要素、人才和人力要素以及技术、信息、文化、管理经验、专业知识等精神要素，按照一定的规律和程序相互关联、相互作用，特别是人与人、人与物之间的相互作用，形成企业的生产经营机制。其中，有些要素要形成科学、合理的比例，有些要素要形成某种特殊的结构，有些要素的组合则产生某种特殊的机构，比如，建立起各种技术研发或新产品开发课题组，成立新的事业部、职能处室或新的分公司，建立和健全营销网络、管理信息系统、产学研合作的技术创新组织、与其他企业之间的战略联盟等，能够使企业以节约为原则形成和增强创新能力、价值创造能力、价值增值能力，以及资本的积累和积聚能力。作为增长极的企业，在其生产经营实践中或外部环境条件发生变化的情况下，原有的创新功能发挥不良或需要形成新的创新功能时，则能更快地做出新的决策并组织高效的决策执行活动来调整要素聚集方式和要素的组合、结构形式，形成新的创新功能或使整体创新功能增强和完善，使自己始终处于主动发展的状态。

（3）要素聚集能够激发企业人员的创造智慧，产生创造行为，形成企业的创新过程，推动企业的高效运行发展。企业在实现要素聚集的过程中，人这种要素始终处于决定性的、支配的地位。由于人具有主动性、创造性能力，不同要素之间、要素与社会需求之间、要素聚集与社会环境变化之间的内在联系不断被企业的职工和管理人员所认识，形成他们的创造灵感、创造智慧、创造的动机和实践，使他们产生出在新技术和新产品开发、机构改革、改进管理、企业文化建设等方面的创新行为。例如，企业调查了解市场行情实际上就是聚集信息要素的一种形式。企业获取的市场信息量越多，就越容易发现并筛选出有重要价值的信息。通过对丰富的市场信息、社会信息的加工处理，企业能够了解不同的市场需求以及市场需求与社会许多领域之间的重要联系，特别是发现其中对企业发展有重大意义的联系，从而形成创造性的管理决策和生产、技术、营销的措施，生产出比以前更为先进、优质、文明的产品。

（4）通过增强开放性提高要素聚集能力。开放性是企业产生聚集功能的基本属性，而作为增长极的企业比一般企业具有更强的开放性。企业是建立在社会分工协作基础上的开放型经济组织，开放性是企业以自然界和社会为其资源的源泉、利用社会力量实现自身发展、有条件成为区域或行业增长极的基本属性。企业是社会化大生产和市场经济条件下的微观经济组织，具有以经济属性为主的综合社会属性。它通过以商品交换为主的形式，从外部社会系统中获取自己所需要的资源，又把产品（包括服务）提供给社会的消费者；它从消费者购买本企业产品的费用中亦即企业的销售收入中收回生产经营成本并赚取利润，同时又以上缴税费和兴办慈善事业、捐赠等形式将其获得的一部分利润返还给社会；它以有偿或无偿的形式从全社会吸收各种有用的知识、信息等精神要素，吸收经济发展和社会进步的一切积极成果，同时又以自己的生产经营行为、产品的技术和文化内涵、企业形象以及吸收劳动力就业等形式，将自己创造的精神成果和产生的社会影响反作用于社会。企业的内部组织结构及其经济社会功能，以及企业的财产、经济实力等，来之于社会又回归于社会。企业内部的组织结构关系和企业的各种内在、外在特点，以及企业的行为等，体现着全社会的经济关系、政治制度、思想意识形态及其彼此间相互联系的结构特点。企业受积极、进步的社会关系的综合作用较强，它就易于形成科学、合理、进步的内部结构关系和行为特点，体现着社会进步、发展的要求；反之，受消极、腐败的社会关系的作用较强，则体现着社会的消极、倒退趋势。企业以配置资源的形式聚集社会进步成果和经济实力的主要途径是市场，此外还有其他非市场的途径。企业生产和经营什么商品、用什么方式生产经营这些商品以及怎样聚集自身所需要的经济要素、在一定时段内聚集多少、所聚集的经济要素形成怎样的结构和比例等，归根结底是由市场需求所决定的，并且是在市场竞争的推动下不断改变的。企业经营活动所覆盖的市场范围越大，其配置资源和聚集经济实力的能力也越强。遵循市场法则、适应市场需求、面向市场开放，是企业生存和发展的首要条件，也是企业与其他经济组织相比能够实现极化发展、发挥区域或行业增长极功能的重要特征。

二、全面增强发展动力

能够成为区域或行业增长极的企业，在发展动力方面与一般企业相比有许多特殊性，这种企业激发其内在动力、感知和转化外部动力的能力比一般企业更为强大。全面增强发展动力是作为增长极的企业最突出的特点。

（一）追求利润的内在推动力

追求利润最大化是企业成为区域或行业增长极的内在推动力。企业生产经营的目的是盈利，在合理、合法的范围内追求利润最大化是企业实现自我发展的主要利益动机。出于这样的利益动机，企业主动地开发利用自然界和社会的各种资源，以最节约、最有效的方式将人、财、物、信息等要素组织成为有秩序、有计划的生产经营系统及其运行、发展过程，把社会文明成果转化为自身素质的提高，最大限度地增值物质财富和精神财富，成为现代社会发展、进步的主要微观基础。追求盈利是企业作为微观经济组织的本质属性，追求合理、合法前提下的利润最大化是企业生存和发展的根本推动力，是企业在市场竞争环境中获得生存权的第一需要（马克思语）。企业成员特别是企业财产的所有者和企业的经营管理者受到企业利润最大化目标的强烈吸引，主动地、持续不断地为实现发展目标而探索、实践、思考、谋划、行动，是推动企业发展的最主要也是效率最高的一种动力，亦即人们所说的企业的活力。有了这样的动力、活力，企业就能主动适应内外部环境条件的变化，机动灵活地趋利避害，实现合理增长、自我发展、自我完善和自我约束，使企业创新能力的增强、增长能力的提升和企业规模的扩大成为永无止境的过程。企业追求合理、合法的利润最大化，从直接的、表面的效果看是发展了企业自身，而从本质、从长远看则是增强了地区、国家的经济实力和整个社会的文明水平，是为社会做出了企业的最大经济贡献。

由于市场竞争的普遍作用，任何一个企业，如果它不追求最大化的利润，其他企业就会取而代之，使它只能获得数大化的利润；在数大化的利润范围内，如果这个企业再不追求利润的最大化，又有其他企业会取它而代之；如此循环，这个企业就会被越来越多的企业取而代之，直到最终失去生存权。可以肯定，追求利润最大化并不是企业获得发展的唯一的甚至也不是最高形式的推动力量。由于市场经济是法治经济和不断走向更高社会文明的经济，所以企业追求最大化的利润必须是合理、合法的，否则它就会因损害其他经济主体的正当利益甚至违背国家和国际的法律法规而失去生存、发展的资格，这种状况如不改变，企业同样会被淘汰。所以，企业为了实现健康、持续的发展，还必须具有其他方面的动力，如追求科技进步、人员教育、经营信誉、社会责任、社会荣誉、文化成就、职业道德等方面的最好成就。这些方面的动力对增强根本动力、保证企业的规范经营、全面提高企业素质都具有至关重要的作用。

企业追求盈利的属性随着社会结构关系的演变和发展而发展变化，并且在社会关系的作用下派生出日益进步和丰富多样的其他属性，其中，优秀的、高素质的企业，正是在社会关系和自身属性的变化中，成为社会进步成就的聚集点和社会文明的辐射源。这些企业能够主动适应社会发展的要求，用更为进步的价值观看待盈利、财富、经济实力等，与其他利益主体建立更加进步的利益关系和社会关系，主动改变自身的不良因素，生长和创造优良的因素，吸收、消化、转化、创新全社会的物质文明和精神文明成果，把社会经济系统发展进步中最先进、最优秀的成就吸收进来，转化成自身素质的不断提高，特别是转化为企业管理层和员工素质的提高。聚集社会发展进步的优秀成果，这是社会推动企业、造就企业和企业适应社会发展要求、接受社会进步作用的重要机制，也是企业发挥增长极功能的本性和基础。

优秀的企业还通过发挥自身的各种优势，包括发挥自身的经济优势和发挥有助于社会政治进步、社会环境改善、科技进步、思想道德水平提高、文化艺术发展、物质和精神财富增加等多方面的优势，使其优良的素质逐渐被社会所认可，成为经济发展和社会进步的领先组织。它不仅向社会提供优质、廉价的产品和服务，提供不断增加的税收和其他形式的物质贡献，而且提供高素质的人才、先进的科学技术、独特的文化艺术创造、丰富的思想理论和优良的职业道德，成为经济发展和社会进步的重要物质财富源泉和精神财富源泉。这就是优秀企业成为社会进步成就的聚集点和辐射源的重要机制。

（二）市场竞争产生的外部推动力

企业间的公平竞争是产生企业式增长极的外部推动力。企业的生存法则是平等竞争，优胜劣汰，由此决定了企业的发展只能是非平衡发展，极化发展是企业非平衡发展的一种典型形式。正是由于这种平等竞争、优胜劣汰的非平衡发展，才使近代以来的社会生产力出现了加速度的发展趋势。

企业配置资源和聚集经济实力的能力越强，企业发展就越快，同时其科技和经营管理等创新成果的溢出效应也越大，对区域和行业的直接、间接带动影响作用也越大。在一定的区域范围内，比如在一个县、一个城市、一个省、一个国家、若干个国家以至全球等不同层次的范围，以及相应的行业范围，能够以最快的速度、最有效的方式和恰当的广度、深度来吸收、消化、运用高质量的经济社会资源和先进的科技文化成果的企业，就成为该区域范围竞争力最强和发展最快的企业，因而也就会成为该范围内规模最大、创新成果溢出效应最大、带动区域和行业发展能力最强的企业，而在这方面表现最差的一批批企业则被市场竞争所淘汰。由此造成企业发展的极大反差：强者愈强，弱者愈弱。正是由于这种反差的作用，加快了先进生产力的产生、扩散和落后生产力的淘汰，加速了全社会生产力的发展。大而强的企业由此必然成为区域或行业内的企业式增长极，即成为该区域或相应的行业内技术进步的策源地、新生产力的发源地和带动区域、行业发展的“发动机”。

区域范围大小不同，发挥增长极功能的企业的大小也有差异。在较小的区域内，譬如在一个乡镇的范围内，一个或数个创新能力和经济实力最强、发展较快的企业，哪怕只是小型的企业，就可以成为该区域的增长极。而在较大范围的区域，譬如在县域范围，一个或数个创新能力和经济实力最强的中型企业，则能够成为增长极。而在地市或省及省以上的更大范围，往往是创新能力和经济实力最强的若干大型、特大型企业，有条件成为企业式的增长极。在一个经济大国和全球范围内，能够成为增长极的企业主要是一批实力强大的跨国公司或企业集团。

（三）法人地位产生的产权推动力

法人地位是企业发展成为区域或行业增长极的重要制度条件，同时也是企业发展壮大的重要推动力。企业能够成为区域或行业的增长极，法人地位产生的产权推动力是重要因素。

法人企业是现代企业的主要形式，法人制度在现代企业制度体系中占据着主导和支配的地位。现代企业作为市场竞争的主体，它必须是独立的组织，有自己独立的财产，能够以自己的名义取得财产权利和承担财产义务。正是由于企业具有这种法人地位，企业才能通过法人制度中的有限责任制度等，最广泛地利用社会资本同时也使自己的资本社会化来从事生产经营。当需要资本时，它能够从全社会范围内筹集到资本；当它不需要过多的资本时，它的多余资本也能够以有偿的形式被其他主体所利用。这就在制度上保证了任何一个法人企业都可以通过资本运营的方式，开发和利用全社会的资源，形成“聚集经济要素—扩散经济能量”的运行功能。

作为增长极的企业，往往能够通过运用经营创新的措施，把法人制度提供的有利条件利用到极致的地步，从而实现自身的更快发展。

三、创新成为企业发展的本质力量

富于创新优势的企业也就是生命力最旺盛的企业，这类企业最有条件成为区域或行业的增长极。相反，缺乏创新能力的企业或者创新能力相对薄弱的企业，则是效率低下、发展缓慢的企业，这类企业遇到内部或外部的严重困难时则难以生存下去甚至会被市场竞争所淘汰，自然也就与增长极的地位无缘。与其他微观社会组织相比，企业由于其追求利润最大化的利益动机、适应市场变化的动态式组织结构及其所处的竞争环境等，普遍地能够较快形成创新能力。

对一切发展主体来说，使创新目的得以实现的基础性机制就是创新要素的有效聚集，企业当然更是这样。创新要素的聚集引起创新活动、形成创新能力的普遍性机制大致有以下几种情况：

（1）个人创新能力的形成和创新活动的进行，是创造性的兴趣、目标、灵感、思维方式、经验、知识、体质，以及支持创新的物质条件等要素实现聚集的结果，其聚集的方式、结果和效率等总是与个人的特殊素质及其所处的特殊环境条件密切相联系。一般来说，在自己和他人的实践经验和各种知识、信息、物质条件等要素聚集的基础上，个人创造性思维能力的高度聚集和发挥，就可以形成创新活动，产生创新或创造的成果。

（2）群体创新要素的聚集，如人才、知识、经验、管理、设施诸要素的聚集、组合，尤其是各种人才的聚集和组合，并在群体创造性思维能力的高度聚集和良好发挥的条件下，即可产生群体的创新活动和创新成果。

（3）企业、单位、行业、地区、国家等各种社会组织系统的创新目的的实现，则需要大规模的、更加多样的创新要素的聚集，如大量的人才、信息（包括知识）、资金、设施以及进步的制度、合理的利益关系、科学的组织管理等要素实现有效聚集、组合。在行业、地区、国家、国际社会等更高层次的组织系统中，个人、企业、单位等与资金、信息、专利成果、设施等一样，都是系统实现一定创新目的的要素，其中如开发区、产业集群、城市群等组织形式，就是这些要素实现聚集的具体形式。

企业创新除具有上述创新要素聚集的普遍性特征外，还有其以下几方面的特殊性：

（1）企业创新是以技术创新为主的综合创新。对生产企业来说，创新的基础和重点一般是技术创新，技术创新能力往往代表着企业的核心竞争力。大量的服务型企业似乎并非以技术创新为主，如金融、商贸、餐饮、旅游等行业的企业总是直接地依赖于经营管理创新，但实际上这些企业的生存、发展尤其是它们在社会经济结构中所占的比重变化，是直接依赖于生产型企业的技术创新水平的。况且，从事技术性研发和中介服务的企业在服务业企业总量中占据着越来越大的比重。不仅如此，全社会的生存、发展也都是奠基在以企业为主体的一定生产技术创新水平上的。随着经济社会发展水平的提高和市场竞争的升级，社会环境和市场结构变化速度加快，不管是生产性企业还是服务性企业，都是以技术创新为主或间接地依赖着技术创新提供的根本性条件，通过内部的综合创新措施来形成新的组织结构、制度体系和经营管理方式，研究、开发新的更先进的技术成果和新产品，包括服务业的新产品，创造更有效的资源配置形式来聚集经济要素和社会进步成果，以求与变化了的社会环境和市场结构相适应，实现更高效率和效益的运行、发展。

（2）具有创新优势的企业能够实现更快的发展。企业是在竞争中生存和发展的，企业在技术、产品、管理、营销、文化、经验等方面的单项创新以及由单项创新转化成的集成创新必须具有竞争优势，那些保持一般化、低水平创新能力的企业虽然也能生存，但在竞争升级的情况下却难逃被淘汰的命运。企业仅仅满足于单项的创新，往往难以形成综合的竞争优势，因此必须不断寻求集成创新的有效途径，善于将单项创新进行聚集和组合，从综合创新中“孵化”出具有新质的先进生产力，如先进的技术、工艺、管理模式，优质的产品，杰出的人才，甚至使企业整体发生革命性的更新。创立品牌、增强品牌效应是企业集成创新的一种重要形式，它把技术、管理、营销、体制、文化等方面的创新集结成为名牌产品，实际上形成了企业内部的一种特殊的增长极—产品增长极或品牌增长极。产品增长极，特别是品牌增长极，乃是企业作为区域或行业增长极极核的“核中之核”。品牌战略是企业追求成功的发展和垄断性优势的最基本、最常用的战略。一些大公司实行多元化经营战略，发展成为多种业务的混合联合公司，更有利于形成集成创新的优势。有的大公司由于内部包含着众多的生产经营部门，具有某种控制市场的能力，其盈利的增长不依赖某一种或少数几种生产经营业务，这种企业的集成创新也往往由原来的多部门、多种业务的分散创新逐渐演变为综合性、集成性的整体经营创新，有的甚至演变为更具有综合性、集成性的金融创新，成为以运营资本为主要业务的创新实体。而所有的集成创新或综合成新得以实现的基础，就是重新要素的高度聚集或高级形式的聚集。

（3）体制和机制变革能够加速创新和发展。要素的聚集，例如，资本数量的增加、企业规模的扩大、管理经验和职工劳动经验的积累、技术研究开发成果的增多、企业获取外部信息量的增加等，必然会与原有的体制、运行机制发生摩擦或冲突。作为增长极的企业，更善于通过改革体制和机制，使企业的创新潜力得到更大、更快的释放，使重新要素的聚集达到更高的水平，产生更好的创新和发展效果。

（4）创新与发展相互转化，形成“创新—发展—再创新”的良性循环。企业出于追求利润最大化的利益动机和主动参与市场竞争的需要，在实现了一种创新转化为发展的目标后，往往会聚集更大规模的创新要素、组织更卓越和更大规模的创新活动，实现更高质量的综合发展目标，产生更先进的生产力，形成更大的经济实力。人实现创新能力的动机、企业利润最大化的动机以及市场竞争的优胜劣汰都是无止境的，企业“创新—发展—再创新”的过程也是无止境的。作为增长极的企业，其顽强的生命力就在于它具有把创新能力转化为经济实力的增强、以增强了的经济实力支持创新水平的进一步提高的良性循环式运行发展特点。

四、大型企业具有成为增长极的特殊优势

经济要素不断向大企业集中，大企业越来越大，“全部企业中仅占很小比例的企业或数量很少的企业，积聚或支配着占很大比例的生产要素”①，这种趋势符合工业化以来数百年间的经济发展规律。近代以来，企业的发展显示出无止境的规模扩张和不间断的结构优化、升级的趋势，体现为“要素聚集—资本增值—规模扩张—更大规模的要素聚集—更大规模的资本增值—进一步的规模扩张”的循环上升特点。现代大企业（包括大型企业集团），特别是一批左右世界经济发展的跨国公司，大可敌国、富可敌国，是国家、地区、行业的经济支柱和综合实力的体现者，其极化发展特征使其在国家、地区和行业的发展中成为其他企业难以取代的战略支撑力量。全球100多个最大的经济实体中，约有一半为大型跨国公司。一批实力强大的跨国公司甚至成为拥有超市场权力的“商业帝国”，在世界经济结构中扮演着“特殊王国”的角色，成为最能组织和管理全球性生产经营的国际经济发展中心。

大型企业最有条件成为区域和行业的增长极。“大企业规模扩大对其所在区域经济

① 李悦等：《产业经济学》（第三版），第790页，中国人民大学出版社，2008年版。

总量增加具有显著的促进作用，同时促进区域内人均 GDP 增加，促进地区经济增长。”① 大企业极化发展的功能主要有以下几方面：

（1）区域的经济支柱。大企业比中小企业更易于降低成本、提高经济效益，扩大盈利水平，实现规模化生产经营。其中，实力强大的公司通过企业间的合并和兼并，强化资本运营，迅速积聚有效资产，实现规模的超速扩张，成为国家、地区和行业经济增长的主要力量，能够带动提高区域整体经济运行质量和经济增长速度。在能源、矿产、原材料、装备制造、铁路、航空、通讯等基础产业领域和金融、零售、外贸、旅游、旅馆等服务领域，大型企业能够形成越来越复杂的生产分工体系和不断延伸的产业链条，为社会提供大批量、多种类的产品和服务，依靠强大的核心竞争力和市场开拓能力实现规模扩张和综合素质的提高，带动众多中小型企业和相关行业发展，甚至带动形成日益发达的产业集群。世界多数发达国家和主要的发展中国家，都是以大型企业为国家的经济支柱力量的。最近二三十年中，在美、日、英、德、法等主要经济大国发展中发挥支柱和基础作用的大型企业、企业集团、跨国公司，其创业和成长史同时也是这些国家成为经济大国、世界强国的发展史。如果没有诸如通用电气、贝尔电话（美国电报电话公司）、杜邦、IBM、可口可乐、福特汽车、惠普、平果、微软、松下、索尼、丰田、新日铁、壳牌、西门子等数以千计的大企业，而今的世界 500 强及其所代表的经济强国的实力以及全球经济发展的新特点、新趋势等，都是难以想象的。韩国从 20 世纪 60 年代初期到 90 年代中期成功地实现了由经济落后国到工业强国的发展目标，其主要战略措施之一，就是扶持大企业发展，三星、大宇、LG、现代、双龙等 30 家大型工业企业的产值占到了韩国工业总产值的 80% 左右，是名副其实的经济支柱②。中国 19 世纪至 20 世纪的民族资本主义发展，尤其是新中国成立后和改革开放以来所进行的大规模经济建设，产生出了一批又一批代表国家经济实力的大型企业。大企业规模的扩大和数量的增加，成为改革开放以来国家、地区经济实力快速增长的引导者和支撑主力。1995 年进入《财富》世界 500 强的中国大陆企业只有 3 家，到 2005 年增加到 15 家，2013 年为 95 家，2014 年为 100 家，2017 年为 111 家，在入围门槛逐年提高的情况下中国企业数量逐年增加，不仅稳列全球第二，而且与全球第一的美国的差距不断缩小。我国东部沿海地区经济快速发展的成功经验之一，就是走“名牌兴企、大企业兴市”的道路，依靠大企业及其名牌产品带动区域整体发展。青岛市可以看作是“名牌兴企、大企业兴市”的典型，被誉为“名牌城市”，海尔、海信、青岛啤酒等 10 家拥有名牌产品的工业企业，其经济总量长时间占青岛工业经

① 史修松、刘琼：《大企业与中国经济》，第 20 页，经济科学出版社，2018 年版。
② 夏忠华：《韩国三十年奋斗终发达》，《中国企业报》，1997 年 6 月 6 日。

济比重的50%左右，年销售收入、工业增加值、实现利润占全市总量的40%以上。广东省拥有名牌产品的企业（大多数是大企业）仅占省级规模企业总数的0.5%，其完成的产值却占全省的6.1%，对全省工业总产值增长贡献率达到12.7%，拉动全省工业总产值增长2.4个百分点，TCL、美的、格兰士、康佳等一批拥有名牌产品的大企业不仅是广东省的经济支柱，而且在世界上代表着中国工业企业的形象。我国西部地区经济发展同样是以大企业为支柱的。与沿海地区的大型骨干企业多为改革开放后成长起来的拥有名牌产品的企业不同，西部多数省市区的大型骨干企业多为能源、原材料企业和资源转化型产品生产企业、传统名牌产品生产企业。西部的一批老工业基地城市，一两个或少数几个大型企业的产值、销售收入、利税等占到全市总量的60%~80%以上。如甘肃的金昌市、嘉峪关市，四川的攀枝花市、德阳市、绵阳市，云南的个旧市、玉溪市，贵州的六盘水市等，就属于这类少数大企业左右经济全局的城市。这些城市的形成及其经济实力的快速增长，大企业作为增长极发挥了决定性的作用。

（2）自主创新的主导力量。大企业更有利于聚集技术创新因素，形成强大而持续的科技创新能力和集约化生产经营能力，能够生产有重大技术进步意义的专利产品和物质产品，保持技术领先地位并推动生产经营方式的不断改进。由于科技创新的投入一般具有周期长、数量大、见效慢、风险高的特点，规模和实力较差的企业往往难以承受，而大型企业则能够迅速聚集优势的财力、物力、人才、智力，承受短期的利润损失，形成战略性的科技研发能力，在基础研究、应用研究、新产品和新工艺开发领域长期领先于国内外同行业，获得更丰厚的产品销售利润，甚至在产品利润方面长期占垄断地位。近两个世纪以来推动电气技术革命和电子信息技术革命并将其先进技术成果转化为现实生产力和社会财富爆发式增长的主力军，主要是一批大型骨干企业，其中的一些企业虽在开始时是中小企业，但依靠技术创新的成功迅速成长为引领和左右行业、地区发展的大型企业。正是这些以创新成就而成为创业和发展的登峰造极者的大企业，带动了世界性的科技革命、产业革命和一批又一批国家、地区从落后走向富强。

（3）行业的发展基地和骨干力量。一定数量的大企业的存在有利于保持行业的合理集中度，带动行业优势的增强和行业规模的扩大，甚至使一般的行业较快发展成为地区或国家的主导性、支柱性行业。竞争性行业的合理集中度，大致体现为少数大企业的产值、利税、资产等占行业总量的较大比重，比重大的甚至达到50%~60%。大企业要成为行业的发展基地和骨干力量，应当具备这样的条件：企业所在地集中了行业的主要生产能力，在地区、全国以至世界同行业企业中成为第一、第二或至少在排名的前列；企业具有巨大的发展潜力，是行业的主要增长源和主要的创新力量；企业是行业产业链的核心环节；企业是行业文化的领路人。以铝行业为例。据

2003年报道，世界铝业巨头中，西方6家最大的铝业公司控制着全球电解铝产量的一半左右、氧化铝供应的80%左右。其中，美国铝业公司资产总额接近320亿美元，年销售收入超过200亿美元，控制着全球约1/4的氧化铝生产能力、13%的电解铝生产能力和10%以上的铝加工能力。这些企业，就是世界铝行业发展的基地或骨干力量。为了应对经济全球化和国际铝业巨头重组并购步伐加快、铝业市场竞争日益激烈的新变化，中国于2003年组建了体现国家铝行业中坚力量的中国铝业集团，该集团以中国铝业公司为核心企业，共有82家成员企业，2002年电解铝总产量294万吨，占全国总产量的70%。中铝集团及其主要成员企业，就是全国铝业的支柱和骨干。中铝集团的核心企业一中国铝业公司成为全球第二大氧化铝、第三大电解铝和第五大铝加工生产商，并且是中国最大的铜冶炼加工企业之一，主要从事铝业、铜业、稀有稀土、工程技术、矿产资源、海外和贸易等业务，连续入选《财富》500强。中铝集团在西部地区的成员企业，如分布在甘肃、青海、云南的一批大型的铝冶炼加工企业，同样也是所在省市的铝业骨干企业。

（4）先进发展方式的示范基地。大企业更有利于创造先进的发展方式和文化模式，淘汰落后的发展方式和文化模式，从而成为行业和地区先进发展能力的辐射源，带动行业、地区甚至国家提高综合素质。

（5）国际化生产经营的领导力量。大企业有利于吸收、整合并有效利用全球资源，带头追赶甚至创造国际先进的科技水平和生产经营水平。

（6）区域的主导性财源。大企业同时也是国家或地区的大财源，能够通过以财政为主的途径反哺区域经济社会发展相对缓慢的领域，主要是反哺农业和农村，支持和带动经济社会整体更快发展。

（7）体制、机制和管理创新的辐射源和示范点。大企业的体制、机制和管理活动比中小企业复杂得多，在参与大范围、全局性的市场竞争和全社会的发展、变化过程中，承受着体制、机制不适应外部环境的多种压力，经常需要进行体制、机制的革新以增强发展动力，快速响应市场，由此就成为体制、机制和管理理论创新最全面和最快的经济主体。

（8）企业家的学校。杰出的企业家是建设企业式增长极的重要条件。经济学家罗斯托根据熊彼特的创新理论认为，经济成长需要有一批像熊彼特所说的那种“富有创新精神的”“不怕冒风险的”领头人物，他们能打破旧的传统，开辟新的道路。[①] 罗斯托在这里表述了一个重要的观点：企业在经济发展中的创新极化作用往往体现为企业家发挥创新精神的“人极”作用。大企业能够培养、锻炼出数量可观的企业家人才。

① 胡代光、厉以宁：《当代资产阶级经济学主要流派》第281页，商务印书馆，1986年版。

具备一定企业管理基础知识的人才，经过在大企业的经营管理岗位上的实际工作锻炼，成为具有实际管理才能的企业家后备人才。一个地区的大企业数量越多，企业家后备人才的队伍就越庞大。当然，中小型企业也能够培养、锻炼出优秀的企业家人才，但中小型企业的内部组织结构和经营管理工作相对简单，其培养、锻炼的企业家人才虽然也有许多的长处，但同时也具有视野相对狭窄、参与重大战略决策的机会不多、缺乏管理国内外大范围生产经营活动和复杂业务的能力等缺陷。充分发挥大企业的企业家学校的功能，就能够产生出越来越多的杰出企业家，由他们创办出更多的极化式发展的优秀企业，企业式增长极的辐射功能就更为健全。

第三节 行业式和产业集群式增长极及其作用机制

一、行业式增长极及其作用机制

（一）行业式增长极的有关理论研究

经济成长阶段论的代表人物、美国经济学家罗斯托对主导产业及其在区域经济中的增长极作用做出了有深刻影响的说明。他认为，在国家或地区的许多不同的产业部门中，每一成长阶段都有与之相适应的、起主导作用的部门，这就是主导产业。区域经济增长总是先由某一部门采用先进技术开始，获得优先发展，扩大了对其他部门产品的需求，从而带动了整个区域经济发展。这种起带头作用的部门在其先进技术及其影响扩散到各个部门之后，它就会失去主导地位，新的主导部门就取而代之，从而实现新的成长阶段代替旧的成长阶段。主导产业与区域的辅助产业、服务产业一起构成区域产业体系，主导产业功能的实现需要辅助产业与服务产业的支持，但主导产业是区域经济增长的重要源泉，它主要是以其创新优势对区域经济产生重大影响的，主导产业的类型与技术水平一般代表着区域经济增长水平与区域所处的发展阶段。

罗斯托的经济成长阶段论较为成功地说明了区域的行业式增长极产生的必然性及其主要功能，以及选择这种增长极的基本标准等，强调创新对于增长极的重要性，认为采用和传播新技术成果是经济成长的源泉和基础，也是行业式增长极的实质性功能。

区域经济基础理论将区域的产业部门分为基础部门与非基础部门两大类，认为基础部门的发展前景主要取决于非地方因素，其产品主要是输往区外市场。基础部门是区域经济的“引擎”，它影响并决定区域的总体发展，因此促进区域经济发展的主要途径就是发展基础部门。非基础部门是区域总体发展的条件与结果，由于其生产的是区域内消费的产品与劳务，其发展水平取决于区域人口规模与消费水平。一个区域的总经济水平是基础与非基础部门发展水平之和。

区域经济基础理论的上述观点，其实是罗斯托主导产业观点的另一种表述方式，即主导产业的产品或劳务主要是面向区外市场的，因此也称为输出部门；辅助产业与服务产业是面向区内市场的生产与服务活动。

我国产业经济学界的研究指出，“国家的经济建设中心，是由一组按产品划分的重点部门所组成的”；西方经济学中称之为主导部门的产业，在我国通称重点部门；重点产业、主导产业、支柱产业、带头产业等，既有差别，又有共同特征，其共同的特征就是“能够有效地吸收新技术革命成果，具有高技术进步率和增长率，能够带动其他部门增长，是对国民经济起主要支柱作用的带头部门”①。

（二）行业式增长极的主要类型

行业作为某一类企业和经济组织的集合体或系统体，与作为一定的经济组织体系的产业没有绝对明显的界限。对同样一个某一类企业的集合体或系统体，有时可以称为行业，有时又可以称为产业。一般来说，“产业”这一概念的含义更具有概括性，而“行业”概念的含义则较为具体。凡是由许多具体行业组成的具有某一类共同属性的群体或系统，一般称为某某产业，如第一二三次产业、高新技术产业、传统产业等。而那些分工较细、专业化特点明显的某一类企业的集合体或系统体，则称为行业，如化工行业、轻纺行业、电子行业等。因此，行业式增长极有时也可以称为产业式增长极，是有效带动区域经济发展的“条条”式增长极。能够成为区域增长极的行业或产业，主要有主导型产业、支柱型产业和战略型产业这三种类型。

（1）主导型产业。区域主导产业是决定区域在更大区域以至全国、全球分工中所处地位与作用并对区域整体发展具有决定意义的产业。主导产业一般是由区域优势条件决定的、受区内外需求影响较大和面向区内外市场的行业或部门。与其他产业相比，主导产业的主要特征是：增长速度快；规模大；整体技术水平高；产业关联度高，对相关行业的带动力强。

（2）支柱型产业。由于区域的类型、大小各不相同，许多区域往往很难形成理想的、符合标准的主导产业。有些区域虽已形成某种主导性产业，但由于资源、基础设施等条件的限制，其主导作用发挥得并不充分。因此，能够成为这些区域的行业式增

① 李悦等编著：《产业经济学》（第三版），第273－274页，中国人民大学出版社，2008年版。

长极的，往往是某些支柱型产业。支柱产业的特征是：在经济总量中占较大比重；增长较快；对其他行业有一定带动作用。支柱产业与主导产业的主要区别是整体技术水平不一定高，产业关联度不一定强。

（3）战略型产业。从创新的意义和未来发展的需要看，技术水平高、发展潜力大、市场前景好但规模尚小、短期内难以发挥主导性和支柱性作用的产业，如高科技产业、高新技术产业、新兴服务业等，却发挥着带动科技创新、刺激新兴产业成长、形成小规模极化发展区等特殊的极化发展作用。这类行业，实际上是区域经济的潜在性增长极，在区域经济成长到一定阶段，它们将替代传统增长极而成为现实的增长极。

（三）行业式增长极的作用机制

主导行业、支柱行业、战略行业发挥增长极作用的基本机制，包括以下几种：

（1）形成有组织的企业群体，在竞争中扩大企业群体的规模，提高行业内部的组织结构水平。行业或产业是生产同类商品或提供同类服务的企业的集合体。在行业内部，生产同类型商品的企业或某种性质相同的企业出于自身生产经营和参与市场竞争的需要，形成既相互竞争又相互依赖的经济技术关系。这种关系不断吸纳新的企业进入行业，同时又不断地淘汰缺乏竞争力的企业，使行业保持着适应社会需求、适应市场竞争而生存和发展的活力。区域的支柱行业、主导行业、战略行业之所以能够发挥增长极的作用，就在于它们适应社会需求、适应市场竞争而生存和发展的活力比其他行业更为旺盛。由于具有这样的活力，行业既能够迅速扩大规模，增加企业的数量，提高企业的平均规模水平，又能够及时淘汰相形见绌的企业，普遍提高企业的生存和发展能力，使大中小各类企业保持动态的合理比例，使行业内部的企业间关系最有利于创新型、成长型、竞争型、技术密集型企业的生长和发展，从而增强行业的总体竞争力，扩大行业的总体规模，使行业成为区域内诸多行业的“领头羊”和区域经济的主要增长源泉。

（2）有效积累和聚集经济实力。行业内部的活力来源于企业的竞争力和企业的生存环境。在市场体制较为健全和政府作用得到合理发挥的条件下，企业普遍具有旺盛的竞争力，行业内部环境就既有利于企业之间的公平竞争、又能够充分发展企业之间的联合、协作从而限制企业之间的过度竞争，这样的行业就能够迅速扩大规模，增加企业的数量，提高企业的平均规模水平和盈利水平。所以，以一批骨干企业为主导的行业式增长极，可以成倍放大企业式增长极的功能。行业的组织结构越是合理，管理越是科学，其放大企业式增长极的功能就越突出。与企业式增长极相比，行业式增长极是另一种性质的增长极，其造血功能在规模和综合性方面更加突出，能够更有效地积累和聚集经济实力，带动区域经济增长。

（3）直接带动产业结构升级或为产业结构升级奠定基础。作为区域增长极的行业，其内部环境有利于创新型、成长型、竞争型、技术密集型企业的生长和发展，同时也就意味着行业内部组织结构保持着动态合理化。创新型、成长型、竞争型、技术密集型企业在行业中处于主导地位，行业的总体组织结构也就处于高度化水平，这种行业的发展也就能够有效地拉动其他行业组织结构水平的提高，从而起到带动区域产业结构升级或为产业结构升级奠定基础的作用。

（4）扩散技术创新成果。行业的内部环境有利于创新型、成长型、竞争型、技术密集型企业的生长和发展，行业自身必然成为区域技术创新的主要源泉。作为战略行业的高科技行业和作为高增长行业的技术密集行业，一般具有区域创新源泉的功能。一方面，在行业内部的各类企业之间，技术扩散的速度快、效果好、效益高，形成"创新—成果扩散—再创新—再扩散"的良性循环；另一方面，在行业外部，技术成果的溢出效应不断增强，技术成果向其他行业扩散，带动众多行业的技术进步。

二、产业集群及其增长极功能

产业集群也称企业集群、新产业区等，是在某一特定领域内互相联系并且在地理位置上相对集中的公司和机构的集合体。

产业集群一般是在劳动分工规律的作用下，使大量的以生产经营性企业为主，同时包括业务上相互关联、依附的其他企业、机构和生产性、非生产性基础设施等微观组织集中于一个或几个主要产业，形成以专业化产业区为主要特征的地域组织形式。现代市场经济条件下的产业集群是带动区域经济发展的"块状"增长极，体现着产业组织形式和地域经济组织形式的一系列重大变革趋势，其规模、地域范围大小、发展特点和组织结构的类型相当复杂。在分布的地域类型上，有处于城市中的产业集群，也有农村的产业集群。在地域大小上，它可以是企业、单位聚集的小片地区，也可以是整个的城市、城市密集带或更大的区域，甚至可以是一个或几个国家。判断这些不同的地域是否是产业集群，基本的标准是这些地域的企业、机构等是否形成具有彼此共通性和互补性的产业联结网络。①

产业集群能够发挥以下重要功能：促进劳动分工，降低成本，提高生产率；有利于培育地方创新文化、企业家创新精神和技术进步的产业环境，促进区域创新体系的形成，普遍提高企业、机构的创新能力；促进新企业的诞生和企业的衍生，强化企业、机构之间的群体协同效应，形成群体竞争优势；通过企业、机构的地理集中和产业组

① （美）迈克尔·波特著，高登第、李明轩译：《竞争论》，中信出版社，2003年版。

织的优化，形成多种要素、多种主体、多种联系协同发挥积极作用的社会共同体体，有效促进区域各种要素的结合和聚集。

城市产业集群的普遍形式，是城市中的产业聚集区。现代城市产业集群的高级形式之一，就是城市产业园区，包括专业化的产业园区、综合化产业园区、高新技术产业园区、各种经济开发区等。这些园区，实际上是政府和企业联合体根据产业集群成长并发挥作用的一般规律和园区所在地区的特点，培育和定向发展具有更全面功能的产业集群的一种有效形式。我国在20世纪80年代后期建立的国家级高新技术产业开发区，一开始就要求这些开发区必须建在“智力密集的大城市”，利用大城市经济要素和创新资源集聚效应强、投资环境优越的有利条件，促进高新技术产业集群的形成和发展。这些高新区获得初步发展之后，进一步整合、聚集了城市的创新资源，使所在城市的创新体系逐步完善，成为区域的高技术中心、创新中心和以高新技术产业为主导的新型经济增长极。

现代城市产业集群呈现出以下多元化的组织形式：以中小企业为主体的类型；以大型企业为主体的类型；以大型企业为核心的类型；大、中、小企业混合的类型。根据产业集群的主导产业的不同，有工业主导型、服务业主导型、科技主导型的（以研究型大学或科研机构为核心）。根据技术密集程度的不同，产业集群有高科技型的，也有劳动密集型的，还有高科技与劳动密集混合型的。

农村产业集群一般体现为农村第一、第二、第三产业在一定地域范围集中分布的空间组织形式。产业集群的边界，既有与行政疆界相吻合的，也有自成边界或有跨行政区的。农村产业集群是传统农业实现产业化、现代化的重要条件之一。

三、产业集群式增长极的作用机制

产业集群主要依靠以下几方面的机制发挥区域经济增长极的作用：

（1）产业集群形成与发展的根本推动力，乃是企业追求高效率、高效益的利益动机和区域追求竞争优势的发展动机。大量企业和相关的机构在地理上的集聚能够产生正的外部效应，使企业和机构无须花费投资就可以获得多方面的好处，而聚集在一定区域的众多企业、机构获得好处则必然能够增强该区域的对外竞争力，为所在区域带来利益。产业集群所以能为企业和区域带来利益，主要是它具有成本低、效率高、创新速度快，产业吸引力大，扩张能力强等重要优势。产业集群通过这些优势的充分发挥和集群内优势资源的整合来实现整个区域产业竞争力的增强，从而带动区域经济更快发展。

（2）产生“外部性经济规模优势”。集群内企业之间地理位置相对集中，分布密度高，可充分利用公路、桥梁、码头、车站、机场 、供电、供水、通信等基础设施，发挥这些设施的规模经济优势，增强企业彼此间的正向相互影响，降低企业的交易费用，提高企业的生产效率和经济效益。集群内企业的联合需求能够推动地方政府加大对区域内交通运输、能源供给、环境治理、邮电通信等硬件设施的投资与改造，规范市场竞争秩序，健全政府服务体系，提供良好的政策服务，营造适应集群发展需要的软环境。企业在地理上的聚集可以相互提供原料、产品、广告、经济咨询、服务、法律、金融、公共教育等供给与需求，共享公共服务，从而节约建设基础设施的费用，必然使得边际成本趋于下降，竞争力由此得到增强。特别是集群内的企业广泛地涉及产业链条中从上游原材料供应到下游销售的绝大多数环节，使这些企业能够广泛开展分工与合作，弥补单个企业在技术、资金、人才、信息、管理等方面的不足，获得资源互补的好处。由于地理接近而能够广泛开展分工与合作，可以获得稳定而且高效率的供应商，促进商业网络的形成并使网络趋于发达，同时也有利于企业间建立与形成信任机制，增强信任氛围，有助于降低欺诈行为等带来的交易成本。

（3）提高企业的“内部规模经济优势”。集群使原本存在于企业内部的分工外部化、社会化，企业的许多中间产品、内部服务、内部配套工序等转移到外部，由其他企业、机构来承担，成为社会化的环节，而且转移成本很低，剩下来的内部的分工就易于达到精细化，企业内部设施、设备的专用性就得到提高，内部单位产品的长期平均成本得以降低，企业容易达到最优生产规模，获得“内部规模经济”效益。

（4）发达的分工与专业化优势。企业在一定区域内的集中有利于分工的形成与发展，分工的进一步发展使各个分工单位之间的依赖性加强，交易行为的种类和频率大大增加，进一步加强了越来越多的企业向同一区域聚集，由此形成区位聚集与分工深化的相互推进和集群发展的良性循环。众多企业在分工不断深化的推动下进行生产，能够增强产品的多样性、特色性、差别性和互补性优势，这样的产品就能够赢得更多的客户。分工的深化可以不断开辟和形成新的市场空间，成立新的企业、机构来满足那些新产生的专门需求，使集群的分工体系越来越发达，产业门类日益增多，不仅能够扩大产业集群的规模，而且可以使集群发展为新的集镇或新的城区，甚至发展成新型的城市。

（5）有利于促进创新能力增强和创新成果扩散。集群内众多同行企业间的竞争可以刺激技术创新。由于在一定的区域内集聚了大量竞争对手，竞争对手之间互相熟悉彼此的产品、活动成本、费用构成、技术状态，易于进行业绩比较，改进产品与服务质量，推动行业的技术进步。企业之间正式与非正式的交往频繁发生，为知识信息在企业之间的迅速流动提供了基础条件，从而可以提高创新的速度。企业与大学、科研机构的靠近越来越促进它们之间的合作，使得创新的机会增多，新技术的应用、新产品的开发过程大大缩短。供应商、制造商和客户等的紧密交流，使创新的成果、创新的技术和创新的信息快速地在集群内扩散，形成巨大的技术“溢出效应”，降低了企业创新的风险和成本。不同形式的产业集群在集聚生产力的同时，不断向周围的区域扩散经济能量、经济关系以及知识、信息、发展模式等，产生着越来越多的经济溢出效应和知识溢出效应。

（6）增强集群区的整体竞争力。产业集群更能体现现代社会文明竞争的本质，扩展企业竞争力的来源。企业在地域上的集中有利于产生强大的竞争动力，业务相近的企业互相衡量和比较业绩，产生“挤压效应”，推动它们共同进步。相互竞争的企业彼此又可以取长补短、相互学习、相互合作，增强彼此的互补性，共享创新的溢出效应和信息、营销渠道等。这种既竞争又合作、及时把单个企业的有利因素变成其他企业共享的资源的机制，维系着集群内的企业和单位，改造着集群内企业的传统素质，形成庞大的联合技术、联合供给和整体市场，可以为集群内的企业创造垄断优势，提高其对内、对外的文明化竞争能力。集群企业可以共同建立销售中心，形成专业性的零售、批发市场，从共享销售网络和其他市场资源中获得营销方面的外部规模效应，扩大影响，树立形象，形成品牌乃至名牌，在竞争中处于有利地位。集群内企业集聚所产生的“外部经济效应”使投资效益提高，是吸引区外资金和其他生产要素进入集群区内的重要动力，尤其有利于吸引资金、技术、人才的进入，促进集群规模的扩大和技术水平的提升。集群规模扩大后，对中间产品和辅助产品的需求也相应增加，一些配套企业和服务性企业受中间产品和辅助产品需求的推动，就能够应运而生，加快成长，使集群在产业链扩张的带动下实现全方位的高速扩张，集群由此能够带动区域经济高速发展。

（7）各类产业开发区是用政府的力量促进产业的地理集中所形成的产业集群或产业“蔟群”（industrial clusters）形式。政府所创造的优越环境条件和政策效力有利于深化、优化集群内的专业化分工，提高规模效益和创新密集度，吸收外部的创新、发展成果，比自发形成的产业集群更易于提高生产效率、经济效益和增长速度。各级政府批准成立的科技工业园区，如从 1988 年开始批准建立的国家级高新技术产业开发区，2003 年发展到 53 个，2012 年已达到 105 个，2017 年增至 157 家，其目的就是利用所在地区已有的有利条件并运用行政手段创造更多的有利条件，提高科技—经济要素聚集水平，最大限度地把科技成果转化为现实生产力，在区域经济发展中发挥辐射和带动作用。科技工业园区或高新技术产业开发区依托的优越条件主要有：所在地区一般是知识密集、技术密集的大中城市和沿海地区，科技和经济实力较强，有利于科研、教育和生产的结合；园区属于政府设置的特定区域，政府能够以特殊的政策措施给予大力支持，如给予税收和贷款方面的优惠政策，优先实行各项体制、机制改革措施，软硬环境较其他地区更为优越，有利于促进科技、管理创新，吸引优秀科技人员和经营管理者创新创业；区位和体制、政策、文化方面的开放性较强，有利于吸收和借鉴国外先进科技资源、资金和管理手段。经过几十年发展，国家级高新区已成为全国经济持续增长和结构升级的引导性力量，2003 年，53 个国家级高新区工业增加值占所在城市工业增加值的份额，北京中关村科技园区为 31.8%，上海张江高科技园区为 12.9%，苏州为 37.1%，长春为 32.8%，西安为 33.3%；国家高新区每平方公里生产的工业增加值为 6.4 亿元，提供的税收为 1.4 亿元；53 个高新区的面积仅相当于一个直辖市，但单位面积的工业增加值分别为北京、重庆的 5 倍，天津的 3 倍，上海的 1.5 倍①。2012 年，国家级高新区发展到 105 个，总收入超过 16 万亿元，工业增加值占全国工业增加值的 13.6%。2017 年全国高新区拥有高新技术企业 4.6 万家，占全国的 39.4%；GDP 总和达到 9.52 万亿元，占全国国内生产总值的 11.5%，实现税收收入占全国的 8.2%。一大批高新区已达到世界一流的水平，其作为政府扶持发展的特殊产业集群的增长极功能十分明显。

（8）具有快速增长的自我发展能力和辐射、带动外围区域发展的能力。产业集群相对于外围区域而言，是经济的高增长区，其高速增长产生的需求，能够通过产业链直接带动外围地区的经济增长。产业集群又是先进技术的扩散和孵化基地，同时还具有对外开放的“窗口”作用。在 1997 年到 2017 年的 20 年中，国家级高新区在企业数量、从业人员数量、工业总产值、工业增加值、技工贸总收入、出口额、利税额等主要指标方面，均显著高于同期全国经济的发展速度，成为全国经济的高速增长点。浙江、江苏、广东、福建等省的产业集群已形成增长迅速的“块状经济”或外向经济优势，成为辐射带动这些省经济持续高速增长主导因素。

第四节　中心城市式和城市群式增长极及其作用机制

一、中心城市式增长极及其作用机制

（一）城市的经济聚集功能

一般来说，任何城市都具有区域经济增长极的功能。即使是消费型城市，一方面

① 中华人民共和国科学技术部火炬高技术产业开发中心：《中国国家高新技术产业开发区改革与发展研究》。

必然聚集着相当数量的消费品生产单位和为消费提供服务的单位；另一方面，消费活动聚集的本身就是一种拉动生产和服务增长的增长极功能。但是，在一定的区域范围内，作为增长极的中心城市与一般的城市还是有一定的区别，它具有下列特点：

（1）是生产型城市，而不是消费型城市，是区域经济增长的主要承载体。

（2）科技水平相对较高，是所在区域的创新中心。

（3）是主导产业明确、与周围地区产业关联度较大的产业综合体。

（4）在某一方面或某几个方面具有突出的城市竞争优势，主要是具有明显的产业竞争优势。

（5）基础设施条件优越，交通、能源、水资源等供应体系完善，有利于生产发展和居民生活水平提高。

现代城市是第二、第三产业的主要载体，是第二、第三产业在一定地域范围高度聚集发展的产物。城市产生和发展的根源在于它的聚集经济功能。聚集经济效应又称为外部性效应，是指由于生产者和消费者的经济活动在空间上的集中而产生技术、知识的溢出和经济主体收益的递增，使每一个经济主体不用花费投资也能够获得经济活动集中的好处，使花费投资的经济主体能够获得随投资的递增而递增的收益。城市作为地区的增长极，既有产业构成相对单一或相对简单的专业化类型，也有产业构成多样化的综合性类型。但城市作为增长极的基本作用机制，就是充当区域技术、资金、人才等经济和社会要素的配给中心。其中，具有多元化产业构成和多样化经济功能的城市，比专业化的城市更有助于所在区域经济的协调、较快发展。

经济要素、经济活动主体和建设项目在城市的高度聚集不等于高度堆积，而是以深化分工为基础的高度关联性聚集。这种聚集是以分工链、产业链为主要纽带，将人口、人才、资金、技术、设施、信息、企业、机构、行业、产业集群、区域团块等要素连接成地理上彼此接近的“凝聚态”系统体，各类经济主体和经济要素由于地理上的彼此接近，普遍地形成分工协作关联、产业关联、供需关联、文化关联、相互影响关联的紧密关系，成为关联关系紧密化、复杂化的地域经济社会共同体。在城市的内部结构形成和演变中，各类要素、经济社会主体、产业系统、区域团块之间关联关系的紧密化要求它们必须达到或保持一定的地理接近性，而地理的接近又进一步推动关联关系的紧密化。紧密的关联关系和一定程度的地理接近是产生高密度创新、高运行效率、高经济效益和经济主体的高收益的主要机制，正是这种机制，使城市具有比其他地区更快发展的增长极功能。

（二）中心城市发挥增长极功能的作用机制

区域中心城市发挥增长极功能的最主要的作用机制有：产业的聚集和扩散；知识

的聚集和扩散；辐射带动下级城市和反哺农村。

1. 产业的聚集和扩散

城市所在地一般是地理位置相对优越的地区，并且具有配套性很强的基础设施，因而能够在相对小的地域范围为多种产业提供共用的基础设施服务。城市还能够为产业发展提供集中而配套的宏观管理、商业性和非商业性服务、先进而多样性的文化，以及企业彼此协作和近距离直接相互影响的条件。由于具有集中配套的基础设施、集中而全面的服务条件和企业、单位直接相互影响的环境条件，使城市成为最能够促进第一、第二、第三次产业特别是第二、第三产业的多种行业聚集成长的特殊地区。从某种意义上说，城市本身就是一种高效率、高效益的产业集群区。它不仅能够为专业化的产业集群提供优越的条件，而且它本身就是多种行业聚集和配套发展的综合性产业集群。企业、要素在城市这种特殊的地理空间集中并形成分工—协作的专业化生产服务体系，以及企业、单位、个人之间高度相互依存、相互影响给各方带来利益的外部性机制等，能够提高各种资源的利用效率和效益，使城市增强对要素的吸引力。尤其是大城市、特大城市、省会城市等，其产业构成的多样化水平（产业的多样化聚集水平）明显高于中小城市，投资效益也普遍高于中小城市。区域的首位中心城市，其经济规模如能占所在区域经济总量的30%以上，它在区域经济系统中的综合外部效应就最强，效益最高，发展也最快。2005 年全国 287 个地级以上城市（不包括市辖县、市）年末总人口 36 285.04 万人，占全国总人口的 27.75%；行政区域土地面积 580 054.81 平方公里，占全国国土面积的 6.04%；生产总值 113 144.45 亿元，占全国国内生产总值的 61.80%，第二、第三产业增加值分别为 56 977 亿元和 51 785.94 亿元，分别占全国的 65.46% 和 70.97%。2017 年，全国 36 个省会城市和计划单列城市人口占全国人口总数的 19.07%，地区生产总值则占到全国 GDP 的 37.71%。城市聚集产业、提高经济效益、成为二三产业主要载体的功能由此可见一斑。

随着信息时代的到来，特大城市成为现代城市化的基干力量，并且有可能成为未来城市的主要形式。国内外有关研究指出，人口 200 万以上的特大城市的劳动生产率在各类城市中最高，比 10 万 ~20 万人口的小城市高出 40% 到 1 倍。城市越大，综合性越强，其产业种类就越多，产业链就越长，它所聚集的经济势能就越大，经济效益就越高，经济增长也越快。我国西部地区总体工业实力不强，区域产业链条短，经济增长缓慢，吸引外资能力弱小，与中心城市规模不足、城市密集带发育迟缓、城市建设欠账过多等因素有直接关系。西部开发和发展要取得更大成效，必须加速实现城市化，而城市化的重点之一就是优先发展大城市，以大城市的较高经济能量辐射、带动中小城市发展和农村城镇化。

城市促进产业聚集达到一定规模之后，由于产业聚集能够产生外部经济效应，外部经济效应进一步推动产业聚集，便形成城市快速成长和产业快速聚集的过程，由此使城市具有推动多种产业快速发展的功能。

城市在促进产业聚集的同时，也发挥着产业扩散的功能。城市产业愈发展，就愈能扩大对上下游产业的供给需求，因而就愈能将这种需求扩散到周围地区，转化为周围地区为城市提供供给品的产业发展过程。城市经济发展到一定的规模和程度，就会由聚集为主的发展阶段转化为以扩散为主的发展阶段，城市产业越来越多地转移到外围的腹地，形成众多的卫星城镇和越来越密集的城镇群，形成城镇化和区域经济一体化发展过程。有关研究表明，以每个城市为中心，其腹地范围的经济发展水平大体与交通运输距离的远近成比例递减。

城市由于具有上述的聚集—扩散功能，成为现代区域经济发展的主要载体，因而也就成为带动区域经济发展的主要增长极形式。

2. 知识的聚集和扩散

城市同时具有知识的聚集和扩散功能。尤其是大型城市，由于具有科技、教育、文化单位和企业等高度聚集的优势，因此最适合于组织、开展科技创新和新产品开发等综合性知识创新，最有利于形成技术密集产品生产的优势和新知识、新经验的积累。

大城市在科技知识方面具有以下聚集—扩散优势：

（1）各类城市都具有不同程度的信息港功能，而大城市比其他类型的城市更能够及时汇集和集中处理科研信息、文化教育信息、市场信息、社会信息，可以更加快捷、高效地掌握社会变化、市场变动、科技发展动态，获得及时、充分、高质量的信息产品和信息服务，能够通过信息流高效率地推动知识的聚集和交流、传播。

（2）大城市的科技、教育、文化、信息机构和各类人才集聚程度更高，知识交流更为广泛，多种知识的组合优势强，有利于推动发明创造，探索和总结新知识。

（3）大城市配套服务集中而健全，有利于提高知识创新和知识扩散的效率、效益。

（4）大城市知识产品、信息产品的市场体系更为健全，有利于缩短知识的再生产循环周期，加快知识的传播。

（5）由于大城市在知识的聚集、生产、创新、传播方面所具有的优势，中小城市和农村在获取知识方面对大城市具有极大的依赖性，这种需求推动大城市不断向腹地扩散知识，成为主要的知识聚集—扩散中心。

3. 辐射带动下级城市和反哺农村

中心城市辐射带动下级城市和农村发展的功能主要表现在：中心城市集中着大量的科技、文化创新机构，集中着为下级城市和农村提供科技、教育、文化、商业、行政服务的机构，其创新成果和服务职能向下级城市和农村扩散，具有直接推动下级城市和农村经济社会发展的功能；中心城市的产业与下级城市和农村的产业形成直接或间接的产业链关系，具有直接或间接带动下级城市和农村产业发展的功能；城市发展不断吸纳农村的剩余劳动力和农村人口，具有减轻农村人口负担、带动农村城镇化发展的功能。

城市反哺农村的功能主要表现在：城市创造更多的财政收入，通过政府的财政支出渠道反哺农村；城市企业直接投资农村产业；城市以各种形式无偿援助农村；政府实行城市反哺农村的各种政策。

二、城市群式增长极及其作用机制

城市群式增长极比单个城市增长极具有更高一级的综合性极化功能。与单个城市的增长极功能相比，城市群的增长极功能是城市群内部各成员城市的功能依系统结构规律耦合而成的系统整体的功能。这种功能不仅在数量上大于系统内各单个城市功能的相加之和，而且在性质上也不同于各单个城市的功能。

在工业化水平和区域经济联系达到较高程度的条件下，不同的城市之间不断增强内在的经济技术联系和规律性的地域空间联系，因而大区域范围的各类城市总是通过形成一定的系统而发挥作用的。随着经济发展和社会进步，大区域的城市总是不断地进行类型分化并形成多层次的空间结构，其中最为突出的是形成以交通干线为轴心的城市带或以若干特大型城市为核心的都市圈系统或城市群系统。

（一）城市群的标准及主要类型

所谓城市群，是指“在特定地域范围内，以 1 个特大城市为核心，由至少 3 个以上都市圈（区）或大城市为基本构成单元，依托发达的交通通信等基础设施网络，所形成的空间组织紧凑、经济联系紧密，并最终实现同城化和高度一体化的城市群体。”①国内有关机构制定的中国城市群的最低标准，内容大致包括：城市群人口 >1 000 万人，城市密度≥0 ~5 个/万平方公里，城市数量≥5，人口密度≥300 人/平方公里，城市化水平 >20%。按照这个标准，全国入选的城市群中，东部 10 省区有 5 个半，即“长三角”城市群、“珠三角”城市群、京津冀城市群、辽中南城市群、海峡西岸城市群、徐州城市群（半个）；中部 8 省区有 6 个半城市群，即中原城市群、武汉城市群、长株潭城市群、哈尔滨城市群、长春城市群、半岛城市群、合肥城市群（半个）；西部 12 省区只有两个：成渝城市群和关中城市群。

各地城市和城市群发展的实践不断提出新的问题，对上述城市群标准及其布局设

① 方创琳、姚士谋、刘盛和等：《2010 中国城市群发展报告》，第 4 页，科学出版社，2011 年版。

想提供了补充、修改的新依据。“十二五”后期，国家发改委正在主持编制的城市群规划提出了建设20个城市群的设想，其中包括：重点建设5个国家级城市群，即长江三角洲城市群、珠江三角洲城市群、京津冀城市群、长江中游城市群、成渝城市群；建设9个区域性城市群，即哈长城市群、山东半岛城市群、辽中南城市群、海峡西岸城市群、关中城市群、中原城市群、江淮城市群、北部湾城市群、天山北坡城市群；培育6个地区性城市群，即呼包鄂榆城市群、晋中城市群、宁夏沿黄城市群、兰西城市群、滇中城市群、黔中城市群。该规划还提出在各类城市群中推进“六大一体化”的战略设想，即区域性产业发展布局一体化、城乡统筹与城乡建设一体化、区域性市场建设一体化、基础设施建设一体化、环境保护与生态建设一体化、社会发展与社会保障体系建设一体化。

从建设区域增长极的角度来看，能够在一定区域发挥超越单个城市的增长极功能的城市群体，其划分的标准和布局特点应当结合各地区地域自然—社会条件，适应经济和社会发展的需要，具有多样性的规模和类型。对城市群做出某种统一的划分标准，一般是出于在一定的区域范围（如全国、全球等范围）主要发展某些类型的城市群的需要等目的。而对于较小范围的区域来说，发展特殊的、小规模的城市群或城镇群则应当制定另一些标准。根据近几十年的发展经验以及未来发展的要求，并参考国内外普遍存在并能够发挥一定的增长极功能的城市群类型，未来我国需要建设和发展的城市群主要有以下几种类型：

（1）小规模的城镇群。以一个或几个中小城市为核心，包括一批中心镇或专业化镇在内，形成相对密集分布的城镇群，在相当于一个或几个地、州、市的空间范围发挥增长极的功能。

（2）以大城市为核心的城市圈（都市圈）或大型城镇群。城市圈又称都市圈，是以一两个大型或特大型城市为核心，以若干个中小城市和重点镇作为卫星城，形成城镇相对密集分布的区域，一般在大体相当于省域的范围发挥增长极功能的城市群。城市圈的主要特点是：具有向心力和辐射力较大的核心城市或核心城市群，核心城市以发达的联系通道和其他辐射媒介为依托，吸引辐射周边城镇，并促进城市之间的相互联系与协作，具有经济、市场一体化的发展趋势；成为相对独立的经济区域，圈内的经济要素流动密度显著高于与外部之间的流动密度；在空间上呈现出比较明显的圈层结构，即以核心城市的中心区为核心，形成大致的同心圆结构，最外侧称为边缘区或城乡接合部，是城市圈向外扩展的边缘地区。

（3）较大规模的城市群。这种城市群在规模上基本接近或大体符合上述“城市群人口 >1 000 万人，城市密度≥0 ~5 个/万平方公里”等标准，可以在若干个省域的范围发挥增长极功能。

（4）大规模的组团式城市群。城市群经过较长时期的发展和演变，形成了众多的城市分工协作、联成一体的城市群综合体，如我国沿海地区已形成的“长三角”“珠三角”城市群和长江中游城市群等。

（5）条带式城市群。由于戈壁、沙漠、高山、海洋等自然条件的影响，各类城市沿绿洲、主要交通线或海岸线形成相对密集的条带型分布特征，成为带状城市群或城市、城市群连绵带。

（6）特大规模的城市群或城市群集群区。若干大规模城市群在各自的延伸、扩展中相互衔接、融合，形成一体化的更大城市群或城市群集群区，是城市群走向更加发达、高级形态的基本趋势。中国东部沿海地区的珠江三角洲城市群、海峡西岸城市群、长江三角洲城市群、山东半岛城市群、京津冀城市群、辽中南城市群等，实际上已经初步形成了这种一体化的城市群集群区。未来发展中，还将形成以下几个城市群集群区：由长江三角洲城市群、长江中游城市群、成渝城市群融合形成一体化的长江沿岸城市群集群区；由哈长城市群、辽中南城市群、内蒙古东城镇群融合形成东北城市群集群区；由山东半岛城市群、中原城市群、关中城市群、宁夏沿黄城市群、兰西城市群、天山北坡城市群等融合形成丝绸之路经济带国内区段城市群集群区或陇海兰新沿线城市群集群区；由呼包鄂榆城市群、晋中城市群、京津冀城市群融合形成华北城市群集群区；由珠三角城市群、北部湾城市群、黔中城市群、滇中城市群融合形成粤桂黔滇城市群集群区等。随着对外开放的进一步发展，还有条件形成一系列跨国的国际地区性城市群集群区。

（二）城市群发挥增长极功能的基本机制

城市群发挥区域增长极功能的基本机制主要有：

（1）有效集合和集成单个城市的经济社会功能。城市群在形成和发展的过程中，不断地影响、改造各成员城市的内部产业结构和外部功能，在城市与城市之间，一方面推动深化分工，促使每一个成员城市集中发展最具优势的产业；另一方面发展协作、联合关系，增强各城市之间在产业构成和经济、社会功能上的相互补充、相互依赖和相互竞争，从而改善单个城市发展的外部环境，增强每个城市的发展动力，提高城市和城市群的经济社会效益，形成倍增的城市经济规模和城市竞争力，使城市群的增长极功能不断得到增强和完善。世界城市化的一种重要动向是由许多大城市、特大城市和众多中小城市组成的城市密集区成为区域工业化走向繁荣阶段和加快知识主导型经济发展的重要条件。国家和区域的经济、科技、文化的精锐力量，如大公司、跨国公司、大型的科研开发机构、国内外的高质量投资项目、杰出人才和专业化劳动力等都在向这种城市、城市群密集区集中。据有关统计，2012 年我国城市群总面积占全国的

25%，而其人口却聚集了全国的62%，经济总量占全国的80%、固定资产投资占70%、社会消费品零售总额占76%、高等学校在校学生数占85%、移动电话用户占92%、吸收外资占98%，其综合性的经济聚集功能明显优于单个城市。

（2）强化核心城市的发展能力。城市群促进成员城市内部结构和外部关系发生积极变化的主要机制之一，就是通过深化城市之间的分工协作和推动竞争，不断强化核心城市的发展能力，促使其扩大规模，增强聚集—扩散功能，提高产业结构水平和创新能力，增强城市群“龙头老大”的功能。城市群“龙头老大”的主要功能，就是比其他成员城市更具有经济聚集能力，能够带动成员城市的经济增长、产业发展、结构升级、科技创新、社会进步。如果一个核心城市的规模、素质和经济实力不足以承担“龙头老大”的职能，城市群在其发展中通过城市之间的长期相互作用，还能够“造就”出由两个或多个城市组成的“城市组”担当“龙头老大”的职能，如北京和天津，上海、南京和杭州，广州和香港、澳门，成都与重庆，呼和浩特与包头等，就是由“核心城市组”担当所在的城市群“龙头老大”的职能。

（3）延伸城市网络，扩展城市群的范围，推动区域经济一体化。城市群的发展逐步提高以最大城市为核心的城镇密集度，形成“核心城市—卫星城市—外围城镇”这样的城市网络，并使网络的边缘逐步向周围扩展，带动周围地区的城镇化。这种向周围不断扩展的发展进行到一定程度，往往与相邻的其他城市群趋于融合，形成规模和范围更大的城市群或城市群连绵区，带动更大区域的一体化发展。

三、城市群集群区式增长极及其作用机制

交通网和城市群的扩展，使若干个城市群逐渐衔接、融合而形成一种超大型城市群。或者若干个相邻的城市群扩展、延伸，使它们彼此之间的空间距离不断缩小。可以将这两种集群式的城市群称之为城市群集群区或城市群连绵区。只要生态环境有足够的承载力，分布在大区域范围的若干城市群在社会生产力进一步发展的推动下，必然走向城市群的更发达形态，即城市群集群区。城市群集群区是比城市群规模更大、结构更为复杂、功能也更加健全的区域增长极。

我国东部沿海地区在未来几十年中有条件形成从南到北的城市群集群区，使沿海的所有城市群融合为一个集群式的城市群带。东部沿海地区与中、西部地区的几个城市群也有条件形成城市群集群区，如形成长江上中下游城市群集群区、长江中游—珠三角城市群集群区、中原—关中—长江中游城市群集群区等。丝绸之路经济带和21世纪海上丝绸之路沿线地区将来也有条件形成跨国、跨洲的带状城市群集群区。

实际上，建设国内的大型经济带和建设大型的跨国经济带，重要的战略目的之一，

就是加快城市、城市群特别是城市群集群区的成长，为产业发展、经贸合作和社会文明水平的提高提供优质载体。

城市群集群区作为一种特殊的区域增长极，其增长极的功能和发挥作用的机制与一般的城市群既有类似之处，也有不同之处。城市群集群区的功能和作用机制在以下几方面具有一定的特殊性：

(1) 构成城市群集群区的各个成员城市和成员城市群之间不断深化分工，形成更加发达的区域分工体系和经济协作体系，有利于加快产业分化、产业成长和经济结构升级。

(2) 城市群集群区的经济聚集功能和要素配置效率较单个城市群有质的提高，有利于形成更多的超大型区域中心城市和世界级的大都市。

(3) 城市群集群区的创新资源集聚程度和集聚效率较单个城市群有质的提高，有利于形成更加发达的区域创新体系，有利于高端产业加快成长，能够在国际产业链分工中占据更多的高端位置。

(4) 城市群集群区能够辐射带动更广大的腹地范围，有利于加快欠发达地区发展，缩小区域间的发展差距。

(5) 城市群集群区一般具有辐射带动若干个国家甚至影响全世界发展的能力，有利于更广泛地发展国际经贸合作，促进全球一体化发展。

第五节　经济带式增长极及其结构—功能特征

经济带实际上是一种条带型的城市群或城镇密集区，但与团块状的城市群相比，其作为区域增长极的特点和功能又有多方面的特殊性。

一、经济带和区域带状增长极

交通设施历来是经济发展的重要依托条件。现代交通设施在经济和社会发展中具有更加重要的基础作用，是改变地区的封闭性区位劣势，增强其可达性区位优势的主要物质条件。依托交通、通信、电力等“基础设施束”，建设条带式经济发达地区，是提高区域的开放和开发水平，促进经济更快发展，并向相对落后的地区延伸产业密集带的重要途径。正是根据这一点，我国经济地理学界曾先后提出或重点研究了点轴开发理论和交通经济带理论，在区域产业布局和增长极理论领域做出了新的贡献。

点轴开发理论中的“点”，是指一定地域中的各级中心城市，即区域中的“点式增长极”，而“轴”是指连接各个“点”的以交通运输线路或交通网络为主的基础设施。所谓点轴开发，是指开发重点放在由点和轴在一定地域内有机组合而成的核心区位上，因而这一理论也称“增长极轴理论”。这里所说的“轴”实质上是以交通线为轴心的带状产业密集区，即轴带型的区域增长极。

点轴开发理论的主要内容大致有：将地理位置相对优越的重要交通干线作为重点发展轴；在发展轴内，确定重点发展的中心城市及其发展方向；将发展轴及其范围内的中心城镇划分成一定的等级，并规划其网络式的结构。如在全国确定若干具有优越发展条件的大区域间、省区间及城市间的线状基础设施轴线，对轴线地带的若干个点予以重点发展；随着经济实力的增强，发展轴线逐步向不发达地区延伸，经济开发的重心也逐步转移至较低等级的发展轴和中心点上；点轴系统发展到较发达的状态，也就是网络式的空间一体化。

所谓“交通经济带”，是以交通运输线为主轴，连接若干不同级别的中心城镇形成的产业相对密集的带状经济发达区域。交通经济带本身是一种带状的区域经济增长级，而其中区位极为重要的城市则是交通经济带的“极中之极”，即交通经济带的经济中心或副中心。

增长极轴、交通经济带以及像我国甘肃的河西地区那种天然形成的带状经济区等，可以统称为经济带。作为区域增长极的经济带，其发挥增长极功能的基础就是它的特殊结构。经济带的轴心线、轴心区与两侧腹地之间，以及经济带各区段之间的自然联系、经济社会联系及其相互推动和相互影响的互动式发展，是经济带的重要结构—功能规律，也是经济带得以形成和发展并产生高于非经济带地区的综合效益的根本原因。

二、经济带的可达性优势及其产生的聚集效益

经济带又称经济轴带、交通经济带、经济条带等，是一种依托交通干线、重要河流、产业密集地区而形成的以中心城市和城镇密集区为节点，具有综合性经济聚集功能和辐射带动功能的条带型区域增长极。经济带赖以形成的优越条件是相对发达的交通设施及其产生的相对紧密的经济社会联系。发达的交通设施及其产生的可达性效益优势，使沿线地区能够比其他地区以更便捷的方式、更低的成本进行经济交往，因而也就使沿线地区成为产生高收益好处的经济聚集区。要素的不断聚集使交通沿线更容易形成城镇和城镇连绵带，并且使其中区位更优越的地区较快发展成为中心城市、城镇群或城市群。经济要素向交通沿线聚集的规律对企业、政府、个人等投资主体具有重要的利益导向和客观推动作用，吸引投资主体在交通沿线地区追求一定的利益目的。

因此，在一定的区域范围，区域开发和发展的利益动机和宏观决策，一般都倾向于通过改善原有的交通设施或新建大规模、高等级的交通设施，为沿线地区形成城镇、城镇群、城市群或城市（镇）群连绵带创造条件，或者将已经形成的城镇、城镇群、城市群、产业密集区等，连接成以交通设施为轴心的串珠式、串葫芦式的城镇连绵带或城镇群、城市群连绵区。这种连绵带或连绵区就成为区域开发和发展的增长极，通过其不断扩大对两侧腹地的辐射带动，使整个区域获得更快的发展。

依靠发达的交通条件吸引经济要素向沿线的条带区聚集，产生增强创新、加快增长、实现率先发展等功能，并通过条带的延伸和扩展，逐步形成主轴经济带与分支经济带、次级经济带延伸、交错的网络，带动越来越大的区域实现由点状、条带状的非均衡发展向网络式、一体化的均衡发展过渡，是经济带的增长极功能所决定的区域经济发展的一种普遍形式。尤其是在城市、城市群的辐射和扩散功能受到自然条件限制的地区，例如，中国西部地区，经济开发和发展往往都是以交通线、河流、绿洲等为轴线，呈条带型延伸，形成条带型的相对发达地区。再依靠条带型的发达地区所积累的经济能量特别是投资能力，建设穿越天然障碍的新的交通线，形成新的条带型开发区、增长区或经济发达区。如此波浪式、滚动式推进，最终实现区域相对均衡发展。

例如，中亚、西亚各国与中国西部地区的地理、气候、资源、人口和产业分布等特点多有相似之处，由于受高原、山脉、沙漠、戈壁等自然屏障的阻隔，城镇和产业密集区多依托交通干线和河流、绿洲呈带状分布，条带型区域增长极遂成为这一地区经济空间结构的突出特征。通过建设经济带来加快区域资源开发和经济社会发展，也就成为这一地区必然的战略选择。

三、经济带的轴心线、轴心区及其产生的聚集—扩散功能

（一）经济带的轴心线

在经济带的系统体中，交通线是连接各主要组成部分的轴心，可以将其称作经济带的轴心线。轴心线有单一轴心线和复合轴心线两种。单一轴心线是指相对单一分布的一条铁路或公路、水路、管道等，如正在形成中的川藏经济带、滇藏经济带的轴心线，就是相对单一的川藏公路和滇藏公路。复合轴心线是指大体平行分布或走向基本一致的若干条铁路或若干条公路、水路、管道，或者大体平行分布或走向基本一致的铁路、公路、水路、管道等多种交通设施组成的交通线，以及以某一两条交通线为主干的综合交通网。如丝绸之路经济带的轴心线，在中国国内的区段就是由陇海兰新铁路和连霍高速公路等多条交通线组成的复合型轴心线，在国外的区段则主要是以中亚

铁路为主干的铁路、公路、管道等组成的连接中亚与西亚的综合交通网。

轴心线的主要功能包括：在组成经济带的不同区段、地区、城镇之间形成可达性的媒介体，为其进行现实的经济交往提供运输等设施条件，促进形成“互联互通”的经济关联关系；在空间上将组成经济带的不同区段、地区、城镇连接呈条带状的特殊区域，具有条带形的连续性空间结构特征，促进形成以分工为基础的条带形区域经济共同体；为沿线的经济主体及其经济活动提供空间组织方面的依托条件，使经济活动向条件便利、效益较高的区点聚集；为经济要素的流动提供载体，促进经济要素在最佳区点实现优化配置。

（二）经济带的轴心区

轴心区是由交通轴线直接串联的若干中心城市（镇）及其辐射带动的近距离城镇构成的线状的或相对狭窄的城镇连绵带或城市、城市群连绵区。比如从丝绸之路经济带国内区段的最东端——连云港市向西，由陇海兰新铁路和连霍高速公路“串”起来的城市，依次有新沂、徐州、商丘、开封、郑州、洛阳、三门峡、渭南、西安、咸阳、宝鸡、天水、定西、兰州、武威、金昌、张掖、酒泉、嘉峪关、哈密、吐鲁番、乌鲁木齐、昌吉、石河子、奎屯、精河等三十多个，其中连云港、徐州、郑州、洛阳、西安、宝鸡、天水、兰州、酒泉-嘉峪关、哈密、乌鲁木齐等，分别为沿线重要地区的中心城市和丝绸之路经济带的主要节点城市。由陇海兰新线和连霍线“串”起来的城市群依次有长三角城市群、中原城市群、关天城市群、黄河上游城市群、新疆城市群。在两侧地区，与这些“串成珠子”的城市距离较近或处于各城市群核心地区的重要城市如宿迁、临沂、宿州、枣庄、亳州、菏泽、许昌、新乡、焦作、晋城、运城、商洛、铜川、白银、临夏、敦煌、克拉玛依、博乐、伊宁等，其数量比交通线直接串起来的城市更多。“串珠”式的城市和两侧紧靠“珠子”的城市所组成的城市相对密集的连绵带，就构成丝绸之路经济带国内区段的轴心区。

交通线产生的可达性效益，首先在交通线直接通过的地区和距交通线最近的两侧地区得以发挥，所以交通线直接通过的地区和距交通线最近的两侧地区就成为经济带上最先产生聚集效益的产业、城镇密集地区，即轴心区。与经济带其他地区相比，轴心区不仅是最先产生聚集效益的地区，而且是聚集效应最强的地区，因而也是产业和城镇密度最大、投资效益最高、有条件获得最快发展的核心地区。由于构成轴心区的城市、城镇群或城市群的规模大小及其空间分布状况在经济带的各个区段并不一定均衡，所以轴心区往往呈现为宽窄不等的条带。大规模城市或城市群所在的轴心区区段，城镇相对密集且分布范围较广，轴心区就宽一些；而规模较小的城市或城市群所在的区段，尤其是受自然条件和经济社会条件制约、城镇分布稀疏的区段，轴心区就狭窄一些。宽窄不等的区段所构成的狭长轴心区，形状有如将珠子和葫芦穿插串联起来的条带。

在轴心区，产生聚集效益的核心载体是区域中心城市。一个交通轴线串联起来的大小不等的区域中心城市，形成一种连续的或断续的城市链，这个城市链同时也就成为经济要素和经济活动的聚集链。这种城市链实际上是一种具有条带式结构的特殊城市群或准城市群，它所产生的聚集效益是一种具有系统性质的整体效益。这种整体效益在性质上不同于单个城市产生的效益，在数量上则大于链条中单个城市聚集效益的相加之和。处于交通轴线各个节点部位的城镇群或城市群，是在单个城镇产生的聚集效益的基础上，进一步产生的集成性综合聚集效益的载体。一个交通轴线串联起来的城镇群或城市群往往形成一种连续的或断续的城镇群链条或城市群连绵带，这种城镇群链条或城市群连绵带则是在每一个城镇群或城市群产生的聚集效益的基础上形成的更高层次和更大规模的经济聚集体。如果将每一个城市、城市群的辐射带动力及其作用范围近似地画成一个圆圈，那么轴心区的所有城市和城市群辐射带动的圆圈就构成了一个大小圆圈相互重合的圆圈条带。大小圆圈重合度越高的轴线区段，自然也就是聚集效益越高的区段。

由于交通轴线串联起来的城市、城镇群、城市群在空间上的分布并不是均匀的，甚至是断续的，所以由这些城市、城镇群、城市群构成的轴心区自然也不是均匀的。其中，在城镇密集的区段，轴心区就宽一些；在大规模的城市或城市群所在的区段，轴心区就更宽一些；而在城镇稀疏甚至没有城镇的区段，譬如我国西部地区的兰新线、包兰线、成昆线、青藏线的一些区段，轴心区就窄一些甚至只有轴心线而没有轴心区。

（三）经济带的辐射区和腹地

在轴心区的两侧，是其发挥辐射带动功能的腹地。辐射区就是轴心区在一定时期内经济辐射力能够达到的腹地范围。由于受轴心区的辐射、带动作用，两侧一定宽度的腹地逐步形成城镇较密集、与轴心区之间的分工协作关系趋于紧密、对轴心区具有一定依赖性的特征，并在进一步的发展中与轴心区趋于一体化。在轴心区两侧逐步形成的具有一定宽度的辐射区，是“紧贴”在或“附着”在轴心区的地带，无疑是经济带的构成部分。当然，在构造复杂的经济带中，辐射区还可以划分为近辐射区和远辐射区等不同等级。如同轴心区不均匀、有的区段宽一些而另一些区段狭窄一些的特点一样，辐射区的不同区段也是有宽有窄的，甚至在一些地方是断续的。

在辐射区两侧更远的地带，由于轴心区的辐射力在一定时期内还难以达到，这些地带就只有在未来时期才能合并到经济带之中，因而是经济带的潜在构成部分。这种地带，可以称作是经济带的待辐射腹地，实际上，它就是经济带沿线各个中心城市的腹地所连成的链条式腹地。

经济带的轴心线、轴心区、辐射区和腹地等各部分之间的结构关系如图 3-1 所示。

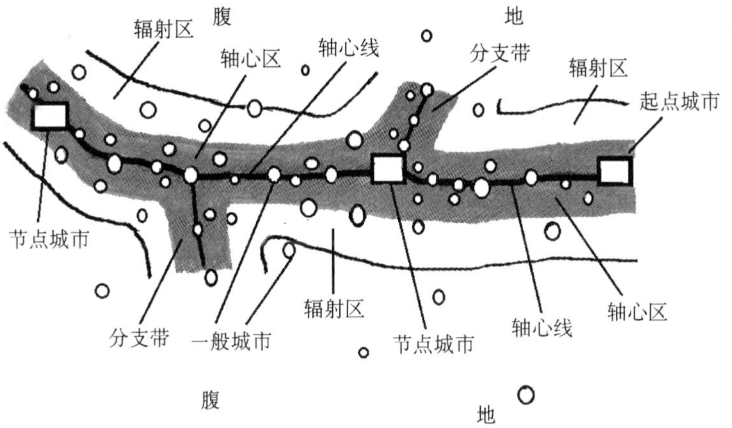

图 3-1　经济带的轴心线、轴心区和辐射区

经济带的自然形成和发展，首先是由交通线将各个点状的城镇或城市群连成线条状的连绵带，形成早期的轴心区；随后是轴心区向两侧发挥辐射带动作用，形成两侧越来越宽的辐射区；再后是轴心区的城镇越来越密集，辐射区的城镇密度和宽度也逐步提高，两侧的分支经济带陆续形成并获得发展，经济带遂形成一定的形态和规模。

规划和建设经济带的核心任务，首先是建设通达功能较强的交通线即轴心线，以及其他配套的基础设施；其次是建设基础设施条件优越、城镇密集、节点城市功能健全的轴心区，促进轴心区由单线条的“城镇串”发展为两侧城镇不断增多、中心城镇规模不断扩大、中心城市辐射带动形成若干城市群的带状城镇密集区；最后是建设分支经济带和逐步扩展的辐射区，使之发展为由若干城市群衔接、融合的条带型城市群连绵区或城市群集群区，使经济带更多、更快、更广泛地聚集经济要素，提高聚集效益，增强产业载体功能、产业协作配套功能和促进经济合作等功能。

四、经济带的自身发展及其对两侧腹地的辐射带动功能

经济带轴心区作为交通轴线串联的城镇连绵带或城市群连绵区，在其形成、发展过程中，随着交通、通信、电力、水利等基础条件的不断改善，其经济聚集效益、创新功能和内外向发展功能不断提高，轴心区的经济聚集强度和两侧的城镇密集区宽度不断提高，轴心区带动两侧腹地发展的范围也越来越大。这样，由轴心区及其辐射带动的腹地亦即辐射区所构成的条带型区域就会不断向两侧扩展，将两侧越来越大的范

围纳入到经济带之中。比如丝绸之路经济带国内区段，不仅沿线的江苏、安徽、河南、陕西、甘肃、新疆等省的大片地区直接受到辐射带动，而且两侧的山东、河北、湖北、山西、内蒙古、重庆、四川、宁夏、青海等省市区的更大范围也受到辐射带动，成为丝绸之路经济带的构成部分。

轴心区辐射带动两侧腹地、逐步扩大轴心区和两侧辐射区的宽度的实质，是轴心区面向腹地发挥以聚集—扩散为主的增长极功能，其主要形式有以下三种：

（1）以中心城市和城市群为主要载体，发挥轴心区的经济聚集功能，吸引两侧地区的自然资源、投资、劳动力和各种经济活动主体在轴心区聚集，形成具有快速发展能力的经济实体和产业集群，使轴心区成为要素聚集度和聚集效益高、创新功能强大、产业成长和经济增长速度快的相对发达地区。

（2）轴心区中心城市和城市群的快速发展不断向两侧地区扩散经济能量，主要是向两侧地区增加投资，建立联合协作关系，延伸产业链，促进轴心区与两侧地区之间的要素流动和优劣互补，带动两侧地区的产业和城镇化发展，在越来越宽的范围提高城镇密度和城镇化水平。

（3 以轴心区的中心城市为起点，在两侧地区建设新的交通线或提高原有的交通设施水平，促进交通沿线形成分支经济带，使轴心区的经济辐射以分支经济带为载体，向两侧的更远地区延伸，逐步形成以轴心区为主干的轴带网络。

五、经济带的内部结构特征

经济带的内部结构可以从横向和纵向两个侧面来分析。

（一）轴心线、轴心区、辐射区三者之间的结构关系

从横向上可以将经济带分解为轴心线、轴心区、辐射区和待辐射腹地四大要素及其相互间的经济技术联系，其结构特征主要有以下几方面：

（1）以交通线为主的“基础设施束”（包括铁路、公路、航空、管道等运输线以及通信、电力、水利等管线）构成经济带的轴心线，是联结沿线城镇、地区的基础纽带。

（2）由轴心线直接联结起来的城镇、农村、中心城市、城镇群、城市群等，构成经济带的轴心区，使原本分散、孤立的经济活动区域结成具有初步的整体功能的带状区域统一体。

（3）轴心线与轴心区之间存在着相互作用、相互依赖的经济—技术联系。轴心线是轴心区形成系统性整体并产生聚集—扩散功能的基础，轴心区则是轴心线得到改造、

改善、提高和延伸发展的经济源泉，二者相互依赖、相互促进，结成有机的整体。

（4）轴心区与两侧腹地之间存在着相互作用、相互依赖、互动发展的经济社会联系。其中，轴心区在一定时期辐射力所能达到的腹地，称为轴心区的辐射区，对轴心区具有较强的依赖和附属特征，与轴心区之间形成较为紧密的带动—依附关系。轴心区吸引辐射区的经济要素在轴心区内聚集，为辐射区的要素（包括产品、服务）提供市场和优化的配置条件，向辐射区扩散经济能量，增加对辐射区的投资、服务、导引、组织，使辐射区适应轴心区的需要获得发展；辐射区为轴心区提供要素供给和产品销售市场，为轴心区的产业发展和产业链延伸提供载体、空间和衔接对象，逐步发展成为轴心区的紧密型协作对象。轴心区辐射带动两侧辐射区的作用力不断增大，辐射带动的范围逐步扩大；两侧辐射区依赖轴心区的辐射带动而获得较快发展，并为轴心区发展提供支持和配套条件，二者在相互作用、相互依赖的过程中实现融合发展。

（5）辐射区两侧更远的腹地是经济带的待辐射腹地，这些地带与轴心区和辐射区之间的经济联系相对于轴心区与辐射区来说要薄弱得多。但是随着轴心区和辐射区辐射带动功能的增强，越来越宽的待辐射区被纳入辐射带动范围，成为经济带的有机构成部分。

（二）不同区段、不同区域单位之间的结构关系

从纵向上可以将经济带分解为不同的区段，每个区段又可以分解为一个个的城镇、地区、城市、城镇群、城市群等区域空间单位。经济带的不同区段以及不同的区域单位之间存在着多方面的经济、技术和社会联系，其结构特征主要有以下几方面：

（1）由于受自然和经济社会条件的影响，经济带具有不同的区段，各个区段的内部结构、外部功能及其经济社会联系各有其特点，各区段之间存在着区域分工—协作关系、要素流通关系、外部性影响关系、行政性或自发性的管理协调关系等经济社会联系。以区域分工—协作关系为例。每个区段因其特殊的资源禀赋、产业构成、城镇体系、人口素质、社会环境等，都有其相对于其他区段的优势性（现实的或潜在的）区域分工职能，也有其相对于其他区段的劣势性或欠缺性区域分工缺陷（现实的或潜在的），各区段之间依靠以交通线为主的基础设施束提供的互联互通条件，在区段内各经济主体追求利益的合力推动下，积极建立、发展相互间的分工协作关系。这种分工协作关系包括商品的生产—销售—消费关系、技术的交流和协作关系、产业的分布和配套关系等。这些关系将不同区段的优势性职能和劣势性缺陷按照互利互补的原则进行组合、结合，使每一区段的发展成为其他区段发展的推动者，其他区段的发展也成为每一区段发展的推动者。每一区段都倾向于针对其他区段的不足之处、薄弱之处发展自己能够获利的项目和产业，也倾向于将自己的长处与另一方的长处加总在一起以

实现更大的共同利益。各个区段因此不断加强相互间的分工、协作、联合、依赖关系，使原本松散的区际关系逐渐变成越来越紧密的发展伙伴关系。随着各区段发展的推进和升级，这种分工不断地深化、细化、扩大化，区段之间的互利互补关系也趋于强化、多样化、致密化，不同区段因此就形成了紧密关联的带状区域共同体。

（2）每个区段内部各个城镇、地区、城市、城镇群、城市群等区域空间单位以及企业、组织、联合体等微观单位之间，也存在着与上述各区段之间大体相同或相似的结构关系。这些结构关系，使众多的区域空间单位、微观单位之间不断加强经济活动的组织程度，提高共同发展的协调水平。

（三）经济带的整体组织结构关系

上述经济社会联系特别是日益发达的经贸物流联系，将各区段以及各区段内部的城镇、地区、企业、行业、产业集群等经济体编织、维系成经济带的系统整体，形成宏观促进、制约微观和微观适应、制约宏观的整体结构，发挥着条带型经济区特有的功能。

六、经济带的增长极功能特点

经济带是轴带型的区域增长极，其发挥增长极功能所依赖的规律性机制，就是新的经济中心、新的城镇、新的经济聚集点或新的高增长区域总是对交通运输线的空间可达性和经济可达性功能有着极大的依赖性，它们总是在靠近交通线的地方特别是在交通干线的沿线密集产生，快速发展。特别是近现代以来的工业、第三产业和城镇，几乎是沿重要的交通线发展起来的。所以，交通线特别是交通干线能够最有效地带动城镇、中心城市和城市群的形成和发展。由此也就决定了经济带的运行机制和发展能力集中体现为它的经济聚集和经济扩散功能。但是，经济带的聚集—扩散功能不同于城市和城市群的聚集—扩散功能。经济带以条带形的地域组织形式“扬弃”了沿线各类地区和城市、城市群的功能，形成一种比城市、城市群更高一级和更具有综合性的聚集—扩散功能。

经济带的首要功能就是依托交通线形成的条带式空间形式聚集经济要素，形成高增长能力。由经济带串联起来的中心城市较之缺乏串联的中心城市，在货物、人员、信息的对外交流方面，具有沿交通线扩大其总量、加快其交流速度和提高交流效率等优势，并且城市与城市之间易于形成最强的综合型外部效应。由于这种优势，经济带较之非经济带地区，更易于将人口、人力、资金、资源、商品、信息等要素聚集到沿交通线密集分布的城镇、城镇集群区或城市群连绵区，形成产业集聚带。经济带各区段的城镇、城市、企业、社会组织之间更易于形成深度和广度的分工协作，更易于形成密集交易的市场体系，要素在经济带内更易于实现高效、优化配置。经济带内的分工深度和广度、协作效率、增长速度、创新密度和自我发展能力等一般均高于两侧的腹地。许多被串联起来的城市形成了沿交通干线的城市链，其中条件相对优越的中心城市依赖要素的快速、高效聚集，能够快速、优先地实现规模扩张和结构高度化，成为支撑、带动经济带发展的增长极，在经济带中优先成长为经济中心或副中心，发挥“极中之极”的作用。“极中之极”所承载的推动型产业具有更为发达的前向、后向、侧向关联关系，可以产生带动多种产业发展的乘数效应。中心城市、主要的节点城市所具有的这种乘数效应，是推动经济带由初级阶段发育到成熟阶段的主导因素，是经济带由一般的城镇密集带或城市链发展成为发达的城市群和城市群连绵区的基础性动力。

经济带的另一种增长极功能就是面向两侧地区辐射经济能量、带动沿线两侧腹地更快发展的扩散功能。交通线将许多城市串联成彼此联系更为紧密的城市链，这种城市链在发挥聚集功能的同时，也借助交通等设施条件和产业链的延伸，以及城际、区际贸易等因素，发挥对两侧腹地的经济扩散功能。经济带在其发展中不断产生新的需求并增加其需求总量，经济带内的企业也为了进一步的发展逐步扩大向两侧腹地投资发展各种产业和业务，由此产生技术、制度、政策和知识的供需链条和溢出效应，于是形成经济带与两侧腹地之间越来越紧密的交易链、产业链，带动两侧越来越大的范围加快发展。尤其是城市链发展成为发达的城市群和城市群连绵区，经济带就成为经济能量强扩散的区域发展轴。对沿线的两侧地区发挥更强的辐射带动能力和经济影响力。随着发展轴的辐射带动力的增强，经济带带动区域发展的强度随之提高，带动的范围越来越大。其中产生的一个明显的变化就是经济带两侧地区形成了更加发达的交通网络，这就使边缘地带依赖越来越发达的交通网而减少对中心城市的依赖或者成为新的经济中心，带动经济带的长度、宽度的不断扩展。

经济带的第三种重要功能，是它能够将非均衡发展的形式和效果转化为相对均衡发展的形式和效果。依托重要的交通线，建设将边远地区与经济中心地区连成一体的经济带，可以有效改变不发达地区远离经济中心的封闭性区位劣势，增强其可达性区位优势，使经济带串联起来的城镇和经济主体因交通成本降低而获得规模经济和外部性效应的好处，加快了经济要素向经济带集聚，形成区域内优先获得快速发展的带状增长极。优先发展沿重要交通线的主轴经济带，使沿线地区的点式增长极连成一体，可为区域经济向网络化升级奠定重要基础。随着主轴经济带经济实力的不断增强，其辐射和吸引的范围不断扩展，在干线两侧逐渐扩展形成沿交通支线的次级经济轴带；次级轴带的形成将主轴带的经济中心与次级轴带的经济中心联系起来，二者逐渐向一体化水平过渡。如此聚集—扩散—再聚集—再扩散的循环运行、发展，使相对单一的经济轴带发展成轴带网络，带动越来越大的范围进入区域一体化发展之中，最终实现大范围区域的均衡发展。

第六节　经济带的发展机制

经济带的规律性发展机制就是它的结构决定它的功能、功能的发挥进一步促进结构演变的因果关系。由于地域自然条件和经济社会条件的差异，不同的经济带各有其特殊的结构特征，这些结构特征决定了它具有多方面的经济和社会功能。但是一切经济带的普遍的也是最主要的功能，就是强化沿线地区的经济联系，促进经济要素在沿线地区的自由流动和优化配置，由此使经济带自身获得率先发展并带动两侧越来越广大的区域实现一体化发展。

一、经济带依托交通设施的线形经济联系机制

世界上所有的经济主体，就其现实性或潜在性而言都是互为资源的相互依存关系，每一方是其他各方的资源，反之亦然。不同的地区之间、城镇之间、企业等社会组织之间和不同的个人之间等，只要一方与另一方建立了现实的经济联系，相互联系的双方或多方就形成一种互为资源、互为发展条件的关联关系。这种关系经由松散型向紧密型过渡的过程，最终会演变为相互依存和相互竞争的利益关系。而一方与另一方建立现实经济联系的基础性条件之一，就是以交通运输设施为主的可达性空间交往关系。在没有一定交通运输设施的条件下，不同的经济主体彼此之间只是一种潜在性的关联关系。一旦有了交通运输的现实条件，原来相互隔离的经济主体，就有条件进行实际的经济交往，在交往中不断形成和深化彼此间的分工，建立起分工基础上的协作、联合和合作关系。这种协作、联合、合作会产生新的生产力和新的联合体、新的组织形式，从而产生比单个主体孤立发展所产生的经济效果和经济利益的相加之和更大的经济效果和经济利益，因而具有组织和驱动共同发展、扩大共同利益、惠及合作各方的强大生命力。这样，由交通运输设施串联起来的各类经济主体，就会因经济活动的密集度提高而逐渐发展为利益共同体。

交通网线是影响经济密集程度和经济共同体形成、发展的主要因素。马克思指出：人口数量和人口密度是社会内部分工的物质前提，“人口较少但交通工具发达的国家，

比人口较多但交通工具不发达的国家有更加密集的人口；从这个意义上说，例如，美国北部各州的人口比印度的人口更加稠密。”① 经济带就是因为具有相对发达的交通设施，其经济主体和经济活动的密集度以及分工的发达程度高于其他地区，因而比其他地区发展得更快。现代交通经济学的研究也论证了类似的原理：“区域交通运输的发达程度与区域生产布局的合理性以及区域经济发展水平成正相关关系”“区域交通运输通过经济互补带来的社会经济效益，在促进区域产业经济发达的同时，带动了远离大城市的边远地区的经济发展。”② 经济带就是沿某一方向的城镇“手拉手”排成的城镇行列，交通线及其承载的经济技术联系就是城镇伸出的“手”和“胳膊”。城镇与城镇“联起手”来排成行列发挥其群体功能，就像人与人拉起手来共同使力气一样，具有“1 +1 >2”的功效。

现代城镇甚至城市群的密集程度及其分工水平，在一定程度上也是由交通运输设施的发达程度决定的。在没有交通线连接或者交通线运力薄弱的一些城市之间，尤其是受国界或天然屏障阻隔的若干城市之间，由于城市密度低，往往没有现实的经济联系或经济联系非常薄弱，因而，它们彼此之间也就没有互为对方资源和相互依存的经济合作，或者这种经济合作显得微不足道。但是一旦它们之间有了可达性较强的交通运输设施，原来彼此隔离的城市就形成了互为对方资源和优劣互补的经济联系，每一个城市的自然资源、社会资源及其生产、消费、流通等，对其他城市来说都是重要而现实的资源，反之亦然。依托交通运输以及通信、能源、水利等设施的服务功能，每一个城市的消费都能够为其他城市提供需求拉动和商品市场，每一个城市的资源和生产都能够为其他城市提供原料和消费品的供给，每一个城市的创新、发展、变化、进步都能够为其他城市提供溢出效应和多方面的影响力。个人、企业、社会组织和代表城市总体利益的政府等主体，为了不断增进自身的利益，就千方百计地建立和发展与交通沿线各城市和各类经济主体之间的技术协作、商业贸易、经济合作、信息交流、人员往来等关系，沿线的城市之间由此逐渐发展为紧密型的利益共同体。经济带的生命力，首先体现为交通运输线产生的特殊经济纽带。在经济带内部，即使是空间距离相对很远的地区之间，如经济带内相距很远的不同区段之间，由于交通运输成本的降低，其经济交往、合作的方便程度仍然高于非经济带的距离与之相当的两个地区之间的交往与合作。这种优越性引起经济带内部经济活动密度的不断提升，并进一步推动经济主体（包括政府）增加投资来改善经济带内部的基础设施建设，增加通信、电力、水利、城镇、科技、教育、文化、生态环境等方面的投资，提高交通运输的技术水平、

① 马克思：《资本论》第 1 卷，第 391 页，人民出版社，1975 年版。

② 刘澜、王琳、刘海旭、徐世雄编著：《交通运输系统分析》，第 140 页，西南交通大学出版社，2008 年版。

网络化水平以及交通运输与其他设施的配套水平，使经济带内部的综合条件更加优越，其经济活动的密度和产业、城镇的密度更高，所产生的直接效益和外部性效益也更高。在交通运输设施基础上产生的这种经济纽带，使沿线的各种经济主体和经济聚集体由孤立的“点”或“团块”连接成线状的条带，由松散的条带逐渐过渡为紧密联系的利益共同体型的条带，由一般的线状地带演变成为具有特殊发展优势的条带形经济区。经济带形成和发展的这种机制，我们可以将其称为依托交通设施的线形经济联系机制或带状经济联系机制。

二、经济带提高发展速度和综合效益的机制

相对于非经济带的其他地区，经济带内部各类地区、城镇、城市群以及各类企业、单位等经济主体之间形成分工协作、优劣互补、共同发展的条件较为优越，提高经济运行发展的效率、效益和走向一体化发展的步伐更快，各类经济主体获得的共同利益更大，因而能够成为率先发展起来的地区。原因在于，经济带内部维系各类经济主体的利益纽带比非经济带地区更多、更强。其中最具有优势的经济利益纽带，就是相对优越的交通运输条件以及依附交通运输条件的其他基础设施条件。相对优越的基础设施条件使经济交往的成本得以大幅度降低，增强了各类经济主体强化和发展彼此间经济交往的积极性，刺激、推动了更多的经济主体在经济带内进行投资，参与经济带内共同利益的创造和分配。经济活动密度和产业、城镇密度的提高，以及由此所产生的直接效益和外部性效益的提高，必然推动分工的深化，为经济带内各类经济主体提供协作、配套的业务和产业也因此越来越有利可图，于是这类业务和产业便获得发展，并与经济带内外的其他业务和产业衔接成不断延伸的业务链、产业链。经济带的不同区段，即使是空间距离最远的此一端与另一端，譬如长江经济带的长三角地区与长江上游的川西地区，丝绸之路经济带的中国东部沿海地区与中西亚、欧洲地区等，原本可能没有什么意义重大的分工关系，但是由于运输线等设施条件能够促进彼此的分工，分工能够带来协作并产生更大的利益，于是曾经长期孤立发展的两端地区越来越多地寻求建立互为供需对象的产业联系。产业联系的初级形式是商品流通和贸易，随后是相互投资，再后是产业链的上下游各环节的供需关系。这样，各自的产业构成在利益要求的引导和产业联系不断强化的推动下开始发生变化，由原来的彼此雷同或互不相关，走向你无我有、你短我长、你需我供、你我携手发展的互补、配套。为了达到互补、配套，双方必然要新建、改建有关的产业项目和设施项目，增加新的产业门类，减少重复、雷同的项目和门类，由此不断扩大两个地区的产业规模和经济规模，优化各自的产业结构。随着经济带以主干线为轴心的基础设施网络的形成和致密化，向两

侧地区延伸的交通运输线越来越多，两侧越来越大的地区也陆续并入类似的分工合作网络之中。经济带的宽度随之增大，分工合作更趋发达，其“带内”产生的直接效益和外部性效益也更高。由此使经济带发展的速度更快，综合效益更高。

三、经济带提高区域经济结构水平的机制

经济带将相距较远的不同地区组织成为通达和交往水平更高的带状经济区，为改变区域经济结构的不合理状况提供了多方面的有利条件。区域之间的同质竞争、过度竞争和重复建设等弊病得以形成甚至恶化的重要原因之一，就是经济要素缺乏在远距离、大范围区域便捷流动和优化配置的载体和组织形式。每一地区的多余要素难以流向其他地区，于是就在本地区大量沉淀、堆积；每一地区急需的要素不能快捷地由外部流入，难以与本地要素组合成新的、有竞争力的项目和产业，由此加剧了地区之间的恶性竞争、重复建设、结构雷同，最终导致产能过剩。弱化、消除区域之间同质竞争、过度竞争和重复建设等弊病的有效途径之一，就是建设经济带，促进经济带的率先发展和合理延伸，将孤立性、封闭性较强的地区、城市、城市群连接成发达的经济条带，健全经济带与城市、城市群相互促进、一体化发展的机制，提高区域经济的内在结构水平和协调发展水平。

经济要素只有在尽可能大的区域范围自由、便捷地流动，才能在所流经区域的更多区点上实现优化配置，从而减少要素的闲置、浪费和低效配置等不良运行状况，提高区域经济运行的效率、效益和经济增长的速度、质量。区域范围大且流动的自由度和便捷度高，经济要素实现优化配置的选择性就强，可供选择的区点和机会就多。经济带作为一种条带形的经济区，为要素流动和经济活动向远距离、大范围区域伸展提供了载体和空间组织形式，具有消除区域之间的同质竞争、过度竞争和重复建设，提高区域发展的效益水平和协调水平的重要机制。处于经济带上的城市群尤其是枢纽型城市群，可以依托所在的经济带，更为便捷地发展远距离、大范围的分工协作，提高城市群及其所在区域的产业结构水平。在经济带的各个相对狭小的区域内，例如，在某一城市、城市群及其辐射的腹地等较小区域内，多余的、难以实现优化配置和高效转化的经济要素，借助经济带的优越运输条件和空间组织功能，就能够较快地流向远处的其他地区，而小区域急需的要素则可以同样较快地由远处的其他地区流入，这就使要素在众多小区域之间能够更快地实现余缺互补和优化组合。要素的快速流动和余缺互补，使各类经济主体易于在效益最好的区点上选择项目和开展经济活动，获取要素优化配置带来的最大利益。由此必然形成不断增多的优质项目以及特色鲜明且具有竞争力的产业和产业聚集区，而优质项目和特色鲜明且具有竞争力的产业、产业聚集

区的增多，就成为推动分工深化和协作、合作网络扩展的强大力量，当然也是推动产业结构合理化、高度化和地区经济专业化、异质化、特色化、协同化发展的强大力量。

例如，长江经济带的形成，不仅有利于发挥长江三角洲城市群的引领作用，而且有利于提高上中下游地区的协调发展水平。资本、技术、人员、信息等要素在全流域的自由流动将加快沿海产业向中西部转移，推进中部经济崛起和西部大开发，有利于改变东、中、西三大地区各自相对孤立发展的状态，形成三大地区联动发展的新型区域结构关系。尤其是按照科学的规划实施进一步的建设和治理，使长江沿岸30多个中心城市和三个大型城市群在产业发展、产业结构调整、产学研合作、文化旅游交流发展、综合交通及港口建设、通关模式、生态环境联防联治等方面实行全方位对接、整合，促进全流域统一市场的形成，地区、企业之间开展更加广阔而深远的合作，经济要素在每个城市、城市群实现优化配置，就能够在很大程度上减轻各个城市、城市群自成一体造成的同质竞争、恶性竞争、重复建设等弊病，加快全流域地区的转型升级。

长江经济带的建设和发展远不止此。它可以进一步向西延伸与雅鲁藏布江经济带衔接起来，进而通过国际交通线与南亚地区的恒河经济带连成一体，形成长江—雅鲁藏布江—南亚经济带。在这一经济带实行与长江流域大体相同的合作政策和合作机制，经济要素就可以在“长三角—长江中游—成渝—西藏—南亚”这一更加广阔的地域范围自由流动。这样，长江经济带的发展将有效地带动中国东中西三大地区和南亚地区的发展，不仅显著提升国内三大地区的协调发展水平，还可极大地促进中国与南亚国家之间的互利合作，形成中国与南亚国家经贸合作逐步升级的局面。

从长江经济带还可以进一步发挥长三角、长江中游、成渝三大枢纽型城市群连接更多经济带的功能，譬如分别连接哈大—沿海经济带、哈大—京广经济带、粤桂滇缅印经济带（广州—南宁—昆明—缅甸—印度）、丝绸之路经济带和俄蒙中泰新经济带（呼兰成昆经济带向南北两端的国外地区延伸形成的轴带）等各个主要轴带的枢纽功能，长江流域的每个城市、城市群就进入了全国、全球的轴带网络中，经济要素就在全国、全球的轴带网络中流动、配置。如果在全国、全球轴带网络中结合实际条件不同程度地借鉴、实行长江沿岸30多个中心城市和三大城市群的合作政策和合作机制，就可以促进经济要素在这些四通八达的经济带上自由流动和合理配置，因而就可以成倍、成十倍地减轻各个城市、城市群自成一体造成的发展缓慢和同质竞争、恶性竞争、重复建设等弊病，成倍、成十倍地增强各个城市、城市群之间的互补、配套、协同能力。这样，东部沿海地区的现代化步伐和中西部地区的振兴、发步伐都会加快，“一带一路”地区的发展就会显著快于世界其他地区的发展。

四、经济带加速产业转移和促进产业布局合理化的机制

产业转移的根本性推动力是投资主体追求效益最佳的利益动机。产业在空间上总是由成本较高的地区向着成本较低的地区转移。随着发达地区产业资源的日趋紧缺或环境容量接近临界点，以及国家政策的导向等，其产业生存的成本呈提高趋势。而在次发达地区则逐渐形成与发达地区效益水平相当甚至高于发达地区效益水平的产业聚集区，于是产业便由发达地区向次发达地区转移。次发达地区的产业聚集区越多、优势越强，产业转移的速度便越快。

产业转移所依托的重要条件之一，就是纵横交织的经济带。较为发达的经济带实际上就是串联起来的带状城市群或城市群集群区，它以更大的规模和更强的优势助推产业集聚，使整个经济带成为特殊的范围更大的产业集聚区。由于经济带具有交通、通信等设施条件和城镇密集、产业集聚能力强等方面的优势，处于经济带上的每一个城市和城市群与沿线的其他城市、城市群便于交往，便于合作，因而这些城市和城市群能够获得更快发展，经济带由此可以产生超越单个城市和城市群的更高一个层次的外部性效益。这种外部性效益决定了产业转移的基本路径是沿经济带扩散，在经济带的各个区段或区点上寻求最佳聚集地。第二、三产业尤其是制造业，由于效益规律的支配，总是依托经济带的节点城市、中心城市和城市群实现集聚式、集群式发展。一般来说，产业转移的项目最易于在几条经济带交错、交汇的枢纽型中心城市和城市群地区落户，因为这些地区最有利于形成研发、制造、销售、应用等产业各个环节的聚集生长和相互配套，最有利于形成完整的产业链。完整的产业链是形成国内最大并且在世界上有较强竞争力的产业集群、产业规模和经济规模的核心条件，所以，由若干条经济带交汇、连接起来的城市、城市群，就成为承接产业转移最多的地方。

中国产业的空间布局演变呈现为从沿海到内地的梯度差异特征。经过几十年的发展，沿海产业的聚集程度必然趋于饱和，中西部地区则陆续形成了产业聚集、成长的良好条件，于是沿海的一些产业逐步向内地转移，为沿海发展和承接国外高端产业腾出空间。如果产业的这种合理转移受阻，必然形成沿海和内地低水平重复建设和地区之间产业结构趋同。这种弊病的长期累积，则造成低端产业严重过剩和高端产业发展乏力。随着内地中心城市、城市群对周边的产业辐射力持续增强，区域产业配套的环境不断优化，其容纳产业转移的能力也不断扩大，产业在内地的空间布局必然沿经济带逐步扩展，这也能够为内地的核心地带发展、承接高端产业腾出空间。建设经济带的重要任务之一，就是疏通产业转移的渠道，建设沿交通干线分布的城镇密集区和产业聚集区，使其科研环境、投资环境、生态环境对产业项目有吸引力，加快产业的梯

度转移、优胜劣汰和聚集成长。

沿海地区是全国优势最强的大型经济带，其中的环渤海城市群、长三角城市群和珠三角城市群及其主要的成员城市，以及三大城市群趋于融合的带状城市群集群区，形成了综合条件最优越的沿海产业聚集区。其次是综合条件较优越的长江经济带，具有产业基础好、发展较快、城市相对密集等优势。长江中游和成渝两个重要的枢纽型城市群及其成员城市如重庆、成都、武汉、长沙、南昌、合肥等，是长江经济带的主要产业聚集区。再次是京广经济带、丝绸之路经济带（国内区段）、哈大经济带、呼兰成昆经济带、粤桂黔滇经济带等，是中西部和东北地区承接国内外产业转移的优先区域。丝绸之路经济带上的中原、关天、黄河上游等枢纽型城市群及其成员城市如郑州、西安、兰州，哈大经济带上的沈阳、长春、哈尔滨城市群，呼兰成昆经济带上的呼包城市群，粤桂黔滇经济带上的南贵昆城市群等，也是最易形成经济要素优化配置的枢纽型城市群和产业聚集区。国内产业梯度转移主要是由沿海经济带沿长江经济带、京广经济带、丝绸之路经济带（国内区段）、哈大经济带、呼兰成昆经济带、粤桂黔滇经济带等主要的经济轴带，向中西部地区和更远的边疆地区转移，在这些经济带的重要节点城市、枢纽城市和城市群地区实现聚集—扩散发展。

适应产业沿经济带实现梯度转移的上述规律，中西部地区对接国家“一带一路”倡议、积极承接产业转移的重要对策之一，就是建设与“一带一路”紧密连接的轴带网络，借助“一带一路”主轴带和其他大型经济带的经济能量传递优势，发展内外经济合作，促进本地区城市、城市群发展，加快创新要素、经济要素在城市和城市群的聚集，使城市、城市群成为优良的产业载体和经济能量的辐射中心，吸引沿海和国外产业转移项目落户。

政府促进产业转移的重要政策导向，就是发挥经济带的传导和空间组织功能，促进供应链、产业链的跨区域衔接、整合，为产业沿经济带的梯度转移提供基础设施和资金、人才、土地、电力等方面的支持，使经济带及其节点城市、枢纽城市和城市群能够吸引上下游产业的厂商特别是龙头企业进驻，使产业的核心项目易于在这些地区落户。这样的政策导向，有利于各类区域产业规模的合理增大和产业结构升级，提高产业的技术水平、规模水平、区域和跨区域的配套水平，有利于稳步、合理地扩大区域经济规模，保持合理、较快的增长速度，使一些重要的经济带和枢纽型城市、城市群发展成为全国一流甚至世界领先的产业集群或产业基地。

五、经济带促进产业结构升级和经济协调发展的机制

经济带的重要特点之一，就是依托以交通线为主的媒介体的连贯功能，形成地区

之间相互开放、融合、分工协作的条带形空间组织系统。它以纵向和横向的延伸发展，使条带形的区域在长度和宽度上不断得到扩展。经济带的各个构成部分如城镇、中心城市、城市群、区域综合体以及经济带的不同区段等，由于在人口、资源、技术、产业、经济集聚水平等方面存在差异性和互补性，在分工规律的推动下，他们通过发挥各自的优势，追求互补和合作的共同利益，因而不断地推动彼此分工的深化和合作的加强，逐渐结成互补－合作的区域经济联系网络。经济带各组成部分之间的互补—合作的经济联系网，逐渐演变为沿线各地区、各个经济主体之间全面合作的联动发展机制，形成不断消除合作和交往障碍的统一市场，由初期的较为松散的统一体，向更高水平的一体化区域经济组织过渡。

在较发达的经济带形成以前，较大的区域，例如，在我国的几个、十几个省市以至全国范围，甚至在中国与周边邻国这种更大的区域范围，经济的空间结构主要体现为若干个孤立的区域板块并列的特点。板块之间的竞争往往造成市场分割，形成一个个相对封闭的“诸侯”经济区。“诸侯经济区”彼此之间的过度竞争往往窒息和扼杀经济活力，造成日益严重的过度开发、重复投资、产能过剩、产业结构雷同、环境污染等问题。消除这种“诸侯经济”弊端的重要途径之一，就是配合交通干线建设促进经济带的形成，使沿线地区由板块分割状态逐渐过渡为相互开放、融合和强化分工协作的带状地域组织系统。这种带状组织系统成为它所在的更大区域的增长极，它以不断增强的聚集—扩散功能实现纵向和横向的延伸发展，使条带形的组织系统在长度和宽度上不断得到扩展。但是，在若干省市甚至若干个国家这样的大区域范围，如果仅有一条经济带，其带动腹地发展的优势还是很有限的。如果能够形成若干条经济带纵横交织的经济带网络，并且在经济带的交织点上形成集聚效益良好的枢纽地区，这种“纵横交织”的空间结构形式，其组织要素的流动、配置、聚集、扩散的效率和效益就会成倍提高，会更有利于发挥城市、城市群、经济带等多种增长极的功能，为区域经济发展提供更加强劲的带动力。

近代以来特别是新中国成立后，我国最初形成的主轴经济带也就是沿海经济带，后来形成了长江经济带并与沿海经济带交汇成“T 形轴带结构”。最近二三十年间，在“T”形结构的基础上，陆续形成了“三纵三横”的布局结构。“三纵”是指哈大—沿海、京广和呼兰成昆三条南北走向的经济带；“三横”即陇海兰新（即丝绸之路经济带国内区段）、长江、粤桂黔滇三条东西走向的经济带。在实施“一带一路”倡议中，由于建设中巴经济走廊和中哈、中俄走廊，以及增强新疆在丝绸之路经济带的核心区地位等战略需要，在新疆西部建设一条连接中巴经济走廊与中哈、中俄走廊的大型经济带的重要性更加突出。因此，全国已初步形成的“三纵三横”的经济带布局结构中，应当增加一条纵向的经济带，即北疆—南疆经济带，将“三纵三横”的布局结构变成

"四纵三横"的布局结构。"四纵三横"的布局结构与国家在国土开发规划中提出的"两横三纵"（以陆桥通道、沿长江通道为两条横轴，以沿海、京哈京广、包昆通道为三条纵轴）的开发总体格局大体一致，构成了连接国内主要地区与周边国家、以经济带网络带动腹地发展的基本"骨架"。构建这样的"骨架"，将使全国的50多个中心城市和20多个城市群的点状支撑格局发生战略性的积极变化。

"四纵三横"经济带可以看作是主导全国区域发展的主轴经济带，其中的每一条都有其若干分支轴带，一些分支轴带又有其下一级的分支带。这种以"三纵三横"为骨架的经济带网络布局结构，使经济要素的流动、配置不断由沿海地区向内陆的地域纵深延伸，形成不断增多的带状经济增长极和经济聚集区。经济带网络趋于致密化的这一趋势，有利于实现由东向西、由沿海向内地、沿大江大河和陆路交通干线推进梯度发展，形成沿海与中西部相互支撑、良性互动的新型区域结构关系。这种趋势也有利于改造、优化、提高四大板块的区域发展格局，消除区域过度竞争及其衍生的种种弊病，使资源、要素的优化调配和相应的体制机制不断实现创新，增强了区域发展的活力，释放出迅速增大的经济能量。

由经济带网络连贯成一体的众多城市、城市群，具有吸引和驱动大范围、远距离的要素流动与优化配置的机制，这些机制主要包括：

发挥综合交通运输枢纽和星罗棋布的交通枢纽群的功能，使综合交通网的可达性功能覆盖越来越大的区域范围，提高要素流动的效率和效益。

在经济带交叉、交汇的枢纽型城市和城市群地区，建设越来越多的国家级、地区级的创新示范区、经济技术开发区等新型产业集聚区，形成一批批国家级甚至世界级的大型产业基地，吸引转移产业特别是高端产业集聚发展。促进区域优势产业和主导产业更快成长，持续增大优势产业、主导产业占国内甚至全球同类产业的份额，发挥国家级产业支柱的功能。吸引国内外著名企业如世界500强等落户，使承接产业转移的规模不断增大。

吸引短缺要素流入和驱动过剩要素流出，沿经济带扩散产能，延伸产业链，进一步提高了城市和城市群内部分工的深度和协作的紧密度，加快了各类区域产业体系、产业结构升级步伐，扩大了地区和国家经济总量，提高了经济效益。

适应上述机制，通过建设经济带来促进区域经济更快发展，大体包括以下主要步骤：

第一，建设交通干线，形成以主干线为轴心的密如蛛网的交通网络，连通沿线的城市和两侧的腹地。

第二，在沿线规划建设新的城镇和城市新区、产业园区、产业集聚区等产业载体和配套性的重大工程，使沿线逐步形成密集布局的产业走廊。

第三，建设沿线统一市场，发挥市场供需推动要素流动、配置的作用，顺应市场规律发展沿线各地区的分工协作和经济合作，形成沿线地区间的高效合作机制。

第四，顺应产业关联的规律，通过一系列改革、开放政策的引导和发展规划的指导，促进沿线的城市、城市群、产业密集区等“区块”所承载的产业实现上下游对接，使沿线的城市链逐步演变、整合为区域间的产业链，以利于产业在沿线地区有序转移，加快产业优化升级和新型城镇集聚发展。

第五，按照统筹协调和一体化发展的原则，建立健全沿线及两侧辐射区域的行政管理，包括改革体制机制、统一制定政策、统筹基础设施建设和生态环境治理、协同解决重点和难点问题、建立统一的管理协调机构等。

第六，探索沿线地区协调、高效发展的战略模式，实现产业结构、区域结构和发展方式的升级。

第七节　网络式增长极和区域增长极体系

一、网络式增长极——多种增长极有机关联的系统形式

在增长极理论甚至经济地理理论的许多学派中，都包含有网络式增长极和增长极体系的思想资料，国际上也不乏建设网络式增长极和增长极体系的成功经验。

中心地理论有关中心地系统的观点，实际上就是一种中心城市系统亦即增长极系统的观点。德国、日本等国政府运用中心地理论的重要思想观点进行国土开发与整治，在一定程度上也丰富和发展了网络式增长极和增长极体系的思想理论。如原西德政府在20世纪60至70年代实施的空间整治和“点轴开发”规划，将全国各州划分为稠密区域、农村区域、落后区域等不同的区域，将各类区域中有经济中心意义的城市和村镇按照其自身的人口规模和服务圈的人口规模、空间范围的大小等，再划分为高级、中级、低级三类中心地，将重要中心地连接成为开发轴，在中心地分布密度低的区域有计划地布局和建设新的中心地，或者提高现有中心地的等级，以及采取一系列的整治措施。这样，由中心地和开发轴构成了一种“点”和“轴”相对均衡分布的网状结构，“目的是农村区域的居民以最满意的距离能够到达各中心地。享受到城市的服务，

最终实现农村区域的生活条件和就业条件达到稠密区域的水平。”①

对于已经走完了工业化发展过程、社会经济进入后工业阶段、服务业成为国民经济主导产业的发达国家来说，以服务业的集聚点为主要的增长极，促进大中小城市和村镇形成均衡分布的网络式体系，可以看作是建设网络式增长极和增长极体系的重要实践。

区域点轴开发达到较完善的状态，也就是多种交通经济带纵横交错，城镇布局越来越致密，城市与城市间、地区与地区间的经济技术联系日益广泛、紧密，各种点轴与其腹地之间逐渐形成经济网络，这种状况即表明区域经济已进入网络式布局的成熟阶段。在较大的区域范围，比如在我国西部地区这样的区域范围，形成覆盖整个区域的经济网络要经历相当长的时期。在工业化过程尚未走完的较长时间内，我国的中、西部地区只能在区域内的相对发达地区，比如在长江中游、关中—黄河上游—成渝—南贵昆这样的地域范围，建设起若干片的地区经济网络，再进一步将若干片的地区网络连接成为大片的地区网络，然后将大片的地区网络扩展至整个区域范围。

在整个区域还没有实现经济布局的完全网络化的情况下，可以建设若干小片、中片、大片的地区经济网络，也就是建设带动区域经济向高级化发展的网络式增长极。这种网络式增长极，实际上就是区域内各种各样的企业式、行业式、产业集群式、中心城市式、城市群式、交通经济带式的增长极彼此关联的系统形式，是区域增长极的高级化、发达化和结构—功能综合化的形式。

网络式增长极可以是一个或几个城市群，也可以是城市群与其他地域经济组织形式的集合体。网络式增长极所形成的聚集经济，是一种大范围的和相对发达的城乡一体化经济。一般来说，由若干城市群构成的城市群集群区最具有网络式增长极的特点。网络式增长极所形成的聚集经济，与企业式、行业式、产业集群式、中心城市式、城市群式、交通经济带式的增长极相比，分工发达，产业门类相对齐全，产业配套条件完善，具有发达的城市体系，各类城市的功能互补性强，吸引内外部投资、提高要素收益率、促进自主创新的能力具有质的变化和提高，是大区域内名副其实的产业聚集区、创新要素聚集区和高投资效益区。

二、区域增长极体系

（一）多种形式的增长极必然形成有内在联系的体系

在一定区域内，多种增长极彼此关联而形成具有整体性结构和功能的系统，是因

① 李小建、李国平等编著：《经济地理学》，第106~107页，高等教育出版社，1999年版。

为它们之间存在着内在的、必然的联系。这种内在的、必然的联系主要包括：

（1）共同的结构特点和功能要求。不同形式的增长极既有共性的结构和功能特点，也有各自特殊的结构和功能特点。所有的增长极相对于非增长极经济体，都具有极化发展或率先发展、重点发展的特点，因而也就必然形成与极化发展、率先发展、重点发展要求相适应的内部结构特点。例如，所有的增长极相对于非增长极经济体，在内部结构上都具有各组成部分之间关联紧密、整体性联系较强、分工协作发达、体制机制健全等特点，由此决定了所有的增长极相对于非增长极经济体也都具有大体相同的聚集—扩散功能、高增长功能、较快的综合发展功能。也就是说，各种形式的增长极相对于非增长极经济体，都具有内部结构特殊而合理、在区域同类经济体中数量少但经济功能大、自身发展快且能够有效辐射带动非增长极经济体发展等共同性特征。为了使各种形式的增长极能够发挥最大的共同功能和最佳的整体功能，客观上和人们的主观上都需要将区域内不同形式的增长极耦合成一种具有整体性结构和功能的系统。

（2）功能上的相互依赖关系。各种形式的增长极在结构和功能上的特殊性决定了他们彼此间必然存在相互依赖的关系。每一种增长极在功能上都存在较大的局限性，其对区域经济增长的贡献不仅有数量上的局限性，也有性质上的局限性。单一的增长极带动区域经济增长的能力有限，需要多种形式的增长极共同带动才能加快区域经济总量增长。有的增长极侧重于“造血”式的经济支柱功能，有的则侧重于经济要素在空间上的聚集功能，有的侧重于创新功能，有的侧重于经济或技术的辐射功能、产业链的关联功能、文化影响功能等，有侧重就必然有缺陷，就需要其他形式的增长极发挥另一种功能来弥补自身的缺陷或不足。多种增长极发挥多样性的功能，就能最大限度地克服每一种增长极的缺陷和不足，最大限度地增强多种增长极的整体功能、综合功能。

（3）聚集与扩散的相互制约又相互转化关系。每一种增长极都具有聚集与扩散这两种基本的功能属性，聚集功能主要体现为增长极自身的极化发展或率先发展，扩散功能主要体现为增长极带动其他经济体发展。这两种功能既相互对立、相互制约，又相互依赖、相互转化。但是每一种增长极发挥聚集功能和扩散功能的方式以及两种功能相互转化的周期各不相同。一些增长极的聚集功能主要在于某些要素的数量积累，如企业的聚集功能多偏重于资本的积累和积聚，产业集群的聚集功能则侧重于产业链的衔接和经济组织在地域空间上的密集分布，城市群的聚集功能注重于建设发达的城际交通和单个城市之间深化分工协作。一些增长极发挥以聚集为主的功能时，需要另一些增长极发挥以扩散为主的功能，后者有利于减弱或冲淡前者功能的副作用，反之亦然。这样，聚集与扩散的相互制约又相互转化关系，决定了每一种增长极发挥聚集—扩散功能时需要其他增长极发挥另一种形式的聚集—扩散功能予以协助或补充；否则，就会放大极化发展的副作用。所以，每一种增长极所具有的聚集与扩散这两种基本功能及其相互制约又相互转化的关系，是把各种形式的增长极连成一体的内在纽带。

区域增长极体系就是区域内各级各类增长极依靠内在联系而构成的具有一定整体性结构特点的系统。区域增长极体系的主要结构特征，就是不同的增长极相互区别又相互联系而形成网络结构。

区域增长极体系虽然具有网络结构的特征，但它不完全等同于网络式增长极。网络式增长极既有局部的、小规模的，也有覆盖区域全部范围的、大规模的，但它只是构成区域增长极体系的一种特殊类型。而区域增长极体系则包括企业式、行业式、中心城市式和网络式等多种增长极形式，是这许多增长极形式相互耦合而形成的一种网络式系统。

区域经济开发达到较高水平但尚未达到高度一体化时，其增长极体系的网络结构一般具有这样的特征：增长极体系的核心部位，如大型的城市群或城市群集群区等，形成致密的、发达的增长极网络，而增长极体系的非核心部位的各类增长极则处于松散的、有较多缺陷的网络分布状态，甚至在区域的落后地区，如一些边远地区、边疆地区等，增长极还只是孤立的点状分布。我国西部地区现形成的增长极体系，在成渝、关中等核心地区已形成初步的致密型增长极网络，而在黄河上游、南贵昆、呼包鄂榆等地区，增长极网络尚处于松散和不健全状态。在青海、新疆、西藏的大片地区，增长极的分布还只是较为孤立、零散的点、线状态。

（二）增长极体系的基本组成要素和主要的结构关系

作为整体的增长极体系由以下九类基本要素构成：以大企业或骨干企业为主的企业式增长极；以主导型、支柱型、战略型产业或区域特色优势产业为主的行业式增长极；产业集群式增长极；中心城市式增长极；城市群式增长极；经济带式增长极；区域网络式增长极；增长极与增长极之间、增长极与腹地之间相互联系的媒介——交通、通信等基础设施；增长极赖以形成和发展的重要自然条件，如矿产、河流、生物、生态环境等。

这些要素主要依靠以下几种结构关系联结、组织成网络式的增长极体系：

（1）纵向层次结构关系，即较大的增长极包含着较小的增长极、较小的增长极又包含更小的增长极、较大的增长极又包括在更大的增长极系统之中的多层次结构系列。

（2）横向并列关联的结构关系，即空间上并列存在的不同增长极之间，存在着竞争关系、相互协作或联合的关系、相互影响的关系。

（3）相互交叉、渗透、融合的关系。

（4）共用基础设施和辐射媒介的相互依存关系。

（5）增长极自身内部的特殊结构关系。

（6）网络型结构关系。

在网络式增长极体系中，单个的增长极，如某一骨干企业、支柱行业、产业集群、城市、城市群、经济轴带等，就只是体系或系统中的一个要素、一个组成部分或分系统，随着系统的发展和演进，它原来在孤立状态下形成的一些内部结构及相应的功能、特性等，将受到系统关系的作用而被扬弃，甚至形成新的结构、功能、特性。通过培育、建设功能良好的区域网络式增长极体系，依靠多极协调带动增长的效果来弥补单一增长极的结构—功能缺陷，可以减少单一增长极带动大范围地区发展的副作用，改造二元结构的弊端，不断缩小低增长区域的范围，走向区域的相对均衡发展。

这样形成的增长极体系，从宏观到微观的基本层次结构序列为：区域经济带网络（或区域经济网络）—区域主次经济带—城市群—中心城市—支柱行业—产业集群—骨干企业。在这一基本的层次序列中，经济带网络、经济带、城市群、中心城市、支柱行业、产业集群这些不同形式的增长极，虽然基本上是由高层到低层或者说由大系统到小系统这样的层次序列，但也可能是两种或几种增长极形式在空间上的并列关系。比如省域的一级、二级中心城市与省域的支柱行业（或主导行业、重点行业），以及二者与省域的大型产业集群之间，并不一定是大系统包含小系统的层次隶属关系，而有可能是同级系统之间的并存关系。这种并存关系既有可能是相互交叉、渗透的并存，如省域中心城市中包含着省域支柱行业或省域大型产业集群的成分，也有可能是各自相对孤立存在的并存，如由若干个密集分布的中小城市构成的省域大型产业集群与省域的一级、二级中心城市或省域的支柱行业，可能分布于不同的地区。如果从国家这一更大的区域来看，则经济网络、经济带、城市群、中心城市、支柱行业这几种形式的增长极之间，也有与上述省域几种增长极之间相似的关系，即既可能是由高到低、由大到小的层次系列关系，也可能是并存的关系。

三、区域增长极体系的基本功能

与单个的或单一种类的增长极相比，区域增长极体系是包含多种形式和多层次增长极的系统体，其自身发展和带动区域发展的功能具有更强的整体性、综合性和协调性。

区域增长极体系的功能特征主要体现在以下几方面：

（1）区域增长极体系是点、线、面相结合的综合性增长极形式。这种综合性的增长极包括企业式、行业式、产业集群式、中心城市式、城市群式、经济带式增长极等各级各类的增长极，是这些增长极彼此耦合成的具有一定整体性结构特点和功能特征的增长极系统，是区域核心发展能力的载体，因而是区域内最高级的聚集经济形式。这种增长极能够最广泛地吸收区域内外的创新和发展成就，接受区域外部增长极的辐射、带动并向内部各级各类增长极和腹地传导区域外部的辐射和带动力，与国内外的先进产业和最新发展成就保持衔接并参与其竞争，有效缩短与发达国家和国内发达地区之间的发展差距。

（2）增长极体系能够对体系内各种增长极的特殊功能进行有效的整合和集成。骨干企业、支柱行业、产业集群三种增长极主要发挥“造血”功能，即主要发挥增值和积累、积聚物质财富的功能。其中，骨干企业主要依靠企业的大规模、高素质优势增值和积累、积聚物质财富，并通过供需关系、竞争—协作关系、溢出效应等，引领、示范、带动同行业和同一地区其他企业发展。支柱行业主要依靠同类型企业的专业性产品（服务）优势和组成行业的各类企业的群体优势增值和积累、积聚物质财富；支柱行业同时发挥对行业内骨干企业和非骨干企业的功能集成作用，通过产业组织关系即行业内各类企业之间的供需关系、竞争—协作关系、溢出效应等，保持和增强各类企业的活力和行业整体的活力，使行业内骨干企业和非骨干企业的财富增值功能达到最大化。产业集群主要依靠同行业和不同行业的企业在空间上的接近性和交往的便捷性优势增值和积累、积聚物质财富，使集群内各类企业（包括行业、地区和集群的骨干企业）的交往成本最小化，产业链效应、溢出效应和产出效益最大化；产业集群同时发挥对集群内各类企业和行业的功能集成作用，使它们因空间上的接近性和交往的便捷性而形成效率、效益更高的“团块状”财富增值系统。中心城市、城市群、经济带、经济带网络是地域性增长极，它们对企业、行业、产业集群等“造血”增长极发挥逐级增强其空间集聚效应的功能集成作用。中心城市将市域内的骨干企业和非骨干企业、支柱行业和非支柱行业、产业集群和非产业集群等各类物质增值系统组织成一种既有供需关系、竞争关系和溢出效应，同时又提供全面的基础设施、配套设施、服务设施和服务活动的地域大系统，使市域内的骨干企业和非骨干企业、支柱行业和非支柱行业、产业集群和非产业集群等各类物质增值系统获得更加优越的生存、发展环境，产生更高水平的分工协作效益、溢出效益和综合效益，以更高水平的集聚形式将众多的企业式、行业式、产业集群式增长极的功能集成为城市整体的极化功能。城市群是对一定区域内的中心城市、非中心城市以及城市与城市间的过渡地带、农村地区等进行整合和功能集成的增长极，使这些不同的地域组织系统依靠空间上的接近性、交通上的便捷性等有利条件，结成更大、更发达的地域共同体。经济带是将中心城市、非中心城市、城市群、农村等地域组织系统联结呈条带状的经济区，以条带状的地域组织形式整合和集成中心城市、非中心城市、城市群、农村的经济功能。经济带网络是对多条主次经济带的功能进行整合和集成的增长极形式。增长极体系通过纵向和横向的功能集成，扬弃、放大了单个的和单一形式的增长极的功能，产生出综合的、新质的极化—均衡发展功能。

（3）区域增长极体系是一种接近均衡发展的增长极形式。这种增长极具有极化发展与均衡发展相结合的协调性经济增长机制，能够避免单个的、单一形式的增长极在结构和功能上的缺陷，使它们在功能上增强互补性，发挥高增长、强带动力和协调发展的综合性功能。增长极体系通过改造或重建传统的城镇，扩大区域增长中心的数量和规模，延伸增长轴带的范围和分支，全面提升县域和乡镇经济发展能力，化解、消除致贫因素，逐步发展成相对均衡的、日益致密的区域经济网络。

（4）区域增长极体系能够持续地产生和增强综合创新能力。增长极体系对单个的和单一形式的增长极进行逐级整合和集成，形成规模越来越大、效益越来越高的经济聚集体。聚集能力和聚集水平提高的必然效果就是产生越来越健全的创新体系和越来越强的创新能力，分别在企业、行业、产业集群、中心城市、城市群、经济带、经济带网络等不同的系统结构层次上形成先进技术文化的创新体系和创新机制，并向区域内的不发达地区辐射扩散创新成果和创新机制，带动区域内高端产业的更快发展和传统产业的改造、升级，加快产业结构升级和社会全面进步。

第四章

转型发展时期的区域开发和发展战略

第一节　中国的多板块区域开发和发展战略

在每一较长的时期或一定的发展周期内，直接决定国家和地区经济发展状况的因素，是其区域开发的战略模式和基本水平。所谓区域开发，是把一定区域范围内的潜在性、资源性的物质、精神、社会关系、环境条件等潜力因素，转化为现实的物质财富、精神财富、区域经济社会健康发展过程和区域社会成员不断增进的利益的社会实践活动。正是这种以开发为特征的社会实践活动，直接推动了区域的经济增长和综合发展。科学、全面和不断深化的区域开发，是财富增值、经济增长和社会发展的源泉。而直接发动并持续带动区域开发和发展的引擎，就是区域的增长极或增长极体系。所以，为了实现国家、地区经济的持续增长和社会健康发展，就必须通过建设区域增长极和增长极体系，从广度和深度的结合上实施科学的区域开发，推动区域经济社会发展提高健康水平，进入高一级的阶段。

一、区域开发的本质特点和主要规律

（一）区域开发及其本质特点

区域开发是在一定区域范围内进行的综合性、创新性、战略性的资源开发利用和资源转化活动，即通过一系列创新性的手段，包括新的技术和经济手段、新的社会组织方式等，把潜在性、资源性的财富或条件转化为现实的物质财富、精神财富和区域

经济社会健康发展过程，转化为区域社会成员不断增进的利益的社会实践活动。“区域开发”与“区域发展”的含义相近似，但不完全相同。“区域开发”强调以创新性的方式全面、合理地开发利用资源，推动区域经济社会健康、持续发展。“区域发展”则强调在区域开发活动和区域经济增长的推动下，区域经济社会由低级的、不发达的状态向高一级的、发达的状态过渡的方式和过程。在实践上，区域开发与区域发展是紧密联系、不可分割的，但又有重要的区别。区域开发是区域发展的基础环节，是以发掘、转化区域资源潜力为主的经济社会开发活动来推动区域的综合上升发展，区域发展则是区域开发实现的综合性、上升性转化过程和转化结果，是在区域开发产生的物质财富增长的基础上所实现的区域社会变革、社会进步和人的现代化。

增长缓慢、发展滞后，其直接性的原因是开发不足，即各种潜力没有得到充分的发掘和转化。不同发展水平的国家和地区，有其不同的资源、条件等潜力状况。潜力的大小差别只是相对的，没有绝对的潜力强大者和潜力薄弱者。从普遍联系和永恒发展的辩证观点来看，任何一个国家、地区，其资源潜力都是无限的。经济落后的国家不仅有雄厚的自然资源，也有丰富的社会资源。而经济发展达到较高发达状态的国家和地区，如美国、欧洲、日本等，其自然资源开发虽已经相当充分，进一步发展的潜力主要存在于社会和精神领域，但自然资源的潜力也远没有发掘完。随着科技进步和经济实力的不断增长，原来不能开发的资源就会成为可以开发利用的资源。比如美国，不仅有雄厚的科技、教育、文化等精神资源潜力，也有雄厚的自然资源、社会关系资源和环境资源潜力。美国成功地开发页岩气、页岩油资源，使其由石油进口国转变为石油出口国，就是深化自然资源开发的事例。一个国家或地区经济发展状况不佳，主要是因为发展潜力没有得到充分发挥。而发展潜力没有得到充分发挥，主要是开发不足或开发不当，不是开发的广度不足，就是开发的深度不足，或二者兼而有之。

可以把区域开发的本质特点概括为这样四个主要方面，即基础性、创新性、综合性、战略性。

（1）基础性。一个国家或地区的经济结构和经济发展状况，直接取决于其所属的各类区域的开发状况，取决于这些区域能够开发些什么和怎样实施开发。区域开发是适应各类区域的特殊条件，将各种资源、潜力转化为现实的生产力、现实的物质财富和精神财富、现实的经济关系和发展过程的创新活动，是增值社会财富、增加有效生产能力和形成更大发展能力的经济社会运行环节，因此是一定的经济结构得以形成、变化和经济系统正常运行并获得升级、发展的基础，是区域经济社会由不发达状态转变为发达状态的直接推动力。

（2）创新性。区域开发是以创新的方式和手段，充分、合理地开发利用区域内外的各种资源、潜力和有利条件。区域开发的创新特点主要体现为从开发目标、开发对象到开发的方式等发生新的变化，以解决区域开发和发展面临的新问题，包括从开发原有的资源到开发新的资源、从开发自然资源为主到开发经济社会资源为主，从开发常规资源到开发尖端科技、先进文化、先进思想、重要社会关系等非常规资源，从开发单一资源到开发综合性资源的转变，以及资源开发方式的不断革新、改进、提升等。区域开发的创新密度和创新水平越高，它所推动的区域综合发展的创新性、科学性、进步性、可持续性就越强。区域开发所要解决的主要问题，就是改变区域资源开发利用得不充分、不全面、不合理、不科学及其所引致的区域发展水平低、发展方式落后、发展速度缓慢等状况。区域开发的必然结果，就是创新性的区域发展。

（3）综合性。区域开发一般是在一定的地域范围内，根据区域发展的总体需要和基本区情条件，对区域内的多种资源以及区域外的可利用资源进行综合开发利用，把多种资源转化为多行业、多领域、多阶段的区域整体发展过程，并通过实施大规模基础建设、开发区建设、经济区建设、城市群和经济带建设、多区域综合协调管理等社会系统工程，实现经济社会全面发展的预期目标。

（4）战略性。与具体的和单向的资源开发工程不同，区域开发在目标和手段上一般具有全局性、长远性、战略性的特点，其获得成功的基本条件就是提出科学的战略思想和战略模式，制定和实施科学、可行的战略规划，把开发活动控制在科学、合理、高效的范围内。

（二）区域开发的具体形式

区域开发的具体形式大致可以划分为以下几种类型：

提出区域开发、建设的思想理论，制定、实施经济区或行政区的开发政策和经济社会开发、发展规划，创新区域发展的战略思路、战略措施和技术手段，落实规划中提出的目标、项目和具体措施。

规划和实施矿产、土地、水、生物等自然资源开发工程，建设相应的产业基地和设施，规划、调整和实施产业布局。

划分各种经济区并进行相应的综合开发和建设，形成或调整、完善区域产业体系和产业布局，促进区域间的分工协作。

发掘和转化资金、物资、设施、劳动力、创造力、人力人才、科技、信息、文化、社会环境等经济社会资源，规划和建设经济特区、开发区、产业集聚区、功能区、保护区、城镇和城市群、经济带等，发挥其经济、社会、生态功能。

改革体制、机制，调整重要经济结构关系，健全法制，创新政策，改进区域的管理协调方式，提高综合环境质量，为合理、有效地开发其他各种资源和提高开发的效率、效益水平提供集中、有效的手段。

加强生态环境保护和建设，开发和增值环境资源。

（三）区域开发的主要规律

区域开发涉及自然、经济、社会等诸多领域和多种资源及利益主体之间的本质性联系，因此受到多方面规律的支配，主要的规律包括：

资源替换规律及相应的产业演替规律。随着开发向深度和广度进展，一些资源代替另一些资源成为主要的开发对象，相应的一些产业取代另一些产业成为主导性、支柱性产业，由此形成资源—产业的演替过程。

技术基础和技术进步规律。区域开发总是以一定的技术手段为其基础条件的，这些技术手段的进步引起开发对象、开发规模和开发的社会组织形式的变化，形成“技术进步—开发升级—新的技术进步—新的开发升级”的关联关系和循环过程。

产业关联和产业结构变化规律。区域开发总是在社会分工推动下形成相互关联的多种产业，这些产业之间的结构关系具有随开发技术的进步而呈上升变化的规律。

竞争推动规律。区域开发总是处于市场的或非市场的竞争关系中，竞争是区域开发的重要推动力。制定和维护市场竞争规则，促进公平的非市场竞争发展，是区域开发保持活力的重要途径。

非平衡推进规律。区域开发在空间上总是以非平衡的形式推进的，呈现由点到线、到面，由局部到全局的过渡和演替，是一种由不平衡到相对平衡再带新的不平衡的螺旋上升过程。

开发布局规律。区域开发依一定的自然条件、资源赋存和分布特点以及经济社会发展状况，呈现一定的布局格式。只有将各类开发主体及其利益目标、开发的技术手段和社会组织形式与一定的地域空间条件相结合，使开发项目、开发活动形成科学、合理的布局，才能取得预期的开发效果和良好的开发效益。

环境承载规律。区域开发总是以一定的生态环境承载能力为前提条件，区域开发如果超出环境的承载能力，就会破坏生态环境的平衡，使开发和发展难以为继。因此，将资源开发的强度和方式控制在区域生态环境的承载力之内，是区域开发必须遵循的基本原则之一。

系统结构和系统累积规律。区域是自然、经济、社会因素彼此关联的有机整体，具有复杂的结构—功能机制。区域下属各个系统的开发和发展总是在上级大系统结构关系的维系和支配下，产生一定的开发和发展成效，这种开发成效相互影响、相互补充、相互叠加形成系统性的加和—累积效应，成为大系统发展的基础，并且能够产生大系统整体发展成效大于下属各个分系统开发和发展成效之和的效果。例如，国内各类区域的开发成效累积、集成为国家大系统的总体实力和对外竞争力，后者不仅在数量上大于前者，在性质上也不同于和高于前者。合理地规划和协调地实施下属区域的开发，促进它们之间的分工协作和优劣互补，是放大上一级区域的开发和发展成效、快速增强其经济社会实力的基本途径。在经济增长减缓、国际竞争压力增大的情况下，为了较快增大国家的整体实力和对外竞争优势，获取国际分工和国际竞争的有利地位，加强国内各类区域的综合、协调开发是基础性的条件。

二、我国多板块区域开发、发展的历史和经验

（一）多板块开发、发展的历史回顾

中国国土面积辽阔，地域自然条件和经济社会发展状况复杂多样。从古代到近现代，各个时期的经济发展由于受非平衡规律支配和统一、分裂、割据、再统一等社会政治格局演变的影响，呈现明显的地域板块差异。历代中央政府以及一些管辖较大区域的地方政府在促进经济开发、发展的政策和措施上，都不同程度地顾及地域板块差异的国情、区情特点，在一定时期总是以某些区域板块为战略重点，其他区域则为非重点，注重运用全国统一性与多板块差异性、特色性相结合的开发和发展方式，追求既有统一效果又有区域差别的发展目的。这种状况的长期延续和积累，一方面促进了社会分工特别是地域分工的发展和与分工相伴随的区域经济交往的扩展、深化；另一方面也强化了各个区域经济特色的形成，相对或绝对地扩大了区域发展水平的差距，使复杂的区域板块差异成为以后的中央政府和一些地方政府在制定开发、发展政策时不得不面对的现实。

新中国成立初期，中央政府在国家实现了空前统一的政治背景下，制定和实施大规模发展经济的计划。区域开发的战略思路侧重于改变以往形成的产业布局不合理、区域发展水平差距过大、西部等广大落后地区资源潜力得不到有效开发利用的状况，所采取的区域开发模式以据点式的多板块开发为特征，一方面促进沿海相对发达地区特别是中心城市的开发和发展；另一方面更加注重在中西部资源富集地区布点大中小型开发项目，形成多据点开发、分散式布局、交通和城镇建设提供配套的基本格式。

20 世纪 60 年代到 70 年代的三线建设时期，区域开发以适应和服务“战备”的需要为战略重点，实行点线结合的相对集中式开发，将与战备有关的重要工业和科研项目布局于川、黔、陕、甘等省及其相邻地区的山区地带，并配套进行交通和城镇设施建设，使长期孤立、闭塞的大片内陆山区成为工业相对集中和较为发达的区域板块，六盘水、攀枝花、绵阳、十堰、宝鸡、汉中、天水、平凉等大批的新兴工业城市在这一地带崛起，全国工业、交通布局的不合理状况也因此有了相当程度的改变。

改革开放以来实行的区域开发战略曾发生多次重要的变化，从基本特征来看，可以概括为“市场经济下的多板块开发模式”。20世纪80年代初期到90年代末，中央实行“向东部沿海地区倾斜”的区域政策，注重开发沿海地区地理位置优越、城镇密集、交通便利、产业配套性强、经济发展水平较高、吸引外资能力较强等优势资源和条件，率先形成具有示范、试点功能和带动中西部发展的经济发达地区。20年间，东部沿海板块获得快速发展，中西部地区与沿海地区的差距呈现迅速扩大的趋势。进入21世纪，中央提出并实行西部大开发战略，西部板块成为国家区域开发的战略重点。随后中央又陆续提出并实行振兴东北老工业基地、促进中部崛起和东部率先发展等国家战略和积极扶持革命老区、民族地区、边疆地区、贫困地区加快发展，提高自主发展能力的政策，东北地区、中部地区和一些边疆、贫困地区继西部地区之后分别成为区域开发的战略重点，东部地区则由政策倾斜地区转变为依靠自身发展率先实现转型升级并带动全国融入全球化发展的“领头雁”。至此，全国的区域开发形成了“四大板块”并存、发展模式和发展水平仍存在巨大差异的“雁行”格局。

2010年，国务院通过了《全国主体功能区规划》，按开发方式将国土空间划分为优化开发区域、重点开发区域、限制开发区域和禁止开发区域，对国土开发的方式、强度和各类开发板块、功能区的具体划分做出了符合科学原则和基本国情、区情的规定。主体功能区的政策、规划对区域开发、发展的思路和战略部署等产生了深刻影响，推动区域开发走上尊重科学、尊重区域条件和尊重功能差异规律的道路。

从2005年到2010年亦即“十一五”期间，适应全国经济进入新发展阶段对区域开发方式提出的需要，国家加大了区域开发政策的创新。除陆续实施东、中、西部和东北地区“四大板块”区域开发政策外，加强了对区域开发进行规划性指导的力度，其方式主要是出台促进区域发展的指导意见和制定促进区域发展的各种规划。出台这些指导意见和规划的直接目的，在于对区域开发进行精细分类和布局，在大板块之中和大板块之间，划分各种面积和功能各不相同的小板块，实施更加有针对性和特色性的政策、规划和措施，以此对区域开发的空间布局结构进行重大调整。这期间先后出台了十多个区域开发和发展规划以及综合配套改革试验区规划，促进区域开发的板块结构发生深刻而重大的变化。

国家区域政策创新及其促进全国区域开发的板块结构变化的主要特点之一，就是加强重点地区的开发和发展，注重将条件相对优越的地区培育成为新的经济增长极，形成数量增多、特色各异的区域增长极群。同时围绕重点地区的开发、开放、发展，促进区域经济的协调发展，推动区域空间开发格局向更加系统化、合理化变化。出台这些特殊区域的发展、建设规划，对促进产业的空间集聚和城市、城市群、城市群集聚带的形成和发育，加快城市化进程等，都发挥了明显的作用。但是，这些新的增长极能否在今后的开发和发展中有效地聚集人才、技术、资金等要素，真正形成、壮大并发挥作用，还是有待解决的战略问题。

2011～2015年即“十二五”期间，在大板块之中和大板块之间划分各种面积和功能各不相同的小版块的开发政策仍在继续推行，并且有了新的进展。但更为重要的，是划分新的大板块的开发战略由设想逐渐转变为规划和实践。

2013年9月和10月，国家主席习近平先后提出建设“丝绸之路经济带”和“21世纪海上丝绸之路经济带”的倡议，随后中央将建设丝绸之路经济带和海上丝绸之路确定为国家区域开发和国际化发展的重大战略决策，即“一带一路”倡议，与此同时还提出了京津冀一体化和建设长江经济带、粤港澳皖大区等战略，大型经济带特别是大型跨国经济带建设由此成为区域开发、发展的新战略重点和新的区域板块形式。

丝绸之路经济带不仅是国内的一种新的区域开发板块和新的区域经济组织形式，而且是一种跨越国界的大型国际性带状经济区，兼有国内、国际双重区域开发和区域经济组织的功能。“一带一路”这种跨国的区域板块，贯通国内的东、中、西三大地带和中亚、西亚、东南亚、南亚、非洲、欧洲等广大地区，将国内区域开发发展战略与国际化区域开发发展战略结合在一起，其发展的思路和实际效果与以往的几种区域战略均有很大不同，在一定程度上体现了中国转型发展时期区域开发、发展战略的重大创新和区域经济组织方式及结构格式的重大突破。“一带一路”倡议使覆盖全部国土的“四大板块”雁行阵列，演变为覆盖全国并大规模地向亚、非、欧延伸的“五大板块”格局，为未来的区域发展开拓、展示了极其重要的新思路和新的前景。

能够成为大型区域开发板块的经济带，除丝绸之路经济带之外，还有沿海经济带、长江经济带、京广经济带、哈大经济带、呼兰成昆经济带等，其中的一些经济带有条件向国外延伸发展，成为新的大型跨国经济带。这些经济带在组织区域经济、带动国内外更大范围发展方面都各有其重要的战略意义和分工职能。建设新的大型经济带，包括跨国经济带，是今后区域开发的板块结构继续演变、升级和区域经济提高组织结构水平的一个重要趋势。

近30多年来，与大型板块开发同时进行的各种小型板块开发工程，具有另一种战略意义。从80年代建设的深圳、珠海、厦门、汕头、海南等经济特区，到遍布全国的各类开发区、经济新区、综合配套改革试验区、自由贸易试验区等，以及在逐渐发展、演化的基础上由政府规划和引导建设的各种城市群、都市圈板块，如长三角、珠三角、京津冀、长江中游、成渝、关天等城市群板块，形成了星罗棋布的多板块开发和发展的格局，标志着全国区域开发和发展进入了一个新阶段。同时也说明，适应世界科学技术革命和国内经济持续、较快发展的战略需要，并且借助生产力水平显著提高、综合国力明显增强、对外开放能力有了质的提升等有利条件，区域开发由以往某一较长时期只重点开发一两个区域板块的“单块突破”模式，向着战略重点更替加快和同时开发特色、大小、分工地位各不相同的众多板块以及大型跨国板块的新模式转变。

（二）多板块开发、发展形成的基本格局及其经验

至“十二五”末，全国区域开发已形成东部、中部、西部、东北和丝绸之路经济带、海上丝绸之路经济带、长江经济带、京津冀、粤港澳等大板块并存，众多经济区和开发区林立，区域开发趋于深化、细化和特色化的基本格式。全国共批准建设了六个经济特区，即深圳特区、海南特区、厦门特区、汕头特区、珠海特区、新疆喀什特区。批准建设的各类经济区数量较多，其中长三角经济区、珠三角经济区、环渤海经济区是三个最大的经济区；较低一级的则是将一个完整的省划分为经济区，如山西资源型经济转型综合配套改革试验区；再低一级的是以某个城市圈或若干个市、地、州为基本范围的经济区，级别属于或相当于副省级，如上海浦东新区、天津滨海新区、重庆两江新区等副省级经济新区，其他如北部湾经济区，福建海峡西岸经济区，成渝经济区，关中天水经济区，中原经济区，江苏沿海经济区，山东半岛蓝色经济区，辽中南经济区，环鄱阳湖生态经济区，皖江经济区，冀中南经济区，长吉图经济区、黄河三角洲经济区、鄱阳湖生态经济区、浙江沿海经济区，河北沿海经济区等；还有一类经济区又称“经济新区”，只是某一个城市的一部分，相当于开发区的功能和级别，如横琴新区、郑州郑东新区、沈阳沈北新区、深圳前海新区、舟山群岛新区、兰州新区、成都天府新区、青岛西海岸新区等。全国划分和批准的综合配套改革试验区有浦东新区综合配套改革试验区、滨海新区综合配套改革试验区、深圳经济特区综合配套改革试验区等，划分和批准的专门性综合配套改革试验区有武汉城市群两型社会建设综合配套改革试验区，长株潭城市圈两型社会建设综合配套改革试验区，重庆市统筹城乡综合配套改革试验区，成都市统筹城乡综合配套改革试验区，沈阳经济区国家新型工业化综合配套改革试验区，义乌市国际贸易综合改革试验区等。各省市划分和批准的或获得国家有关部门批准的经济区、开发区等，更是类型多样，数量繁多。例如，至2012年，国务院批准建立的国家级高新技术产业开发区就达88个，成为集中发展高新技术产业的增长极群。

我国长期以来在区域开发和发展方面所进行的探索和实践，可以总结为以下几方面的经验和思路：

（1）立足基本的国情、区情条件，根据国家或地区长远发展的目标，划分一定的区域板块作为重点开发的对象，注重将其培育和建设成为带动大区域发展的增长极。

（2）各板块的区情条件、需要解决的主要问题和发挥的区域功能不同，资源开发和经济社会发展的战略模式也有其相应的特殊性和创新性，战略创新成为区域开发、

发展成功与否和成效大小的关键。

（3）每一时期集中开发一个或几个重点区域，制定、实施相应的开发和发展规划，形成有示范、推广意义的开发模式，同时兼顾非重点地区的开发和发展，将重点突破、战略创新与协调推进紧密相结合。

（4）在地域范围广大、自然和经济社会条件复杂的地区，按照分类开发的基本思路，实施大板块包含诸多小板块的多级板块开发模式，力求取得多样性、精细化的成效。

（5）每一时期在开发对象的选择和开发板块的划分、开发规划的制定和实施，以及开发手段的运用等方面，力求取得既有继承性又有创新性的进展。原来划分和实施开发的板块继续保持其科学性、创新性、合理性，发挥其在组织区域经济、协调区域关系、优化区域结构、推进区域开发和发展方面的积极作用，新的板块和开发方式在继承、推广以前成功经验的同时，更加注重创新、发展、升级，不断探索、利用新的规律，积累新的经验。

（6）板块开发与整体统筹发展相结合，既放手创造各类区域开发的独特经验，又注重区域之间的正向相互影响和相互协调，在不断探索、总结和集成的基础上形成日益成熟、丰富的普遍经验。

（7）通过多板块区域开发，形成若干个具有国际竞争力和国内强带动力的增长极和多种增长极相互关联的增长极体系，促进极化发展与相对均衡发展的统一。有效促进条件优越、功能各异、各具优势的经济区、开发区实现高速增长，以城市群为主的重点开发地区经济总量占全国的比重达80%以上，成为带动全国经济高速增长、体现国家综合实力的主要经济聚集区，从而使条件较差、环境负担能力薄弱的地区减轻产业和人口承载压力。全面发挥各类经济区、增长极的辐射带动作用，使每一时期区域发展的均衡水平有明显提高。

三、多板块区域开发和发展的战略模式及其升级途径

（一）多板块区域开发、发展的战略模式

至“十二五”期间，全国多板块区域开发战略获得了重大进展，开发的总体模式也初具轮廓。除过建国初期到改革开放前的30年间国家在区域开发中较明确地划分的大型板块如沿海地区、中西部地区、三线地区等之外，近40多年来全国区域开发的大型板块即包括若干个省、直辖市、自治区的区域，已有十几个，这就是：改革开放初期到2010年期间陆续实施开发和发展战略规划并取得重大进展的东部地区、中部地

区、西部地区、东北地区，可称为东、中、西、东北“四大板块”；“十二五”期间（2011～2015年）实施开发的丝绸之路经济带地区、21世纪海上丝绸之路经济带地区、长江经济带地区、京津冀地区、粤港澳大湾区，可称为“新五大板块”；未来有条件实施开发的还有粤桂滇缅印经济带（包括珠江—西江经济带）、呼兰成昆经济带、哈大—东北亚经济带等3～5个板块。这些板块的划分方式和区域分工地位各不相同，其内部空间结构及其组织区域经济开发、发展的功能特点各异，并且处于不同的开发和发展阶段。它们彼此间形成的布局格式和相互交错、融合的特征，体现了新时期区域开发战略丰富而又奇特的创新趋势。

1. 多板块开发模式的基本内容和推进过程

这种多板块开发模式的基本内容和推进过程大致如下：

第一，根据基本国情和国家战略全局需要选择开发板块。在综合掌握自然和经济社会条件、未来发展目标及相关区域情况的基础上，每一发展阶段划定需要开发的板块范围，提出该板块开发、发展的战略设想，制定相应的开发和发展规划，在中央政府的统一领导或指导下，由国家有关部门与板块所在的地区共同实施。

第二，实施基础性开发。板块开发的初期阶段主要是实施一系列基础性开发建设工程，包括资源调查、交通和通信等基础设施建设、促进主导产业和基础产业发展的重大开发项目，实行推进开发的政策和改革措施，加强金融服务能力，加快开发板块的经济增长，积累后续开发所需要的基础条件和经济实力。

第三，建设主要的增长极和增长极体系骨架，促进区域开发向广度扩展。包括建设大型企业、主导行业或支柱产业、各种产业集群、经济特区、开发区、试验区、中心城市或城市群、主要的经济条带或条带网络等增长极，形成聚集要素、积聚创新优势、全面发掘和转化资源潜力、提高区域经济增长能力、有效带动板块开发和发展的强大引擎，加快区域特色产业体系的成长壮大。依靠不断增长的经济实力，向尚未得到充分开发的区域和产业领域扩大投资，扩展区域经济的增长领域，增加新的增长点。

第四，实现开发升级和区域综合发展。充分发挥板块内各类增长极和增长极体系的极化—扩散功能，促进区域开发向深度进展，带动企业和行业提高创新能力，加快新兴产业成长和产业结构的优化、升级。注重开发科技、文化、创造力、体制、综合知识、人际关系等软资源，全面增强经济社会发展的硬实力和软实力，实现区域经济由极化发展为主向相对均衡发展为主过渡。

第五，提高经济、社会的协调发展水平。适时调整产业之间、地区之间、不同利益主体之间的结构关系，解决人与自然、发展与环境之间的矛盾，增强经济社会发展的协调程度，推动经济社会向更高发展阶段过渡。

第六，在继续深化、提高并协调原有各板块开发的同时，选择新的开发板块，谋划新板块的开发和发展战略，实现板块及其开发阶段的更替，陆续将潜力巨大、开发和发展不足并具有一定辐射带动作用的区域板块推向开发和发展的前沿，以此推动全国区域开发和发展走向相对均衡。

2. 多板块开发模式的突出特征

这种多板块开发战略具有以下几方面的突出特征：

第一，每一时期或经济发展的每一重要阶段选择一个或若干个板块作为区域开发的战略重点，集中优势的投入能力和政策效力，以强化开发加快其发展，以缩短其与发达地区的发展差距，同时兼顾其他区域和板块的开发和发展。

第二，随着经济发展阶段的更替，开发板块也实现转换，原来的重点开发板块让位于新的重点开发板块，相应的开发战略和开发方式按照创新、升级、协调的原则进行充实、调整或升级、转换，在全国区域开发的总体战略模式保持相对稳定的前提下，每一板块、每一阶段的开发战略都有其创新性和特色性，使区域开发支撑国家整体发展的基础性推动力保持强劲和创新式的不断增长。

第三，随着开发板块及其所体现的开发周期的更替和转换，陆续将潜力巨大、开发和发展不足并具有一定辐射带动作用的区域板块推向国家大开发、大发展的前沿，在较短时期内跃升到较高的发展阶段和发展水平，同时形成科学、有效、成熟的区域开发和发展模式，以此推动全国区域开发、发展走向相对均衡和高度协调。

（二）多板块区域开发、发展战略的转变和升级

“十二五”期间，随着经济发展进入“新常态”的阶段，区域开发和发展呈现出一些的新趋势：区域经济结构演进和产业结构升级明显，区域经济一体化水平有所提高，区域间结构关系趋于合理化，城镇化和城市群发育加快。中央有关经济带和各类经济新区建设的一系列决策表明，区域开发战略开始了重大转变和升级，原来的“四大板块”开发和发展已形成各自的战略模式，新时期的区域开发更加注重建设都市圈、城市群、城市群集聚区、综合配套改革试验区、自由贸易试验区，建设大型、跨国经济带正式提上议事日程。这些，都为解决区域开发和发展的新问题进行了有益的探索，积累了重要经验。

从“十三五”开始，在国际经济发展前景难以乐观、中国综合经济实力明显增强、“新常态”对发展经济提出了新的要求等综合条件作用下，区域开发应当适应国内外条件变化和全国转型发展步伐加快的趋势，在继续完善和实施多板块开发战略的同时，多板块开发的战略体系必须实现重大转变和创造性升级，总体的战略模式和战略思想、战略目标、战略手段和战略实施方式实现重大创新和全面提高。

战略模式的总体特征仍然是多板块开发，但战略模式的主导因素要发生变化，由

地区倾斜、点式和团块开发建设为主导的战略模式，即由某一较长时期只重点开发一两个区域板块的“单块突破”或单一性战略重点的模式，向着战略重点更替加快和同时开发特色、大小、分工地位各不相同的众多板块的多元战略重点模式转变，形成以大区域综合开发和多板块协调开发为主的战略特征；由只限于开发国内区域的内向开发模式，转变为开发国内板块与开发大型跨国板块相结合的内外向一体化模式转变；改变过分注重增长速度、采用传统开发方式和传统产业占主导地位、各地产业体系趋同等惯性，将开发重点集中在建设功能齐全、带动作用强劲、创新能力强大、区域特色突出的增长极体系，以增长极体系带动形成以高端产业为主导的新型产业体系和区域经济体系。

战略思想的转变和升级，体现为形成以下几方面的战略思想并突出其指导作用，即：全面推进改革、健全体制机制的战略思想；深度开发与广度开发紧密结合的战略思想；建设具有综合带动力强劲、覆盖国内外大范围区域的大型经济带战略思想；深刻影响国际环境、部署和经营跨国区域开发、增强国际化发展能力的战略思想；强化智力资源特别是创造力资源开发、提高科学化和文明化水平的战略思想等。在这些战略思想领域强化理论创新，深化和完善战略思想体系，提高战略指导的科学性、创造性、远见性、实效性。

战略目标的调整：区域资源开发目标突出开发非常规资源、智力资源和国外资源，提高资源开发的深度、广度和科技水平；突出以区域开发推动高效发展的目标，区域开发注重增强软硬两种实力和高端产业发展能力，形成有效带动转型发展的增长极体系；突出以区域开发加快转型发展的目标，注重建设各类创新主导型增长极和增长极体系，形成创新驱动、文明化开发和国际化发展的新优势；突出以区域开发推动综合发展的目标，开发自然资源与开发经济社会资源、开发物质资源与开发智力资源、深度开发与广度开发等形成相互配套、相互转化的体系和机制，推动基础设施建设、新兴产业成长、城市和城市群发展、经济带建设、金融和科技服务、经济增长和环境改善、民生和社会进步等全面提升到新的水平，以新式开发推动高水平发展，使经济结构和发展方式获得实质性提高。

战略手段方面的转变和升级主要体现为更加注重发挥创造性和配套性的政策、新的体制机制、市场配置资源、科学技术和文化创新、互联互通、金融服务、国际合作、自由贸易等战略措施的作用。

战略实施方式的转变和升级，由强调重点突破的方式转变为重点突破与多元重点协调发展相结合的方式，注重高水平协同推进和多领域协调发展、国内开发与国外开发相互促进、开发与发展良性相互转化。区域开发的协调方式和协调水平由局部的、低水平的战略协调转变为全面的、高级的经济、社会、生态协调。

区域资源开发的战略实施方式，要改变粗放、浪费式开发形成单一性产业并带来严重结构失衡和环境问题的传统方式，实行依靠先进科学技术进行高起点、长产业链、环境友好型的综合开发方式，使产业成长、经济增长、结构升级、居民收入增长和环境质量改善等，随资源开发的进展同步得到提高。推进区域城镇化、建设区域增长极体系的战略实施方式，注重将建设小城镇、建设区域中心城市、建设都市圈、发展城市群和大都市带或城市群集聚区、发展已有的经济特区和开发区，建设新的特区、综合配套改革试验区、经济新区，建设发达的交通网络和各类经济带等，纳入统一规划，实行全面配套的政策和措施，引导市场发挥基础性、决定性作用，消除政绩引导建设、数量增长代替质量提高和协调水平的弊端。提高区域开发和发展的协调水平的战略实施方式，注重按照地区区情特点分类实施与各地区彼此协同的相互结合。对条件优越的地区、相对发达地区、城镇密集地区，根据其工业化、信息化程度高，产业密集区和城市群发育快、发育程度高，城市间分工协作发达，互动发展效应强，最发达的地区甚至出现了城市群同城化、城市之间产业发展达到较高一体化等特点，促进区域开发向高度化、国际化升级，形成跨城、跨区、跨国的紧密型、网络型产业链。对欠发达地区，根据其潜力巨大、开发不足、发展滞后、基础薄弱等特点，实行集中国家力量重点扶持、吸引发达地区和国外投资者参与、建设核心区和主轴经济带、用大通道和大型经济带将其与国内外发达地区连成一体等方式，跨过技术进步和经济发展的某些常规阶段，加快开发进程，尽可能走捷径进入高度信息化、工业化阶段，融入国内外区域一体化网络。

第二节 “四大板块”的开发模式和战略升级

区域开发战略的转变和升级，必须落实到主要的区域板块，形成适应各类区域板块的基本区情特点并富于创造性的开发模式。我国东中西部和东北地区四大板块的区情特点差异较大，其开发、发展的基本模式和开发、发展模式的战略升级途径各有不同。各大板块实行科学的、适应基本区情特点的开发和发展模式，不失时机地实现开发、发展模式的战略升级，是支撑全国经济社会持续、健康发展的基本保证。

一、东部地区的开发模式及其升级途径

东部地区在区域开发已达到较高水平的基础上，应注重深度开发，实行率先发展

和加快转型的区域战略。东部地区未来十几年转型发展的基本趋势是：基本结束工业化发展阶段，进入以高科技产业和新兴服务业为主导的后工业社会；企业、行业、产业集聚区向科学化、高端化、低碳化转型升级取得决定性成功；经济社会向人本化、高度信息化和绿色化转型取得显著成效；经济社会发展总体水平与世界发达国家和地区之间的差距显著缩小。

东部地区区域开发的战略转变和战略升级途径是：重点实施区域深度开发，同时兼顾广度开发。适应区域经济向高级化转型的目标和趋势，高起点开发科技资源，科技创新应达到或接近世界先进水平，加快经济社会的科学化转变。运用先进信息技术手段改造、装备经济社会的各个领域，高水平开发利用信息资源，提升区域的数字化、智能化水平，大中城市和主要地区基本实现数字化、智能化。探索、完善以深度开发带动、提升广度开发的战略模式，深化开发科技、金融、人力、人才、创造力、知识、信息、文化等软资源和潜力，扩展开发利用海洋资源、全球资源、空间资源；创造科技进步快、资源利用效率高、绿色化领先全国的先进生产能力，带头发展技术先进、社会关系进步、生态文明度高的先进生产方式和经济模式。全面提高区域开发的文明化水平，走人本化和环境友好型开发道路。实施经济开发和发展、体制机制改革、社会资源开发和社会发展，以及科技、文化、生态环境诸领域协同开发和发展模式。

在省市域范围，通过规划建设诸如上海浦东新区和自由贸易试验区、天津滨海新区以及海峡西岸、江苏沿海、珠海横琴区、舟山群岛新区、深圳前海新区等具有新功能的经济区，增强国际竞争力，带动区域整体的现代化发展。区域开发、发展的主要战略目标应当是实现产业结构升级、优化空间布局、提高自主创新能力、继续深化改革、提升对外开放水平。

二、中部地区的开发模式和升级途径

中部地区应当注重深度开发与广度开发并重，实行城市群和城市群连绵区带动整体崛起的发展战略。

中部地区未来十几年转型发展的基本趋势包括：以“两化”深度融合的方式实现工业化繁荣阶段的目标，形成以高科技产业、新兴服务业和优势制造业为主体的产业体系；骨干企业、支柱行业、主要产业集聚区向科学化、高端化、低碳化转型升级并取得决定性成功；“两型”社会建设取得决定性成功，带动经济社会向人本化、高度信息化和绿色化转型取得初步成效；经济社会发展总体水平与东部地区之间的差距显著缩小，武汉、长株潭、中原等主要城市群地区接近、达到甚至超过东部地区发展水平。

中部地区区域开发的战略转变和战略升级途径应当是：重点实施广度开发与深度

开发并重的方式，探索、完善广度开发与深度开发紧密结合、相互转化的良性互动模式；体现广度开发与深度开发并重的主要方式，就是促进主要城市群的发育及其产业载体能力的增强，促进以武汉为中心的长江中游城市群与中原城市群、长株潭城市群等融合为贯通数省的城市群连绵区，带动中部地区崛起为全国的产业高地；强化开发科技、金融、人力、人才、信息、文化等软资源和潜力，扩展开发利用清洁自然资源和区外、国外资源；适应经济转型的目标和基本趋势，依靠科技创新全面提升资源开发和产业发展水平，改变经济发展过度依靠资源消耗和投资增长的方式；全面推进经济社会信息化发展，建设数字化、智能化的区域增长极；全面提高区域开发的文明化水平，提高居民共同富裕水平；以“两型”开发模式推进“两型”社会建设；提高多领域协同开发水平；创造科技支撑能力强、资源节约和环境友好水平高的区域先进生产能力，推动生产方式和经济发展模式向环境友好型转变。

三、西部地区的开发模式和升级途径

西部地区属开发和发展不足的特殊区域，应注重推进广度开发，同时兼顾深度开发，实行以经济带带动区域整体发展的战略。

西部地区未来十几年转型发展的基本趋势大致为：加快新型工业化步伐，形成以战略性新产业和特色优势产业为主体的产业体系；骨干企业、支柱行业、主要产业集聚区向科学化、高端化、低碳化转型升级取得重大进展；基础设施的瓶颈制约基本消除，城乡统筹试验区、循环经济试验区、国家级经济新区建设取得重大进展，经济社会向人本化、信息化、绿色化转型取得显著成效；丝绸之路经济带、长江（上游）经济带、粤桂滇缅印经济带、呼兰成昆经济带等大型经济条带和各地区的重要分支条带建设取得重大进展，以丝绸之路经济带为主干的带状经济网络初步形成并发挥极化发展与相对均衡发展相结合的战略带动作用；经济社会发展总体水平与全国平均水平的差距显著缩小，成渝、关中、北部湾、黄河上游等主要城市群地区接近、达到甚至部分超过东中部地区发展水平。

西部地区区域开发的战略升级途径为：适应转型升级发展要求，提升区域开发的科学化水平，科技进步速度加快并显著提升资源开发和产业发展水平；创造技术先进、资源综合利用、环境质量迅速提高的先进生产能力和生产方式，经济发展对资源消耗和投资增长的高度依赖性明显减弱，科技进步对经济发展的推动作用快速增强；经济社会信息化发展步伐加快，信息资源开发利用水平显著提高，建成一批数字化、智能化的大中城市等区域增长极；探索以增长极的深度开发辐射带动大范围的广度开发、以广度开发为深度开发积累支撑能力的良性循环方式；广度开发的重点包括：向边疆地区、边远地区、贫困地区和国外延伸开发范围，建设更多的开发区、经济特区；扩大开发利用优势矿产资源和清洁自然资源；扩大以工业和服务业为主的产业规模，提高经济增长能力；扩大各类城市的规模，建设新的城镇，加快城镇化步伐；深度开发的重点包括提高资源型产品的加工深度，延伸产业链，深化开发金融、信息、科技、教育、文化、知识、创造力、社会关系、体制机制、管理等软资源；提高区域开发的文明化水平，快速提高中低收入人群的收入，人均收入接近全国平均水平；贫困地区开发发展进入新阶段，区域均衡发展取得显著进展；生态环境治理、恢复取得重大进展，环境质量和经济社会的生态化文明水平显著提高；加快丝绸之路经济带、长江经济带各区段重大工程项目建设，规划和实施粤桂滇缅印经济带、呼兰成昆经济带、俄哈—中巴走廊建设，形成强劲带动西部开发和发展的带状增长极和增长极网络，区域内多领域、多板块协同开发模式初步形成。

四、东北地区的开发模式和升级途径

东北地区应当实施区域分类开发与整体协同开发相结合的模式，实行老工业基地向一二三产业协调发展的现代化产业基地转变的战略。

东北地区未来十几年转型发展的基本趋势大致为：以新型工业化为主导，形成以高端制造业、新兴服务业和现代化农业为主体的产业体系，产业结构具有高端性、多元性、综合性优势；大型企业、重化工和装备制造行业、资源型城市等向信息化、高端化、低碳化转型升级取得决定性成功；新型工业化综合配套改革试验区和其他经济新区建设取得决定性成功，带动经济社会向人本化、高度信息化和绿色化转型取得显著成效；经济社会发展总体水平与东部地区之间的差距显著缩小，辽东半岛城市群、长春—哈尔滨城市群等主要城市群地区接近、达到甚至超过东部地区发展水平。

东北地区区域开发的战略转变和战略升级途径为：适应经济转型的目标和趋势，依靠科技创新全面提升资源开发和产业发展水平，改变经济发展依靠资源消耗和重工业主导的方式；全面推进经济社会信息化发展，有效开发利用信息资源，提高数字化、智能化建设水平；建设哈尔滨—长春—沈阳—大连主轴经济带（哈大经济带），促进沈阳—大连城市群与京津冀城市群进一步融合为环渤海城市群集聚区，争取与俄罗斯共同制定、实施哈大经济带沿东北方向向俄罗斯境内延伸的建设规划，使哈大经济带发展为中俄东北亚经济走廊；探索、完善区域分类开发与整体协同开发相结合的战略模式，发掘、转化自然资源、经济社会系统的深层潜力和国外资源，全面增强区域经济实力，实现由传统老工业基地向一二三产业协调发展的现代化综合产业基地过渡；实施经济开发和发展、体制机制改革、社会资源开发和社会发展，以及科技、文化、生态环境诸领域协同开发和发展模式；全面提高区域开发的文明化水平，包括居民普遍富裕水平、新型工业化水平、环境友好和宜居水平、经济与社会协调发展水平等。

第三节　大型经济带的开发和建设

“一带一路”倡议的提出和实施，将国内区域开发发展战略与国际区域开发发展战略结合起来，开始了中国建设大型经济带特别是大型跨国经济带的新时代。建设以“一带一路”为骨架的覆盖全国和世界主要地区的经济带网络，成为开创新的发展方式、新的体制机制和新的国际化、现代化发展道路的战略工程，必将对未来全国经济社会发展的总体模式和基本道路产生深刻的影响，对创新和完善国家总体战略，提高总体战略的科学性、创造性、全面性、实效性发挥引领作用。

一、“一带一路”倡议的目标和布局框架

“一带一路”倡议的核心是建设国际区域增长极，优化区域经济的空间组织形式，同时发挥带动国内各类区域发展的战略作用。“一带一路”的总体目标是建成人类命运共同体，促进世界各国、各民族通过互利合作之路一步步实现经济、政治、外交、军事的协同一致。这虽然要经历漫长的过程，但可以通过若干个战略阶段来实现。“一带一路”倡议在近期的发展目标可以概括地称为“五通”，即政策沟通、设施联通、贸易畅通、资金融通、民心相通，以实现“五通”的目标来构建国家间的互利合作网络、新型合作模式和多元合作平台，使“一带一路”发展成为绿色之路、健康之路、智力之路、和平之路。

“一带一路”的空间布局结构具有以下特点：

第一，丝绸之路经济带将东亚、中亚、西亚地区与地中海沿岸和欧洲连成一体。丝绸之路经济带主轴带在中国国内的区段与陇海兰新经济带基本重合，是长三角、中原、关天、黄河上游、新疆五大城市群相互连接并趋于融合的城市群连绵区。主轴带在国外的区段主要以泛亚铁路网的中亚铁路（哈萨克斯坦—伊朗—土耳其）为轴心，将中亚、西亚的城镇密集区与地中海沿岸和欧洲的主要城市群连成一体。丝绸之路经济带实际上已形成一个副轴带，这就是依托泛亚铁路北路通道形成的中国东北—俄罗斯东部和中部—欧洲这样一条贯通欧亚的分支经济带。丝绸之路经济带副轴带与俄罗斯提出的“欧亚经济联盟”的战略设想在空间布局上基本是一致的。

第二，21世纪海上丝绸之路将中国的沿海地区与中国南海两岸、南太平洋地区、印度洋沿岸、海湾地区和地中海沿岸连成临海型带状经济区。21世纪海上丝绸之路的走向是以太平洋西部、印度洋和红海、地中海的主要航线为轴心，将中国的沿海地区与南海两岸、南太平洋地区、印度洋沿岸、海湾地区和地中海沿岸各国联结在一起，形成亚太、印度洋、地中海三大经济圈连环式衔接的跨国、跨洲的临海型经济带。

第三，丝绸之路经济带与21世纪海上丝绸之路亦即“一带”与“一路”的东西两端相互衔接，形成贯通亚欧非三大洲的环形海—陆经济带。中国沿海地区是这两大经济带的共同起点，地中海沿岸和大西洋东北沿岸地区则是其共同的终点。这个环形经济带所联通的主要区域，从中国沿海地区北段开始，可以简化表述为“中国沿海地区（北段）—中国华北、西北地区—蒙古国、中亚、俄罗斯—波罗的海、黑海、地中海沿岸地区—非洲东部、海湾等阿拉伯海沿岸地区—孟加拉湾地区—东南亚、澳洲及南海地区—中国沿海地区（中、南段）”。

二、“一带一路”的延伸发展

经济带是经济利益和经济活动的空间分布形式，哪里有共同利益经济带就会向哪里延伸。“一带一路”必然会形成延伸发展态势，在两侧地区形成越来越多的分支轴带，逐渐发展成为覆盖世界主要地区的轴带网。丝绸之路副轴带就是丝绸之路主轴带的一种延伸发展形式。丝绸之路主轴带在国内可以形成郑州—襄阳—宜昌、西安—太原—呼和浩特、兰州—西宁—拉萨、兰州—成都—昆明等许多分支轴带，这些分支带可以延伸发展为诸如中蒙俄、中缅印孟、中巴等跨国经济走廊。

海上丝绸之路经济带可以延伸形成环太平洋经济带、环印度洋经济带、环欧洲经济带、环非洲经济带等分支带。

“一带”与“一路”不应当是孤立分布的轴带，二者在两端和中间的广大地域空间中必须有更多的分支轴带将其连接成一种网络，才能更好地发挥促进国际区域发展的战略作用。

“一带一路”倡议获得成功的关键，就是健全其轴带网络结构，充分发挥轴带体系带动国内外区域经济发展的多方面功能，增强和提升轴带体系的运行发展能力。建设结构合理、功能强大而健全的“一带一路”轴带体系，就是建设中国深刻影响和有效带动世界经济发展、世界经济发展推动中国现代化进程的开放型经济空间体系，实现中国国内经济高度一体化、“一带一路”沿线地区一体化向更大区域和更高水平的世界经济一体化过渡。中国推进这一过程的基本方略，就是将当务之急与长远发展、局部行为与总体战略、经济实效与宏伟愿景统一起来，继续创造本国经济持续、健康发展的时代奇迹，提高中国经济与世界经济的融合度和互动、互利、协调发展水平。

三、建设贯通全国东西南北并向国外延伸的大型跨国经济带

经济带和经济带网络是区域经济发展的一种有效的空间组织形式，同时也是提高区域经济的开放程度的重要依托条件。建设“一带一路”轴带体系的重要方略之一，就是建设贯通全国东西南北的大型跨国经济带，形成有效组织和覆盖国内主要地区并延伸到国外的经济带网络。在充分认识我国境内和北、西、南部边境地区多山、多戈壁沙漠等天然障碍这一国情特点的基础上，把建设发达的经济带和经济带网络作为今后较长时期的重大战略主攻方向，发挥经济带和经济带网络连贯不同区域、穿越天然障碍、化解政治和文化冲突、辐射带动越来越广泛的地域范围共同发展等功能，弱化以致消除境内外各种天然屏障和社会因素对经济发展、生产力布局和对内对外开放的阻隔、阻滞作用，推进极化发展与相对均衡发展、内向发展与开放发展的有机结合，使区域开发、国家发展和对内对外开放提升到更高水平。

中国在实施“一带一路”倡议中，应当以覆盖国内主要地区的“四纵三横”经济带网络为基础，将各条经济带分别向国外延伸，形成辐射带动和有效组织国内和国外大区域发展的“四纵三横”的跨国经济轴带网络。其中，“四纵”轴带的延伸分别为：哈大—沿海经济带的北端向俄罗斯远东地区和日本海、白令海、北冰洋沿岸地区延伸，南端向东南亚、印度洋沿岸地区延伸，形成东北亚—中国东部沿海—海上丝绸之路经济带；京广经济带北端与哈大、中蒙俄走廊汇合，南端与海上丝绸之路汇合；呼兰成昆经济带北端向蒙古国、俄罗斯延伸，南端向中南半岛的老挝、泰国、新加坡等国延伸，形成俄蒙中泰新经济带；北疆—南疆经济带北端向哈萨克斯坦和俄罗斯新西伯利亚地区延伸，南端向巴基斯坦延伸，形成西伯利亚—中国新疆—巴基斯坦经济带（西伯利亚—中巴走廊经济带或西伯利亚—中亚—南亚经济带）。“三横”轴带的延伸为：陇海兰新经济带东端与海上丝绸之路汇合，西端向中西亚、欧洲延伸，形成丝绸之路经济带；长江经济带东端与海上丝绸之路汇合，西端向雅鲁藏布江沿岸和南亚各国延伸，形成长江—雅鲁藏布江—南亚经济带；粤桂黔滇经济带东端与海上丝绸之路汇合，西端向缅甸、孟加拉国、印度等国延伸，形成粤桂滇缅印经济带（中缅印孟经济带）。

在各主轴经济带的两侧，分别建设向沿线和相邻省市区延伸的分支经济带，依次为二级、三级、四级等多级经济带，逐步形成致密型的经济带网络。

第五章

建造中国现代化发展的发动机
——区域增长极体系

增长极是区域先进生产力和经济活动的聚集形态，各种增长极彼此关联形成一定的体系，就构成区域经济前沿力量的骨架，成为带动区域现代化发展的发动机。在全国由工业化中后期过渡到后工业社会的未来二三十年间，建设以高科技产业和中心城市、城市群为主导的包括企业式、行业式、产业集群式、中心城市式、城市群式、交通经济带式、区域网络式七种增长极的增长极体系，以及增长极所依赖的交通、通信等重要基础设施，有效提高区域创新能力，加快工业化向后工业社会过渡的进程，增强国家整体的经济实力和国际竞争力，应当成为全国转型发展战略的核心和突破口。全国以及国内的大中型区域板块和省域、市州域、县域等不同等级不同类型的区域，要实现持续、较快和高质量发展，抓增长极体系建设无疑是高屋建瓴式的战略手段。而增长极体系的建设重点，应是优先建设以高科技产业为主导的面向未来的知识创新型增长极并促进其快速成长，包括高科技的骨干企业、产业集群、支柱行业、科创中心等，逐步取代传统增长极而居于增长极体系的主导地位；加快建设以现代化中心城市和城市群为主导的城市体系并带动农村实现以结构高度化为特征的一体化发展；建设大型的国内、国际经济带和经济带网络，实现城市、城市群与经济轴带的互动协调发展，带动区域经济网络的形成和升级，为创新驱动和开放发展提供优质载体。

第一节　中国区域增长极的现状和问题

全国各类区域经过长期的开发和发展，已初步形成了现代区域增长极的一些基本类型，这些类型主要有：大型企业式增长极；以优势行业、支柱产业、主导产业为主的行业式增长极；以高新技术开发区、工业园区、企业集聚区为主的产业集群式增长极；以各类中心城市为核心的大中小型点式增长极；以城市密集区为主的城市群式增长极。以交通干线为轴心的条带型增长极；以城市群集群区为主的区域经济网络式增长极等较高级和大规模的增长极正在形成之中。在这些增长极之中，又可以划分出诸如传统企业型、技术创新型、特色战略型企业式增长极，以及工业型、高新技术产业型、信息—知识主导型、旅游特区型、生态经济型等特色增长极类型。

一、区域增长极形成的历史过程

（一）新中国成立前的区域增长极

近代以来在区域经济发展中发挥聚集—扩散功能的增长极，在古代社会也有其原始的形态。古代社会的区域“增长极”主要有以下几种形式：官营或民营的大型工商业实体；工商业聚集的城镇；城镇和工商业分布密集的交通要道沿线地区；农业和工商业相对发达的地区。这些“增长极”虽然不同于现代意义上的区域增长极，但是在古代的各个历史时期也都发挥过聚集发展要素、带动经济发展的重要作用。

国内主要地区在古代农业社会中也曾形成较为发达的农业和工商业经济，以及相应的区域增长极。在官营和私人经营的手工业、商业普遍发展的同时，各地出现了冶金、制革、农具和兵器制造、服装、制盐、陶瓷等手工业生产组织，以及商业贸易、水陆运输、驿馆、餐饮等服务业实体，其中的富商大贾和官营、私营的大型垄断组织，可以看作是古代社会特有的“前企业式”增长极。与此同时，工商业发达的城镇，尤其是曾经作为几个王朝首都的长安、成都、开封、南京、北京和作为少数民族上层统治者建都的凉州、拉萨等城市，以及分布在内地与边疆少数民族地区交界处进行茶马互市的城镇等，无疑是发挥过城市式增长极的作用的。穿越西北地区的丝绸之路和西南地区的茶马古道，以及长江等江河湖海的水上运输通道等沿线的城镇链，可以看作是古代社会的交通经济带式增长极。陕西关中自古被称为富甲天下的“八百里秦川”，四川盆地古称“天府之国”，甘肃也有“金张掖、银武威”之说，还有像“天下黄河富宁夏”的河套平原、富甲一方的汉中盆地、“苏湖熟天下足”的太湖流域等，都是古代各大区域农业和工商业较为发达的增长极地区。这些不同形式的前工业社会的增长极，在清朝及其以前各个王朝时期都不同程度地发挥了创造物质文明、带动区域经济发展的作用。

从清末到新中国成立前夕的一百多年间，在洋务运动和民族工商业发展潮流的推动下，各地区形成了近代的工商业企业、工商业行业、工商业聚集的城镇及相应的交通设施，也形成了近代意义的企业式、行业式、城镇式增长极。沿海地区和沿长江一带成为近代工商业最密集的国家级增长极。抗日战争时期，国民党政府为了建设大后方基地，在西部的陕西、甘肃、四川、贵州、云南等省经营多年，并从东中部地区迁移了一批工商业企业，使成都、重庆、西安、天水、兰州、贵阳、昆明等西部地区的一批中心城市获得一定发展，增强了西部主要城市的工商业载体功能和增长极功能。

由于历史条件的局限性，古代和近代早期的各种增长极一般都呈孤立分布状态，其聚集经济要素、形成较强优势并带动地区经济发展的功能显然不能与现代的区域增长极相提并论。但是，这些增长极的形成和缓慢发展，为以后的区域经济发展提供了重要的基础条件。

（二）新中国成立后至80年代末形成的增长极

新中国成立后，国家运用以行政为主的手段改变旧中国经济极端落后、工业结构和布局不合理的状况，实行优先发展重工业的方针，进行了大规模的重点投资，先后建立起了一批重要的煤炭、电力、钢铁、有色金属、石油化工、机械等重工业基地，建设了重要的铁路干线、支线、专用线和公路网，在沿海和内地建设了大批的大中型骨干企业和新兴城市，促进了上海、北京、天津、广州、武汉、沈阳、西安、成都、重庆等主要城市的发展，推动了大批中小工业城市的崛起。在继续发展东北、东部沿海和沿江地带的区域增长极的同时，“一五”、“二五”时期在中西部地区进行了大规模的重点投资，先后建立起了一批重要的煤炭、电力、钢铁、有色金属、石油化工、机械等重工业基地，同时也推动了西部一大批工业城市的崛起。“三线”建设时期，重点建设了成昆、川黔、贵昆、湘黔、湘渝、阳安、太焦、焦枝、青藏铁路西宁—格尔木段等10条干线和一些支线、专用线铁路，建设了重庆工业基地和贵州六盘水，四川宝鼎、芙蓉，陕西韩城、铜川，河南平顶山等50多个煤矿，建成了葛洲坝、龚咀、乌江渡、凤滩、龙羊峡、秦岭、神头等大中型水电、火电站，攀枝花、酒泉、长城、水城、舞阳等钢铁工业企业和白银、金川、个旧等有色金属工业基地，在四川、陕西、甘肃、湖北、湖南、宁夏等省区新建了一批汽车、重型机械、矿山机械、工程机械、电机电器、机床、仪器仪表、内燃机等骨干机械工业企业，同时还兴建了一批轻工和纺织企业，促进了西安、宝鸡、兰州、天水、金昌、成都、重庆、绵阳、德阳、攀枝花、贵阳、六盘水等西部大中型城市的发展，西部地区形成了有效推动工业发展的城市式增长极。

国家运用以行政手段为主的方式进行大规模的交通、工业和城镇建设，形成了有效带动全国经济发展的类型多样的增长极，使全国除少数边疆地区以外的各类区域形成了带动经济发展的“火车头”，同时也形成了极化发展的各类增长极与各种落后经济形态和经济成分之间的巨大差异，亦即现代工业城市与相对落后的广大农村并存的“二元经济结构”状况。

（三）改革开放以来区域增长极的形成和变化

从20世纪80年代初期开始，国家实行改革开放政策，一段时期中，经济建设以向东部沿海地区倾斜、集中建设几个经济特区、引进外部投资、发展乡镇企业聚集区等为战略重点，极化式发展步伐加快。随着市场经济体制的确立，市场配置资源的基础性作用得到越来越广泛的发挥，各地区的二、三产业加快了聚集式成长。大中型的中心城市、小城镇和农村陆续形成了大中型工业企业和乡镇企业的连片发展区。工业发展所需要的科研机构、大学、服务机构、基础设施等也形成聚集发展的特点，政府推动的开发区建设进展迅速，大城市工业的配套能力不同程度地得到增强。乡镇工业在中小城镇和一些农村地区出现了聚集发展的态势，中小型工业城镇不断形成，大城市与中、小工业城镇在许多地区逐步连片，形成了产业密集地带，由此逐渐形成了以多级中心城市和城市群为主导形式的全国增长极体系。

在20世纪80年代到90年代的20多年间，沿海地区与中西部地区之间的发展差距迅速扩大，极化式发展的优越之处和弊端都表现得十分明显。进入21世纪，国家调整区域发展政策，陆续实施西部大开发等一系列政策，推动全国增长极体系以较快的步伐由初级状态演变为基本适应新型工业化和后工业化发展需要的新形态。

改革开放以来各地区形成的增长极，大致有以下几种类型：

1. 大型企业和企业集团

改革开放以来各地区形成的大型企业和企业集团式增长极，主要有以下几种类型：

（1）大型国有和国有控股企业。各省市区在计划经济时期形成的一批国有大型企业，经过体制和机制改革，成为公司制或集团化的新型企业，不同程度地发挥着行业和区域增长极的功能。这类企业一般具有以下特征：计划经济时期的企业建设和长期发展，奠定了一定的基础；20世纪80年代以后进行了有效的体制改革和机制创新，获得快速发展；在市场竞争中形成一定的优势，并通过兼并重组和资本运营迅速扩大了规模，具有进一步发展的巨大潜力；少数企业形成了品牌优势，走上国际化道路，呈现出极化发展的强劲势头。如西部地区重要的大型企业和企业集团如：石油化工行业的中石油兰州石化公司；黑色冶金行业的攀枝花钢铁集团有限公司、酒泉钢铁集团有限公司；有色金属行业的金川集团有限公司；机械行业的广西柳工集团有限公司、广西玉柴机器集团有限公司、陕西秦川机床集团公司、兰州石油机械集团公司、昆明中铁大型养路机械集团有限公司、宁夏长城须崎锻造股份有限公司；电子行业的长虹集团公司；农产品加工行业的伊利实业集团公司等。

（2）大型民营企业。改革开放以来产生出了一批快速成长的民营企业，与大型国有或国有控股企业一起，成为行业和区域的增长极。

（3）大型外资和外资控股企业。入驻各地的一批国外境外企业，以其经济和科技实力参与国内市场竞争，成为一些行业和区域的增长极。

（4）在小区域范围内发挥增长极作用的中、小型企业。一批实力较强、成长性较好的中小型企业，在市、州和市、县等小区域范围内，成为行业和区域的企业“老大”“老二”是“羊群里的骆驼”，发挥着不可小视的增长极作用，它们是大型企业式增长极的后备队。

2. 多种类型的企业聚集区或产业集群

各地区形成的产业集群在规模和类型上各有特色，主要的产业集群形式是各省市区以及地州市、县市、乡镇政府支持和兴办的各类产业开发区。其中，各省市区的国家级和省级高新技术产业开发区、经济技术开发区成就和影响最为显著。在东中部的一些省市，如浙江、江苏、广东、河南等省，民营企业自发发展和逐渐聚集而成的产业集群，对本地区甚至全国经济的发展发挥了重要的、战略性的带动和示范作用。

3. 区域支柱产业

改革开放几十年中，各地区先后形成的区域支柱产业主要有以下几大类：

（1）能源及化学工业。能源工业包括水电、火电、煤炭、石油天然气（包括可燃冰）、新能源工业，化工包括石油天然气化工、煤化工、无机化工三大类。

（2）矿产资源开采及加工业。包括钢铁等黑色金属开采加工业和铜、铝、铅、锌、镍等有色金属开采加工业，以及稀土、钾肥、磷肥、盐等矿产资源开采加工业。

（3）农牧产品加工业。包括棉毛纺织、肉奶加工、皮革、制糖、酿酒、卷烟、中藏药加工、造纸等行业。

（4）装备制造业。包括核电装备制造、重型燃机、大型冶金化工设备、重型机械和大型工程施工设备、汽车、摩托车、内燃机、环保设备，输变电设备，数控机床、数字智能型仪器仪表、轨道交通设备、工程机械、农业机械、水力及风力发电设备等。

（5）高新技术产业。包括集成电路、软件、网络通信设备、新型电子元器件、数字音频视频产品等信息产业，生物医药、生物能源产业，有色金属和稀土等高性能材料产业，现代农业，航空航天产业，新能源产业。

（6）旅游业。进入21世纪以来，各地区旅游业迅速发展成为各具特色的支柱产业。

4. 多级中心城市

中国幅员辽阔，自然条件复杂多样，资源分布和区域经济开发差异很大，城市的产业构成和分工特点多种多样。从辐射带动的地域范围和辐射带动的强度来看，中心城市可以划分为国家一级（辐射带动全国和相当于几个大区范围的区域）、国家二级（辐射带动相当于数省市区范围的区域）、省域、地市域、县域等不同的等级。从经济分工特征来看，作为经济中心的主要城市大体可划分为以下几种类型：综合型、交通枢纽型、矿产资源型、能源型、机械电子等高加工度工业型、轻加工型、服务业型等几种基本类型。

一般来说，全国的直辖市、特大型城市、省域中心城市和副中心城市等都属于综合型的中心城市式增长极。如西部地区的省域中心城市，从其主要分工职能情况来看就属于综合型的增长极（见表5-1）。

表5-1　　西部地区省域中心城市主要分工职能

省域中心城市名称	主　　要　　职　　能
西安	世界知名的文化古都，全国二级中心城市和重要的机械、纺织、高新技术工业基地，陕西省政治、经济、文化中心。
兰州	全国三级中心城市，全国重要的以石油化工、机械和有色金属冶炼为主的综合性工业基地，甘肃省政治，经济、文化中心。
西宁	青海省政治，经济、文化中心。
银川	宁夏回族自治区政治、经济、文化中心，以机械、化工、清真食品为主的综合性工业城市。
呼和浩特—包头	内蒙古政治、经济、文化、交通中心，全国主要的稀土、钢铁、畜产品加工工业基地之一。
乌鲁木齐	新疆维吾尔自治区政治、经济、文化中心。
重庆	全国一级中心城市和重要的机械工业基地，长江上游地区的商贸、金融、科教中心和交通、通信枢纽。
成都	全国二级中心城市，全国重要的机械、电子等高新技术工业基地。四川省政治、经济、文化中心。
贵阳	贵州省政治、经济、文化中心和交通枢纽，全国重要的电子工业基地。
昆明	全国重要的旅游胜地，云南省政治、经济、文化、交通中心。
南宁	广西壮族自治区政治、经济、文化中心，以轻工业和对外贸易为主的区域中心城市。
拉萨	西藏自治区政治、经济、文化、交通中心，全国重要的旅游胜地。

5. 城市群

改革开放的几十年中，我国形成了20多个城市群。其中，沿海地区的环渤海、长三角、珠三角三个城市群是最大的，内地的长江中游、中原、哈长、成渝、关天等城市群在国内属于次一级的大型城市群，这些城市群在结构和功能方面已不同程度地达到较高水平。正在形成中的北部湾、黔中、滇中、黄河上游、呼包鄂榆、新疆（天山北坡）等城市群规模尚小，结构和功能也存在诸多问题，属于正在形成中的城市群。

续表

6. 经济带

我国在未来时期需要重点建设的“三横四纵”的七条一级经济轴带，即丝绸之路经济带、长江—雅鲁藏布江—南亚经济带、粤桂滇缅印经济带（中缅印孟经济带）、东北亚—中国东部沿海经济带、京广经济带、俄蒙中泰新经济带和西伯利亚—新疆—巴基斯坦经济带（西伯利亚—中亚—南亚经济带）以及其他的大型经济带，在改革开放几十年中均不同程度地已形成其大致的走向和初步的形态。如丝绸之路经济带的初步形态就是陇海兰新经济带，长江经济带、东部沿海经济带、京广经济带、哈大经济带等早已形成，并且在改革开放时期获得了长足发展，呼兰成昆经济带和新疆的环天山经济带也已初具形态。多数省市区和地市域甚至县域行政区在改革开放时期也规划和实施了经济带建设。国家级和地区级的经济带网络由探索、形成阶段正在走向扩展、融合和致密化的升级阶段。

二、全国区域增长极的布局特点

城市是企业和二、三产业的主要载体，又是构成交通经济带和城市群的主要地域单元。城市密集的地区就是企业和二、三产业分布集中的地区，同时也是形成或易于形成交通经济带和城市群的地区。城市布局状况最能体现一个较大区域增长极的布局特点。

（一）全国“六极、七带、八网络区”的增长极布局框架

从“十三五”时期全国增长极的总体状况及其进一步发展的条件和趋势来看，到2025年前后，全国增长极体系以城市和城市群的布局为主导，以交通经济带的布局为骨架，将大致按照“六极、七带、八网络区”的基本框架展开。

（1）作为全国一级增长极的城市群共有6个，即长江三角洲城市群、珠江三角洲城市群、包括京津冀在内的环渤海城市群、与环渤海城市群紧密衔接和融合的哈大城市群、长江中游城市群、成渝城市群。

（2）覆盖全国经济发达地区、较发达地区和西部重要地区的主轴经济带共有7个，即东部沿海经济带、长江—雅鲁藏布江经济带、京广经济带、陇海兰新经济带亦即丝绸之路经济带国内区段、呼兰成昆经济带（包括兰渝贵北即兰州—重庆—贵阳—北海分支带）、粤桂黔滇经济带、北疆—南疆经济带（亦可称作阿勒泰—乌鲁木齐—喀什经济带或新疆西部经济带，见图5-1。

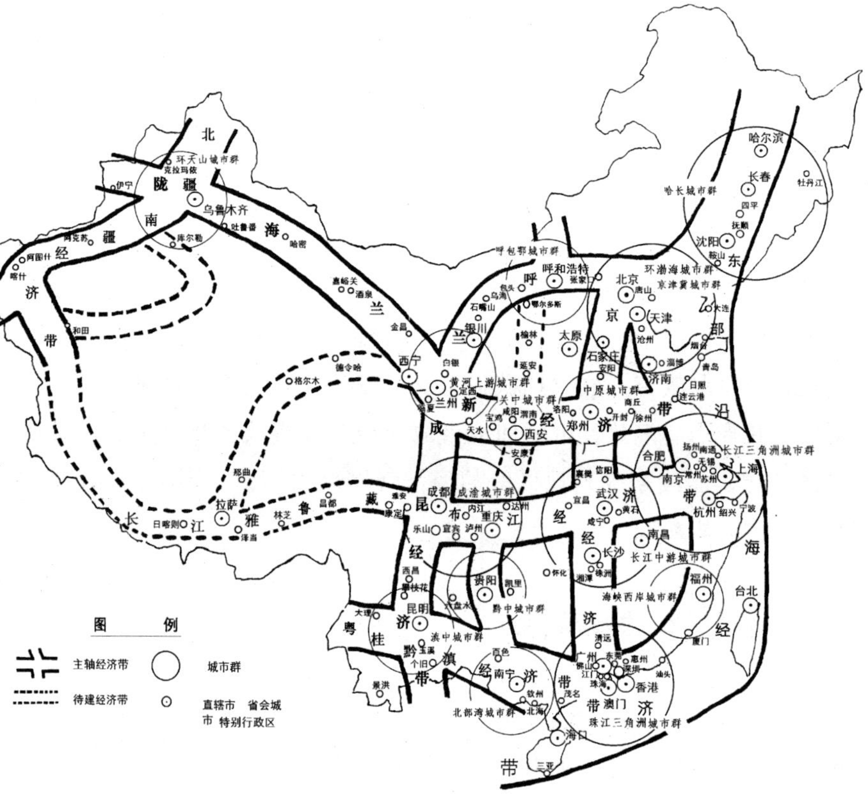

图 5－1　全国主要城市群和经济带布局

（3）在以上城市群和经济带的辐射带动下，全国将形成核心聚集力较强、内部联系相对紧密和各具特色的八个网络式经济区，即：以东北城市群为中心的东北经济区；以京津冀城市群为中心的华北沿海经济区；以长江三角洲城市群为中心的华东沿海经济区；以珠江三角洲城市群为中心的华南沿海经济区；以长江中游城市群和中原城市群分别为中心和副中心的华中—中原经济区；以成渝城市群和南贵昆城市群分别为中心和副中心的西南经济区；以关中城市群和黄河上游城市群分别为中心和副中心的陕甘宁青经济区；以天山北坡城市群为中心的新疆经济区。

（二）西部地区的增长极布局特点

西部地区是我国经济最落后的区域板块，其增长极的类型、体系结构、布局特点和辐射带动能力等，对区域发展至关重要。

西部地区城市布局现状体现为西南和西北两个城市密集地区。西南城市密集地区以重庆、成都为中心，以北海、钦州、防城港为出海口，以南宁、贵阳、昆明为三个副中心，城市职能类型以机械、电子、能源、原材料、农产品加工业和物流、外经贸产业为主体，是我国正在崛起的以机械、电子工业和物流、外经贸产业为主要优势的城市和产业密集区。该区域中成渝地区城市密度最大，南贵昆地区次之，川西、滇西和西藏地区密度最小。在西藏地区，有条件形成沿雅鲁藏布江的相对密集的带状城镇群。

西北城市密集地区以西安、兰州为中心，呼包、天山北坡为两个副中心，城市职能类型以能源、原材料、机械、电子工业为主体，正在形成我国重要的以能源、原材料工业为主要优势的城市和产业密集区。该区域中关中地区城市密度最大，兰州、银川、西宁、呼包、天山北坡地区次之，青海西部、南疆地区、内蒙古西部和东部地区密度最小。

成渝和关中地区是西部城市最密集的核心地区，也是西部优势产业聚集程度最高的地区。以这两个地区为中心，城市分布沿主要交通干线呈串珠式带状延伸展开，形成陇海兰新沿线、呼兰成昆沿线、渝黔桂北（海）沿线、南贵昆沿线四个主要的城市密集带。在城市带上既有单个城市的线状排列分布，也有以某些大型、特大型城市为核心的小型城镇群的集聚分布，因而城市多呈带状的串珠式或串葫芦式分布。这种串珠式或串葫芦式的城市带，是西部地区自然地理条件所决定的增长极布局的重要特点之一。

成渝和关中核心区——兰、银、西和南、贵、昆等次核心区——陇海兰新、包兰成昆等城市密集带，这三种布局形式连成的由密渐疏的城市空间分布的整体，可以看作是西部地区增长极的主要布局特点。

三、增长极和增长极体系建设面临的主要问题

“十二五”后期到“十三五”期间一直存在的产能过剩、经济下行等问题，其重要原因之一是增长极体系的结构和带动功能存在缺陷。其中西部地区增长极体系的问题更为突出。

（一）企业式、行业式和产业集群式增长极存在的问题

1. 企业式增长极存在的问题

就适应市场经济环境的素质而言，中国的企业都是“速生”式的企业。历史给予它们的机遇就是必须在短短的几十年中，适应国内外市场的激烈竞争求得生存和发展，这对中国的各类企业来说确实是严峻的考验。面对这样的考验，作为国家重要增长极的大中型企业，在最近几十年中陆续实现了体制机制转变、规模扩张、外向发展和综合素质提高等战略目标，使国家和地区经济的造血功能持续增强。但是，企业的“速

生”式发展还是不可避免地伴随着“体虚”的种种症状，“虚胖型”和“瘦弱型”的企业为数甚多。全国一流的大企业与国际一流大企业相比，规模、素质和经营能力仍存在相当大的差距，其他企业的问题则更多、更严重。

2018年，中国大陆企业进入世界500强的数目达到111家，但是公司收入、利润总额、利润率和净资产收益率排名第一的都没有中国公司。利润总额排在前10位的中国公司乃是工、建、农、中四大银行。美国上榜的8家银行平均利润为96亿美元，而中国10家银行平均利润高达179亿美元，远远高于全部入榜中国公司的利润水平（31亿美元）。中国这10家银行的总利润占了111家中国大陆上榜公司总利润的50.7%；而美国银行总利润仅占126家美国入榜公司的11.7%。这表明在中国最大型的企业群体中，国有银行的垄断性经营非常严重，制造业和科技公司的实力则相对薄弱。中国大企业“大而不强”的问题也较严重，许多在规模方面排在全球前列的企业，在盈利能力、经营效率、综合国际化水平和抗风险能力等方面却远低于世界一流企业。企业式增长极的这种状况表明，在国家经济结构体系中社会财富增值的源泉和社会财富增值、分配的机制存在重大缺陷。

作为国家和地方的重要增长极的大中型企业还存在其他一系列问题，其中最主要的有以下几方面：国有和国有控股企业的体制机制转变尚未完全到位，传统老国企的体制机制弊端没有完全消除，企业经营管理的治理机制不健全，治理不规范、权力不制衡的问题十分普遍，提高国有资本效率和增强国有企业活力的改革任务仍十分艰巨；包括民营企业在内的各类大中型企业的自主创新能力普遍薄弱，实力强大的创新型企业寥若晨星；各类大中型企业适应国际环境的外向发展能力严重不足，在国外境外成功发展的企业还只是少数；营商环境方面的制约因素较多，宏观管理、政策、融资、税收等方面的环境质量有待进一步改善。

经济落后的西部地区大中型企业问题更多。与东、中部地区相比，西部大中型企业的主要劣势是创新能力不强、缺乏自主知识产权和核心技术、体制不健全、行业垄断性强、综合素质差、竞争力弱，效益低，这些劣势严重限制了大中型企业发挥增长极的作用。西部有相当多的大中企业不仅不能发挥增长极的作用，甚至长期成为地区经济发展中的沉重“包袱”。缺少品牌优势是西部企业式增长极发展滞后的重要原因之一。从20世纪90年代初期到21世纪开始，西部地区与东、中部地区名牌发展的差距在进一步扩大，西部名牌在全国三大地区的名牌中所占比重越来越低。

西部大中型企业在区域经济增长中的支柱作用发挥相对较好，是省市区工业实力、经济总量和财政收入的主要承担者，但是辐射带动小企业发展的功能并不强。原因是大中型企业主要依靠资源优势、行业垄断优势和规模优势获得发展，而小企业因区域综合环境质量低、投资和经营成本高、产业配套能力低等因素，难以消化不利因素，发展缓慢。

2. 行业式增长极存在的问题

在改革开放的几十年中，先后有多种行业作为区域增长极发挥过战略性的作用。但是在进入21世纪后的经济转型时期，曾经发挥过战略性带动作用的一批传统行业或产业如轻纺、家电、重化工业、建筑业等正在退出增长极行列，区域经济发展急需的新型增长极行业如高加工度产业、高新技术产业、新兴服务业等市尚未完全到位，行业式增长极处在艰难的转型、换代时期。

西部主要的行业式增长极除存在与全国大体相同的问题外，还存在着行业内部组织机构不合理的问题，其中主要是大中型企业、资源型企业和行业垄断型企业在行业中占绝对优势，其增长极功能的发挥与企业式增长极相类似，即在区域经济增长中的行业支柱同时也就是某一两个或几个企业充当支柱。这种状况表明西部的行业式增长极发育不充分，这些行业虽然是省市区工业实力、经济总量和财政收入的主要承担者，但是规模扩张和转型、升级的能力薄弱，辐射带动其他行业发展的功能不强。

3. 产业集群式增长极存在的问题

产业集群式增长极在经济转型时期也存在与行业式增长极相类似的“青黄不接”的问题。东中部各地区连片发展的产业集群，特别是各地以中小民营企业为主的“块状”经济区，曾一度成为区域经济持续高速增长的主要支柱。但进入经济转型期后，传统型的企业和行业趋于衰落，新兴的特别是科技型、创新型的企业和行业成长较为缓慢，直接导致地区经济增长持续回落。东、中部产业集群的转型和换代显然要经历一定的过程。

西部的产业集群不同于东部的块状经济增长极，其主要的形式是政府支持发展起来的各类产业开发区、产业园区。这些开发区、园区内的企业自发成长、连片扩展的能力相对较弱，对政府支持和科学技术支撑条件的依赖性较强，企业发展的外部性效应不明显。

（二）城市和城市群存在的问题

1. 城市体系发育水平低

我国城市化发展的成就是巨大的，但城市和城市体系的“虚胖症”与“瘦弱症”并存的问题也不容忽视。其中，作为区域增长极体系中的主导力量的中心城市，主要存在以下突出问题：东部地区建设国际大都市的战略任务因经济和科技实力不足、与国际商贸规则接轨的体制机制改革进展缓慢等制约因素较多，需要很长时间才能基本完成；东、中、西部城市化发展差距扩大，西部城市化步伐过慢，城市功能和城市体系不健全，以交通、能源、水利等基础设施建设促进经济落后地区城市化发展的重要性未受到足够重视；在城市和城市产业的快速扩张中，由于法制和规划的约束乏力，导致城市内部空间结构的严重不合理，削弱了城市的产业载体功能、增长带动功能和宜居功能；房地产的盲目开发加剧了城市内部空间结构的不合理状况，甚至在许多地区和城市形成了房地产过度开发的灾难性后果；城市向智能化、宜居化、生态化、文明化的转型发展和城市内部空间结构调整面临着产业迁移以及土地、资金、生态环境等方面的诸多困难；城市竞争力不强，国际大都市的优势不明显。

西部中心城市式增长极功能普遍较低。与东、中部地区相比，西部城市体系结构存在以下不合理之处：区域中心城市发展相对滞后；超大规模和特大规模城市有 9 个，但平均规模不大，经济辐射带动能力难以与中部和东部的同类型城市相比，没有国家一级中心城市，属于国家二级中心城市的主要有重庆、成都、西安，虽发育较好，但数量少，功能不全，属于国家三级中心城市的如多数省会城市经济增长较好、对腹地有一定的辐射带动能力，但辐射和带动的地域范围较小；其他的区域中心城市发展普遍滞后，其中中等城市和小城市数量过少，分布密度不足，经济实力薄弱，其工业产值比重相对于特大城市较小，辐射和带动腹地的能力更低、范围更小。城市布局过于分散，边远地区城镇分布稀疏。城市之间分工水平低、产业关联度低，经济技术联系薄弱。西部城镇多沿河谷和交通线呈稀疏的点状、线状分布，缺少四通八达的交通、通信、商贸、经济协作联合等联系，城镇的封闭性较强。城市体系聚集二、三产业的功能不足，限制了投资规模的扩大和项目的选择与建设。西部城市的综合竞争力在全国四大板块中处于最末位置。城市体系结构对地区产业结构调整和生产力合理布局形成一定的制约作用。

2. 城市群功能不健全

城市发展状况直接影响城市群的发育和增长极功能。全国城市群发展的差距正在迅速扩大，东部地区城市群发展水平普遍高，但主要城市群与国际一流城市群的水平相比，在内部结构、综合功能、开放程度、绿色发展等方面仍存在较大差距。全国除长三角、珠三角两个城市群达到较为成熟的水平外，其他城市群都不同程度地存在发育不良的重要缺陷。这些存在重要缺陷的城市群处于正在成长的时期，主要成员城市虽然具有人文相近、资源禀赋相通、市场与产业的关联性与互补性较强，走向一体化的基础较强等有利条件，但多数城市群人口、经济规模不足，城市群的核心区和辐射范围基本都在省域内或相当于省域的范围；成员城市数量少且呈松散分布，各自孤立发展的特点明显，城市群内部的空间结构和产业构成存在诸多不合理之处，短时期内难以形成经济联系紧密的整体。

中西部地区城市群问题较多。除沿海的三大城市群和长江中游城市群外，其他十几个城市群的发展都不同程度地面临着交通设施、生态条件、产业、社会问题等多方面制约因素。城市群内部结构松散、经济聚集—扩散能力薄弱、成员城市之间分工协作水平低等，限制了城市群在区域发展中的龙头带动功能。西部城市群发展的困难更多、更大，有关机构对国内15个城市群综合竞争力进行排名研究的结果是：西部两个最大的城市群中，成渝城市群排第10位，关中城市群排第13位，短时期内还难以形成大规模的组团式城市群，城市群竞争力总体上处于全国最低的位置，其增长极的功能远不能适应西部区域发展的需要。

（三）增长极体系缺陷多

全国以及各类地区的增长极体系由于受国情、区情条件和整体经济发展水平的限制，都不同程度地存在着布局、结构、功能方面的缺陷。能够分别覆盖全国和各类地区的增长极体系虽已具有一定的框架和轮廓，但骨干企业、支柱行业、产业集群、中心城市、城市群、经济带、区域经济网络等不同形式的增长极在区域分布上严重失衡，各类增长极之间尚未形成结构合理、功能健全的系统整体。如有关研究指出，我国“大部分大型企业分布在珠三角、长三角以及山东半岛等经济较发达地区。”超过三分之一的大企业集中在广东、江苏和山东等地，西北内陆地区占的比重非常小。① 增长极体系在宏观经济发展中的作用普遍不明显，尤其是四大板块以及各省市区的增长极之间缺乏紧密的经济技术联系，制约了增长极自身的发展和辐射带动功能的发挥。

东部地区的增长极体系中，作为主导力量的中心城市和城市群，聚集新兴产业和带动产业升级的步伐并不理想；作为“极中之极”的区域创新中心，其国际竞争力和对国内的辐射带动能力均严重不足，在解决国际竞争中“受制于人”的经济和技术难题方面进展缓慢；增长极体系在消化、转移过剩产能和增强新兴产业产能、弥补发展短板等方面困难较多；建设国际一流的骨干企业、支柱行业、产业集群、中心城市、城市群、经济带、发达的区域经济网络等还需要走较长的路程。

中西部地区已形成的各种形式的增长极，包括骨干企业、支柱行业、产业集群、中心城市、城市群、经济带、区域经济网络等，初级状态的多，成熟状态的少，多数增长极处于正在形成和成长的过程之中；传统式的多，现代化的少；低级形态的多，高级形态的少，如城市群中尚未形成分工协作发达、综合功能强大的组团式城市群；资源、劳动、资金密集型的多，知识主导型、高新技术产业主导型、技术密集型的少；相对而言，省域和地市域的增长极功能较明显，县域和省际的增长极功能较差；增长极带动区域经济转型升级的功能严重不足。

西部地区由于分工不发达、地域自然条件复杂、交通设施落后等，作为区域增长

① 史修松、刘琼：《大企业与中国经济》，第20页，经济科学出版社，2018年版。

极的大型企业之间、产业集群（包括经济技术开发区）之间、中心城市之间缺少较紧密的经济技术联系，孤立、封闭、分散的状态更为严重。大型企业之间、优势行业之间的关联网络不发达，企业之间、产业之间关联网络的性质、特点、紧密程度以及网络的密度等，不能适应增长极自身更快发展、增长极彼此之间紧密关联、联网辐射带动区域经济较快发展的需要，许多应当在近距离建立的经济技术联系却不得不到远距离寻求合作。西部地区现已形成的几个核心地带之间由于受崇山峻岭、大漠戈壁的阻隔，彼此的孤立性较强。尤其是关中地区与成渝地区，兰州地区与成渝、关中地区，成渝地区与南贵昆地区，还缺少大运量、高速度和多种形式的交通通道予以贯通，阻碍了这几个相对发达地区的经济技术联系和一体化发展。新疆、内蒙古、西藏、青海等省区的核心经济地带与关中、成渝、兰州、南贵昆等地的交通障碍则更加严重。西部增长极在与中、东部地区的增长极之间建立和发展经济技术联系中，由于受空间距离过大、交通障碍多等因素的制约，经济技术交往付出过高的成本，制约了西部增长极经济效益的提高和增长极的较快发展。

第二节　建设三大“造血型”增长极

骨干企业、产业集群、支柱行业是带动区域发展的三个主要的“造血型”增长极。建设这三大“造血型”增长极是建设完整、高效的区域增长极体系的首要重点。这三种类型的“造血”增长极在功能和结构上各有其特殊性，但又相互交叉、渗透，存在着紧密的联系。它们既相互联系又相互促进、相互补充，共同构成区域经济持续、稳定增长的引领和带动力量。

一、建设现代化的大型企业和企业集团

现代大型企业的增长极作用极为重要。要把培育和发展大型企业特别是发展大型跨国公司作为区域经济发展的重大战略目标，从体制、组织结构、技术、经营管理、人员素质、文化理念等方面采取措施，全面增强大企业和各类骨干企业的极化发展和辐射带动能力。

全国大企业经过长期发展，在国家和地区的不同区域范围内分别形成了经济实力、创新能力、国内外竞争力等方面的重要优势。但是在国家经济转型升级和扩大开放的新时期，国内外市场竞争日益激烈，还有相当数量的大企业不仅缺乏与国内外知名大

企业进行竞争的能力，而且面临着严峻的生存危机。仍然缺乏素质优良、具有创新优势和国际竞争优势的大型企业的辐射带动，是全国特别是西部地区经济发展的重大制约因素。

在转型发展和扩大开放的战略中，必须采取更有效的措施发展大型企业，使大企业获得持续和较快的发展。尤其要重视建设大型高科技型企业和企业集团，使骨干型大企业在国家和地区的新型工业化发展中发挥增长极“极核”“极基”的作用。西部各省、市、区，尤其要加大大企业发展的扶持力度，结合省情、市情、区情特点，按照现代先进企业模式的基本要求，制定和实施科学、可行的区域大企业振兴规划，从体制、技术、经营管理、企业文化等方面加强大企业建设，重点培育若干个自主创新能力强、拥有知名品牌、年销售收入迈入世界500强和全国500强的大型企业，使之成为地区和地区主导行业的强大支柱。

（一）深化企业改制改组

全国大型骨干企业多数是国有独资和国有控股企业，有不少的大企业尚未完成国有企业的改制、改组任务，改制改组进行得不规范、不深入的状况十分普遍。非公有制企业中也普遍存在体制、机制严重不合理的诸多问题，阻碍企业轻装挺进国内外市场和合理扩大规模。因此，必须以新的思路，深化企业体制机制的改革，使各类区域和重要行业的骨干企业率先形成体制和机制方面的优势。

（1）在继续巩固已改制企业改革成果的基础上，加快尚未改制企业和改制不规范、不深入企业的改制步伐，组建规范的公司制企业，全面实行产权清晰、权责明确、政企分开、管理科学的现代企业制度。解决好股权结构不合理问题，发展产权多元化和多元所有者混合持股的大企业，革除影响企业活力和经营效率的弊端，扶持、培育高质量上市公司，促进大型企业和企业集团较快成长。

（2）完善区域资本市场，帮助企业依靠技术优势和产品优势，通过资本运营、企业合并和兼并，快速而合理地扩大规模。优先支持各行业内技术含量高特别是高新技术型企业以超越常规的速度和方式发展成大型企业或实力强大的跨国公司，带动行业整体素质的提高和增长方式的转变，提高重要行业的集中度和竞争力。在国有企业的改制、改组中，通过多种途径扶持建设一批现代企业制度健全、创新能力强、发展快的股份制大型骨干企业。

（3）引导、扶持一批综合素质较强的非公有制企业，通过以股份制改造为主的途径，发展成为大型企业或企业集团。吸引、推动跨国公司在各类地区建立分支机构，发展成为区域的大型骨干企业，支持其发挥区域增长极的功能。

（4）企业集团化改组必须建立规范的母子公司体制，保证集团母公司发挥好业务主导功能、控股功能和资本的经营管理功能，增强资本运营能力，合理扩大集团规模，聚集和组合优势要素，使集团由一般化的生产经营组织转变为优势产品的研制和生产基地。

（5）政府在本地区范围内采取综合配套改革等措施，创造平等竞争的营商环境，促进企业在竞争中优胜劣汰，形成以少数大企业为主导力量、大中小企业合理匹配的企业群体结构，在市场竞争中锻造有强大竞争力的区域大型企业。

（二）制定和实施企业现代化发展战略

能够成长为区域增长极的大型骨干企业必然是综合创新能力和战略管理能力强、掌握先进科学技术、能够生产高加工度和高技术产品的现代化企业。建设这样的企业，应当从以下几方面促进传统式企业向信息化、知识化、现代化企业转变：

（1）在重点企业中进行建设现代化企业的试点，其中在重点制造业企业中应当进行建设先进制造系统的试点，结合企业实际，研究、试验和推行现代化企业模式。

（2）以快速变化的国内外市场为导向，以获取整体最佳经济和社会效益为基本目标，引导企业对其经营理念、制度、经营行为进行更加深入的改革和调整。大型企业要建立和健全实施企业战略管理的体制、机制和组织机构。战略管理的核心是把企业外部环境的变化和发展，主要是国内外经济社会环境、市场环境、竞争形势的变化和发展，转化成企业的创造性战略决策，把全社会产生的文明成果转化成先进、丰富的企业文化和企业管理方式，使企业的经营管理决策更富有创造性、远见性，使企业更快、更有效地对环境变化做出反应，成为先进技术、先进文化的高效聚集点和物质文明、精神文明的辐射源，在国内外企业中处于技术、产品、管理和文化的领先地位。

（3）建立和健全企业技术创新体系，增强企业不断生产先进技术成果和实现成果产业化的能力。技术创新体系是企业成为行业和区域增长极的源泉。企业要成为行业和区域的经济增长极，首先必须成为行业和区域的“技术创新极”。企业要善于打破发达国家的技术封锁，在借鉴、引进世界发达国家先进技术的基础上，经过进一步的技术创新，广泛吸收和改进本企业的先进、适用技术，开发研制比竞争对手更为先进的产品，使产品具有国际先进水平，力求填补国内产品空白，可替代进口。产品投放市场后能够发挥带动国内产业升级、促进产业结构调整和产品更新换代、带动相关产业的技术进步，带动关联产业发展等重要作用。在主导产品研制、开发、生产取得进展和获得成功的基础上，不失时机地延伸开发下一代产品和关联产品、派生产品，尽快形成国内领先、国际先进的技术群、产品群。

（4）加快企业国际化发展步伐，在“走出去”的实战道路上增强国际竞争力，形成更多的世界一流企业。作为行业或区域增长极的大型企业，必须走国际化发展道路，依靠国际竞争力提高极化发展水平。企业要借助“一带一路”这一重要的战略桥梁，通过整合地区和国内同行业的生产能力及科技、人才等稀缺资源，严格按照国际标准、国际惯例、国际市场的要求从事生产经营，形成规模优势和向国外扩张的实力。企业及其分支机构的分布范围要从当地、全国范围的分布走向全球范围的分布，将更多的作业进行跨地区、跨部门、跨国分布和实施。企业的市场竞争策略既可以首先扩大国内市场占有率、然后扩大国际市场占有率，也可以利用有利条件一步跨入国际市场并形成稳定的竞争能力。政府在政策上要支持、帮助企业按照在世界范围占领竞争制高点的要求，将制度创新、技术创新、人才争夺、品牌建设等融合为具有高度创造性的企业战略和企业经营行为，永无止境地向最高目标挺进。

（5）适应大型企业和现代市场的特点，实行集成管理思想和管理方法，对产品全生命周期—市场需求分析，以及研究开发、设计、制造、支持（包括质量、销售、采购、发送、服务），产品最后报废、环境处理等各阶段活动中有关的体制、机制、经营管理、技术、信息流、物流、价值流等，用全局观点（即系统观点）和企业与外部经济社会环境一体化的观点以及工业工程的方法进行集成处理，使企业管理达到有机集成，企业运行发展达到全局优化、总体效益最佳，尽快缩短与国内外最先进企业之间在创新能力、规模水平和综合竞争力等方面的差距。

（6）坚持以人为本的企业改制、管理、经营理念，建设赢得人心、深入人心和与消费者心心相通的高文明企业。在资源开发利用上，从以技术为中心向以人为中心转变，使技术的发展更加符合人类社会发展的需要。提高全体职员的技术、管理和协作素质，提倡员工之间高度的信任和协作精神；从多层次的金字塔结构向扁平式的网络结构转变，减少管理层次和中间环节，克服组织臃肿等弊端，建立管理者与被管理者、企业与消费者的平等、和谐关系。

（7）制造业企业要根据企业的具体情况，恰当选择并逐步实行柔性化、网络化、智能化制造等先进制造模式，开发先进制造系统，实现传统企业向现代先进企业转变。注重开发利用知识资源、信息资源尤其是人才资源，把知识资源、信息资源、人才资源转化为更为高级、更为快捷的物质产品制造。如柔性制造模式（AMS）就是利用数控设备进行加工，注重较大规模地开发利用信息资源，即用可编程、多功能的数字控制设备取代刚性自动化设备，用易编程、易修改、易扩展、易更换的软件控制代替刚性联结的工序过程，使刚性生产线实现柔性化，快速灵活地响应市场需求，多快好省地完成多品种、中小批量的生产任务。适应生产的柔性化改造，企业的管理以及人员、体制、设计、组织和市场经营都要向柔性化转变，企业内部的各个部分、环节都能够通过快速重组来捕捉不可预见的机会，随时调整自身以求快速适应市场和用户的各种变化。广泛吸收和借鉴敏捷制造模式、智能制造模式、绿色制造模式、生物制造模式、网络化制造、可重构制造等新的制造模式的特长，尤其是要加快占据智能化制造的制高点，在机器人等领域提高国际竞争力，逐步形成企业独创的先进制造观念与先进制造模式。

（8）坚定不移实施名牌战略。企业竞争力普遍薄弱、企业式增长极功能发挥不足的重要原因之一，是名牌产品和驰名商标的培育、发展过于滞后。应当长期坚持把名牌战略作为企业现代化建设战略的重要组成部分，把名牌产品作为企业式增长极的"极核"，集中培育、扶持重点企业、骨干企业、大型企业的名牌产品和驰名商标。创建名牌产品和驰名商标应当以加强技术升级、实行先进制造模式和创新市场营销为重点，增强企业角逐国内外市场的品牌竞争能力，扩大企业的知名度和品牌影响力。产品质量及其品牌影响力是企业综合素质高低的主要体现。要按照实行先进企业模式、建设现代化企业的思路，深化企业改革，推进企业全面创新，加强企业文化建设，善于将先进的科学技术、以人为本的制造观念和现代社会多方面的文明成就物化在产品和服务之中，以传播文明为产品营销的首要宗旨，牢固树立服务于客户、造福人类、崇尚文明的普世价值观。技术含量高低以及技术的档次是提高产品质量、形成品牌影响力的核心因素，必须依靠高技术优势创建知名品牌，加强企业的技术改造，提高技术创新能力。要以高度的柔性和灵敏的反应快速响应市场变化，不断创新和丰富营销理念，提高市场营销能力。整合各类营销资源，合理发展代理商业务，增强营销网络的活力和运行效率。突出市场开发的重点，加大对重点行业和重点地区的市场开发力度，普及和不断改进智能化生产、管理、营销技术和电子商务技术，提高对市场变化的快速反应能力，不断扩大品牌的影响力和市场占有率。支持、鼓励有条件的企业加快建立海外营销网络，在主要销售地设立分支机构，提高产品的国际竞争力。各省市区应当培育一批中国名牌，创出具有区域特色的中国驰名商标。对每年度评选的国家级优秀新产品、新技术和获得中国名牌、省市区名牌产品称号的企业，政府给予奖励和进一步的支持政策，促其向国际品牌升级。没有名牌产品的企业要努力争创名牌，或主动挂靠名牌企业，以恰当方式加入拥有名牌产品的企业集团中实现自身发展。拥有名牌产品的企业要通过资本运营、兼并重组和扩大企业集团的松散层，组织不同企业间的稳定型协作联合，扩大优质、名牌产品的生产规模，增强品牌优势，提高市场占有率。鼓励"引强入省、入市"活动，利用引进的外部优秀企业来重组本地的重点企业。企业要跳出传统式的独立奋斗、自我循环的圈子，融入全国一体化、经济全球化的浪潮中，主动寻求联合、协作、依托条件，设法进入国内外大企业大集团的分销系统，从贴牌生产销售逐步过渡到创立自主品牌，借机、借势发展自己。鼓励有出口能力的企业通过资产重组等途径率先发展壮大，拓展海外销售网络，扩大国际市场份额和产品的国际知名度，为培育国际名牌积极创造条件。

（三）坚定实施大企业、大集团战略

我国实施大企业、大集团战略已经取得初步成效，今后应当继续实施这一战略，不断创新大企业、大集团战略的内涵、目标和实施方式。提高集团化的战略经营能力，是企业抵御市场风险的必由之路，也是大企业发挥增长极功能的基本途径。

应当通过以下主要途径推动大企业、大集团战略取得新的成就：

（1）增加大型企业的数量。国家和地区经济长期落后的重要原因之一，就是大企业的极化效应没有得到应有的发挥，尤其是由于缺乏实力强大的跨国公司这样的企业式增长极，使区域经济实力的增长、产业结构的升级和自主创新能力的提高受到极大的限制。因此，大型企业在国家和地区经济总量和经济增长中必须长期占有优势地位，全国和各地区都要争取形成更多的世界500强、全国500强、行业100强等各类大企业。各省市区在区域企业类型的构成上不应当超越具体的时空条件盲目攀比、模仿国外或发达地区大中小企业之间的所谓合理比例关系，而应当立足基本的区情条件和经济发展具体阶段的特殊条件，顺应市场竞争选择企业的规律，追求极化效应与相对均衡发展相结合的协调效益目标。在一些省区市和具体的发展时期，大企业在区域经济总量中占有显著的甚至绝对的优势地位是必然的或必要的，因而也是基本合理的。这种情况可能要持续一定的时期，才能为中小型企业普遍、快速成长奠定基础，并逐步实现与世界多数国家大体相似的大中小企业间的比例情况。尤其是西部省市区今后应当进一步加强大企业建设，继续培育一批主业突出、创新能力和市场竞争力更强的大型企业和企业集团，使这些企业在行业和产业集群中发挥骨干作用。各级政府要在大型骨干企业中择优支持像华为这样的成长性最强的企业，使之向大型跨国公司发展。策划和实施一批对区域发展有重大战略意义的大型建设项目，陆续新建一批大型企业，或通过项目建设扩大原有企业的规模。鼓励、支持企业之间的联合、并购，使中小型企业通过联合、并购发展成大型企业。继续发挥以国有资本经营为纽带的企业重组优势，像能源、海运、钢铁等领域将规模不足的若干企业合并成更大企业的做法那样，快速组建参与国际竞争的大型企业。积极引进区外和国外的大企业，特别要重视吸引跨国公司在本地区进行项目投资，建立分支机构。鼓励、支持本地企业与国内外实力强大的企业、单位发展联合、协作关系，参与跨国的企业兼并、参股、投资活动，通过"双赢"的道路加快规模扩张和实力增长，培育越来越多的国内一流、世界一流大企业。

（2）加强核心产业的竞争力。集团母公司必须不失时机地吸收、借鉴、创新先进的经营管理模式，制定集团的发展战略和生产经营规划，实施重大建设项目，使集团主业获得快速的甚至超常规的发展。母公司应当根据市场竞争的需要，对集团内部可

控制的资源及时进行战略重组，开展必要的并购活动，整合内部机构，剥离发展前景暗淡或成本过高的业务，出售这些业务方面的股份，甚至解散某些子公司或分公司；把发展的战略重点聚焦到核心业务增长上来，相应地并购其他企业，达到降低成本、减少负债、增强核心领域竞争力、提高整体经营水平的目的。集团母公司要有效整合各成员企业的市场营销网络资源，加强整个集团的统一经营管理。建立起集团统一的营销体系，以大供应商或成套供应商的形象立足于国内外市场，提高集团营销网络的覆盖面，加强产品销售力量，降低营销成本，提高产品的市场占有率。

（3）发挥企业集团组织结构社会化的特点和更适于采用复杂的集成技术、实行更为严格的标准化管理等优势。一方面，深化集团内部分工，发展成套和配套产品，形成较长的产品链条优势；另一方面，把分工扩大到企业之外，在全社会乃至全球范围内建立分工协作、各生产环节保持高度一致性的生产体系，在大型、成套产品和链条化产品系列生产方面增强竞争优势。要建设 5 个基本圈层的协作配套网络：集团内部成员企业之间的协作配套；产业集群内部的协作配套；省域或相当于省域范围的区域内协作配套；全国范围的协作配套；全球范围的协作配套。其中重点是加强集团内部成员企业之间的协作配套关系，形成强有力的核心性协作配套网络，提高协作配套水平。

（4）稳步实行多元化经营战略，增强集团的技术和经济实力，降低战略风险。大企业、大集团要重视开发和生产具有战略意义的新产品，形成战略性的新业务领域。在重要的机遇条件下，应积极向更能实现资本增值的新业务领域转产。如一些省、市、区的能源、原材料行业的骨干企业和企业集团有相对的资金优势和规模优势，可以通过主导业务或非主导业务的战略转移，发展成为装备制造业等高加工度产业或高技术产业的“新星”。鼓励传统产业的大企业进行投资战略的研究，时刻准备向更能实现资本增值的新领域投资，形成新的增长点。要在国内外各种各样的市场需求和市场供给动态中寻找本企业能够参与的产业发展重点，特别是国家有关部门明确指出的产业发展重点。在各类产业发展重点中，寻找国内不能生产但市场前景却非常好的产品空白，瞄准这种空白，确定战略性的建设项目，实现由原行业向新行业延伸、渗透的战略性扩张。与国内外有实力的科研开发机构建立联合、协作关系或合资、合作企业，将自身的资金优势与科研开发机构的技术优势紧密地结合起来，在确保主业主导地位的前提下，依靠合作优势进入新行业，形成新的利润增长点，扩展企业的发展空间。要发挥好国家和省市国资委的重要作用，用买卖国有资产的方式促进大型国有企业向新领域投资。

（5）充分发挥大企业培养高级管理人才的功能。大企业要具有稳定而强大的生命力和发展能力，其关键性的条件之一，就是要形成一支高素质的、富有创造性的企业家梯队，由这样的梯队来保证企业的战略决策长时期不发生重大失误。某一位高层决策者离任或不称职，企业的其他高层人员或中下层管理者中能够及时产生出称职的甚至更优秀的人选。每一位最高层决策者在发挥其个人的突出才能的同时，还能够获得其他高层人员和大量中下层管理者群体的杰出智慧辅助，这样才能使企业长期保持决策智慧的优势。要做到这一点，关键措施就是发挥好大企业培养企业管理人才，尤其是培养杰出企业家的功能。优秀的企业在管理方面往往是人才济济，但要尽可能多地培养懂战略的管理人才，不仅使高层管理者懂得战略，中下层管理者也要尽可能多地懂得战略管理，每个管理者都能够从战略的高度理解和完成自己的任务，企业整体素质才能有实质性提高。一般来说，大企业的国际化素质更高，因而要把培养战略型管理者作为企业的一项重要业务甚至重大事业，使企业成为培养懂战略管理的高级人才的学校，成功地培养并保持一支懂战略管理的高层和中下层管理队伍。经过大企业的管理实践锻炼、懂得战略管理的高层和中下层管理者，一般具有管理决策的视野开阔、善于管理分布在国内外大范围的企业生产经营活动、善于将复杂业务进行集成管理、能够参与重大战略决策等优点，具有成长为杰出企业家的更多有利条件。这样的企业家队伍是企业、行业和地区发展的巨大而宝贵的财富。我国西部地区由于缺乏企业管理人才资源，特别是缺乏善于创业、长于进行战略决策的企业家人才资源，使许多大型企业的生死兴衰往往系于某一个企业领导者的个人素质，甚至系于企业领导者的某一项重要决策。因用人不当或决策失误，使不少大企业迅速地由胜转衰甚至破产倒闭，这样的教训非常深刻。因此，要充分发挥大企业的企业家学校的功能，在大企业的实战实践中培养越来越多的杰出企业家并由他们创办更多的优秀企业。政府在政策上要鼓励、支持企业特别是大型企业培养并保持良好的企业管理人才梯队，使区域内的企业管理人才资源越来越雄厚；鼓励、支持大企业的管理人员自主创业，创办、领办新的企业，创造多种途径，把大企业的企业家财富转化成区域企业数量的增长和质量的提高。

二、建设新型的支柱行业

主导行业和支柱行业是区域经济增长和区域产业结构升级的中坚力量，是区域的行业式增长极。在工业化中后期阶段，区域的行业式增长极主要集中在工业和部分服务业领域。能够在国家和地区发挥行业式增长极功能的产业主要有：能源和重化工业；装备制造业；规模巨大的高技术产业；新兴服务业。

（一）行业式增长极的选择方向

在全国处于工业化初期和中期的很长时期，国家和多数省市区的主导行业、支柱行业曾先后为轻纺、能源、原材料、重型制造、建筑、家电等产业。进入工业化后期阶段的东部沿海地区，主导行业、支柱行业逐步由先进制造业和金融、商贸物流、旅游等新兴服务业取代了传统产业，技术密集、带动作用强、加工度和产业关联度高、对长远发展意义重大的行业由少到多，规模逐步扩大。而处于工业化中期阶段的中西部地区，行业式增长极仍以资源开发型行业为主，技术密集的加工业和旅游等服务业发展仍较缓慢。能源、矿产等资源开发型产业加工链条短，资源综合利用程度低，虽然在区域经济发展中也能够发挥增长极的作用，但增长极的功能不健全或不够强大，缺乏市场竞争力。从长期和全局发展的需要来看，过分或主要依靠资源开发行业作为增长极有明显的局限性。西部一些省区长期以资源开发型产业为主要增长极，使区域整体发展的速度和质量受到了极大制约。

在全国整体基本进入工业化中后期并出现信息化与工业化融合发展特征的时期，国家整体的行业式增长极的选择应当适应转型发展时期产业结构变化的复杂情况，兼顾我国工业化、信息化不同阶段并存和地区发展差距较大的特殊条件，以先进制造业为主导，包括用高新技术改造的部分能源、原材料产业和信息、金融、商贸物流、旅游等新兴服务业的多行业群体为行业式增长极。这样的行业群体有利于发挥技术先进、经济规模巨大、发展前景广阔、前后向带动作用广泛而强大的极化发展功能。根据以上方向，国家的行业式增长极应当包括以下主要行业或产业群：

（1）能源工业。我国尚未完成工业化的历史任务，人民群众生活水平还不高，能源需求量大，能源工业将长期保持增长并在增长过程中实现能源结构合理演化。从“十三五”期间全国 GDP 的行业构成数据来看，包括电力、煤炭、石油天然气、新能源等能源工业主营业务收入约占工业主营业务收入的 15.6%，能源工业增加值约占全国 GDP 的 5%，能源工业无疑是带动国民经济持续增长和科学技术创新的重要增长极。

（2）原材料工业。与能源工业相类似，包括黑色和有色金属冶炼、石油天然气化工、煤化工、无机化工等在内的原材料工业，以及新材料等，也是需求量大、长期保持增长并在增长过程中实现结构升级的支柱产业。其主营业务收入约占工业主营业务收入的 25% 以上，增加值约占全国 GDP 的 8.5%。如果将矿产开采业等原料产业包括进来，原材料产业的以上比例可分别达到 26% 和 9%。

（3）先进制造业。包括金属加工业、通用和专用设备制造业、汽车等运输设备制造业、电子设备制造业、人工智能产品制造业等在内的先进制造业，是增长速度和技术进步快、规模巨大、前后向带动力强的主导性产业群。其主营业务收入约占工业主营业务收入的33%，增加值约占全国GDP的11%，是辐射带动众多行业和整个国民经济发展、升级的最主要的增长极。

（4）建筑业。建筑业与能源、原材料产业相类似，是传统的支柱产业。如果将房地产业的部分行业并入建筑业，则建筑业占全国GDP的比重约为10%。由于我国所处的特殊发展阶段，以及建筑业在经济建设、人民生活、产能输出等方面的重要作用，在未来的二三十年中，这一产业依然具有稳定增长的需求拉动力和发展潜力。

（5）新兴服务业。在国民经济总量中，商贸物流和信息服务业约占13%左右，金融业约占8%，旅游业约占11%。这些产业不仅规模大，而且增长速度和结构升级快，是带动整体经济转型升级的重要支柱。

以上六大类产业群可以看作是国家在为未来时期的主要行业式增长极。各地区可根据本地区的实际，按照技术先进、规模巨大、发展前景广阔、前后向带动作用广泛而强大的基本功能要求，选择资源有保证、基础坚实、增长较快且增长的持续性较强的产业作为本地区的行业式增长极。如西北地区可选择的行业式增长极主要有：石油、天然气、煤炭等传统能源产业，矿产及冶金、石化、煤化等原材料产业，机械、电子工业，新能源、新材料、先进装备制造等高新技术产业，特色农牧业及其加工业，旅游业；西南地区可选择的行业式增长极主要有：煤炭、电力、天然气等能源工业，多种矿产及钢铁、有色金属、磷硫化学等原材料产业，机械、电子等高新技术产业，热带亚热带农业及食品业，旅游业。

（二）行业式增长极的建设途径

建设行业式增长极，也就是建设技术进步和经济增长快、辐射带动能力强的优势行业，以竞争—协作关系为主要纽带，将行业内各类企业组织成为“造血”功能最大化的系统整体，在众多行业的发展中发挥支柱性、主导性、牵引性、上下游强关联性的作用。建设行业式增长极的主要途径包括：

1. 建设现代化的产业基地

对资源状赖性较强的能源、原材料工业，制定产业规划、促进产业发展必须与优势资源条件和优越的地域条件紧密结合，将产业发展的重大建设项目集中落实到具体的地域条件上，建设现代化的创业基地。资源不足的能源、原材料工业，要开拓国外资源供应基地和资源进口渠道，建设畅通的资源输入通道。例如，为了保证国家的能源安全和国民经济发展、人民生活水平提高对能源的需求，必须建设先进而强大的能源工业体系。而要将能源工业建设成为国家和地区的重要增长极，主要的途径之一就是建设稳固的能源基地和能源通道。国家在这方面进行了几十年的努力，取得了巨大的成功。西部和华北、东北地区是我国的能源资源富集地区，其中，内蒙古、陕西、宁夏、新疆、青海、甘肃、四川、贵州、云南、山西等省区的煤炭、石油、天然气、水力、风力、太阳能等资源具有很强的优势，这些地区的能源矿产业、电力工业，以及国外能源的输入通道等，是国民经济健康发展的重要基础。如国家在西部地区重点建设能源基地和能源通道包括：

（1）西北能源基地。西北地区拥有丰富的煤炭、石油、天然气、水能资源，是国家“西气东输”的最大源头和陆地石油战略的主要接替区。重点建设的能源基地包括：以塔里木、准噶尔、吐哈盆地、柴达木盆地为主的油气勘探、开采基地，以神东、靖边、宁东、轮南等为主的煤炭、天然气开采基地，以黄河上游河段为轴线的水力发电基地，以府谷、大坝、石嘴山等为主的火电基地；以兰州为核心的甘肃石化基地；以乌鲁木齐、克拉玛依、独山子、库尔勒、泽普、哈密为主的新疆石化基地；青海石化基地；宁夏石化基地；陕西石化基地；内蒙古风能、太阳能发电基地；新疆风能、太阳能发电基地；宁夏太阳能、风能发电基地；甘肃风能、太阳能、核能基地。

（2）西南能源基地。西南地区传统能源产业的主要优势在水电，其次为天然气和煤炭。西南地区重点建设的能源基地主要有：“三江”（金沙江、雅砻江、大渡河）水电产业集群区；四川盆地天然气主产区；北部湾石油与天然气基地；六盘水煤炭火电基地；攀枝花煤炭基地；四川攀西太阳能基地；西藏太阳能发电基地。

（3）西北和西南的能源通道。西北地区主要的能源通道是由中亚和俄罗斯输入油气资源的西气东输通道。正在建设的中巴经济走廊将形成一条新的能源通道，即由波斯湾经瓜达尔港进入新疆喀什的油气通道。由缅甸的皎漂港经我国云南瑞丽入境的油气通道已开通，是目前西南地区唯一的一条能源输入通道。此外，我国西北和西南地区还有多条西电东输的电力输送通道。

除过对资源产地依赖性较大的能源、原材料行业外，对配套条件依赖性较强的高加工度、高技术行业和轻纺、食品、家电等行业等，也需要建设区域集中度高、综合配套条件优越的产业基地。

2. 强化技术创新的驱动作用

对科学技术依赖性强的先进制造业和新兴服务业，必须集中优势的资金、技术、人才资源，突破技术研发难关，形成强大的技术动力和技术竞争优势，占领市场竞争的制高点。在国内研发能力一时难以获得成功的情况下，要不惜花费巨额代价引进或与国外机构合作研发关键性、核心性成果。我国在改革开放的几十年中通过自主研发和自主研发与引进相结合的途径，在航天、高铁、家电、计算机、核电、大型客机、大型运输机、无人机、航空母舰、高档数控机床、通信、人工智能、生物工程等行业领域获得了快速的技术进步和一系列重大的技术突破，使相应的行业获得了快速的、跨越式的发展。这些行业的发展又为进一步提高自主研发能力和扩大技术引进、技术合作提供了越来越雄厚的资金和人才等方面的支持，初步形成了技术进步、重大技术突破与产业发展之间相互促进、相互转化的良性循环。这方面较为成功的经验和发展模式之一，就是在产业基地组建科创中心，以科创中心为创新驱动力的主要源泉，聚集创新资源，产生越来越强的技术研发和技术引进、消化能力，使支柱性、主导性的技术密集行业获得源源不断的科技推动力，并对其他行业发挥日益强大的辐射带动作用。

强化技术创新的驱动作用地域传统支柱产业来说，就是要用先进技术改造传统产业，加快传统产业的结构和技术升级。全国各地不同程度地都存在一批传统式的支柱产业。中西部多数省市区的产业结构长期以来具有偏重型的缺陷，而且重型工业产能过剩情况较为严重。从我国的重要国情特点、基本的资源状况和未来发展趋势来看，今后国内外经济发展特别是我国经济持续稳定发展对资源产品的需求仍将稳定增长，在相当长的时期内，矿产、能源、原材料、交通、建筑等产业的支柱地位还难以为其他产业所取代，一批传统产业仍然是国家和地区的重要行业式增长极。因此，在转型发展过程中，一方面要加快产业结构的演进和升级步伐，注重选择加工度高、技术进步快、创新驱动效应强、增长潜力巨大的产业为行业式增长极；另一方面要加快用先进技术改造传统的支柱产业，保持在矿产、能源、原材料等产业领域的优势分工地位。西部地区尤其要注重传统产业的技术改造，要重视选择一批技术先进而密集、加工度高、增长速度快、发展潜力巨大的新兴产业“植入”传统产业的内部，或者促进传统产业内部分化形成技术先进的分支行业，带动传统产业实现脱胎换骨的改造和升级。

3. 增强行业的发展活力

以竞争—合作关系为主要纽带，优化行业内部组织结构，不断增强行业的发展活力。实行促进行业健康发展的政策，政策的内容和功能包括相反相成的两个方面：一方面是通过改善营商环境，促进行业内部各类企业之间的公平而充分的竞争，使企业在竞争中优胜劣汰，使一批又一批有活力的企业得以发展壮大，缺乏生命力的企业得以淘汰出局。另一方面是促进企业之间的广泛合作，促进行业内部产业链、供应链的发育、延伸、健全，使创新性企业的创新成果通过产业链和技术协作、技术转让、人员流动等途径尽快扩散到更多的企业，提高行业整体的创新实力和竞争能力。

（三）促进行业式增长极的演变和升级

作为国家和地区的行业式增长极，只有由传统产业群转变为以高加工度、高技术和高度信息化行业为主的产业群，才能更好地发挥行业式增长极的功能。因此，国家和各地区的主导产业、支柱产业应当在一定的转型期中完成由传统的劳动密集、资金密集产业升级为技术密集产业、高技术产业，即主导产业、支柱产业和主要的特色优势产业基本上由先进装备制造业、电子信息产业、新材料产业、新能源产业和信息服务、金融业等高知识密度的产业构成。行业式增长极实现这一演变、升级的基本途径大致如下：

1. 由以传统产业为主转变为以高新技术产业为主

由传统行业转变为高技术行业，主要依靠传统行业内大型骨干企业和企业集团发挥"技术创新极"和行业内经济增长极的功能，在大企业或大集团内部率先产生高技术产品，培育发展高技术成员企业，最终实现大企业或大集团整体的高技术化发展。政策上要鼓励、支持有一定经济实力的资源型企业、低加工度企业，向技术密集或高技术行业扩大投资。少数在高技术方面有能力实现快速发展甚至超常规发展的大型骨干企业和企业集团，通过经济的、技术的途径带动行业内外的其他企业，特别是带动大批中小型企业陆续实现高技术化转化。

发扬光大在航天、核电、大飞机、大型舰船、芯片、机器人等领域的开拓创新经验，通过开发战略性的新技术和新产品，组建更多的高技术企业和行业，占领新的行业领域和新的市场，形成行业式增长极的新优势，改变在战略性的技术和行业上"受制于人"的被动局面。

提高吸引外部投资的门槛。改变主要依靠廉价的土地、劳动力和优惠的财政税收政策吸引外部投资的方式，加强知识创新基础条件建设和工业配套、结构升级条件建设，主要依靠高科技、高知识的软资源，依靠高素质劳动力和高度结构的产业配套条件，吸引高技术项目投资，发展壮大高技术产业。

2. 由以工业行业为主转变为以新兴服务业为主

行业式增长极在基本实现由以传统工业为主转化为以高新技术产业为主的发展目标的同时，必须不失时机地促进行业式增长极由以工业行业为主转化为以服务业为主，积极培育新兴服务业增长极，包括研究与开发、信息服务、金融等，加快行业式增长极的轻型化和区域产业结构轻型化。

3. 由以劳动密集、资金密集产业为主转变为以知识密集产业为主

在省域、地市域的行业式增长极的内部，应当积极培育、发展"极中之极"，即培育以知识密集为主要特征的行业"极核"，并不断扩大这种知识型极核的试验、示范、辐射、带动功能，率先加快行业式增长极自身的知识化转化。以旅游业、传统服务业为行业式增长极的地区，应当通过行业信息化建设、人员的知识化培训和服务方式的知识化、文明化转变，尤其是加快人工智能技术的推广，由传统的劳动密集行业转化为知识要素越来越密集的行业。其他行业式增长极，尤其是工业的各类行业式增长极，如矿产、传统能源、原材料、一般机械制造等行业，主要应当通过提高自主创新能力和技术引进、技术贸易等途径，实现由劳动和资金密集行业向技术密集行业转化，由

一般的技术密集行业向高度智能化的行业转变。作为区域增长极的所有行业，都应当选择最便捷、有效的途径，加强行业的知识创新能力建设，要比其他非在职行业更快、更有效地形成以知识创新为核心的竞争优势和快速增长特点。

三、加快产业集群的升级发展

产业集群是带动区域经济和行业经济发展的“块状”增长极，是加快区域经济发展的有效地域空间组织形式。为了促进国家和地区经济更快发展，必须把建设产业集群、促进集群升级作为重大战略措施，发挥产业集群的集聚效益和辐射带动作用。

（一）城市产业集群及其建设途径

1. 创造产业集群形成发展的优越条件

产业集群形成的条件是多种多样的，创造一定的条件以促进产业集群的形成和发展，其途径也是多种多样的。其中主要的思路和途径有以下几方面：

（1）政府要尊重和利用市场规律，积极参与产业集群的形成、发展并给予大力支持。产业集群的形成和发展不是纯粹的市场行为，而是政府宏观干预与市场行为共同作用的经济发展过程。因此，政府既不能置身事外，也不能干预过多。政府对产业集群的支持，一般应是间接参与，应起的作用包括：提供公平、公正、透明的管理服务，维护企业间的平等竞争，对进入集群区的企业，不论所有制形式、规模大小、素质高低，都应平等对待；鼓励产业集群内外企业的合作，促进合作关系走向网络化；提供更好的公共设施、公共服务，促进知识、技术、经验在产业集群内扩散，为产业集群的升级创造优越的软、硬环境条件；积极进行招商引资，做好对外宣传和信息的收集、发布工作，吸引外部投资进入集群区；科学评估各类产业集群的发展状况，对缺乏发展前景、生命力薄弱、发展效果过差的产业集群进行政策、体制、管理方面的调整和改造。

（2）选择优越的地理位置。根据国家和地区主体功能区规划的要求，研究、制定产业集群布局和发展的中长期规划，排除旧的生产力布局和旧的设施、不合理的建设项目以及行政区界限等对产业集群发展造成的障碍，为各类产业集群的发展、升级拓展地域空间，选择和确定最优越的地理位置。重视发挥区位在劳动指向、资源指向、市场指向、交通指向等方面的特殊优势，根据不同的地理位置支持发展不同类型的产业集群。例如，在劳动资源密集、劳动力成本低廉的地区，支持发展劳动密集型产业集群；在自然资源丰富的地区，发展资源型产业集群；在人才、信息、技术密集的中心城市地区，发展技术密集的产业集群。

（3）注重提高制度环境和营商环境质量。推进全面制度创新，深化体制改革，营造有利的制度环境特别是法制环境，有效改变市场化进程缓慢、市场作用不到位、开放程度不足等弊端，消除妨碍创新的制度因素，排除企业内部和社会环境方面的体制障碍。完善市场规则，规范竞争行为，改变政府保护企业免于竞争、扭曲竞争、妨碍平等竞争、追求垄断的干预行为，提倡鼓励竞争的合理干预行为，使市场机制充分发挥作用，让企业主动推动产业集群的升级和发展。

（4）实行健全的经济、社会政策。制定透明化的专门适应特殊行业、特殊集群的政策和制度。保持宏观经济和社会的稳定。改变因硬、软环境不良造成集群区内企业效率低下的状况。制定包括产业集群规划在内的经济发展战略规划。

（5）完善基础设施条件。基础设施是产业聚集的载体，基础设施的发达程度，决定着产业集群聚集资源的广度和深度。基础设施建设相对滞后的地区，必须加大基础设施建设力度，改善城市环境状况，提高城市设施和交通运输、通信等综合服务能力。

（6）发挥某些特殊优越条件的吸引作用和连带发展作用。当地的良好基础条件如已有的企业、重要的产业联系、传统的产品、优越的地理位置、城镇的辐射作用、知识的溢出效应等，往往是产业集群形成、发展的“种子”，应创造进一步的条件，促进产业集群的“种子”发育成规模较大和功能健全的产业集群。

（7）发展各类教育和各种形式的培训，提高区域人力资源质量；有效发展科技研究开发事业，依托研究型大学或实力强大的科研机构，建设高质量的研发中心、科创中心、重点实验室等科技辐射中心，促进高新技术型产业集群较快形成和发展。

（8）通过吸引外资促进产业集群发展。通过海外招商、设立自由贸易试验区、建设工业园区和高新技术开发区等措施，吸引越来越多的国外、境外企业进入城市或郊区的地理优越地区，带动产业集群的形成和发展。

2. 促进各种类型的产业集群较快形成

（1）促进同类型企业的集群分布。同类型企业包括同行业企业、相同规模的企业和具有某些相同特点的企业等。在一些大型企业在行业中发挥着绝对性主导作用地区，应首先促进以大型企业为龙头、大中小企业相配套的同行业企业实现集群分布，带动形成产业集群。政府应在政策、体制、管理上促进中小企业依附、配合大企业进行专业化生产，或为大企业提供零部件，或专门从事某种工艺加工，扩大中小企业的发展空间。引导大企业改变不计成本地进行规模扩张的发展模式，突出发展最能发挥优势的主业和价值链条中的战略性环节，把非关键性的环节如某些零部件的生产交给专业性的中小企业去生产和经营，形成以大企业所在地区为核心、大中小企业广泛协作的网络型集群区。在没有大型工业企业的地区，应通过发展各类产业园区等方式，因地制宜地支持中小型工业企业、服务企业等实现集群分布，逐步提高集聚效益，以效益吸引更多的企业进入集群区。

（2）促进不同类型企业发展产业配套关系，由相对单一型产业集群向综合型产业集群过渡。产业集群形成的初期，往往以单一类型的企业集群分布为主，如内蒙古、陕北、宁夏的煤炭业，克拉玛依、玉门、长庆的石油天然气业，甘肃省金昌市的镍加工业、白银的铜加工业，云南个旧的锡加工业，四川攀枝花的钒钛加工业，旅游资源富集地的旅游业等。但这种产业集群有较大的局限性，进一步的发展会遇到市场单一、狭窄，分工协作不发达，远距离寻求配套和协作伙伴成本过高，以及资源枯竭带来的集群衰落等。因此，在已形成的单一型产业集群的基础上，应当促进这种集群及时向综合型产业集群过渡。生产原材料的城市产业集群和农产品初级加工的产业集群，应以已形成的企业集聚区为基础，侧重于发展产业的纵向联系，形成上下游环节密切配套并逐步向下游延伸产业链的产业集群区；各类产业集群还应进一步发展横向产业关联，形成若干个行业密切配套的产业集群区，开发、引进多行业共用的或者互补性的技术。通过进一步改善基础设施、开辟城市新区、建设城镇密集带等措施，促进许多相关行业的生产企业以及生产企业与商业、金融、物流、中介等服务企业实现更大规模的集群分布。

（3）促进特色企业的集群分布。促进开发利用特殊资源和具有特色优势的企业改变分散状态，走向集群分布。如旅游业集群，应当依赖景观景点的吸引力，形成旅游服务、商业、餐饮、旅馆、房地产、交通运输、旅游用品等多行业配套、集聚的布局特点，并根据旅游者需求的种类增加和需求数量扩大，相应地扩大多行业配套、集聚的种类和规模。各个城市的“服装城”“小吃一条街”“文化用品一条街”“科技一条街”等微型产业集群，应进一步吸引更多同行企业加入，培植一批具有更强特色优势的核心企业，向产业关联紧密化的新型集群区发展。

3. 促进产业集群的完善和升级

产业集群的完善和升级也就是产业集群的深度化发展和广度化发展。深化发展是指集群内行业、企业之间关联关系在深度分工基础上的更加紧密、更加发达的关联，广化发展是指集群产业关联关系在产业种类和地域范围上的扩大。经济的发达程度没有止境，产业集群的深度化和广度化升级、发展也没有止境。产业集群的深度化、广度化和完善、升级式发展，是产业结构走向合理化、高度化的重要推动力和重要标志。我国各地在“十二五”“十三五”期间，经济技术开发区、产业园区、企业集聚区等各类产业集群正经历着由以前的注重广度发展的模式向注重深度发展的模式转变的过程，成功走完这一段路程，要求企业实现脱胎换骨的体制革新和技术升级。只有在企业普遍采用先进技术、快捷适应市场、广泛开展经济技术协作的基础上，建立完整的产业链，发挥骨干、龙头企业的支撑和带动作用，才能由传统、落后的产业集群升级为先进、高效的产业集群。

(1) 填补产业集群的缺陷环节，特别是衔接产业链的缺损之处，促进产业集群整体结构和功能的完善。延伸产业链，增强产业集群的链条型竞争优势。如石油化工行业的产业链应当向乙烯、聚丙烯等原材料的深加工方向延伸，铜、铝、铅锌、镍、锡、钒钛、稀土和钢铁、铁合金、碳素等有色金属、黑色金属的产业链，应当向初中级加工、深加工和新材料甚至精细化工等方向延伸。

(2) 促进产业集群向多行业的复合型组织过渡。产业集群越是成熟，就越是包含着许多相关的产业。相关行业越多，产业集群的配套性就越强，对远距离配套产品、配套企业的依赖性就越弱。在大中型城市和城市群地区，应当注重发展大规模、综合性的产业集群，提高这些城市或城市群范围内各产业之间的配套水平，增强就地、就近提供专业化的产品、人才、劳动力、信息、服务等要素的能力，较快实现产业集群的扩张和升级。

(3) 强化以技术创新为主导的产业链纽带，发展产、学、研、官的联合与协作。在同一城市内和各产业集群内，充分利用企业、机构彼此邻近、经常进行面对面接触，能够迅速地了解到最新的客户需求，最快地感受到客户和其他方面提出的或可能提出的创新需求等有利条件，通过实行有关政策和发挥中介机构的作用等，促进企业、机构及时学习、掌握新的科技成果和管理、营销方面的创新成就，更快地提高素质和竞争力。

(4) 提高集群内信息流通速度，降低企业获取信息的成本。依托集群内企业和其他机构彼此临近、产业关联度强、信息流通便利等有利条件，进一步加强信息设施建设，完善信息服务手段，形成信息密集、信息流通速度快、提供满足买方需求的信息的手段健全等优势，使获取廉价、高效能信息成为企业进入集群区的重要推动力。

(5) 调整产业集群的内部结构，以合理的结构关系促进集群内企业素质的提高。集群内部的结构关系主要是企业、行业间的关联关系、竞争与合作的关系等，是促进集群内企业、机构革除落后的传统和提高自身素质的重要条件。调整集群内部结构一般不能采取行政的、强制的措施，而应采取引进高素质企业、提供重要技术服务、增强科技研究开发能力、完善区域市场体系、维护公平竞争等措施，使企业、机构、建设项目在竞争中优胜劣汰，逐步形成以高素质企业为主体、以高度文明的分工协作关系和公平竞争关系为纽带的集群结构模式。

4. 通过加强项目建设增强产业集群的优势

在企业之间形成以产业链为主导的专业化分工协作的配套性、互补性优势，是产业集群最主要的优势。而这种优势，来自项目密集的优势，项目密集优势来自创新密集的优势，创新密集的优势来自多行业企业在地域上的交汇和集聚。“企业集聚—创新密集—项目密集—集群竞争优势”这种因果序列是产业集群提高竞争力的重要模式。

增强产业集群的优势，必须把握产业集群发展的主旋律——项目密集。难以产生大量前景看好的项目，其要害问题是缺乏激发创新需求和创新意图的机制。这种机制，主要来自多行业的企业在同一地区的集聚。在已有的企业聚集地，通过完善基础设施建设，加强招商引资，吸引外地和国外、境外多行业企业的加入，产生多行业建设项目密集分布的交汇点，就容易在交汇点上集中多行业的经营管理经验和技术、人才优势，并形成发达的竞争—合作关系，激发出进一步的创新意图，产生一系列满足新的创新需求和新的市场需求的项目，形成项目越来越密集、创新越来越密集的发展趋势。

因此，应当把产业集群发展和升级的需要作为城市建设项目产生和实施的直接推动力。适应产业集群的发展要求选择和实施建设项目，是加速集群成长的重要措施，可以加快提高集群区产业的配套水平，提高集群区成长为新城市的速度，同时也是提高建设项目的微观、宏观效益水平和项目成功率的重要途径。我国西部的一批传统能源基地，如内蒙古、陕北、宁夏、新疆等地的煤炭、石油、天然气生产基地，不仅应当就近建设发电、化工、机械加工等行业配套项目，而且应当建设风力发电、太阳能、核能项目及相应的机械加工项目和耗能大的其他加工业项目，促进传统能源的上下游各行业之间、传统能源与新能源之间、能源行业与耗能行业之间形成紧密关联的集群发展特点。这样，不仅能够促进传统能源基地发展成为规模越来越大和优势越来越强的产业集群，而且可以直接推动传统能源基地较快发展成为经济发达的城市或城市群。

5. 改造和提升自发形成的产业密集区

经过长期的开发和发展，全国各类中心城市都已不同程度地形成了产业密集区。其中的一些产业密集区虽然还算不上是真正意义上的产业集群，但具有向规范化、现代化的产业集群成长的重要基础。在对各类产业密集区进行调查、研究、分类的基础上，应当采取有针对性的措施，对这些产业密集区进行改造和提升，使之成为真正意义上的产业集群，以产业集群的较快发展有效带动中心城市的现代化发展。

（1）改造、提升劳动密集型产业集群。这类产业集群一般出现在工业化的初期，在中西部的一些中小城市、小城镇、工矿区中较普遍。随着产业结构调整和新型工业化时期的到来，这类集群发展的局限性越来越明显，主要表现为区内产业关联程度低、产业链延伸缓慢、内部结构松散、知识和技术含量低、产品的附加值低、创新能力有限，不能应对竞争的冲击特别是技术起点比较高、人力资本雄厚的大型企业的冲击，生态破坏和资源浪费严重等。对这类集群，应当提倡、鼓励大企业介入，鼓励实力强大的企业或企业集团支援、入股或购并集群内的一些中小企业，将它们改造成科技型、创新型企业，带动整个集群提高科技密集水平。

（2）改造、提升传统色彩浓厚的产业集群。以村、镇为单位发展起来的加工企业密集分布的小区域，其明显的缺点是：产业链条短，产业链条仅局限于加工与半加工环节，销售等环节未能做大做强；以血缘、亲缘、地缘、信仰等为经营管理的纽带，缺乏现代企业家精神和先进的企业经营管理机制；缺乏有效率的经济组织，集群基本上处于自发演变的发展状态。对这类集群的改造、提升，首先要促进企业进行体制改革，改变传统经营管理的局限性，促其走上“思想创新——制度创新——组织创新——技术创新——产业创新”的企业发展之路；促进企业产权制度的变革，建立和完善现代公司制企业制度；政府和中介结构积极帮助产业集群加强技术和组织创新，实现由传统经济向现代工业经济、信息经济的过渡。

（3）改造以国有企业为主体的产业集群。一部分新老工业基地城市已形成的产业集群，往往是以国有企业为主体的。集群内的企业以大中型为主，具有生产主导产品和配套产品、建设基础设施、办学校和其他服务机构等“大而全”的特点。其中有一定实力和竞争力的企业，多倾向于独立发展，缺乏与临近的其他企业建立、发展协作、合作关系的积极性。对这类产业集群，一方面，应加快进行企业内部改革，建立和完善现代企业制度，分离企业办社会的职能，使处于一般竞争性领域的国有企业成为真正的市场主体，融入既分工又合作的地方经济系统之中，把“大而全”的企业变成以大企业为核心的企业集群。另一方面，加快区域市场化改革，建立统一、开放、竞争有序的市场体系，充分发挥市场机制在资源配置中的基础性作用，促使生产要素自由、合理流动；加快发展非公有制企业，建立各种所有制企业之间分工协作和平等竞争的机制。

（4）促进各类产业园区的发展和升级。各类经济技术开发区、工业园区、高新技术产业园区等，实际上是一种较为规范的产业集群。但这些产业集聚区是政府按照产业集群形成的基本要求，以实行优惠政策和运用其他行政性手段促进、建立起来的，一般具有区位、人才、技术和信息方面的一定优势。但是由于它主要是政府用行政方式促成或推动形成的，所以体制问题和产业关联问题往往较为突出。表现为集群缺乏完善的市场机制和良好的营商环境，集群内的企业往往存在产权不清、体制不健全的问题，企业各自为政，没有形成分工细化基础上的产业关联，企业的供应商和销售市场多在区域外部。促进这些产业集聚区发展和升级的途径包括：

（1）重点支持发展设立在主要省会城市和大中城市的国家级经济技术开发区、高新技术产业开发区和省级经济技术开发区，合理、稳步扩大国家级和省级开发区的规模，提升开发区的创新能力；规范并促进地、市、州、县的各类开发区、产业园区发展，提高招商引资水平；在增加大规模的硬件投入的同时，营造良好的软环境和能够激励创新的制度氛围；通过政策引导，促进集群内的企业、单位、机构等发展共生、互动、联动的经济技术联系，增强创新的外溢效应。

（2）促进大学、科研机构进入集群，发展产、学、研、官、介合作机制，推动投资驱动型园区向创新驱动型园区升级。改造一批大学的专业设置，使其转变为适应产业集群发展需要的研究型大学专业和职业人才培训基地。

（3）通过成立同业公会等组织和实行有关的政策，帮助、激励集群内企业主动建立和发展经济技术协作关系，形成逐步紧密化的产业关联网络。

（4）调整城市开发区和各类产业园区的布局和结构，清理不合格的开发区，集中建设具有产业集群功能的开发区，以产业集群区带动开发区布局的合理化，最终实现产业集群区与开发区的合而为一。

6. 发展具有西部优势的大企业集群

西部的一批老工业基地城市以重工业和大企业为主导，应通过产业集群的形式继续发挥这种优势，同时限制其固有的劣势，形成大企业彼此关联、集聚的产业集群。

（1）包含大型企业的产业集群，一般应形成“核心—外围”式的产业链结构。大型核心企业要增强技术创新和经营管理、市场竞争优势，发挥产业的主导作用。中小企业则为核心企业提供部分原料、初级产品、零部件、生产和生活服务等配套条件。这类集群要形成价值链清晰、产业链相对完整、生产经营成本显著降低的特点。重视发展集群内部的价值链关系，扩大技术共享的范围，实现连续加工增值，增强产品竞争力。

（2）适应西部多数省市区重工业比重大、资源型城市较多等特点，将重工业主导型中心城市改造、提升为超大规模产业集群。促进同一城市的企业特别是大型企业之间（包括同行业和不同行业的企业）建立和发展产品、技术的关联、配套，特别要重视建立和发展大企业之间在核心技术、共性技术方面的关联和配套，扩大企业共享技术创新成果的范围，在产业链断裂处尽快建立衔接产业链的企业和项目，以产品、技术的关联和配套促进跨行业、跨集群的经济技术协作联合。西部的特大型、大型城市一般都程度不同地具有这种超大规模产业集群的某些特征或具有建设这种集群的基础条件，这些城市应注重建立高素质的知识创新源和通畅的技术扩散渠道，发展科研机构与企业之间的紧密型合作研发关系，促进企业、机构之间较松散的产业联系向较紧密的产业联系过渡，完善协作联合的网络，使大企业既能带动外围中小企业群的发展，又能与其他大企业之间形成以整个城市为集群区的群落结构。这种超大规模的产业集群要形成大型骨干企业之间相互支持、共享信息和技术成果、加强专业化的配套协作、发展既合作又竞争的关系、不同产业间结成整合性的集群竞争优势等特点。发展这种超大规模的产业集群，有利于在城市内部延伸产业链，既加快主导产业的发展，又能有力地带动相关产业发展，是以产业集群发展带动城市整体发展的主要形式。

（3）按照产业集群发展的新思路，重新设计、规划城市建设模式，调整城市空间结构，将多数城市建设成既是宜居都市又是现代化的产业集群都市。

7. 培育和建设新型产业集群

（1）培育、建设、提升经济技术开发区、高新技术产业开发区等新型产业集群形式。国家级和省市级经济技术开发区、高新技术产业开发区、中外合作产业园区等新型产业集群经过改革开放几十年的发展、改革、演进，已形成一些成熟的制度、运行机制和发展模式，但也积累和新出现了许多值得重视的问题，因此需要进一步加强培育和建设，集中解决突出问题，使之提升到新的技术和结构—功能水平。如国家对全国 219 个国家级经济技术开发区实行的政策和主要措施包括：赋予开发区更大更多的改革自主权，提升开放水平，加大政策先行先试力度；一些开发区可以开展自由贸易试验区试点和复制推广自贸区改革经验；引入民营资本、外资等各种形式的投资主体开发运营特色产业园区、国际合作园区；支持开发区建设国家大科学试验装置和国家科技创新基地，国家重大产业项目优先在开发区内布局；落实外商投资法等法律规定，建立法制化管理平台，推进简政放权；加强基础设施和信息化建设；实施先进制造业培育集群培育行动、现代服务业优化升级行动，鼓励投资数字经济等。通过政策和措施的支持相应，提升经开区的创新引领功能和集群发展水平。

（2）建设城市专业化产业园区。专业化产业园区一般也就是以某一两个行业为主导的产业园区。这类园区的建设要在以下几方面坚持高标准：集中了一批具有一定规模和较高知名度的大中型企业和技术研究开发机构；主要产品的生产规模位居大区域、全国以至世界的前列，成为行业的生产基地和区域的经济支柱；总体技术水平和管理水平达到国内或世界一流；上、中、下游产品构成的产业链条较长，产业体系较完整，园区内的企业以及功能小区之间可以便捷地互供产品和原料；具有良好的生态功能。

（3）将自发形成的产业聚集区改造、培育、建设成新型的产业集群。国内外经验证明，一些新型的、知识密集的、高科技型的产业集群往往是从自发形成的传统型产业集群中萌芽、成长起来的。培育和建设新型产业集群，要避免白手起家，重视依托原有的基础和优势，运用引进、示范、嫁接、合作等方式，将自发形成的产业聚集区改造、培育、提升为新型的产业集群。

（4）在工业相对发达的中心城市，要更快地发展高加工度的产业集群，在加工增值方面实现重大突破。以产业链为主导模式的产业集群，是提高行业加工水平、延伸价值链的有效方式。要重视依托城市大企业和优质投资项目，吸引具有产业带动优势和产业关联、配套功能较强的项目进入集群区，积极为这些项目提供配套条件。加强核心企业与科研机构之间的合作，依靠技术进步、技术创新提高集群内的产品深加工水平，延伸产业链、价值链。

（5）培育和建设边境经济合作区。我国西南、西北等地区，有漫长的边境线和许多重要的边境城市，应当根据国家的沿边开放政策建设功能良好的边境经济合作区。西南地区经国务院批准现已设立了4个国家级的边境经济合作区即畹町、瑞丽、河口、北部湾，前三个合作区分布在云南省西南部和南部边境与缅甸、越南交界处的中方一侧，北部湾经济合作区于2008年经国务院批准设立。在西北地区，1992年经国务院批准设立了伊宁、博乐、塔城3个国家级的边境经济合作区，布局于新疆的西北部与哈萨克斯坦交界处的中方一侧。内蒙古自治区的二连浩特、满洲里等地，东北地区与俄罗斯相邻的边境地带等，也已建成一批边境经济合作区。西藏地区与尼泊尔等国相邻的地带，西北地区与吉尔吉斯斯坦、塔吉克斯坦、巴基斯坦、蒙古国等国家的边境地带，今后随条件的具备可以陆续设立国家级的和小规模的边境经济合作区。建设这些沿边经济合作区，也就是建设跨国辐射的产业集群，对带动边疆开发和跨国经济合作具有深远的战略意义。

（6）培育有竞争优势的特色产业体群。以区域特色资源、特色产业为依托，吸引同行业的企业和相关行业的企业在区域内“扎堆”，形成和壮大市场前景好、关联带动作用大的特色产业集群，增强集群的品牌效应。国内各地发展起来的特色产业集群，如河北白沟的箱包产业集群、福建石狮的纺织服装产业集群、福建晋江以纺织和鞋业为主的轻工产业集群，以及广东、浙江等省大量分布的专业镇、专业市等，在产业发展和结构升级中均已成为全国特色产业集群的典范。由于这些产业集群的辐射和带动，往往将一个乡镇、一个县市从整体上改造、提升为发达的产业集群区，为全国的乡镇经济和县域经济发展开拓出了一条极富创造性的成功之路。

（二）以产业集群的形成和升级带动城市经济发展

产业集群是带动城市经济发展的强大动力。发展城市经济的重要战略途径之一，就是建设结构合理、功能强大的产业集群，为城市产业的成长提供优质载体。在城市化水平普遍较低的中西部地区，应当通过建设产业集群、发挥产业集群的集聚效应来带动城市经济发展，使城市更好地发挥经济中心的功能。

1. 促进一些产业集群成长为新的城镇

国内外经验表明，产业集群的“聚集效应”与“扩散辐射效应”，是形成新的城市、城市新区和城市群的重要推动力。其中的“集聚效应”会促进二、三产业的快速成长并增强产业之间的关联，从而产生带动形成新的城市或城市新区的“乘数效应”。工业的投资和发展会带动其他产业的发展，被带动起来的更多的工业行业和第三产业的发展会进一步改善城市的投资环境，从而推动新一轮工业投资的增长。这种循环推动的“乘数效应”使城市聚集经济的规模迅速扩大，城市（镇）或城市新的繁荣区得以形成，城市的发展由此加快，中心城市的郊区和近辐射地区因此能够更快实现城市化。

中西部地区通过建设产业集群推动城市经济发展，使一批重要的产业集群发展成为新的城市和城市新区，应当突出以下几个重点：

（1）加快高新技术产业集群的发展，使中心城市成为新知识和新技术的创新聚集区，在国内外竞争中保持和增强知识创新优势。其中，一批特大型、大型的城市，特别是省会城市，要依托大学、科研机构和骨干企业的实力，发展产学研相结合的高科技产业园区，加快科技成果的产业化，形成以高新技术产业集群领军的城市新区，并有效扩大新区的空间范围，改变传统城市的空间结构和产业素质，提高城市的综合竞争优势。

（2）产业集群推动城市向周围地区扩散，加快城市郊区的城市化步伐。各类产业园区建设要尽可能有利于园区向城市的边缘地区扩展，形成带动城市向郊区扩散的态势，使园区成为既连接城市又占据一定郊区特别是远郊区位置的城市新区，由此带动城市规模的合理扩大和升级。

（3）将一批资源型的产业集群发展为新的城市。随着矿产资源勘探开发的推进，必然会在尚未形成城市的矿产资源聚集地出现不断增多的矿产业及其加工业、配套产业的集群区，如煤炭、石油、天然气、有色和黑色金属、非金属矿富集地区，水能、风能、太阳能、核能开发集中区等，都将出现资源型产业集群。通过鼓励投资建设配套产业项目、较快改变交通条件、加强基础设施建设，以及促进科研开发和教育、文化、服务机构进入等途径，推动产业集群的发展和升级，使产业集群发展成为新的城市并带动城市规模的扩大。

（4）推进城市信息化进程。高度信息化是提高城市的综合竞争力的基本条件之一。通过大力发展信息产业，加快信息基础设施建设，用信息技术改造传统产业，以主导产业和产业集群的信息化带动城市的信息化，增强城市的综合实力，使传统城市转变为新型的工业化城市和智能化城市。

（5）发展“生态型城市”。城市环境质量是宜居宜游的主要条件，也是吸引人才和投资的基本条件。城市产业集群要率先向生态型、循环经济型转变，带动城市整体向更加宜居的生态化模式转变。

2. 产业集群发展与所在城市的发展相互促进

（1）以产业集群的发展带动人口向城镇聚集，人口聚集为产业聚集提供了人力资源，扩大了消费市场，以城市的发展进一步加快了产业集群的发展。

（2）以产业集群内人力资本积累带动城市人才队伍的壮大和劳动力素质的全面提高。产业集群的发展促使政府加大人才政策的兑现力度，开辟人才引进的快速通道，完善人才市场，形成人力资本积累的良好环境。这样的环境增强了对投资的吸引力，反过来成为产业和产业集群进一步发展的推动力。

（3）促进产业集群的发展和升级，必然形成“产业集群—新的城市—更大、更多的产业集群—更加宜居、繁荣的城市”的良性循环。

3. 发挥产业集群带动城市群发展的功能

近几十年以来，在产业集群的发展带动下，城市空间布局发生了很大变化。产业集群的发展一方面推动城市向周围地区扩散，使城市郊区加快实现城市化，城市的规模逐步扩大；另一方面推动若干城市彼此增强以分工协作和产业链为主的经济社会联系，并逐步发展为规模日益庞大的城市群。所以，发产业集群的扩散效应是加快城市化和城市群化的强大推动力。

大规模产业集群形成以后，集群的产业因土地价格上升、劳动成本提高、产业分工领域扩大、参与分工协作的单位迅速增多等原因，使产业集群向周边地区扩散，带动了周边地区产业集群的发展。周边地区产业集群的发展，使其城市化快速推进，相互依赖、彼此关联的产业会把相距不远的城市联结起来，形成以分工协作为主要纽带的都市圈或城市密集带。在这种发展过程中，往往是由一个或几个实力强大的城市发展成为吸引其他城市参与分工的经济核心，借助于现代化的交通工具和综合运输网的通达功能，以及高度发达的信息网络，不断增强各个城市之间的经济和社会联系，使不同性质、不同类型和不同等级规模的城市之间的分工协作越来越发达，共同构成一个相对完整的城市“集合体”——城市群。

从20世纪80年代开始，我国长江三角洲和珠江三角洲的产业集群对这种城市群的形成发挥了重要的带动作用。中西部各地区在借鉴长江三角洲和珠江三角洲产业集群带动城市群发展同时，依托本地区的行业式增长极及其产业集群，带动发展城市经济和城市群，促进城市群规模扩大和结构合理化，也取得了显著成就。西北地区以发展传统能源、新能源和冶金、化工、旅游产业的集群区为主要纽带，带动了以陇海兰新线西段为主轴的城市群的形成、发展，依次形成了以西安为中心的关中—天水城市群、以兰州为中心的黄河上游城市群、以乌鲁木齐为中心的天山北坡城市群的发展和扩大，最终将形成西北地区的大规模带状城市群连绵区。西南地区以发展装备制造业、高新技术产业、化学工业和旅游业产业集群为主要纽带，带动形成成渝城市群，并沿重要交通线向南、北、西三个方向延伸；以发展水电、冶金、化学、旅游业产业集群为纽带，带动形成成昆沿线和南贵昆、渝贵南沿线城市群；以增强能源、冶金、化工、装备制造、农产品加工、旅游等产业集群功能为纽带，带动形成以成昆、西（安）渝（重庆）铁路为中轴的城市链。

建设城市产业集群有利于充分发挥各级各类城市的产业聚集功能，有利于发展城市间的分工合作，推动形成区域内合理的城市等级结构和日益发达的城市经济网络。

（二）农村和农业产业集群及其建设途径

我国各地区自然条件复杂多样，具有发展特色农业的多方面优势。随着农业产业化水平的逐步提高，农村和农业领域也形成了一些增长迅速、示范功能显著的产业集群式增长极，其中如陕西杨凌农业高新技术产业示范区、山东寿光的蔬菜主产区、浙江的龙井和安吉白茶主产区、甘肃省的马铃薯和中药材主产区、沿海各地的水产养殖区等，具有一定的代表性。杨凌农业高新区是我国目前唯一的国家级农业高新技术产业开发区，规划面积22平方公里，由科学园区、产业园区、国际合作园区、现代农业综合园区、试验推广基地等5个功能区组成，初步形成了以生物技术、节水灌溉、农业环保、农产品深加工、生物制药等为特色的产业格局，并且成为全国主要的农业科技人才培养基地和农业科技研究开发的聚集地与辐射源。

全国各省市区在农业和农村产业发展中，不断探索种植业、养殖业、加工业专业化布局和集群化发展的模式，建设了种类多样、大小不一的种植业、养殖业、水产业、加工业基地，越来越多的企业成为这些基地的投资者和引领者，加快了农业和农村的集群化发展步伐。其中的一批规模较大、发展迅速、科技进步主导作用较强的专业化基地，特别是越来越多的工厂化农产品生产基地，正在发挥着日益增强的增长极功能。农业和农村走基地化、集群化发展之路是一种必然趋势。加快建设农业和农村产业集群，是推动农业现代化发展的重要战略途径。

第三节　建设以经济带网络为骨架的增长极体系

中国幅员辽阔，自然条件复杂多样，各类区域的经济社会发展水平差异较大，经过长期发展自然形成的经济中心或增长极呈现类型、等级分化的特征，各个增长极在相应的区域范围内往往是自发地和分散、孤立地发挥作用。从经济成长的普遍规律来看，当工业化和城市化发展达到一定水平后，区域增长极相应地要改变自发形成和分散、孤立地发挥作用的状态，以不同的增长极相互联结成增长极网络的形式，发挥协调带动经济增长和有效改变二元结构的作用。特别是在进入21世纪后，东部地区已基本进入后工业发展阶段，中西部地区工业发展、信息化进程和产业结构升级加快，市场经济体制普遍建立，形成了工业化中后期与后工业时期几个阶段的特点并存的复杂状态。不同区域之间发展差距扩大、发达与欠发达的二元结构、贫困问题和民族地区发展问题突出对相对均衡发展的要求，以及四大板块之间协调发展的要求日益强烈。在这种条件下，全国大区域范围的增长极仍然处在自发和分散、孤立的状态，显然不利于充分发挥增长极的潜力和现实作用，不利于更快实现转型发展、高质量发展的战略目标。因此，从国家和地区的全局条件、全局需要出发进行增长极建设，就不单是建设孤立的少数几个增长极，而是要建设企业式、行业式、产业集群式、中心城市式、城市群式、经济带式等多种类型的增长极以及建立、发展不同增长极之间的网络式联系，形成在强劲而协调地带动新型经济发展的增长极体系。在这一体系中，企业等“造血型”增长极是基础，中心城市是主导，经济带网络是空间布局结构的基本骨架，各类增长极既发挥各自的特殊功能，同时也以系统关联的形式发挥整体性功能。

一、建设增长极体系的主导力量—高质量的多级中心城市

城市是区域增长极的主导形式，是区域增长极体系的主导性力量。作为区域增长极的中心城市，必须具有强劲的经济发展能力和对腹地的辐射带动能力。建设中心城市式增长极，必须在注重增强各类中心城市自身的发展能力和辐射带动腹地的功能的同时，集中建设战略意义极为重要的超大型和特大型城市、省会城市、省域副中心城市和具有快速成长能力的特色城市，突出重点中心城市的地位和功能。以重点城市建设带动形成多级区域中心城市网络，调整和完善城市体系结构，形成高质量发展的城市经济优势。

（一）区域中心城市的主要等级

中国的经济区域分为全国、大区、省域、地州市域、县域和乡镇等不同的等级，各类区域都有其相应的中心城市或中心镇，发挥着程度不等的增长极功能。将全国的各类城市划分为几个主要的等级，是建设中心城市式增长极的重要前提。2017 年，全国除台湾省外，共有 4 个直辖市、2 个特别行政区（均为大城市）、294 个地级市、363 个县级市，大中小城市总数约 660 多个①。

1. 全国一级和二级中心城市

全国一级中心城市是国家城镇体系的最高层级，主要是指在全国城市中规模最大、经济地位最重要、辐射带动范围超过全国半数省市区并且具有较强国际辐射能力的几个超大规模中心城市。国家有关机构确定的北京、天津、上海、广州、重庆、成都、武汉、郑州 8 个城市为国家级中心城市，其中既包含有一级中心城市，也有二级中心

① 《中国统计年鉴 2018》。

城市。这8个城市中，属于一级的中心城市主要有北京、上海、天津、广州、深圳、重庆。其中北京和上海不仅是辐射全国的中心城市，同时也是辐射全球的中心城市。而深圳，虽然既不是直辖市，也不是省会城市，但其经济实力和辐射带动力却与直辖市相当，因此从区域增长极的等级角度来看，深圳应当列入国家一级中心城市这一行列。

2. 全国二级中心城市

全国二级中心城市是指规模和经济实力仅次于一级城市、辐射带动范围能够达到三个以上省域的超大型或特大型城市。属于这个等级的城市主要有武汉、成都、沈阳、郑州、西安。从增长极的等级角度来看，能够成为国家二级中心城市的，不单是因其经济实力和辐射范围达到一定标准，还有地理位置和所在区域的文化代表性方面的标准。从经济实力、辐射范围和所在区域的文化代表性方面等标准来看，与上述5个城市相差不大的南京、长沙、杭州、青岛、宁波、厦门等城市，在今后有条件晋级为国家二级中心城市行列。

3. 全国三级（省域一级）中心城市

全国三级中心城市也就是辐射带动范围主要在省域但同时能够辐射相邻省市区一定范围的特大型、大型城市，属于这个等级的城市包括全国多数省会城市、计划单列城市和一部分省域副中心城市，因此也可称作是省域的一级中心城市。

4. 市州域中心城市

市州域中心城市也就是在地、州、市域范围内集聚增长能力，辐射带动地州市级区域发展的小区域中心城市。这些城市属于省域内的二级城市，大多数是地、州、市的首府城市，其中有些是地级市，有些是县级市。

5. 县域中心城镇

辐射带动县域经济发展的小城市或中心镇多数是县城和县域内的主要镇，其主要的功能是集中发展县域内的优势加工业和服务业，提高二、三产业的聚集水平，形成县域经济的高增长据点和辐射中心；快速向县域内的集镇和农村传导大中城市的经济能量，发展和衔接城乡产业链，增强城乡经济联系，完善城乡经济网络，组织带动农村地区合理开发和可持续发展。

（二）多级中心城市的建设途径

一个区域的成功发展必须有增长极功能强大的重点城市作为经济增长的中心，发挥“火车头”式的带动作用。所以，虽然各类大小不同的区域都有其相应的中心城市发挥着程度不同的增长极功能，但是建设功能强大的中心城市式增长极还是不能平均使用力量，而要以战略意义极为重要的超大型和特大型城市、省会城市、省域副中心城市和具有快速成长能力的特色城市为重点，形成素质精良的多级经济核心。

1. 中心城市式增长极建设的基本模式

多级中心城市式增长极建设的基本途径可以概括为如下模式：选择建设对象—制定和实施建设规划—吸引经济要素—实现超常规发展—增强经济扩散能力—加快产业升级和结构升级—促进区域城市网络的形成和发展。

（1）选择综合条件相对优越的城市进行重点建设，形成极化功能快速增强的区域经济中心。这些条件包括：①原有的产业基础条件较好，优势产业相对集中，主导行业和骨干企业的竞争优势明显；②科技研究开发有较雄厚的基础，有一批著名的大学、科研开发机构和科技型企业；③环境优美，交通便利，与国内外经济发达地区建立交往关系较方便。

（2）制定或调整城市建设规划，重点投资建设城市的优势产业集群。根据城市产业发展的基础和潜力，通过对国内外同类型产业发展状况的调研和预测，规划和建设优势产业集群分布的开发区，如国家级、省市级、市州级的经济技术开发区、高新技术开发区、专业化产业园区等，配套进行基础设施、科技研发平台、服务体系、人才和人力培训等领域的建设，促进原有产业优势的强化和升级，增强城市及其产业集群对优良经济要素的吸引力。

（3）增强城市对外交往功能，吸引国内外的科研成果、人才、资金等要素，引进国内外一流的科技研发力量，主要依靠市场机制快速聚集高起点的投资项目，促进引进要素和建设项目的合理匹配。

（4）在投资增长、技术研发、骨干人才引进和重点项目建设等方面实现战略性突破，推动优势产业超常规发展，快速增强城市产业的品牌优势和集群规模优势，提升城市的竞争力和知名度。

（5）逐步增强向城市腹地的经济扩散功能，稳步扩大城市和城市产业集群与周边地区的协作圈范围，形成中心城市与卫星城市、城市与腹地的产业关联关系和合理匹配关系。

（6）及时实现城市产业结构升级，加快知识产业和高科技产业发展，缩短传统工业化向新型工业化和知识化过渡的周期，直辖市、省会城市和省域重要的工业城市率先向后工业化过渡。

（7）促进中心城市与腹地间的互动发展。一方面，优先增强中心城市的经济功能，即增强城市对各类产业尤其是特色优势产业的聚集功能，增强对企业特别是对高新技术企业的吸引和扶持功能，促进城市形成特色型的产业结构和经济结构；另一方面，以交通通信网、经济技术协作网和商业、金融网为主要纽带，增强城市对腹地的辐射带动功能，把城市所聚集的经济和社会发展的能量有效地扩散到腹地，快速向小城镇和农村传导大中城市的经济能量，衔接城乡产业链，增强各类地区的经济联系，刺激地区分工优势的生成和发挥，推动各地区合理开发资源和地区间协调发展，使腹地形成越来越多的城镇，最终形成中心城市与腹地城市间互动发展的城市网。

2. 培育和增强城市的综合实力

作为区域增长极的中心城市，必须是综合实力和发展能力相对强大的城市。应当以发展城市经济为核心任务，充分发挥城市的“积累优势”和“新生优势”，加快城市的工业化、信息化、知识化步伐，持续增强城市的创新能力、学习能力、对外开放能力，将各方面的能力集成为综合竞争力，在竞争中发展壮大。

（1）建立和完善城市创新体系，增强城市的创新能力。现代城市的发展能力和综合实力主要体现为创新能力。缺乏创新体系和创新能力的城市，其发展能力必然受到根本性制约。在各类中心城市式增长极建设中，重点做好科技创新型城市的建设试点和推广。各级地区应当按照国家的有关政策和部署，优先将国家一、二级城市、省会城市、省域副中心城市、重要工业城市和特色产业集聚的城市等，建设成科技主导或科技引领型的增长极。根据各个地区和城市的特点，分类建设国家和地区的科技创新试点城市、制造业信息化重点市或试点城市、科技进步或信息化示范城市、产业和城市智能化示范试点城市等，促进城市增强科技和科技型产业的聚集—扩散功能。经济实力和自我发展能力较强、创新基础较好的城市，应当在更高水平上聚集创新要素，不失时机地实现创新体系的升级，造就更大的创新优势。有条件的城市，特别是国家的一级、二级城市，要将创新能力升级目标定在世界科技增长极上，发展成为世界科技创新中心。资源型产业相对集中的城市，应当发挥资源产业在一定时期内带动经济增长的优势，加强对城市创新体系建设的投资，实现由传统城市向创新城市的转变。所有的城市都应当发挥将特色产业优势转化为科技创新优势和增强科技要素聚集能力的优势，提高科技研发、科技成果转化和推广能力，利用先进技术改造传统行业，更快地发展高新技术产业，促进产业结构的升级换代，将创新能力转化为经济实力。

（2）加速推进信息化，以信息化带动、提升工业化，缩短由工业化向高度信息化过渡的进程，以适度跨越的方式实现城市的智能化发展。

（3）加大改革开放力度，提高经济市场化水平，试行和推广自贸区的一系列制度和政策，改善营商环境，增强吸引外部投资和高素质经济要素的能力，缩短由内向发展城市向国际化城市过渡的进程，以不断增强的优势参与国际竞争。

（4）加大教育投入和教育改革步伐，发展壮大教育事业，创建学习型城市，全面提高城市劳动力素质和人口素质，为城市的可持续发展储备雄厚的知识、技术和人力资本。

（5）促进中心城市率先实现现代化。中心城市特别是国家级、大区级和省域的中心城市只有率先实现现代化，才能真正发挥好带动区域经济发展的增长极功能。因此，建设中心城市的战略核心，就是有效地促进中心城市率先实现现代化。尤其是西部各省区的省会城市和主要的城市群，更是应当先于其他地区实现现代化。各类中心城市实现现代化的目标，应当把握以下主要内容：以较快和质量较高的经济发展，达到较高的物质文明水平；高度发展的科学技术和城市文化；完善配套的城市基础设施；优美的城市生态环境和人居环境；科学、高效率、人性化的城市管理；高素质的城市人口。

3. 促进各级中心城市较快升级

城市是区域经济、社会发展的中心或极化区、示范区、引领区。在各级各类区域的经济发展中，城市的增长中心地位或增长极地位往往是不可替代的。但是城市也不能孤立地形成和发展，城市的形成和发展总是与所在区域的发展处于相互依存、相互制约的联系之中。适应区域经济发展的趋势和要求，促进城镇的形成和晋升，及时设置一批能够发挥区域增长极功能的新兴中心城市，是有效推进区域经济社会发展的重要途径。

（1）促进各类中心城市较快发展和升级。

作为全国一级中心城市的上海、北京、天津、广州、深圳、重庆，其升级的基本目标和途径主要是稳步、适度扩大城市规模，增强经济实力，提升在国内外的经济地位，扩大有效的辐射带动范围，增强国际辐射能力，向国际一流大都市过渡。

作为全国二级中心城市的沈阳、西安、武汉、成都等，其升级的基本目标和途径主要是稳步向国家一级城市和国际化大都市过渡，使国家一级城市的数量增至 10 个以上。

全国三级中心城市主要是多数的省会城市、计划单列城市和一部分省域副中心城市，其升级的基本目标和途径是在大幅度增强对省域发展的辐射带动力的同时，将有效辐射范围扩大到周边更多省市区，其中更多的城市晋级到国家二级城市行列，在所在的大区域和城市群中发挥不断增大的综合功能。

市州域中心城市升级的基本目标和途径，是增强经济聚集—辐射功能，扩大辐射范围，由中小城市晋级为大城市或省域副中心城市。西部地区城市体系中尤其缺少与特大城市配套、组团的大型和中型城市。因此应当有效促进一批小城市升级为中等城市，中等城市升级为大城市，大城市升级为特大城市。

（2）集中力量建设一批急需发挥特殊增长极功能的重点城市。在西部的一些省区和特殊区域中，往往缺乏一些急需发挥特殊增长极功能的中心城市，例如，经济和科技相对落后的地区，缺乏发挥科技、教育、文化等知识增长中心的城市；在边远地区、边境地区，缺乏外向型产业相对发达的城市；在资源型产业相对集中的地区，缺乏发挥高加工度工业中心功能的城市；在一些省区，缺乏与省会城市配套、组团的省域副中心城市；等等。应当相对地集中一批建设项目，促进现有的一些城市或中心镇向这种急需发挥特殊功能的城市发展，以更有效地辐射带动地区经济的发展。

（3）促进以县城为主的中心镇晋升为增长极功能相对健全的小区域中心城市。中西部一些地区由于县域范围缺少中心城市带动，使县域的经济和社会发展长期处于落后状态。在这些地区，应当促进以县城为主的县域中心镇晋升为小城市或中等城市，发挥城市在县域的增长极作用。具体途径主要有：

发挥大、中城市带动邻近县、旗中心镇发展的作用。在省会城市和省域副中心城市的空间结构调整中，应当将这些城市的产业发展项目、传统工业项目由市区向远郊区甚至外围地区扩散，使近郊和远郊区的县城发展成为大城市的卫星城市。优先在省域中心城市和副中心城市周围的县、旗中心镇发展与大城市产业相配套的项目，吸引产业和人口向中心镇集聚，带动中心镇晋升为城市。

合理开发县域优势资源，发展特色产业。一些矿产、水力、农牧业资源和旅游资源富集的县、旗，应当依靠科学、合理地开发这些优势资源，发展相应的优势产业，形成和壮大产业集群，带动县城或县域的其他中心镇晋升为县域中心城市，形成一批工矿业城市、加工业城市、旅游业城市、交通枢纽城市等特色城市。

恰当发挥行政中心的推动作用。政府通过一些行政性手段，如招商引资、重要项目安排、基础设施建设、财政扶持、制定和执行有关的政策等，在有条件的中心镇规划和建设大、中型工业项目和其他建设项目，可以有效地促进县城或重点乡镇获得较快发展，率先晋升为县域中心城市。

4. 积极进行中心城市式增长极建设的各种试点

许多城市虽然有特色，但其区域增长极的功能却不佳。应当在跨省域中心城市、省会城市、省域副中心城市、市州域中心城市、县域中心城镇以及科技创新型城市、工业城市、旅游城市、商贸城市、资源型或资源枯竭型城市等各类城市中，选择一批典型，分类进行中心城市式增长极建设试点，增强城市的要素聚集功能和辐射带动功能，使城市特色与城市的增长极功能得到恰当结合。

5. 加快城市的宜居化转型

在各类城市的建设中必须突出宜居性指标要求，加快城市的宜居化转型，以宜居化拉动城市产业健康发展和城市建设的人性化转变。西部的许多地区生态环境脆弱，应当优先在自然和交通条件较好的地方发展大城市和中小城市，鼓励生态条件相对优越的城市扩张规模，提升城市功能。在不利于城市发展的地方要按照主体功能区规划的要求，建设一些生态功能良好的小城镇，限制发展大中型城市和密集性城镇。

（三）促进多级中心城市网络的形成

不同等级的中心城市只有形成网络式的经济空间结构，才能使高等级城市的经济和社会能量传导到低等级的城市，使低等级城市的经济社会要素合理地聚集到高等级的城市，使不同等级的城市之间形成越来越发达的分工协作关系，带动大小区域向一体化发展。因此，应当以科学的区域规划为指导，配合进行交通设施建设，促进多级城市网络的形成。依托国家一级、二级城市的自我发展能力，促进相对发达的省市主要依靠自身的实力建设和完善多级城市网络。而对经济欠发达的中西部地区，应当强化中央的扶持力度，从以下几方面加快多级城市网络建设：促使国家一级、二级城市面向欠发达地区增强辐射带动力；优先建设以各省区省会城市为核心的城镇群和都市圈，增强省域增长极功能；建设带动力逐步增强的市州域主要城市，增强其参与大城市的产业分工、接受大城市产业转移的能力；促进各类城市向县域延伸产业链，将县域经济中心与城市网络融为一体。

二、建设发达的城市群

城市群是单个城市发展能力和综合实力的更高集成体，是带动区域发展的更高一级的增长极。从国际竞争的视野来看，城市群乃是一个国家参与国际竞争和国际分工的基本地域单元和主要的实力载体，建设发达的城市群不仅是提高国家和地区的综合发展能力和发展质量重要途径，而且是建设世界经济强国的重大战略举措。

（一）全国主要城市群形成和发展的基础条件

全国各地区的长期建设发展为各类城市群的形成和发展提供了不断改善的基础条件。其中，最主要的基础条件包括：资源的充分、合理开发；产业的发展和聚集；城市的发展和城市间分工的深化；交通设施的建设和物流业发展；科技文化的发展；对内对外开放的不断扩大。

进入21世纪后，全国城市群在经济增长、基础设施条件改善和开放程度提高等综合因素的推动下，呈快速崛起之势，以城市群为核心的多板块区域结构形式和区域间既相互竞争又加强协作、联系的发展格局基本形成。至“十三五”时期，全国已形成长江三角洲城市群、珠江三角洲城市群、环渤海城市群（包括京津冀、辽中南、山东半岛三个国家级城市群）、中原城市群、长江中游城市群、成渝城市群、哈长城市群、海峡西岸城市群、北部湾城市群、关中城市群共12个国家级城市群。还有诸如黄河上游、呼包鄂榆、黔中、滇中、山西、新疆等一批初具规模或正在形成中的城市群，发展势头良好。其中，珠三角和长三角可以看作是达到成熟水平的两个城市群，具有世界城市群的规模和实力。

经济发展较为落后的西部地区，在资源开发和经济建设中形成了富有特色的城市群结构和布局格式，成为支撑和带动区域进一步发展的大型综合性增长极。

西南地区资源集中度较高，钒、钛、锡、铅、铜、锌、铝、铬、汞、镍、铂、锂、铍、锰、铁等金属矿藏，天然气、井盐、芒硝、硫、磷、石棉、云母和煤炭等非金属矿藏，在全国占有重要地位。水资源尤其得天独厚，占全国水力资源总蕴藏量68%。重要矿产和水资源均已得到较大规模的开发，形成了有特色优势的冶金、能源等工业行业。20世纪80年代以来，工业结构和布局实现了较大幅度调整，确定了通过修筑出海和外运通道，大力开发能源和多种矿藏，建设具有全国意义的大能源基地、有色金属和磷硫生产基地，以及热带、亚热带农业基地和旅游基地的战略目标。攀西地区已成为新兴的冶金工业基地，云南发展成为以锡、铜、铅、锌为主的有色金属基地，贵阳市及其附近地区成为全国主要的铝矿产区和铝工业基地。四川、贵州成为以磷、硫为特色的化学工业基地。重庆、成都、德阳、绵阳、柳州等地区是高新技术产业以及动力设备、军工机械、飞机制造、汽车、摩托车、彩色电视机、电子仪表、冶金设备等机械电子工业基地。交通条件得到重大改善，目前已形成以多条交线为主的南北和东西通道。成渝城市群已经发展成为在全国占据重要地位的大型城市群，南贵昆地区正在形成较大规模的城市群，北部湾城市群有望获得更快的发展，成为西部地区连接东南亚各国的重要出海口。

西北地区已形成我国最大的以能源开发为主体的新型城市经济区和各类城市群，具有能源、冶金、石化、机械、军工、轻纺六个地域特色优势明显的产业群体，形成沿陇海、包兰、青藏等铁路沿线相对发达的经济地带和一批经济实力较快增强的中心城市。优势产业的集中地区主要有：以兰州为中心，以乌鲁木齐、克拉玛依、柴达木盆地和陇东、神东、陕北为两翼的石油、天然气勘探、开采及石油、天然气化工产业和煤炭产业带，以黄河上游河段为轴线的青海龙羊峡至石嘴山、府谷的电力工业走廊，以及新疆至河西走廊的风能、太阳能、核能等新能源产业带；以兰州为中心，西宁、银川为两翼的黄河上游有色冶金产业产业长廊；以阎良、咸阳、宝鸡、天水、兰州为联结点的飞机制造、机械、军工、电子产业带；以西安、兰州、乌鲁木齐为核心的棉纺、毛纺、化纤和食品产业带。

改革开放以来的发展特别是西部大开发战略的实施，使西部的城市和城市群布局发生了重大变化，初步形成了“十二点、五极、六带”的布局格式。“十二点”就是以西部12省市区省会城市为12个点式增长极，已经形成或正在形成以省会城市为核心的省域都市圈，发挥着以省域范围为主要腹地的经济“龙头”功能。其中与省会城市距离较近的两个省域副中心城市即内蒙古自治区的包头市和广西壮族自治区的北海市，可以近似地分别看作与两个自治区首府城市为一体的一个“点”。“五极”是5个大型城市群，即成渝城市群、关中城市群、黄河上游城市群、以南宁、贵阳、昆明为“三星式”中心的南贵昆城市群、以乌鲁木齐为核心的环天山城市群或新疆城市群。“六带”是指将西部主要城市连成大型经济条带的六条主轴经济带，即长江上游经济带、陇海兰新经济带、呼兰成昆经济带、南贵昆经济带、包西渝黔桂经济带、北疆—南疆经济带。

（二）城市群的建设途径

城市群是一系列不同类型的城市在国土空间上的集群分布和职能上的有机组合。建设能够发挥良好增长极功能的城市群，应通过合理地布局生产力，建立以城市为集聚和辐射核心的各类经济区，促进专业化分工和广泛的经济技术协作，形成以各级中心城市为依托，大中小城市优劣互补、城市组群功能彼此配套的有机整体。建设这样的城市群的主要途径包括：

（1）科学规划城市群的布局、结构和发展。建设城市群是国家的重大发展战略，必须立足国情、区情条件，科学地编制和实施城市群规划。城市群有大有小，规模和空间结构应当依区域发展实际和国家发展需要而定。既有跨省区的城市群，也有省域内的城市群；既有紧凑型的团块状城市群，也有团块间松散联系或条带型的城市群；既有大型城市群包括若干较小型的城市群的复合式结构，也有核心城市单一、成员城市数量较少或较分散的“准城市群”结构。要适应中小城市快速形成、发展和大批城市群较快崛起的趋势，以及各类区域发展和经济带建设需要城市群提供战略支点的实际，提高城市群的规划水平，提高对各类城市群发展的指导、促进能力。

（2）促进每个成员城市完善城市职能，形成城市与城市之间职能的正向叠加和优劣互补。促进成员城市之间发展以分工协作为主要纽带的经济联系。每个城市制定和实行经济和社会发展规划，建设和发展产业园区，开发和发展新的产业等，要注重针对其他城市的资源、产业结构等特点，注重自身产业发展与其他城市之间的功能互补和产业链衔接，有目的地加强城市之间的依存关系和城市群的系统整体功能。按照城市之间职能的正向叠加和优劣互补的关系原则，可以依次组成一系列有机结合的小规模城市组群，再由若干个城市组群耦合成较大规模的城市圈、城镇群或城市经济区等有机群体，最后将各个具有亚系统功能的城镇有机群体组织成为具有完整的经济聚集—扩散功能的城市群整体。

（3）增强核心城市的经济实力和辐射带动能力。城市群的核心城市可以是某一个最大规模的城市，也可以是两个或两个以上的最大规模城市构成的城市组。建设城市群的主要途径之一，就是解决好核心城市规模太小、实力不强、辐射带动能力不足的问题，建设规模最大、发展条件最优越、辐射带动功能最强大的核心城市，加快核心城市的产业升级和城市功能升级，有效带动其他成员城市发展。

（4）发展城市群的优势产业。城市群的优势产业是若干个成员城市的优势产业的集合体或组合体，应当具有规模大、科技创新能力强、能够占领较大份额国内和国际市场的特点。核心城市和其他成员城市应当集中发展有资源优势的传统产业和新兴产业，不断深化成员城市间的产业分工，使优势产业和产业分工成为城市群发展壮大的主要推动力。

（5）组织各成员城市协同发挥功能，提高成员城市的联网辐射强度，扩展其联网辐射范围。促进结构和功能尚不健全的城市更快发展，尤其要重视发展创新能力较快增强、科技生产力聚集—扩散功能健全的城市。在边远、贫困地区，从建设重要交通通道开始，重点扶持建设处于地理中心地位的城镇，使之发展成有较大辐射力的中心城市，填补中心城市网络中的空白点，加强城市网络中的薄弱点。依靠多级中心城市网络的逐步致密化和联网辐射功能的逐步强化、完善，较低等级的城市接受并向下传导高等级城市的辐射力，相邻的城市对处于辐射范围边缘的地区发挥相互补充式和叠加式辐射，有效化解边远地带连片贫困地区的致贫因素，带动不同区域和城乡之间的一体化发展。

（6）建立有效管理城市群和协调各成员城市关系的机构，及时解决城市群发展中的重大问题。在城市群发展较缓慢的地区，及时出台促进城市群发展的重要政策，发挥市场和行政管理两方面的作用，加快县域经济和县城的发展，使越来越多的县城和县域城镇较快升级为城市群的重要成员城市。提高三四线城市和中小型城市的教育、医疗等公共服务水平，缩小城市群内部的民生差距。

（7）建设城市群内外的交通通信网，提高成员城市间的互联互通水平和城市群的一体化发展水平。重点建设沟通各成员城市、城市群内各地区和城市群与外部城市之间的主要交通和通信通道，有效克服因自然条件阻隔造成的交通和通信不畅，依城市群内部空间尺度的差异分别形成交通便捷的半小时、一小时、两小时经济圈，提高城市群内部经济交往的效率和效益，促进城市群向更高水平的一体化过渡。

（三）建设城市群的知识增长中心

城市群是超越单个城市功能的更大规模和具有更多功能的地域综合体。如果说单个城市往往难以建设门类相对齐全的知识生产和知识创新体系，而是要侧重于科技创新体系的建设，那么，城市群则要重视综合性的知识增长中心建设，要重视建设各类知识生产机构和聚集—扩散功能良好的知识生产中心，以文化、科技、管理、经验等综合性的知识创新为基础，支撑各个成员城市的科技创新、制度创新、管理创新，为城市群及其腹地的高质量发展奠定坚实的知识基础。

1. 为经济转型提供坚实的知识基础

以科技、文化等知识财富为基础的新型经济，其本质特征在于人们获取财富的技术手段、开发对象和人们为获取财富而结成的社会关系，以及在此基础上形成的社会思想文化等与传统工业经济相比发生了历史性的巨大进步。以这种新型经济取代传统的工业经济，是今后几十年经济转型发展的主旋律，其特征主要表现在以下几方面：

（1）知识财富的生产成为经济和社会发展的基础环节。高效率地生产和传播新的科学技术、文化、管理和工作经验等知识财富，学习、继承人类已经创造和积累的各门类的知识，传播和加工处理各种知识和与知识有关的信息，促进科学技术、文化、管理和工作经验等各种知识融会贯通地转化为人的全面发展和社会组织素质的提高，培养造就掌握、运用、创造知识的专业化劳动大军，全面提高个人和社会的文化道德水平、科学技术水平、社会组织结构水平，决定着经济社会发展的质量和快慢，最终决定着国家、地区、企业等社会组织的发展前途和命运。

（2）知识型的生产劳动是经济发展的主导环节。脑力劳动在社会生产劳动中将逐步占据主导地位，运用知识从事生产劳动和生产知识性产品的劳动成为最主要的社会劳动形式，知识密集产业和高科技产业获得更快发展，体力劳动密集型的传统产业受到先进文化知识和高科技知识的改造、提高，演化为知识密集型产业，提高劳动生产率和经济效益主要依靠开发人的创造力来实现。

（3）生产工具实现智能化革命。新型经济的生产工具体系是以智能化的工具为主导的，主要包括智能化的全球信息网络体系和企业、单位等系统内部的网络体系，以及电脑、机器人、自动化生产线、无人工厂、无人商店等。企业、学校、科技研发单位、政府管理部门等，广泛运用智能化的工具从事生产经营和管理，信息的传递、储存、表达实现全面数字化。

（4）知识资本在社会资本构成中占主导地位。知识、智力、科研成果、专利产品、无形资产等知识型资本将逐步取代物质资本的地位成为社会经济发展的主要资源，企业经营更加重视知识资本的增值、积累和运营，生产经营主体主要通过增强知识资本优势来增值资金，获得发展。

（5）社会劳动力实现知识化。知识阶层在社会结构体系中逐步成为占支配地位的力量，知识的分配决定着社会财富的分配，知识产品及其价值的创造者成为社会经济的主导力量，第一、第二、第三产业的劳动力逐步转化为拥有较高专业知识的知识型劳动力，知识型劳动力和专家队伍逐步成为社会劳动力的主力。

（6）企事业单位向学习型和创造型组织转化。企业和事业单位增强其业务功能和竞争力的基础是增强其学习功能和创造功能，通过全员学习、终生学习、高效率学习，形成综合知识优势和人才优势，以保证其主导功能和综合功能的发挥，学习型、创造型组织成为社会生产力发展的微观基础。

（7）经济趋于生态化。文化发展、社会变革和科学技术进步为合理、高效、永续地利用自然资源提供了越来越健全的条件，资源开发和经济发展走上人与自然相协调的生态型道路。

2. 知识增长中心的基本构成要素

知识增长中心是以生产各类知识产品为主要职能的聚集区。能够分化形成这种聚集区的，主要是国家一级、二级中心城市和多数省市区的省会城市和省域副中心城市。城市群越是发达，则其核心城市和主要的成员城市就越是能够承载大规模的知识生产职能，从而分化形成规模越来越大、专业化水平越来越高的知识生产聚集区。这样的城市，也就是物质生产和精神生产两种职能兼具的高水平综合性城市。一般的城市群往往只有少数的城市具有知识生产中心的职能，且城市的知识生产能力较弱；而发达的城市群则有更多的城市具有知识生产中心的职能，且城市的知识生产能力普遍较强。

综合性城市的知识生产聚集区，主要是各类大学、职业技术学校、研究开发机构、文化艺术机构、知识中介服务机构密集分布的区域，其中，研究型大学和科技研发机构是区域内知识生产的主导力量。此外，构成知识生产聚集区的，还有以生产和推广运用科技成果为主要特征的创新型企业、企业孵化器、经济技术开发区、科技产业园区、“创业和技术创新社区”等要素。

要建设发达的城市群，不仅要有发达的产业体系，而且更为重要的是要有发达的知识生产体系。后者是前者的头脑和灵魂，前者是后者的骨骼和肉体。所谓发达的知识生产体系，不仅是要聚集众多的知识生产机构和知识传播、服务、转化机构，而且要使这些机构具有健全的体制机制，使这些机构之间形成紧密的分工协作关系，具有高效率的知识生产能力。

3. 建设知识增长中心的主要途径

（1）建设重点大学和科研开发机构。大学和科研开发机构是知识生产力的主要载体，是发展知识主导型经济的主要基础条件，同时也是知识增长中心的主要组成部分。建设发达的城市群必须把建设重点大学和科研机构确立为战略重点，在核心城市和主要的成员城市集中建设以研究型大学和科学技术研究开发机构为主的知识生产聚集区，提高先进技术、关键技术的支柱创新能力。同时要重视建设高水平的文化知识生产、传播机构，促进文化知识与科技知识的融合，避免知识生产和知识人才走向畸形化。各级地区应当主动配合这一战略重点的实施，加大力度发展教育、文化和科学技术，提高各类学校的人才培养水平，造就高质量的技术专家和知识型熟练劳动力，保证劳动力进入工作岗位后能够胜任知识型、技术型、创新型的工作。

（2）建设科技型、知识型骨干企业。在骨干企业式建设中，注重建设科技型、自主创新型和知识密集型的企业，尤其要重视将一批综合素质较高的大型企业和企业集团改造、提高为科技型或知识密集型的新型企业，逐步扩大这类企业的数量，提高其创新能力和综合文化素质，形成并不断完善以科技型、创新型、知识密集型企业为主体的创新体系。

（3）建设重点高科技行业和高新技术产业开发区。将国家级和省级高新区建设成为高科技知识和高科技产品的生产基地。将传统产业集群改造、提升为高新技术产业集群，增强其物质产品、服务产品和专利产品生产能力。注重在高新区、集群区附近建设较为密集的高新技术知识生产实体，即相当数量的大学、科研开发机构、文化研究开发机构和相应的服务设施，发展创新创业的园区文化，吸引投资者到产业集群区兴办高新技术企业，吸引技术专家来集群区工作。

（4）建设更多的知识生产型城市。从长远发展来看，建设综合型的知识生产城市较之建设单纯的科技创新城市具有更加重大的战略意义。因此应当优先将国家一级、二级中心城市和省会城市、省域副中心城市建设成为各具特色的综合性知识生产城市，使之分别成为全国、大区域、城市群和省域等不同等级区域的知识增长中心，带动更多的城市走知识生产优先的发展道路，为经济社会发展提供日益丰富的知识供给和高质量人才、人力供给。

三、建设以经济带网络为骨架的增长极体系

（一）建设贯通全国东西南北的大型经济带

虽然我国学术界早就提出了建设经济带的理论，国家在规划和实践中也实施了经济带建设的一系列重大工程，但是对经济带的结构及其带动区域发展的功能的认识，以及经济带网络的发展前景和有关规律的认识，尤其是对经济带、经济带网络与城市、城市群、对外开放的互动发展规律的认识，还是在“一带一路”倡议的实施中得到深化和提高的。“一带一路”倡议推动了贯通全国东西南北的大型跨国经济带建设，正在形成有效组织和覆盖国内主要地区并延伸到国外的经济带网络，加快了城市、城市群和各类区域的经济发展，使极化发展与相对均衡发展、内向发展与开放发展实现了良好结合。实践证明，建设若干条贯通全国东西南北的大型跨国经济带，形成覆盖全国并延伸到周边国家的经济带网络，是将企业式、行业式、产业集群式、中心城市式、城市群式、区域网络式等各类增长极联结成统一整体的重要发展机制，同时也是高效率地规划和组织区域经济发展的一种科学的战略模式。

如本书第三章第三节所述，立足我国的基本国情条件，在未来几十年中全国应当重点建设东西向亦即横向的三条一级经济轴带和南北向也就是纵向的四条一级经济轴带，形成“三横四纵”的七条一级经济轴带网络框架。其中东西向的三条轴带分别是陇海兰新经济带（丝绸之路经济带国内段）、长江—雅鲁藏布江经济带（长江—雅鲁藏布江—南亚经济带国内区段）、粤桂黔滇经济带（中缅印孟经济带国内段）；南北向的四条一级经济轴带即哈大—东部沿海经济带、京广经济带、呼兰成昆经济带（俄蒙中泰新经济带国内段）、北疆—南疆经济带（西伯利亚—新疆—南亚经济带国内段）。

（二）建设以经济带网络为骨架的增长极体系

建设“三横四纵”的经济带网络，可以将全国20多个城市群和国家的一级、二级中心城市以及大多数的省会城市、省域副中心城市等连成一个整体（见图5－1），并通过建设主轴带两侧的分支轴带，将市州域和县域的中心城市纳入经济带网络中，对深化城市、城市群之间的分工协作，促进城市、城市群之间的互动发展具有决定性的战略意义。

1. 增长极体系的基本模式—三大增长支柱、三级集聚系统、一体化发展网络

将全国的城市群和多级中心城市纳入经济带网络，自然也就将各级中心城市和各级区域的产业集群、重点行业和骨干企业纳入经济带网络中，城市间的互动发展必然体现为各地区的产业集群、重点行业和骨干企业之间的互动发展。通过强化经济带和经济带网络建设，能够以“纲举而目张”的方式和效果推动城市、城市群、产业集群、行业、企业的发展，形成“纲”“目”一体、宏观微观协调发展的机制。这种增长极体系的基本模式，可以概括为“三大增长支柱、三级集聚系统、一体化发展网络”。

“三大增长支柱”就是骨干企业、支柱行业、产业集群三种“造血”增长极，其功能主要是带动行业和地区的经济总量实现持续、稳定增长，对区域经济起“强身健体”的基础支撑作用。

“三级集聚系统”是指中心城市、城市群、经济带作为地域空间上的三大聚集经济体，后者比前者的规模、空间范围和聚集效应均分别提高一个到两个等级，是以经济聚集促进创新、以创新驱动发展的主要载体。

“一体化发展网络”是指以经济带网络为骨架的区域经济网络，是将以上几种增长极的聚集效应转化为扩散效应，带动提高区域经济一体化水平的主要载体。这种网络兼具极化性与均衡性相结合的特征。与上述六种增长极形式相比，它具有更多的均衡性、扩散性特征，善于将网络内的六种增长极的经济能量扩散开来，形成均衡发展效果。但是与网络以外的区域相比，它具有聚集性和率先发展能力较强的极化发展特征，同时也具有向网络外部传导经济能量、辐射带动外部区域发展的扩散功能。所以，以

经济带网络为骨架的区域经济网络，是一种由高度聚集性增长极过渡到大范围均衡发展的区域共同体的中间形态的增长极形式。这种网络的结构越是合理，网络的密度越高，则区域发展的均衡化、一体化水平就越高，当然，它对网络区以外的地区的辐射带动能力也越强。

所以，“三大支柱、三级集聚、一体化网络”应当成为各级各类区域增长极体系的基本模式，同时也应当成为各级各类区域实现高质量发展的一种有效的战略方式。在今后的几十年发展中，从全国到各级各类地区，以建设“三大支柱、三级集聚体、一体化网络区”增长极体系为主要战略途径，是实现健康、可持续发展的一条稳健、创新之路。

按照“三大支柱、三级集聚、一体化网络”的增长极体系基本模式，可以将全国最高层级的增长极体系框架概括为“500 强企业、400 多个开发区、六大类支柱行业、20 个中心城市、15 个大型城市群、7 条主轴经济带、8 大经济网络区、多层次区域增长极体系”。具体内容包括：以全国 500 强企业为主体的骨干企业群，其中以进入世界 500 强行列的企业为骨干中的骨干；以 219 个国家级经济技术开发区、156 个国家级高新技术开发区和几十个其他类型的国家级开发区、自贸试验区为主体的国家级产业集群；以北京、上海、天津、广州、深圳、重庆、武汉、成都、沈阳、郑州、西安、南京、长沙、杭州、青岛、宁波、厦门等为主体的 20 个左右的国家级中心城市；以长江三角洲、珠江三角洲、环渤海、中原、长江中游、成渝、哈长、海峡西岸、北部湾、关中等城市群为主体的 15 个左右的国家级城市群；沿海经济带、长江经济带、京广经济带、陇海兰新经济带、呼兰成昆经济带、粤桂黔滇经济带、北疆—南疆经济带共 7 条主轴经济带；东北、华北、东部沿海、华南沿海、华中—中原、西南、陕甘宁青、新疆共 8 个大型经济网络区，并进一步促进八大网络区连成统一的全国经济网络区；全国的增长极体系还包括下属各级地区的增长极体系，主要有东、中、西部和东北四大板块的增长极体系，包括台湾、港澳在内的 34 个省级行政区的增长极体系，省级行政区下属的市州、县市旗等多层次区域的增长极体系。

2. 增长极体系的建设重点

从全国、大区到省域、县域的各级区域，都应当按照纲目一体、宏观微观相协调的“三大支柱、三级集聚、一体化网络”的基本模式，建设适应各自特点和各自发展需要的增长极体系。建设的重点包括：

（1）建设高素质的骨干企业、产业集群、支柱行业，带动经济总量持续、稳定增长。明确本区域大致建设多少个骨干企业和哪些产业集群、支柱行业，在一定的规划期内达到哪些主要目标。如就全国而言，未来一二十年内需要建设以 500 强企业为主的骨干企业群，以国家级经济技术开发区、高新技术开发区为主的产业集群，以及能源工业、原材料工业、先进制造业、建筑业、新兴服务业六大类支柱产业。

（2）建设经济集聚效应逐级增强的中心城市、城市群、经济带，以集聚促进创新，以创新驱动发展。一般来说，城市群（城镇群）比单个的中心城市、经济带比单个的城市群（城镇群）要具有更大更高级的经济聚功能，以经济要素的聚集促进要素在企业、行业、区块上达到最优配置，产生良好的配置效益和创新功能，为微观和宏观经济发展提供不断增强的效益驱动力和创新驱动力。没有良好的经济聚集体，就不会有强大的效益驱动力和创新驱动力。所以在各级区域的规划和建设实践中，必须明确建设那些中心城市、城市群和经济带，以及每个中心城市、城市群、经济带应当具有的聚集功能，并采取相应的建设方式实现中心城市、城市群、经济带的功能目标。

（3）建设结构合理、功能健全而强大的经济带网络，带动提高区域一体化发展水平。经济带网络只是区域经济网络的骨架，区域经济网络是区域内企业网络、行业网络、城镇网络、交通网络、经济轴带网络的综合体。经济带网络是带动形成发达的区域经济网络的高级极化形式，同时也是各种增长极形式中极化特点最薄弱、均衡特点较为突出的一种形式，它的最发达的形式就是与区域经济网络融为一体。

3. 增长极体系的建设途径

虽然各级各类区域的增长极具有形成一定体系的必然性，但自然形成和演化的增长极体系必然存在许多缺陷，而且一般较为缓慢，其自身发展及带动整个区域发展的局限性十分明显。因此，从积极推动区域经济发展取得最佳成效的需要来看，不能满足于自发形成的增长极体系，而是要立足区域的基本条件并根据未来发展的战略需要，创造性地规划和建设较理想的增长极体系。规划和建设的途径大致如下：

（1）调查、评估已有的各种增长极的布局、结构、功能状况，在国民经济发展规划中增加增长极体系建设规划的内容。增长极体系建设规划必须明确提出建设哪些主要的增长极、怎样建设以及增长极体系的整体功能、合理布局、合理结构，提出在各种增长极之间建立相互促进、优劣互补的经济技术联系，将区域内所有的增长极联结成发挥整体功能的系统等内容，并将这些规划内容落实到相应的建设项目上，改变以往简单地、孤立地、有时想起有时又忘记增长极功能的弊病。

（2）根据区域发展的战略需要和增长极体系建设规划的要求，加强增长极体系内的薄弱环节，包括骨干企业的创立、兼并、重组，建设新的产业集群和促进传统产业集群升级，组建新的行业和改造原有的行业，建设新的城市、城市群、经济带、经济网络区，调整各类增长极的空间布局和经济联系等，使增长极体系的内部结构更加合理，辐射带动功能更加健全、强大。

（3）建设交通通道、交通通信网、物流网等重要设施，改变单个增长极彼此孤立存在和发挥作用的弊端。

(4) 通过一定的协调和管理手段，调整增长极体系的重要结构关系，促进增长极系统的进化和发展。把单个的增长极组织、整合成一定的增长极体系，或者把一定的增长极体系协调、管理得更加科学、高效，应当努力促进增长极体系运行的边际成本小于其边际收益。一方面，必须有效地实现外部经济内部化，把增长极体系的结构关系所产生的有益作用转化为每个增长极和每个经济单位内部体制、机制的优化和效率、效益、发展速度的显著提高。另一方面，必须有效地实现内部经济的外部化，作为增长极的每个城市、行业、企业、企业集群等，其素质、效率、效益的提高和辐射带动功能的增强，应当尽快转化为增长极体系更合理、更进步的结构关系和城市之间、行业之间、企业之间正向的相互作用，推动企业、行业、城市、城市群之间的经济技术协作联合关系和城市之间的贸易链越来越发达。

(5) 改造传统的增长极，建设具有新的结构和相应功能的增长极，促进新一代增长极的萌生和发展。各类增长极均有其一定的寿命周期，当传统的增长极已不能适应经济向更高阶段发展的需要时，必须及时改造传统增长极的结构和功能，建设具有新的结构和相应功能的新型增长极。当各级各类增长极形成发达的网络并带动区域经济达到较高程度的一体化水平时，增长极的极化发展功能就告终结，代之而起的是区域的均衡化或一体化发展。但是这时在均衡发展的区域中，必然会产生出新一代的增长极，开始新一周期的极化—均衡发展。因此，在增长极体系达到一定程度的网络化水平时，就应当调查、分析和预测下一周期的极化—均衡发展的趋势和萌芽状态，促进新一代增长极的萌生和发展。实际上，新一代增长极一般总是在上一代增长极尚未达到发达状态时，就已经开始萌芽和生长了。比如在工业化发展的增长极体系尚未达到发达状态时，信息化时代的增长极就已经萌芽和生长起来了。因此必须适度超前地预测和部署对新一代增长极即后工业时代增长极的培育、扶持和建设，其中，主要的措施是促进区域创新能力的形成和增强，建设各种以科技创新功能为主导的企业、行业、产业集群、中心城市、城市群等增长极。

四、西部增长极体系的基本框架

我国西部地区经济落后，建设功能强大而健全的增长极体系显得尤为重要。虽然西部地区增长极的几种主要形式较之东中部地区的同类型增长极都存在一定的差距，但西部增长极体系的空间布局、基本框架结构及其带动本地区发展和影响全国发展的功能仍有其多方面的特殊优势，在国内外区域发展中有其重要的引领、示范意义。

（一）西部的“五极、六带、六支柱、十二点、多种类型增长极网络体系”

按照“三大支柱、三级集聚、一体化网络”的基本模式，西部增长极体系的空间布局和整体框架可以概括为“五极、六带、六支柱、十二点、多种类型增长极网络体系”。其中，“五极”是指在增长极体系中发挥核心和主导作用的5个大型城市群，即成渝城市群、关中城市群、黄河上游城市群、以北部湾为核心的南贵昆城市群、以乌鲁木齐为核心的环天山城市群或新疆城市群；“六带”指基本覆盖西部12省市区的六条主轴经济带，即长江上游经济带、陇海兰新经济带、呼兰成昆经济带、南贵昆经济带、包西渝黔桂经济带、北疆—南疆经济带；“六支柱”即支撑西部地区经济发展的能源化工、矿产开采加工、农产品加工、装备制造、高新技术、旅游六大类支柱产业；“十二点”就是以西部12省市区省会城市为12个点式增长极，已经带动形成或正在形成以省会城市为核心的省域都市圈或省域城镇群，发挥着以省域范围为主要腹地的经济“龙头”功能，其中规模较大、点式增长极功能较为突出的省域副中心城市，如内蒙古自治区的包头市和广西壮族自治区的北海市等，因其与省会城市的空间距离较近，可以近似地看作与省会城市为一体的一个“点”；“多种类型增长极网络体系”是指增长极体系以技术密集和高科技大型企业和企业集团为基础，以大中型中心城市为主导，以各种经济技术联系为纽带，将骨干企业、产业集群、优势行业、中心城市、城市群、经济带等不同类型的增长极联结、组织成为网络式的区域经济增长的载体体系，带动西部地区各类区域经济网络走向发达状态。

西部地区的“五极、六带、六支柱、十二点、多种类型增长极网络体系”既是该地区增长极体系的基本框架结构，同时也是未来一二十年内增长极体系建设的战略目标。因为在这一框架结构中，重要的组成要素及其关联关系都具有明显的超前性和巨大的成长空间。比如五大城市群中，相对最发达的成渝城市群尚且存在一体化程度较低、产业聚集功能和产业升级水平不足等缺陷，其他的几个城市群，有的发展条件较好但距发达目标尚有一定距离，而有的则还处于“准城市群”或“前城市群”的阶段。所以，“五极、六带、六支柱、十二点、多种类型增长极网络体系”是一个具有良好基础的战略目标框架，需要进行科学的规划和长期的建设实践才能实现。

（二）“五极”及其带动的西部城市体系

在五个大型城市群中，关中城市群与黄河上游城市群、成渝城市群与南贵昆城市群之间均形成了一种“主星”与“伴星”的相邻关系和趋于融合的关系。经过一定时期的发展，这四个城市群将融合为一体化的西部特大型组团式城市群。新疆城市群短期内还难以与上述四个城市群相比，但是新疆已被确定为丝绸之路经济带的核心区，城市和城市群发展进展较快，发展前景看好，在二三十年内形成大型城市群，发挥省域内增长极和国际增长极功能，既是区域发展的战略需要，也是区域发展和国家扩大开放的一种必然趋势。

组成“五极”即五个城市群的主要城镇群或都市圈约有20个，分别是成都都市圈、重庆都市圈、川西南城镇群、西安都市圈、兰州都市圈、银川都市圈、西宁—格尔木城镇群、北部湾城镇群、黔中城镇群、滇中城镇群、乌鲁木齐都市圈，以及独立发展的呼包城镇群、西藏城镇群和有条件形成的陕北城镇群、陕南—渝东北—川东城镇群、蒙东城镇群、河西城镇群、南疆城镇群，当然还有今后继续发展形成的若干新的都市圈和城镇群。这些都市圈、城镇群所包含的成员城市以及呈稀疏分布和独立发展的城镇等，已有近190个大中小城市和8 000多个中心镇①。

（三）“六带”及其延伸形成的轴带网络

西部地区的六条主轴经济带以三横三纵相交织的形式构成网络式增长极体系的骨架。横向的三条主轴带是：陇海—兰新经济轴带西段；长江上游经济轴带；南贵昆经济轴带。这三条主轴经济带实际上是覆盖全国的三条主轴经济带的西部区段。纵向的三条主轴带是：呼兰成昆经济轴带；包头—西安—重庆—贵阳—南宁经济轴带；沿阿勒泰—乌鲁木齐—阿克苏—喀什交通线的北疆—南疆经济带。

六条主轴经济带在其两侧可以延伸形成十多条分支经济带，即在主轴带大框架的基础上延伸了增长极体系网络的覆盖范围，增加了增长极网络的密度。这十多条分支经济带是：雅安—拉萨经济带；雅鲁藏布江经济带；南宁—柳州—桂林经济带；北海—玉林—梧州—贺州经济带；贵阳—六盘水经济带；昆明—玉溪—个旧经济带；大理—丽江—香格里拉—芒康经济带；西安—商洛—十堰经济带；西安—西峰—吴忠经济带；兰州—西宁—拉萨经济带（青藏经济带）；格尔木—库尔勒—和田经济带；蒙东经济带等。

（四）以六大类特色优势产业为主导的“造血”增长极

以上述城镇、城市群、经济轴带为主要载体，形成了以六大类特色优势产业为主体的行业式增长极。这六大类特色优势产业是：①能源和能源化工产业，包括煤炭、石油、天然气、核燃料、电力、新能源；石油天然气化工、煤化工、无机化工；②矿产及其加工业，包括有色和黑色金属、非金属矿开采及加工业；③装备制造业，包括航空航天设备、交通设备、军工设备等机械、电子工业；④高新技术产业，包括生物

① 《中国统计年鉴2018》。

医药、新材料；⑤特色农产品加工业；⑥旅游、商贸物流等服务业。这六大类产业就是西部地区主要的行业式增长极或增长极行业。增长极行业和部分非增长极行业所属的骨干企业、企业集团则是西部地区主要的企业式增长极或增长极企业。各地形成的具有高增长功能的产业集群，包括自然形成的产业集群和各级政府支持建立的经济技术开发区、高新技术产业开发区、产业园区等，是西部地区主要的产业集群式增长极。

西部增长极体系的空间布局和基本框架结构，如表 5－2 所示。

表 5－2　　西部地区增长极体系布局结构框架

主轴经济带	主要分支轴带	主轴带包括的主要城市群	城市群包括的主要小型城市群、都市圈、城镇群	都市圈、城镇群包括的主要成员城市	城市群、都市圈、城镇群承载的特色优势行业
长江上游经济带	雅安—拉萨经济带；雅鲁藏布江经济带	成渝城市群	成都都市圈	成都、绵阳、德阳、广元、达州、遂宁、内江、资阳、乐山、自贡、南充、雅安、广安、巴中	电子信息、装备制造、生物医药、新材料、核工业
			重庆都市圈	重庆市及其下辖的地级市、区、县级市	天然气化工、汽车、摩托车、装备制造、原材料、新材料、电子信息
			川西南城镇群	宜宾、泸州、西昌、攀枝花、昭通	特色冶金、新材料、航空航天、农产品加工
			西藏城镇群	拉萨、日喀则、林芝、那曲	畜牧、农牧产品加工、商贸、旅游
陇海兰新经济带（西段）	西安—商洛—十堰经济带；西安—西峰—吴忠经济带；兰州—西宁—拉萨（青藏）经济带	关中城市群	西安都市圈	西安、咸阳、渭南、泾阳、铜川、延安、榆林、庆阳、平凉、临潼、华阴、宝鸡、杨凌、兴平、汉中、安康、天水	装备制造、高新技术、能源、化工、旅游
		黄河上游城市群	兰州都市圈	兰州、白银、武威、金昌、临夏、定西、平凉、西峰、银川、石嘴山、吴忠、青铜峡、中卫、乌海、西宁、格尔木、同仁	能源、石油化工、有色金属、核工业、装备制造、盐化工、农产品加工
			银川都市圈		
			西宁—格尔木城镇群		

续表

主轴经济带	主要分支轴带	主轴带包括的主要城市群	城市群包括的主要小型城市群、都市圈、城镇群	都市圈、城镇群包括的主要成员城市	城市群、都市圈、城镇群承载的特色优势行业
南贵昆经济带	南宁—柳州—桂林经济带；北海—玉林—梧州—贺州经济带；贵阳—六盘水经济带；昆明—玉溪—个旧经济带；大理—丽江—香格里拉—芒康经济带	南贵昆城市群	北部湾城市群	南宁、北海、钦州、防城港、玉林、崇左、柳州、贵港、梧州、贺州、桂林、河池、来宾、百色	有色金属、装备制造、钢铁、石油化工、农产品加工、旅游、商业贸易、高新技术、海洋产业
			黔中城市群	贵阳、六盘水、遵义、安顺、凯里、铜仁、毕节、福泉、都匀、赤水	能源、电子、铝冶炼加工、磷化工
			滇中城镇群	昆明、玉溪、曲靖、昭通、丽江、保山、思茅、临沧、安宁、宣威、大理、楚雄、潞西、个旧、开远、瑞丽、景洪	电力、有色金属、化工、农产品加工、旅游
呼兰成昆经济带	蒙东经济带	呼包鄂榆城市群	呼包都市圈	呼和浩特、包头、乌海、鄂尔多斯、乌兰察布、巴彦淖尔、赤峰、通辽、呼伦贝尔、霍林郭勒、丰镇、二连浩特	能源、化工、冶金、农产品加工
		黄河上游城市群	（略）	（略）	（略）
		成渝城市群	（略）	（略）	（略）
		南贵昆城市群	（略）	（略）	（略）
包西渝黔桂经济带		呼包鄂榆城市群	（略）	（略）	（略）
		关中城市群	（略）	（略）	（略）
		成渝城市群	（略）	（略）	（略）
		南贵昆城市群	（略）	（略）	（略）
北疆—南疆经济带	库尔勒—和田—格尔木经济带	环天山城市群（新疆城市群）	乌鲁木齐都市圈	乌鲁木齐、哈密、鄯善、吐鲁番、昌吉、石河子、独山子、奎屯、乌苏、克拉玛依、博乐、伊宁、库尔勒、阿克苏、喀什、和田	能源、石油化工、矿产、农产品加工、对外贸易

第六章

“一带一路”的轴带体系

能不能像建设国内增长极体系一样，建设带动国际区域发展的增长极？中国和世界的发展需要建设怎样的大型跨国经济带？怎样将国内增长极体系建设与国际增长极体系的形成、发展对接起来，走出一条多国共建共享、合作共赢的成功发展道路？

中国的“一带一路”倡议回答了这些问题。中国领导人从世界全局发展与中国自身发展密切结合的需要出发，注意到国际上有条件形成的两个经济带，这就是：陆上的东亚—中亚—西亚—欧洲经济带，即丝绸之路经济带；海上的或沿海的东亚—东南亚—南亚—非洲—欧洲经济带，即21世纪海上丝绸之路。中国倡导并力推实行的“一带一路”倡议在越来越多的国家之间取得了共识，正在形成沿线国家志同道合的发展模式。

经济带作为一种区域增长极是最易于发展起来的地区。“一带一路”倡议旨在建设国际区域经济的增长极，优化国际区域经济的利益关系和空间组织形式，由条带型的地域经济共同体逐步过渡到全人类的命运共同体。

“一带一路”同时也是中国的国家级开放发展战略。实施“一带一路”倡议的一条重要途径，就是建设覆盖国内主要地区和国际大区域的轴带体系，以轴带体系联结国内外的中心城市和城市群，取得国内发展与世界发展的双赢效果。

第一节　丝绸之路经济带的走向和布局结构

丝绸之路原本是古代中国与中亚、西亚、地中海地区之间的通商路线，其具体路线在不同历史时期以及国内和国外的不同地区变化较为复杂。陆上丝绸之路实际上是连通中国西部与中亚、西亚、欧洲、北非地区的一种商路网络，海上丝绸之路则是由广州经东南亚、印度，进入红海和地中海，最终到达突尼斯、罗马等城市的商业道路。现在所说的“丝绸之路经济带”虽以古丝绸之路冠名，但它是现代市场经济和特殊的国际政治、文化背景下的产物，是跨国、跨洲的大型带状经济区。这一横跨亚欧非三大洲的条带型经济区以亚欧大陆桥交通大通道为轴心，东起我国沿海，中经我国中原、西北和中亚、俄罗斯、西亚地区，最西端到达欧洲西海岸，全长10 000多公里，南北宽数千公里，联结亚、欧、非三大洲，惠及人口30多亿，是我国建立、发展与中亚、西亚、北非、欧洲等国家和地区之间的战略合作关系的重要载体和桥梁，其规模巨大，结构、功能以及规划和建设的思路也较国内大型经济带更加复杂。

一、丝绸之路经济带的大致走向和布局结构

丝绸之路经济带是由主轴带、副轴带和分支轴带组成的轴带网络体系。其中，主轴带的东端是中国东部沿海的连云港地区。这里是长江三角洲城市群与环渤海城市群和中原城市群的接合点，也是海上东北亚经济带的起点。主轴带的西端延伸到欧洲西部的荷兰、法国、西班牙等大西洋沿岸各国。丝绸之路经济带主轴带是将中国东、中、西部地区与中亚五国以及里海、黑海、地中海、阿拉伯海、红海沿岸各国连成一体的特大型带状经济区（见图6-1）。

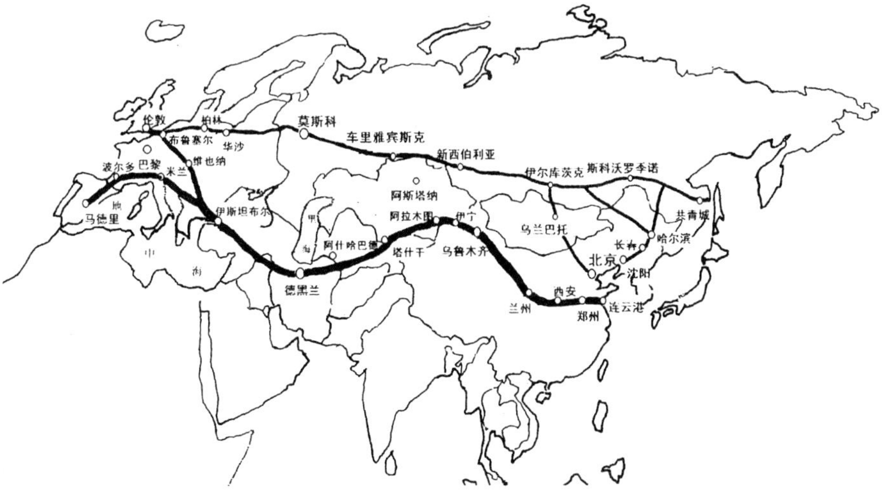

图6-1　丝绸之路经济带主轴带和副轴带的基本走向

（一）丝绸之路经济带主轴带国内区段的范围和布局结构特点

丝绸之路经济带可以划分为我国国内区段和国外区段两大部分，其中国内区段基

本上与陇海兰新经济带或亚欧大陆桥经济带的国内区段相重合，即以江苏连云港为起点，经徐州、郑州、西安、兰州、乌鲁木齐等主要节点城市，到新疆霍尔果斯口岸等边境地区，全长4 100多公里。

在国内，这一连接东部沿海地区与西部边疆地区的主轴经济带，其轴心区是由五个城市群依次相连构成的串珠式城市群集群区或城市群连绵带。这五个城市群是：以上海为中心的长江三角洲城市群；以郑州为中心的中原城市群；以西安为中心的关中—天水城市群；以兰州为中心的黄河上游城市群；以乌鲁木齐为中心的新疆城市群。由主交通线陇海兰新铁路直接串联起来的大型、特大型节点城市共有10个，即连云港、徐州、郑州、洛阳、西安、咸阳、宝鸡、天水、兰州、乌鲁木齐。

丝绸之路经济带轴心区两侧的近辐射地区，从东到西分别是江苏、山东、安徽、河南、河北、湖北、山西、陕西、重庆、四川、甘肃、宁夏、青海、内蒙古、新疆等十几个省市区，面积约570万平方公里，人口7.5亿，2017年经济总量39.38万亿元，约占全国经济总量的47.7%。

（二）丝绸之路经济带主轴带国外区段的大致走向和布局结构特点

主轴带在国外的区段主要以泛亚铁路网的中亚铁路为轴心，将中亚、西亚的城镇密集区与地中海沿岸和欧洲的主要城市群连成一体。泛亚铁路网是亚洲国家为实现经济振兴而共同制定的铁路干线建设计划，主要目的是建成连接欧洲和太平洋的交通大动脉。作为泛亚铁路网主干线之一的中亚铁路，是连接土耳其与伊朗的铁路干线，并且在土耳其一端通过马尔马雷隧道与欧洲的铁路网相连。在伊朗一端与中国至哈萨克斯坦、乌兹别克斯坦、土库曼斯坦等中亚国家的铁路相连，是贯通亚洲与欧洲的运输大动脉，同时也是丝绸之路经济带主轴带所依托的主要轴心。

从中亚、西亚各国的地理位置、资源分布、经济发展以及交通干线、城镇布局的特点来看，丝绸之路经济带主轴带在国外的区段，应从邻近中国霍尔果斯口岸的扎尔肯特地区开始，经阿拉木图、比什凯克、希姆肯特、塔什干、杜尚别、撒马尔罕、阿什哈巴德、马什哈德、德黑兰、巴格达、大马士革、安卡拉、伊斯坦布尔等主要节点城市，与地中海沿岸的城市群相连。这一地带交通相对发达，城镇密集，资源丰富，经济聚集程度高，是将中亚五国和伊朗、伊拉克、叙利亚、土耳其等西亚诸国的城镇密集区与欧洲中部和地中海沿岸的城市群连成一体的经济走廊。这一地带处于全球油气资源的核心区，交通相对发达，城镇密集，资源丰富，经济聚集程度高，是将中西亚的城镇密集区与地中海沿岸和欧洲城市群连成一体的经济走廊。

丝绸之路主轴带可以沿两个方向向欧洲中部和南部延伸。一是沿伊斯坦布尔—贝尔格莱德—维也纳方向，连通土耳其、东欧和德、法、英诸国。二是沿地中海北岸的希腊—意大利—西班牙方向，形成南欧沿海经济带。

二、丝绸之路经济带主轴带的主要分支条带

经济带是一种轴带型区域增长极，它以交通干线为轴心，以城市和城市群为载体和节点，具有面向两侧地区聚集经济要素、辐射经济能量、带动轴心沿线地区和两侧腹地更快发展的功能。经济带辐射带动两侧地区发展的主要形式，就是向两侧地区延伸形成次级的分支经济带，并逐步形成轴带网络。丝绸之路经济带当然也不例外，并且在这方面有许多重要特点。

（一）丝绸之路经济带主轴带国内区段的主要分支带

丝绸之路经济带国内区段向两侧地区延伸，可以形成若干交叉条带和分支条带，并以经济条带的关联和聚集作用，积极影响江苏、山东、安徽、河南、河北、湖北、山西、陕西、重庆、四川、宁夏、青海、内蒙古、新疆、西藏等诸多省市区发展，逐步将这些地区甚至更远的地区纳入丝绸之路经济带的辐射范围内，形成日益广阔的区域分工体系，不断扩大区域一体化的范围，提高一体化的发展水平。

（1）丝绸之路经济带在其起点城市连云港地区与沿海经济带交汇，形成“丁”字形轴带连接形式，沿海经济带的北、南两段成为丝绸之路经济带的分支带，同样，丝绸之路经济带国内区段也成为沿海经济带的重要分支带。这种布局结构特点将环渤海、长三角、珠三角三大城市群纳入丝绸之路经济带辐射—协同发展的范围，使连云港地区成为丝绸之路经济带与海上丝绸之路经济带（中国沿海经济带是其东段）交汇的枢纽。由于在郑州以东区段，交通、城市、产业布局相对密集，区域发展均衡程度较高，能够形成的分支条带及其交织形成的条带网络也较为密集，因此在这一地区建设丝绸之路经济带的分支条带，应当与建设致密化的条带网络紧密结合，发挥丝绸之路经济带高效聚集经济要素、强化沿海经济带及其三大城市群功能以及促进区域均衡发展等重要功能。

（2）陇海兰新经济带在中原城市群与京广经济带形成“十”字形交叉，京广经济带的北段即郑州—石家庄—北京条带和南段即郑州—武汉—长沙—广州条带，就成为丝绸之路经济带向北、南两侧延伸的分支带。这种交叉结构将京津冀地区和河南、安徽、湖北、湖南、江西等中部多数省纳入丝绸之路经济带的辐射—协同发展范围，有利于加快东部与中部地区的均衡发展步伐。

（3）以郑州为起点，沿太焦和同蒲铁路，可形成郑州—焦作—长治—太原—呼和浩特条带，并向蒙古国延伸。以郑州为中心的中原城市群作为轴带枢纽区，其战略地

位更加重要。

（4）以西安为起点，分别形成以下多条分支条带：西安—运城—临汾—太原—忻州—大同—乌兰察布条带，与京包经济带相交；西安—延安—榆林—包头条带，与包兰经济带相交；西安—汉中—成都条带；西安—安康—重庆条带；西安—襄樊—武汉条带；西安—庆阳—银川条带。以西安为中心的关天城市群的轴带枢纽功能，会因这些轴带的形成和发展变得越来越重要。

（5）以兰州为起点，分别形成以下几条分支条带：兰州—固原—平凉—庆阳条带；兰州—银川—包头—呼和浩特条带；兰州—西宁—格尔木条带；兰州—成都—昆明条带；兰州—重庆—贵阳条带。以兰州为中心的黄河上游城市群由此将成为战略地位日益重要的轴带枢纽区。

（6）以乌鲁木齐为中心，可分别形成环天山经济带、环准格尔盆地经济带、环塔里木盆地经济带。其中，环准格尔盆地经济带可以向北延伸形成乌鲁木齐—阿勒泰—新西伯利亚经济带，环塔里木盆地经济带可以向南延伸，与中巴经济走廊重合。这两条分支带在乌鲁木齐衔接，形成西伯利亚—中亚（新疆西部）—中巴走廊经济带。这一分支带将中国新疆的北疆地区、哈萨克斯坦北部相对发达地区、俄罗斯南部和西部的城市密集区、巴基斯坦和印度等连成一体。乌鲁木齐地区由此将成为“三连环”轴带和跨国“十”字轴带的战略枢纽。

建设这些分支条带有利于加强两侧地区与主轴带地区的一体化发展，有效地组织更大区域的分工与合作，形成越来越多的面向中亚、西亚、欧洲等国际市场的出口货源基地和不断增大的进出口物流规模，形成全国推动丝绸之路经济带建设、丝绸之路经济带带动全国发展协同发展体系。

（二）丝绸之路经济带国外区段的主要分支带

在丝绸之路经济带的国外区段，依托主轴带的辐射功能并向其两侧扩展和向地中海、阿拉伯海沿岸地区延伸，可以形成以下主要分支轴带：

（1）由塔什干向西北，沿锡尔河和塔什干—阿克托别铁路，经咸海北部的阿拉尔斯克，形成一条西北—东南走向的分支轴带。这一轴带是哈萨克斯坦南部和西部的资源富集区、工业和城镇密集区，其中的咸海地区和阿克纠宾斯克州、阿特劳州、西哈萨克斯坦州和曼吉斯套州，是哈萨克斯坦石油天然气的主要产地和石油化工产业的主要基地，也是中哈经济合作项目的重要集聚区。

（2）由撒马尔罕沿阿姆河方向，经布哈拉、努库斯、阿克套、阿特劳，与里海、黑海沿岸国家的城市群相连，形成一条与锡尔河经济带相平行并在里海地区相融合的分支经济带。这一经济带从西北到东南几乎贯穿乌兹别克斯坦全境，与锡尔河经济带融合为滨里海东部经济区，将里海以东的中亚五国与里海以西的阿塞拜疆、格鲁吉亚、亚美尼亚，以及黑海、地中海沿岸的乌克兰、罗马尼亚、保加利亚等东欧国家连成一体，是里海、黑海沿岸国家的石油、天然气主产区和能源化工基地，同时也是中国企业重点投资的目标地区之一。

（3）由杜尚别向南，经阿富汗的喀布尔、巴基斯坦的伊斯兰堡、卡拉奇，形成一条连通南亚国家、进入印度洋的重要分支条带。这一分支条带与正在建设中的我国新疆喀什到巴基斯坦的伊斯兰堡、卡拉奇、瓜达尔经济带基本相重合。建设这一经济带符合塔吉克斯坦、阿富汗两国寻求南下出海通道和巴基斯坦输入能源等方面的共同利益要求。巴基斯坦、阿富汗等国政府正在积极推动建设横贯南亚次大陆北部、从喀布尔经伊斯兰堡到新德里和加尔各答的主交通线连接线，目的是提高交通便利程度，促进经济交往活动，这与建设杜尚别—喀布尔—伊斯兰堡—瓜达尔经济带和中巴经济走廊的国际合作有异曲同工、相辅相成之效。瓜达尔港是中巴能源通道的起点，由波斯湾、红海和印度洋的海运石油和天然气在巴基斯坦的瓜达尔港进入铁路或管道运输，在中国新疆的红其拉甫达坂口岸入境，将形成中国第五大油气输入通道。

国外区段的主轴带和分支轴带延伸、交错，最终形成与我国陇海兰新经济带直接相通的中国西部—中亚五国—里海、黑海、地中海、阿拉伯海、红海沿岸各国一体化发展的带状经济区，将亚、欧、非三大洲连成一体。

三、丝绸之路经济带的副轴带

为了在广袤的欧亚大陆辐射带动众多国家的经济合作和共同发展，丝绸之路经济带仅有一条主轴带显得有些薄弱，还应当有一条在北部横贯欧亚大陆的副轴带，与主轴带形成呼应与互补之势。建设这一副轴带可参考古代“草原丝绸之路”的走向，结合现代亚洲北部的交通和城镇分布状况，以中国的环渤海城市群为起点，分别沿呼和浩特—乌兰巴托—伊尔库茨克和沈阳—长春—哈尔滨—满洲里—赤塔等轴线，与俄罗斯的西伯利亚铁路轴带相连，最西端到达波罗的海和北海沿岸，形成一条与主轴带平行的东西向经济带。该轴带所依托的交通干线主要是泛亚铁路的北路通道。计划中的这一通道东起朝鲜半岛，沿途经过中国东北、蒙古国、俄罗斯、哈萨克斯坦、白俄罗斯、波兰、德国，大部分线网与西伯利亚铁路重合。泛亚铁路北通道的欧洲段向西延伸，通过英吉利海峡海底隧道到达英国，使英国、丹麦等西北欧国家成为丝绸之路经济带的重要组成部分（见图6－1）。

应当看到，在俄罗斯境内形成东西向的跨欧亚大陆经济走廊是必然趋势。俄罗斯在交通建设上正在为远东大开发做准备，由此必然会形成“欧亚经济联盟”或“跨欧亚带开发”（TEPR）的计划并在条件具备时见诸实施。其中，如俄计划修建连接太平洋与大西洋的高速公路，与西伯利亚大铁路相平行，将欧洲和亚洲现有的交通网连成一体。又如计划沿石油与天然气输送管道修建东西向的高速铁路，使俄罗斯的铁路网延伸到远东地区，甚至在中期或远期使铁路跨过白令海峡直至阿拉斯加，形成“欧洲—俄罗斯—美国—加拿大”国际走廊。“跨欧亚带开发”计划与中国的“一带一路”倡议特别是丝绸之路经济带建设计划既有一定的竞争关系，又有互补性的优势和共同利益。俄罗斯为此进行的铁路和公路网建设及其带动的区域开发格局，可以加快形成丝绸之路经济带的副轴带，使“一带一路”交通网络得以扩大，中俄双方都能从中获得越来越大的互联互助的利益。俄罗斯充当欧亚经济的重要走廊或桥梁，必然要加大其国内主要地区特别是走廊沿线地区的开发和建设力度，这将为中国参与俄地区开发、扩大对俄投资、加强双方合作提供更多机会，使中俄经济的互补性进一步增强。所以，中国应当积极与俄罗斯的这方面战略进行衔接，将俄方的欧亚联盟战略、“跨欧亚带开发”计划与中国的丝绸之路经济带副轴带建设统一起来，加强在这些方面的合作，更多地参与其项目建设和区域发展，实现更大的共同利益。

为了促进丝绸之路经济带副轴带尽快形成并发挥积极作用，应当在主、副轴带经过的中国境内和中亚、欧洲等地区，开辟、建设若干条分支轴带，将主轴带与副轴带连成网络。在中国境内，东北、华北、西北地区都有条件建设多条通向俄罗斯的南北向分支轴带，例如，哈尔滨—满洲里—赤塔经济带、哈尔滨—共青城经济带、中俄沿边（黑龙江流域）经济带；北京（西安、兰州）—呼和浩特—乌兰巴托—伊尔库茨克经济带；乌鲁木齐—阿勒泰—阿斯塔纳—萨马拉经济带等。在中亚和欧洲，可以开辟两条重要分支轴带来连接主副轴带。一是沿泛亚铁路的“南北走廊”即连接北欧与波斯湾的交通网，以芬兰的赫尔辛基为起点，经俄罗斯西部和里海地区，到伊朗南部沿海地区。二是由塔什干向西北，沿锡尔河和塔什干—阿克托别铁路，经咸海北部的阿拉尔斯克到萨马拉。

建设这些连通主副轴带的分支经济带，将推动中国与俄罗斯、蒙古国和中亚国家之间形成更为便捷的交通网和更加发达的商贸交往关系，加快中俄蒙和中国—中亚等跨国经济合作区的形成和发展，最终形成包括上合组织、东盟、欧亚联盟、亚太经合组织等在内的亚欧经济联合体。

第二节　海上丝绸之路经济带的主轴带

由中国首倡并与许多国家达成共识、多国共同推动的建设21世纪海上丝绸之路经济带战略，是根据对依托海洋运输线形成沿海经济带这一规律的认识所做出的重大决策。所谓21世纪海上丝绸之路，实际上也就是按照古代海上丝绸之路的走向，以现代连接亚、欧、非三大洲的海上主要航线为轴心所形成的沿海经济带。建设21世纪海上丝绸之路战略，也就是建设连接亚、欧、非三大洲的海上丝绸之路经济带战略。这一战略的基本思路是：以太平洋西部、印度洋和红海、地中海的主要航线为轴心，将中国的沿海地区与南海两岸、南太平洋地区、印度洋沿岸、海湾地区和地中海沿岸各国联结在一起，形成亚太、印度洋、地中海三大经济圈连环式衔接的跨国、跨洲临海型带状经济区。建设这一经济带是中华民族与世界各国、各民族携手创造新的、更加辉煌灿烂的海洋文明和现代国际区域发展业绩的奠基工程。

一、海洋运输带动形成沿海经济带的基本规律

依托海洋运输的优越条件形成相对发达的沿海经济带并有效带动内陆地区发展，是自海洋运输产生以来世界各地商品经济发展的一条普遍规律。古代的地中海地区和东西方海上交通线沿岸地区，近代以来的欧洲、亚洲、美洲、非洲的沿海地区的繁荣和发展，都证明了沿海地区更易于形成经济轴带并发挥增长极作用的规律性机制。古代海上丝绸之路的开辟及其在数百年间的繁荣、发展，无疑也是这种规律发挥作用的体现。如同在内陆地区依托主要交通线能够形成经济轴带的规律一样，依托海上主要交通线也能够形成沿海岸线的城镇和产业密集带。

有关研究指出：“水运的运输成本约为铁路运输的1/25，公路运输的1/100。”[①] 由于海路运输成本远低于陆路运输，海上航线的运输量大于陆路运输线的数倍，所以依托海洋运输形成的沿海经济带一般总是比依托内陆运输线形成的经济带更为宏大、发达，其带动区域发展的极化功能也比内陆经济带要强大、健全，这也是世界各国、各大洲的沿海地区普遍地总是比内陆地区在经济上要发达的主要原因。国内有关交通经济带理论的研究如张文尝等所著《交通经济带》一书，为沿海型、跨国型经济带建设

① 胡思继：《综合运输工程学》，第59页，清华大学出版社、北京交通大学出版社，2005年版。

提供了重要依据。[①] 海运经济地理理论则更强调“海运在世界贸易中占有主导地位，在国际商品运输总量中，85%以上的货物是通过海运完成的。”[②] 国外有关研究提供的数据表明，现代市场经济条件下，经济增长、国际贸易增长、人均收入水平与运输增长特别是海洋运输的增长之间呈现一种正相关的关系。随着世界经济和国际贸易的增长，世界海洋运输的商船数量和货运量也在相应地增长。中国经济的发展事实也印证了这样的结论：现代的经济大国必然是贸易大国和海洋运输大国。随着中国成为世界第二大经济体，中国同时也成为世界海运第一大国。

二、海上丝绸之路经济带主轴带的走向和主要区段

21世纪海上丝绸之路亦即海上丝绸之路经济带，其主轴带以中国沿海经济带为起点地带，其中沿海经济带的中、南段是海上丝绸之路经济带的最东段部分，其次是南海、马六甲海峡沿岸经济带，再次是阿拉伯海、红海沿岸经济带，最西段是环地中海经济带。海上丝绸之路经济带主轴带的基本走向和主要区段构成可以表示为这样的系列：中沿海经济带（中、南段）—南海、马六甲海峡沿岸经济带—阿拉伯海、红海沿岸经济带—环地中海经济带（见图6－2）。中国沿海经济带的北段，即长三角地区以北的环渤海地区，连同日本海、鄂霍次克海、白令海沿岸地区，属于海上东北亚经济带。不论在古代还是现在，它都是海上丝绸之路经济带向北的延伸区域，总体上属于海上丝绸之路经济带的构成部分。

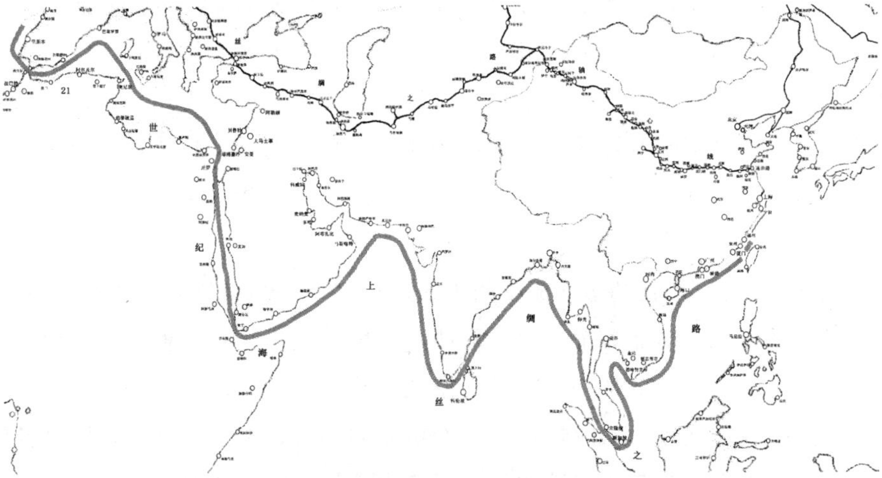

图6－2 21世纪海上丝绸之路走向

① 张文尝、金凤君、樊杰：《交通经济带》，科学出版社，2002年版。

② 陈月英、王永兴：《世界海运经济地理》，第2页，科学出版社，2011年版。

海上丝绸之路经济带主轴带所依托的主要航线是东亚—欧洲航线。该航线以中、日、韩等国的主要港口为起点，经印度洋和地中海、东大西洋等海域到西欧、北欧各国港口，是世界运输量最大和最繁忙的三大航线之一（其他两条最繁忙的航线分别是东亚—北美和欧洲—北美航线），也是带动沿线地区经贸合作和区域发展的主要轴心。依托这一轴心形成的海上丝绸之路经济带的辐射区域，包括亚洲东部、南部、西部和非洲、欧洲大部分地区。主轴带沿线的主要国家为中国和东盟10国、孟加拉湾和阿拉伯海沿岸国家、红海和地中海沿岸国家等约60个。

（一）中国沿海经济带（中、南段）

中国沿海经济带是由环渤海地区、长江三角洲、台湾省、珠江三角洲和北部湾地区相互连接而构成的沿海城市群连绵区，是中国产业、城市和经济实力的主要聚集区和带动全国发展的经济核心区。沿海经济带的中、南段即长三角、台湾省、珠三角和南宁、北海地区，是海上丝绸之路经济带的起点地区和最东段，是驱动海上丝绸之路经济带沿线地区发展的引擎。属于这一地区的上海、江苏、浙江、福建、广东、广西、海南7省市，经济总量约占全国的40%以上。适应全国和当地经济发展的需要，这一地区的海洋运输业实现了持续的快速发展。21世纪以来入围全球十大港口的中国大型港口主要集中在这一地区。根据中华人民共和国交通部《中国航运发展报告》和中港网等媒体发布的信息，全球集装箱吞吐量十大港口排名中，2000年，中国有3个港口入围，其中香港港排第1，高雄港排第4，上海港排第6；2005年，中国有4个港口入围，其中香港港第2，上海港第3，深圳港第4，高雄港第6；2010年，中国有6个港口入围：上海港第1，香港港第3，深圳港第4，宁波港第6，广州港第7，青岛港第8；2014年，中国有7个港口入围：上海港第1，深圳港第3，香港港第4、宁波—舟山港第5、青岛港第7，广州港第8，天津港第10。全球货物吞吐量十大港口排名中，2005年，中国有5个港口入围：上海港第1，宁波港第4，天津港第5，广州港第6，香港港第7；2010年，有6个港口入围：上海港第1，宁波港第4，广州港第5，天津港第6，香港港第7，青岛港第8；2014年，有8个港口入围：宁波—舟山港第1，上海港第2，天津港第4，唐山港第5，广州港第6，苏州港第7，青岛港第8，大连港第10，十大港口中除第3名新加坡港和第九名鹿特丹港外，中国港口占有其余的全部座次，中国入围港口所完成的货物吞吐量在全球十大港口中所占的比重，也由2010年的60%增长到2014年的81.51%；2017年，全球集装箱吞吐量和货物吞吐量10大港口中，中国均有7个港口入围。这些变化不仅表明中国港口和整个海运业的强劲增长态势，同时也反映出沿海经济带及其带动下的大区域经济增长的轨迹，显示了沿海经济带的中段、南段作为驱动海上丝绸之路经济带建设引擎的实力和潜力。

（二）南海—马六甲海峡沿岸经济带

从东沙群岛、西沙群岛、中沙群岛经南沙群岛、曾母暗沙到马六甲海峡这一海域的两岸，主要是东盟国家。该地区海运发达，临海和港口城市密集，战略地位特殊。尤其是马六甲海峡，是东西海运的咽喉地带。海峡东端的中国、日本、韩国、朝鲜以及多数东盟国家与海峡西端各国之间的海运物资，特别是石油、矿产等战略性物资，90%以上都要经由这一地带到达目的地。这一地带依靠海洋运输的便利条件，加上各国的优势资源和金融、商业的中心地位，使其经济发展具有深厚的潜力和良好的前景。建设运输畅通、经济发达、社会稳定的南海—马六甲海峡经济带，是成功地建设海上丝绸之路经济带的关键。其中的重要措施包括：规划和完成泰国克拉运河工程，使印度洋通向太平洋的“战略水道”由一个变为两个；在马六甲海峡沿岸建设更多的大型港口，以及这些港口通向中南半岛北部和中国内地的陆路交通网。

（三）阿拉伯海—红海沿岸经济带

该经济带沿线的主要国家包括南亚经济大国印度、巴基斯坦和海港功能重要的国家斯里兰卡，海湾能源大国伊朗、伊拉克、沙特阿拉伯、科威特，以及资源丰富、地理位置极为重要的东非诸国。海湾地区的石油基地及其运输条件关系着许多国家的能源安全，甚至成为一些国家的能源生命线。红海和波斯湾是世界上最重要的石油运输通道，苏伊士运河、亚丁湾和霍尔木兹海峡是连接中东、北非油田和印度洋的战略通道。石油资源及其运输条件决定了这一地区在建设海上丝绸之路经济带中具有非常重要的战略地位。这一地区的经济大国如印度、巴基斯坦、伊朗、沙特阿拉伯、埃及等是中国的重要合作伙伴国，其经济发展、社会稳定对中国和其他国家有着越来越大的影响作用。海湾地区和红海沿岸是世界大国和各种势力角逐的敏感地带，民族和宗教问题复杂，社会冲突频发，对区域经济的持续、稳定发展构成严重制约，需要以新的方式化干戈为玉帛，形成有利于地区稳定发展的国际关系。中国在这一地区发挥促进和平、发展和各种积极影响作用，对建设海上丝绸之路经济带、影响更大区域发展和进步的意义极为重要。

（四）环地中海经济带

地中海地区是人类文明的重要发源地，历史上曾是经济发达、商业繁荣、多种文化融合发展的文明邦域，是古丝绸之路西端的商品集散区。在长达数千年的中西经济文化交往中和孕育、推动欧洲现代文明发展中，地中海沿岸各民族曾创造了辉煌的成就。在现代市场经济条件下，环地中海地区在推动世界科学技术革命和发展高端产业、促进东西方经济文化合作、增强欧亚非三大洲的经济联系、积极影响世界经济和社会发展等方面，具有不可替代的战略作用。促进环地中海经济带的发展，无疑是中国倡导和推进一带一路战略的重要环节。

环地中海经济带是由西亚、南欧、西欧、北非、西非等地区构成的地中海沿岸环状经济带，是丝绸之路经济带和海上丝绸之路经济带最西端的衔接、融合区域。该经济带既有陆路经济带的特征，也有海路经济带的特征。作为海路经济带，它通过红海和苏伊士运河与阿拉伯海相通，是海上丝绸之路经济带构成部分之一。作为陆路经济带，它是中亚、西亚地区与地中海南北两岸地区通过陆上交通线紧密相连的经济区，是丝绸之路经济带的西部区段。环地中海经济带的重要特点之一是其环状的沿海区域分布。它的西段和北段的是法国、西班牙、葡萄牙、意大利、希腊等欧洲主要发达国家，经济社会发展水平普遍高，科技和高端产业发达，经济辐射能力较强。东段是西亚的叙利亚、以色列、约旦、沙特阿拉伯、伊拉克、土耳其等国。南段是埃及、利比亚、阿尔及利亚、摩洛哥等北非国家，这些国家中除以色列以外均为发展中国家，地理位置特殊，能源矿产资源丰富，发展潜力巨大，对包括中国在内的世界主要经济体的影响作用极为重要。西北段是希腊、阿尔巴尼亚、克罗地亚、塞尔维亚以及黑海沿岸的保加利亚、罗马尼亚、乌克兰、格鲁吉亚等东南欧和西亚国家，该地区与欧洲发达国家和俄罗斯、中亚国家紧密相连，能源矿产资源丰富，发展基础较好，产业优势各具特色，是丝绸之路经济带西段有重要战略意义的地区。

整个环地中海经济带资源组合良好，国家之间的经济互补性强，在全球发展中的战略地位非同寻常。该地区虽然距离中国较为遥远，但其地理位置和经济地位对中国有着特殊的意义，在拉动和促进“一带一路”发展中具有非常重要的作用和潜力。中国通过陆、海上丝绸之路及其延伸形成的分支经济带，如西欧—北欧沿海经济带和西非沿海经济带等，与之形成日益紧密的经济联系，将其融入“一带一路”经济体系之中，是实现自身发展和积极影响世界发展的关键性战略举措。尤其是通过陆上丝绸之路和海上丝绸之路西端的接合部—环地中海经济带和西欧—北欧沿海经济带等，加强与欧盟、英国等经济体的全面合作，具有重大而深远的战略意义。中国与欧盟等经济体政治关系良好，经济合作的基础条件稳固、潜力巨大。欧盟是中国最大的贸易伙伴、最大的技术提供方和重要的投资来源地，中国则是欧盟的第一大进口来源国和第二大贸易伙伴。建设环地中海经济带和西北欧沿海经济带，将使中国与沿岸国家的共同利益得到大幅度增进。一方面有利于加强中国与欧洲发达国家在科技、高端产业等领域的合作，也有利于欧洲国家利用中国的巨大市场以及在中国的影响带动下不断扩大的亚洲市场，参与亚洲的发展，提振其经济增长能力。另一方面有利于中国扩大开发和利用西亚、北非等地区的能源矿产资源，与西亚、北非国家建立更加紧密的互利合作关系。中国和亚洲在未来几十年间都将是世界最主要的快速增长地区，在科学技术、高端产业、基础设施、教育、文化等方面将形成巨大的市场需求和迅速增多的合作机会，这对欧洲和地中海沿岸国家的发展无疑会形成一种持续增大的推动力。中欧在高科技领域的合作对中国的产业升级和未来发展将发挥越来越大的促进作用。

三、海上丝绸之路经济带主轴带沿线的主要节点城市

海上丝绸之路经济带沿线的节点城市主要是大型、特大型的港口城市。港口功能是这些城市发挥经济带节点功能的主要依托。这些城市在其所辐射的区域范围广泛连接各级经济中心，集散货物，组织海陆运输，创造条件优越的临海型产业聚集区，形成以港口城市为基地的海陆经济网络和以海洋运输线为轴心的沿海城市链，加快了沿海城市链发展为各种城市群和城市群连绵区的步伐，成为辐射带动沿线众多国家经济发展的临海型带状增长极。

（一）中国沿海经济带的主要节点城市

中国沿海地区是一个以海洋运输线为主要轴心的相对完整的经济带。在沿海经济带和海上丝绸之路经济带中发挥重要节点功能的城市主要有以下 11 个，即上海、宁波、深圳、广州、香港、青岛、天津、厦门、高雄、大连、苏州。这些城市不仅在综合经济实力方面具有强大的国际竞争力，在航运方面都是进入世界十大和二十大港口的海运强市。其中，上海、宁波、深圳、广州、香港、天津、大连等城市是国家重点支持发展的国际航运中心城市。

（二）东南亚沿海的主要节点城市

东南亚沿海地区的主要节点城市主要有马尼拉、胡志明市、西哈努克市、曼谷、雅加达、新加坡、吉隆坡、仰光。这些城市不仅具有良好的地理位置、相对雄厚的经济实力，而且拥有优质海港，是世界性和地区性的航运中心。其中，新加坡就拥有排名世界前三的海运能力。

（三）南亚沿海和波斯湾、红海沿岸的主要节点城市

南亚沿海地区和波斯湾、红海沿岸的主要节点城市有吉大港、达卡、加尔各答、金奈、科伦坡、孟买、卡拉奇、瓜达尔、阿巴斯港、科威特、多哈、迪拜、亚丁、吉达、苏伊士、苏丹港、吉布提等。这些城市拥有优质海港资源，是世界海运的重要枢纽和地区海运大港，同时也是辐射带动沿海地区众多港口城市和内陆地区发展的经济

中心。

（四）地中海、黑海沿岸的主要节点城市

地中海、黑海沿岸的主要节点城市有亚历山大、塞得港、贝鲁特、伊斯坦布尔、敖德萨、康斯坦察、雅典、罗马、那波利、马赛、巴塞罗那、阿尔及尔、的黎波里等。

（五）欧洲西部和北部沿海地区的主要节点城市

欧洲西部和北部沿海地区的主要节点城市有里斯本、波尔图、波尔多、南特、勒阿弗尔、阿姆斯特丹、伦敦、利物浦、阿伯丁、汉堡、哥德堡、哥本哈根、赫尔辛基、奥斯陆、圣彼得堡等。

21 世纪海上丝绸之路将沿线的节点城市、各类港口城市和近海的陆地城市连成世界性的带状经济区，为沿线的国家、地区、城市、企业之间建立越来越紧密的经贸合作关系奠定了基础，使海上物流贸易发展与沿线的城市发展和区域经济发展形成水涨船高的互动关系，对世界经济发展提供了越来越大的推动力。

第三节　海上丝绸之路经济带的主要分支轴带

海上丝绸之路经济带主轴带的辐射功能，主要是以沿线的大型港口城市及其带动的城市群为各区段的经济中心，沿分支轴带向沿海和内陆的经济空间传递，形成主次轴带体系辐射带动一定区域范围的发展机制。大型港口城市及其带动的城市群的增长极功能越是强大、健全，轴带体系的结构越是合理，其传递经济能量和驱动、组织区域经济发展的功能越是强大、健全，经济带带动区域发展的成效就越大。海上丝绸之路经济带主轴带在其发展过程中，必然会依托更多航线形成多条分支轴带，为全球更多国家的经贸合作提供基础性支持。多国共同建设海上丝绸之路经济带的重要战略举措之一，就是以主要的节点城市和城市群为依托，促进各种分支轴带的形成和延伸，形成结构合理、功能强大而健全的海上丝绸之路经济带轴带体系，将世界各大洲的沿海地区和越来越大的内陆腹地纳入丝绸之路经济带的空间组织体系之中。

连通世界各大洲的远洋航线是建设海上丝绸之路经济带及其分支轴带的主要依托条件。中国作为世界海运大国，拥有世界上规模最大的港口、港口体系和海运船队，从事远洋运输的中国商船航行于世界 100 多个国家和地区的 1 000 多个港口。根据海上丝绸之路经济带主轴带的走向及其所关涉的主要海路运输线和沿海经济区的分布特点，今后需要重点建设的分支轴带主要有：环太平洋经济带；环印度洋经济带；环非洲经济带；环欧洲经济带（见图6－3）。

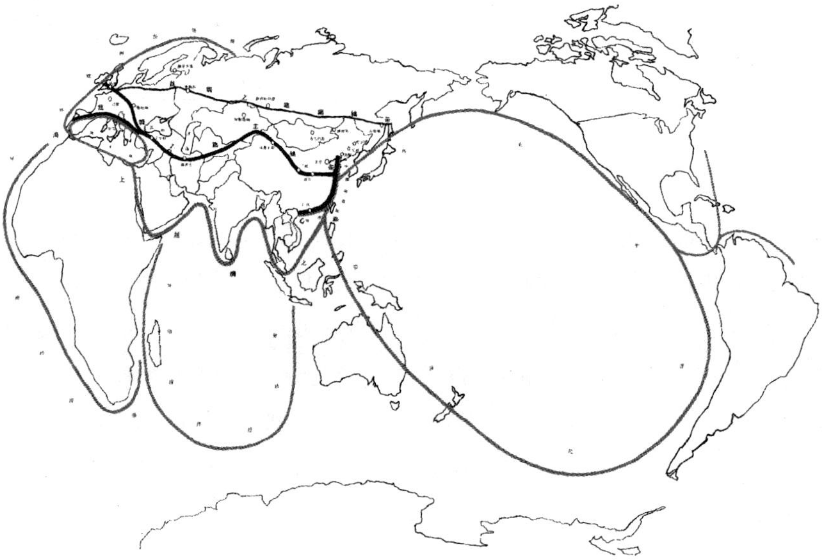

图6－3　海上丝绸之路经济带主要分支带

一、环太平洋经济带

环太平洋经济带也就是以太平洋航区主要海洋运输线为依托条件的太平洋东、西、南、北沿岸地区所构成的环海经济带，是海上丝绸之路经济带的东端即中国沿海经济带向太平洋沿岸延伸的环状分支轴带。该分支轴带的一部分由东北亚经济带、中国东部沿海经济带与中国—澳大利亚—新西兰经济带三个次一级的轴带相连接，形成以太平洋西岸为轴心的半圆形经济带；另一部分是太平洋东岸的北美洲和南美洲沿海地区构成的半圆形经济带。两个半圆形经济带相连接，形成环绕太平洋的近似圆形的经济带。实际上，这样的经济带已经具备了良好的基础条件和初级的形态，驱动它形成和发展的主要动力，就是亚洲、澳洲各国与美洲各国之间的日益扩大的经贸合作和共同利益。

（一）环太平洋经济带依托的主要航线

20世纪80～90年代，随着亚太地区特别是东亚经济的崛起，太平洋已取代大西洋成为世界最大的海运航区，其所控制的世界船队主要运力已达40%以上。其中，东亚—北美航线是全球最繁忙的三大航线之一，也是带动形成环太平洋经济带的主要依托条件。环太平洋经济带所依托的主要航线有：

（1）北太平洋航线。包括东亚主要港口至北美洲西岸并通过巴拿马运河到达北美东岸的诸航线，如东京、横滨、大阪、符拉迪沃斯托克、清津、南浦、釜山、仁川、大连、秦皇岛、天津、青岛、连云港、上海、宁波、广州、湛江、香港、基隆、高雄等分别至檀香山、巴拿马城、洛杉矶、圣弗朗西斯科（旧金山）、西雅图、温哥华、普罗维杰尼亚（俄罗斯）的航线，并通过巴拿马运河通向北美洲东岸和加勒比海地区的圣多明各、太子港、哈瓦那、休斯敦、新奥尔良、费城、纽约、波士顿等。该航线是连接东亚和北美两大经济聚集区的通道，是目前世界上最繁忙的航线。依托这一航线形成的东亚—北美洲沿岸经济带的经济规模、合作前景和发展潜力，自然也非其他沿海经济带可比。

（2）南太平洋航线，即由北美洲主要港口经太平洋中部至澳大利亚、新西兰等南太平洋岛国的航线。

（3）远东至南美洲西岸航线，即由远东主要港口经夏威夷群岛南部至南美洲西岸主要港口的航线。

（4）远东至澳新航线，如上海、横滨分别至悉尼和惠灵顿航线，香港至苏瓦（斐济）航线等。

（5）亚洲东部近海航线，即由东北亚、东亚主要港口至马尼拉、海防、胡志明市、曼谷、新加坡、巨港等东南亚主要港口的诸航线。

（6）南北美洲西岸近海航线，如西海岸的温哥华、西雅图、波特兰、圣弗兰西斯科（旧金山）、洛杉矶、圣迭戈、马萨特兰、巴尔博亚、布埃纳文图拉、瓜亚基尔、卡亚俄、安托法加斯塔、瓦尔帕莱索等主要的港口之间的航线。

环太平洋经济带沿线的主要国家和地区包括中国、俄罗斯、日本、韩国、朝鲜、中国台北、中国香港、菲律宾、印度尼西亚、马来西亚、文莱、新加坡、泰国、越南、澳大利亚，新西兰、巴布亚新几内亚等太平洋诸岛国，以及大洋彼岸的加拿大、美国、墨西哥、危地马拉、尼加拉瓜、巴拿马、古巴、牙买加、海地、哥伦比亚、委内瑞拉、秘鲁、智利、阿根廷等拉丁美洲国家，包括亚太经合组织的 21 各成员国在内，总数约 50 个。实际上，环太平洋经济带所覆盖的空间范围、所维系的经济主体、经济交往的总规模等与海上丝绸之路经济带主轴带不相上下，甚至还可能大于后者，但由于沿线的国家和重要节点城市分布较为松散，经济联系的紧密程度受到地理条件和社会条件制约较大，所以，在一定时期内应当将环太平洋经济带看作是海上丝绸之路经济带的分支轴带。

（二）建设环太平洋经济带的战略重点

建设环太平洋经济带可以看作是实现亚太经合组织关于贸易和投资自由化、经济技术合作等目标的一种空间组织形式，其战略重点包括以下三方面：

1. 建设东亚—南北美洲经济带

由中国东部沿海地区经东海、黄海、日本海、鄂霍次克海、白令海、阿拉斯加湾沿海地区，以及南北美洲西海岸沿线地区，正在形成一个弧形的跨国跨洲经济带。密集而繁忙的海上运输线将中国、日本、韩国、俄罗斯、加拿大、美国、墨西哥、智利、巴西、秘鲁、加勒比海国家等主要经济体连接成为经济交往日益密切的利益共同体。这一经济带是世界重要资源的富集地区。其中，能源、矿产、农牧业、海洋水产等资源对中国发展具有重大战略意义。经济带沿线国家及其与中国建立的和不断发展的双边、多边经济合作关系，对中国、对双方、对世界的发展至关重要。

中国与俄罗斯是友好邻邦，双方全面合作的规模、方式、主要领域及其重要性，合作进展速度以及进一步合作的潜力、前景等，尤其是在经济带建设方面的相互支持、相互参与，皆可成为国际伙伴关系的典范。

美国是中国的第二大贸易伙伴、第一大出口市场和第一大知识产权引进国，中国则是美国的第一大进口来源国和第三大贸易出口国。中美两国在基本国情和产业特征方面的差异及互补性，决定了两国有着巨大的经贸合作空间和不断扩展的市场容量，双方在互利合作关系中的地位是第三国难以取代的。中美自建交以来双边贸易额增长了156倍以上，2017年中美货物进出口贸易额达到5 837亿美元，分别占当年中国和美国货物进出口贸易总额的14.2%和11%。尽管中美之间经贸合作的道路会出现各种坎坷，但今后保持投资贸易的持续较快增长并实现合作升级符合两国的共同利益。共同利益是改变、改善国家关系并最终走向人类命运共同体的基础性推动力。

中国是日本的第一大贸易伙伴、第一大出口目的地和最大的进口来源地，日本是中国的第三大投资来源国和重要的技术引进来源地。中日贸易虽然受政治因素影响较大，但两国的经济规模、产业结构特点和贸易的互补性，决定了双方未来的经贸合作仍以发展、升级为主流。2017年，中日货物进出口贸易额达到3 030亿美元，占当年中国货物进出口贸易总额的7.4%，占当年日本货物进出口总额的22.1%。建设海上东北亚经济带和东北亚—南北美洲经济带符合中日两国的共同利益。

中国是韩国的第一大贸易伙伴，2017年双方货物贸易额达到2 803亿美元，分别占当年中国和韩国货物贸易总额的6.8%和26.6%。中日韩正在进行自贸区谈判，中韩自贸协定已于2015年6月签订，该协定在提升中韩经贸合作水平和促进亚太自贸区建设方面将发挥更重要的作用。

中国正在与加拿大和墨西哥加强双边互利合作，中国在加拿大的投资不仅增长迅速，而且由能源等少数领域正在向金融、电信、房地产、新能源、高科技等更多领域扩展。

拉美地区是中国能源矿产资源输入的主要基地之一，中国是拉美地区的第二大贸易伙伴和许多拉美国家的第一大贸易伙伴，拉美则是全球对华出口增速最快的地区之一，也是中国重要的海外投资目的地。中国与拉丁美洲国家的全面经贸合作框架正在形成，在能源矿产、基础设施、农业、海洋、产能等领域的合作项目迅速增多。智利是最早与中国签署自贸协定的国家，两国将进行自贸协定升级谈判，开展产能、金融、投资等更广泛的合作。智利驻华大使贺乔治发表了代表拉美国家意愿与“一带一路”倡议实现对接的建议文章，认为“大西洋与太平洋海岸之间的这片广阔空间亟待更有效地互通互联”，中国与拉美国家之间的“经济关联度越来越高”，“一带一路”倡议应当“将拉丁美洲及加勒比海国家纳入其中，而不仅仅面向亚非欧诸国。”[①] 巴西目前是中国在拉美最大的贸易伙伴，巴西、委内瑞拉等国是中国重要的能源矿产资源输入国，中国与巴西等国在基础设施建设、制造业和新能源发展等领域的合作，将极大地缓解拉美国家面临的经济困难，促进其经济增长。

中国与北美、拉丁美洲各国的经贸合作及其不断扩大的共同利益，是推动东亚—南北美洲经济带发展的主导性力量。中国积极促进建设东亚—南北美洲沿岸经济带，进而形成环太平洋经济带，顺应了东亚、南北美洲各国实现合作发展、扩大共同利益的愿望，是推动亚太经济崛起、繁荣的一项战略创举。

2. 建设东北亚—中国沿海—澳新经济带

从“一带一路”大战略的需要来看，应当从南北两端延伸中国沿海经济带。北端延伸形成东北亚经济带，南端延伸形成中国—澳大利亚—新西兰经济带（中澳新经济带），两端延伸后形成一个完整的经济带即“东北亚—中国沿海—澳新经济带”。这一经济带与南海—马六甲海峡—印度洋北岸经济带在结构和功能上相辅相成。建设中澳新经济带的基本思路是：

（1）依托长江三角洲、珠江三角洲—台湾省—菲律宾—印度尼西亚—澳大利亚—新西兰方向的航线，发挥这一地带各国与中国是一衣带水的近邻的地缘优势，促进形成中国—澳大利亚—新西兰海路经济带，扩大中国与菲律宾、印度尼西亚以及南太平洋地区的经济合作，发展多国合作的海洋经济和海洋文化。

（2）进一步加强大陆与台湾省经济合作和优势互补，协调有关政策，共同发挥“南下”联合发展的优势。建立、健全“两岸四方”的协同、合作机制，以“两岸四

① 贺乔治：《智利希望“一带一路”扩围》，《中国投资》，2016年第15期。

方”的合力提升中国沿海经济带的结构和功能，发挥对中澳新经济带沿线地区的辐射、带动、影响作用。

（3）加强与澳大利亚、新西兰等国的经济合作，建设具有国际示范意义的“中澳新共同体”。中澳、中新关系一直处于良好状态，经贸合作发展迅速。澳大利亚和新西兰都是经济发达且资源富集的国家，与中国经济的互补性很强。中国是澳大利亚最大的进出口对象国和投资来源国，中国对澳投资 10 年间增长了 9 倍多，投资总量与对美国的投资不相上下。双方在签署中澳双边自贸区协定、落实协定条款的基础上，应建立更加紧密和较快升级的合作关系，创造国际经济合作的典范和丰富经验。加强与印度尼西亚、菲律宾、巴布亚新几内亚等太平洋岛国的经济合作，发展产业互补性强的合作项目，形成一体化的海洋经济带共同体。

3. 在亚太经济崛起中发挥中国的关键作用

建设环太平洋经济带是推动亚太地区经济更快崛起的有效途径。中国在这一经济带中，一方面加强与美、日、澳、加、俄、韩等发达国家和中等发达国家在科技和高端产业领域的合作，加快自身的产业升级和经济转型发展，形成不断增多、增强的竞争优势；另一方面加强与广大发展中国家在互补性强的产业领域的合作，将中国的巨大市场、相对齐全的产业体系与发展中国家的市场和多样性的资源、需求、产业等结合起来，形成互促互补性越来越强的利益共同体。中国要将这两类国际合作组合成为以自己为关键环节的国际合作链条，使之成为维系经济带共同利益的纽带。将发达国家的高端技术和产业尽快转变为自身的高端发展优势，以自身的高端优势帮助发展中国家走出困境，获得较快发展，同时输入本国发展所需要的资源、加工业品和服务。由于中国经济规模巨大，产业和市场构成复杂多样，投资能力少有大国可比。所以，中国将上述两类合作对象维系在自己的合作体系之中，形成以自己为关键环节的国际合作链条，在有效推动亚太经济和世界经济发展中必将形成其他国家难以取代的地位。中国以建设环太平洋经济带为基础，将亚太地区更多国家吸引到这一国际合作的网络中，并推动建立“环太平洋经济合作区”或“环太平洋经济联合体”等区域经济组织，以自己的发展为环太平洋沿线各国带来更多的机会和利益，就可在这一地区的发展中发挥主导性的作用。

二、环印度洋经济带

印度洋是世界四大航区之一，其航线连接亚洲、非洲、大洋洲和欧洲，是全球东西交通的关键海域。环印度洋经济带是以连接东南亚、南亚、非洲东部和南部、南极洲和澳大利亚等地区的主要航线为轴心构成的环海带状经济区。该经济带是作为海上丝绸之路经济带主轴带的两个区段即南海—马六甲海峡沿岸经济带和孟加拉湾—阿拉伯海沿岸经济带，分别向印度洋的东、西、南部的两岸地区延伸形成的分支轴带。环印度洋经济带的沿线国家包括印度洋东岸的缅甸、泰国、马来西亚、新加坡、印度尼西亚、澳大利亚，印度洋北部的孟加拉国、印度、巴基斯坦、伊朗、阿曼、也门、沙特阿拉伯，以及非洲东部和南部各国，总数约 30 个。虽然南极洲并不是一个经济区域，但在未来的科技、经济发展和全球生态保护方面有着越来越大的现实意义和潜在作用，应当将其作为一个重要的区域经济因素，纳入环印度洋经济带体系中。这样，环印度洋经济带就成为由东南亚、南亚、非洲东部和南部、南极洲和澳大利亚等地区构成的近似圆形的带状经济区。

（一）环印度洋经济带所依托的主要航线

环印度洋经济带所依托的主要航线有：

（1）横贯印度洋东西的诸航线，包括从亚太地区和澳洲横越印度洋西行的航线和从欧洲、非洲横越印度洋东行的航线。例如，东亚—东南亚—地中海—西欧航线，东亚—东南亚—非洲航线，波斯湾—地中海—西欧航线，广州至蒙巴萨和达累斯萨拉姆、开普敦至新加坡和墨尔本航线等。

（2）孟加拉湾、阿拉伯海沿岸的近海航线，如连接波斯湾沿岸产油国与南亚、东南亚、东亚诸国的航线，包括：广州至巴士拉的航线；科伦坡至仰光、加尔各答、卡拉奇、亚丁航线；孟买至亚丁航线等。

（3）非洲东部和南部近海航线。如亚丁、蒙巴萨、达累斯萨拉姆、德班、开普敦等主要港口间的航线。

上述航线所连接的主要海港城市包括仰光、雅加达、珀斯、阿德莱德、墨尔本、吉大港、达卡、加尔各答、科伦坡、马德拉斯、孟买、卡拉奇、瓜达尔、阿巴斯港、阿巴丹、巴士拉、科威特、达曼、吉达、多哈、迪拜、亚丁、苏伊士、苏丹港、吉布提、摩加迪沙、蒙巴萨、达累斯萨拉姆、马普托、德班、伊丽莎白港等。

（二）建设环印度洋经济带的战略重点

环印度洋经济带沿线地区自然资源丰富多样，各国面临着共同的发展任务，经济合作的规模和潜力巨大。中国积极影响和推动这一地区的发展，与沿线国家建立经济合作关系，特别是在继续加强和提升中巴合作的基础上，进一步加强中印经济合作，促进中国与南亚联盟的一体化发展，促进建设非洲东部和南部沿海经济带，建立与沿线国家的双边和多边自贸区，有多方面的有利条件，未来合作发展的前景十分广阔。

1. 加强和提升中印经济合作

中国和印度是世界上最大的两个发展中国家，两国的经济规模、潜在经济规模以及消费和投资市场总量巨大，“合则共赢”的前景非同一般。中印如能结成全面合作的伙伴关系将是造福两国人民的伟大创举，并对亚洲及世界的经济发展必然产生巨大的影响和推动作用。印度在基本国情、要素禀赋和产业结构等方面与中国有较大差异，居民消费驱动力强劲，基础设施和制造业有待振兴，有条件成为中国举足轻重的经贸合作伙伴。近十多年来中印国家关系得到显著改善，双方贸易额增长了十几倍，中国已成为印度的第一大贸易伙伴。两国今后在发展战略、进出口和投资方面建立互补性不断加强的合作关系，扩展合作领域，积极推动海上丝绸之路经济带、中缅印孟经济走廊和中国—南亚自贸区建设，必将极大促进两国的经济发展和产业升级，并在区域和世界经济发展中产生越来越大的带动、示范作用。尤其要重视中印两国在发展经济的方式上有着重要的差异和互补性这一突出事实，双方共同寻求扩大和深化合作的新领域。两国应当以逐步升级的经济合作来消除政治上的疑虑和外来干扰，为发展中国家的伙伴关系树立样板。

2. 促进中国与南亚联盟的一体化

南亚区域合作联盟包括不丹、孟加拉国、印度、马尔代夫、斯里兰卡、尼泊尔、巴基斯坦和阿富汗八个成员国，总面积近500万平方公里，总人口15亿。南盟的建立及其稳定发展已使其成为全球一支重要的经济力量，其八个成员国中有六个是中国的邻国。南盟虽然没有取得像东盟那样的发展成就，但其国际影响、发展的潜力及其对中国扩大发展空间的战略意义并不亚于东盟。中国与南盟各成员国在经贸等领域保持着友好合作关系。其中，与尼泊尔、印度、孟加拉、斯里兰卡等国的合作成效显著，与巴基斯坦的合作堪称发展中国家和睦邻国合作的典范。南亚各国也希望与中国建立经济合作关系，这些国家普遍存在的贫困问题及其发展所面临的困难，可以通过与中国的广泛合作得到缓解或改善。中国也需要与南亚国家建立可靠的战略伙伴关系，为推进“一带一路”倡议、扩大贸易和投资提供支持。中国今后应当以中巴经济走廊为示范区，以有效的交通、通信等基础设施建设排除天然屏障的阻隔，从海陆两个方向建设与南亚国家共同发展的经济走廊，促进形成更多的分支经济带，积极促进形成与“东盟10+1”大体相似的“南盟8+1”合作局面，推进中国与南亚的一体化发展。

3. 促进建设非洲东部和南部沿海经济带

中国是非洲最大的贸易伙伴国，非洲是中国重要的进口来源地和第二大工程承包市场、第四大投资目的地。中非贸易互补性强、潜力巨大、增长迅速。截至2014年，已有2 000多家中国企业在非洲50多个国家和地区投资于农业、采矿、建筑、制造业、金融、商贸物流、地产等。中国已与30多个非洲国家签署了双边投资保护协定，与40多个国家建立了经贸联委会机制。中国市场对非洲的能矿和农产品有巨大的吸纳能力，非洲的消费和建设领域也为中国制造业提供了迅速扩大的市场。中国参与、帮助非洲国家开发能源矿产和农业资源，促进基础设施建设和产业链延伸，发展现代服务业和科学技术，已成为带动非洲产业结构升级、加快非洲经济起飞的重要推动力。为了促进中非经贸合作不断扩大、深化、升级，必须在与非洲国家携手推进“一带一路”倡议的进程中，重点加强非洲东部和南部沿海经济带建设，并与非洲北部和西部的沿海经济带建设形成协调配套关系。进一步与非洲沿海国家合作开发港口、海运、海洋渔业等资源，合作建设发达的临港产业和临港开发区、经济区。依托相对发达的沿海经济载体，促进经济开发沿主要的铁路、公路等交通干线向非洲内陆延伸，以海陆经济带的延伸和升级带动非洲国家走合作发展、一体化发展之路。

三、环欧洲经济带

海上丝绸之路经济带的西段—环地中海经济带，通过直布罗陀海峡进入大西洋，可以形成向北延伸的西欧到北欧的沿海经济带。这一经济带与地中海和黑海北岸的沿海经济带连成一体，形成一个环绕欧洲的半圆形沿海经济带。环欧洲经济带所依托的航线主要有西北欧至非洲、澳洲、东亚、东南亚、美洲的航线，如伦敦至开普敦、墨尔本、广州和里约热内卢等航线。该经济带中环绕波罗的海、北海和挪威海的北欧地区，是丝绸之路经济带副轴带（中国东北和华北—蒙古国—俄罗斯—波罗的海和北海沿岸）的西段，沿线国家主要有英国、法国、德国、比利时、荷兰、丹麦、波兰、立陶宛、白俄罗斯、拉脱维亚、爱沙尼亚、芬兰、瑞典、挪威、冰岛等。地中海和黑海北岸的国家主要有葡萄牙、西班牙、法国、意大利、克罗地亚、阿尔巴尼亚、保加利亚、罗马尼亚、乌克兰、俄罗斯等。整个环欧洲经济带是一个主要由发达国家和中等发达国家组成的沿海经济带。该地区经济和社会发展水平高且相对均衡，在产业结构和贸易等方面与中国有着很强的互补性。在“一带”和“一路”西端的结合处建设环欧洲经济带，对中国发展与欧盟的经济合作并影响和带动亚、非、欧更大地区的发展有着重大而深远的意义。

欧洲大多数国家属于发达国家，二、三产业和科学技术在世界上占有重要的领先地位，与中国在经济技术合作方面的互补性优势高于其他经济体。中国与欧洲国家之间提高政治互信的障碍较少，增进共同利益和建立紧密型战略合作关系的基础较为坚实。中国是欧盟第二大出口贸易伙伴和第一大进口来源地，欧盟国家则是中国引进先进技术和设备的最大供应商，双方的经济和技术合作长期保持高层次和快速增长的特点，其中高新技术产品贸易增长尤为突出。中国通过贸易和吸引投资等途径从欧盟获得的技术和设备，其先进程度及数量均超过美、日等合伙伙伴国。其中，与德国、荷兰、法国、英国等主要贸易伙伴的高新技术产品贸易额占中欧高新技术产品贸易总额的70%以上。今后通过建设“一带一路”西部区段即欧洲区段及其分支轴带，必将进一步扩大中欧贸易规模、提升贸易层次、保持贸易增长的较高速，中国从中欧贸易中所获得的技术进步和经济增长的推动力将迅速增强。

四、环非洲经济带

从地中海出直布罗陀海峡向南延伸，依托相应的航线可以形成西非沿海经济带。建设这一分支带可以与建设非洲东部和南部沿海经济带相衔接，形成环绕整个非洲的沿海经济带，为建设更多的中非合作的沿海产业基地和港口合作项目创造条件。

依托环非洲的沿海轴带可以进一步促进非洲内陆经济带的形成和延伸，其中如沿尼罗河和贯通非洲南北的陆上交通通道可形成北非—中非—南非经济带，沿东西向的主要铁路、公路线可以形成坦桑尼亚—赞比亚—刚果—安哥拉等经济带。中国积极参与和帮助非洲国家建设联通非洲东西南北主要国家和主要城市的铁路、公路干线，促进非洲内陆经济带和沿海经济带连成网络，可以为全面扩大、深化中非经贸合作和提高合作层次提供畅通的渠道和良好的载体。

第四节　建设“一带一路”轴带网络

一、“一带”与“一路”首尾相接形成的环形经济带

陆上丝绸之路经济带与海上丝绸之路经济带的东端，就是中国的东部沿海经济带。它们的西端，是环欧洲沿海经济带。“一带”与“一路”东、西两端衔接、融合在一起，构成了连通亚欧非三大洲的环形海—陆经济带。中国东部沿海地区是这两大经济带的共同起点，欧洲海沿地区则是其共同的终点。这个环形经济带所联通的主要区域大致为：中国沿海地区（北段）—中国东北、华北、西北地区—蒙古国、中亚、俄罗斯—波罗的海、北海、地中海沿岸地区—非洲东部、海湾等阿拉伯海沿岸地区—孟加拉湾地区—东南亚、澳洲及南海地区—中国沿海（中、南段）地区（见图6-4）。这一环状经济带与海上丝绸之路经济带的四个分支带即环太平洋、环印度洋、环欧洲、环非洲经济带交叉相连，构成“大环轴带”连“小环轴带”的“五连环”轴带体系，将

太平洋、印度洋、大西洋沿岸地区以及亚、欧、非、澳、美各大洲的内陆地区连成一种“节点—轴带—腹地”紧密相关的轴带体系，为世界各国加强经济合作、增进共同利益提供了一种创造性的地域组织形式，必将推动全球经济的空间结构发生重大而积极的变化。

多国共同协商、规划和建设“一带一路”环形经济区有可能成为世界经济发展史上划时代的创举，在推动经济全球化发展方面具有难以估量的意义。要将这一宏大的战略构想与沿线国家和相关国际地区组织的政策、战略、发展规划相对接，各国付诸的实际行动，特别是中国作为“一带一路”的倡议国和主要推动力量，要将战略宏图转化为多国共同认可的合作方式和发展效果，还需要进行多方面的战略创造和科学筹划。其中，规划和建设“一带一路”环形经济区的轴带网络体系，在“大环”内外布局和建设众多的分支轴带，依托轴带网络将亚欧非三大洲以至世界五大洲更多国家联合到共同利益最大化的经济网络之中，是保证“一带一路”总体战略得以成功实施的关键。

“一带”与“一路”相互衔接形成的环形经济带，有环心地区、环边地区和环外地区。环心地区大致包括中国西部和北部、俄罗斯南部以及中亚、西亚、东欧地区，环边地区大致为亚欧大陆的沿海地区以及非洲北部、东部和澳洲，环外地区就是非洲西部、南部和南北美洲等地区。建设“一带一路”轴带网络，就是要以经济轴带的共同利益为纽带，将环心、环边和环外地区的国家和各类经济组织、利益主体，逐步联结成合作共赢的利益共同体和命运共同体。

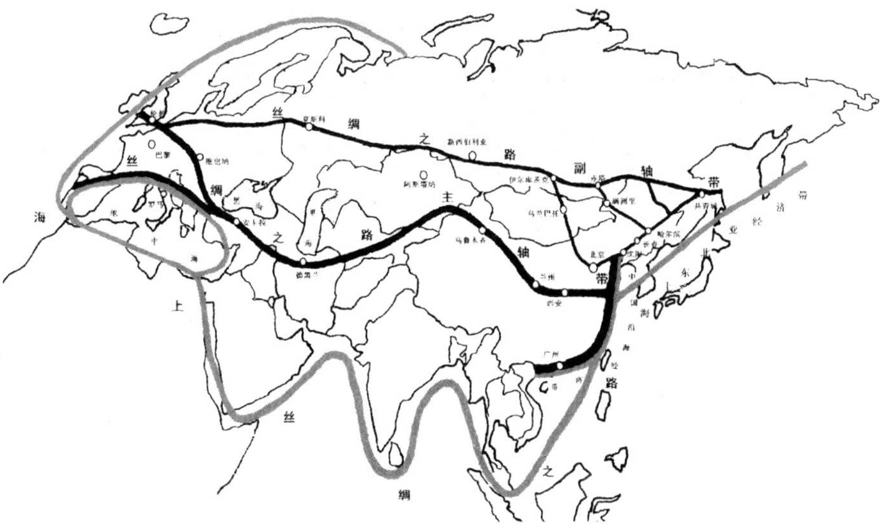

图 6－4　“一带一路”的环形结构

运输经济学揭示了运输通道将一个国家的内陆“枢纽城市”与沿海、边疆的“门户城市”与国外的广阔市场连接起来有效促进经济发展的规律，[①] 实际上也就是揭示了现代交通网将一个国家的环心、环边和环外地区连成一体的发展规律。建设覆盖“一带一路”的环心、环边和环外地区的轴带网，可以使这一规律发挥更大的作用。

在“一带一路”大环体系中，中国及中亚、西亚、南亚、东欧地区处于地理空间的中心位置，是“大环”的环心所在。大环内的主要轴带应当将“环心”地区与“环边”地区连成纵横交织的网络骨架，才能有效促进大环所维系的各国之间的投资贸易便利化和共同利益最大化，有利于较快形成“一带一路”利益共同体和命运共同体，最终过渡到地缘—经济—政治—文化的有机整体。将“环心”与“环边”连成网络，需要在中国与中亚、南亚、东南亚、东欧地区建设“五横五纵”的跨国轴带作为骨架，带动形成逐渐致密化的轴带网络。可以规划和促进形成的五条横向轴带是：丝绸之路经济带主轴带；丝绸之路经济带副轴带；长江—雅鲁藏布江—南亚经济带；粤桂滇缅印经济带（中缅印孟经济带）；西亚—南亚经济带。五条纵向的轴带是：陆上东北亚经济带；俄蒙中泰新经济带；西伯利亚—中国新疆—南亚经济带；西伯利亚—中亚—南亚经济带；北欧—东欧—西亚经济带（见图 6 - 5）。

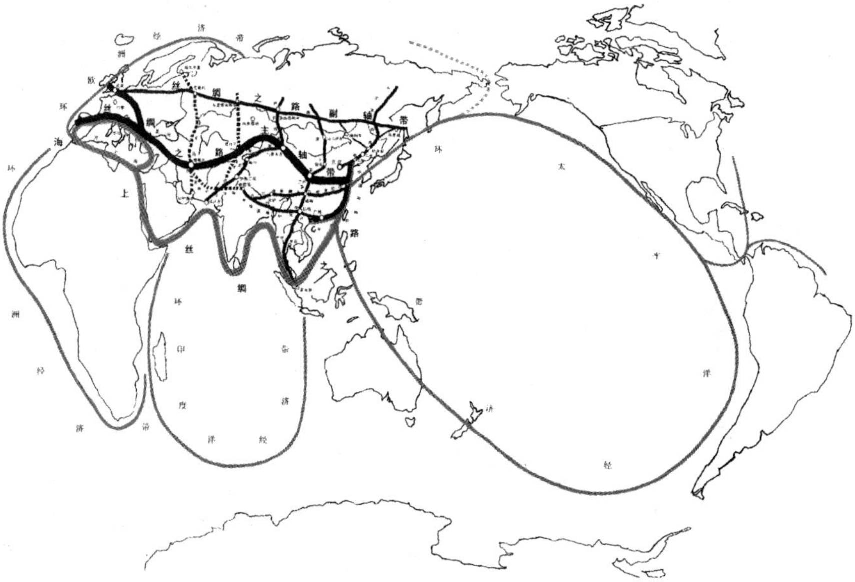

图 6 - 5　连接“环心”与“环边”的“五横五纵”跨国轴带

① ［英］Kenneth Button 著，李晶、吕靖、贾晓惠等译：《运输经济学》，第 50 ~ 51 页，机械工业出版社，2013 年版。

二、建设联通“一带”与“一路”的五条横向分支轴带

（一）建设丝绸之路经济带的主轴带和副轴带

丝绸之路经济带的主轴带，是将中国的东中西部地区、中西亚的城镇密集区与地中海沿岸和欧洲城市群连成一体的经济走廊。它沿两个方向向欧洲中部和南部延伸：沿伊斯坦布尔—贝尔格莱德—维也纳方向，连通土耳其、东欧和德、法、英诸国；沿地中海北岸的希腊—意大利—西班牙方向，形成南欧沿海经济带。这是贯通“一带一路”大环的环心与环边地区的轴心。丝绸之路经济带的副轴带，联通了中国的东北和华北地区、蒙古国、俄罗斯、东欧和北欧国家，成为又一条贯通亚欧大环的环心与环边地区的轴带。应当将主副轴带沿线地区建设成为辐射带动亚欧众多国家发展的城镇—产业密集区，发挥亚欧增长极的作用。

（二）建设长江—雅鲁藏布江—南亚经济带

从“一带一路”环形布局结构的全局发展需要来看，应当促进中国的长江经济带向西延伸，与雅鲁藏布江经济带连成一体，并进一步向印度、尼泊尔、孟加拉国境内延伸，形成“长江—雅鲁藏布江—南亚”跨国经济带。

长江—雅鲁藏布江—南亚经济带的东端与海上丝绸之路经济带连通，西端可以延伸到南亚沿海地区和西亚地区，是连通“一带一路”的环心地区与环边地区的又一条战略桥梁。

建设这一经济带的战略重点有以下几方面：

第一，将长江上中下游地区建设成为经济高度发达的区域，形成以长江为中轴线，将沿江的东、中、西段三大区域连成一体化的带状增长极。长江经济带的东段区域即长三角地区，是中国扩大对外开放、实现转型升级和现代化发展的第一增长极。其开发和发展的基本目标，是紧跟并主动参与世界发展的前沿领域，吸收、转化世界先进的科技、文化和产业成果，发展占领世界市场的高端产业。中段区域是以武汉为中心的长江中游城市群，其开发和发展的基本目标是以武汉—长株潭—南昌城市群集群区为核心，成为先进、强大的综合产业载体，与东段的长三角地区和西段的成渝地区形成产业及城市群功能的成龙配套体系，发挥承东启西和联东带西的国家级增长极功能。西段区域是以成渝城市群为核心的长江上游地区，其开发和发展的基本目标是形成产业聚集能力迅速增强、科技和经济水平不断提高的发达经济区，发挥辐射周边和向西延伸开发的区域增长极功能，带动形成沿川藏交通线和雅鲁藏布江的新经济带。长江

经济带的三大城市群要在进一步提升交通通信等基础设施水平、发挥产业发展带动区域一体化作用的基础上，向紧密衔接、相互融合的城市群连绵区过渡，带动长江流域全面发展，成为与东部沿海经济带不相上下的经济发达地区和驱动向西延伸发展的强大引擎。

第二，加强成都—昌都—拉萨区段的交通、通信、城镇建设，形成以铁路和高速公路为主的川藏交通网，促进长江上游经济带与雅鲁藏布江经济带的衔接、融合，改变昌都—拉萨区段过于落后的状况。注重发挥中心城市、城镇群和经济带的“聚集—扩散”效应，在促进长江上游—雅鲁藏布江经济带各区段、各地区之间深化分工的基础上，建立广泛的协作联合，将资源开发、城市和城市群发展、产业升级、国际合作紧密相结合，提升产业技术水平和地区之间的产业配套水平，在滚动式的开发、发展中走向更高级的区域一体化。

第三，促进雅鲁藏布江经济带的发展并向印度、尼泊尔、不丹、孟加拉国境内延伸，成为带动西藏和南亚邻国发展的增长极。建设联通中印尼不孟的铁路和高等级公路，形成跨越喜马拉雅山脉的互联互通基础设施网络。充分发挥长江经济带的辐射带动作用，并配合粤桂滇缅印经济带建设，将拉萨、日喀则、林芝地区建设成为中、印、尼、不、孟相邻地区的重要经济中心。帮助南亚各国发展经济、消除贫困、维护地区的和平与稳定，发展边境贸易，扩展经济合作领域，实现中国与南亚联盟各成员国的一体化发展。

（三）建设粤桂滇缅印（中缅印孟）经济带

以发达的铁路、公路干线和交通、通信、电力等基础设施网，将中国的广东、广西、云南三省和西藏自治区，与越南、老挝、泰国、缅甸、印度、孟加拉国、尼泊尔、巴基斯坦等国连通，形成中国与东南亚、南亚各邻国沿边地区紧密合作的经济带即“粤桂滇缅印经济带”，是“一带一路”倡议不可缺少的组成部分。建设这一经济带对中国与东南亚、南亚各国实现共同发展、增进共同利益、保证地区的和平稳定有着深远的意义。

粤桂滇缅印经济带也可以叫作“中缅孟印经济带”。前者是主要从国内发展的角度，强调连通粤桂黔滇四省区并向国外延伸的轴带特点，后者则是从“一带一路”倡议全局的角度，强调连通中国与缅甸、孟加拉国和印度等国的轴带特点。

1. 粤桂滇缅印经济带的走向和布局结构

粤桂滇缅印经济带以珠江三角洲为龙头，依托西江—红水河—南江水路和广州—南宁—贵阳—昆明—大理铁路及平行的公路等交通干线，在大理分南北两路向西延伸。北路沿滇藏公路经丽江、德钦、芒康、林芝等地，在雅鲁藏布江地区与长江—雅鲁藏布江—南亚经济带交汇，在亚东、樟木、吉隆、普兰等口岸延伸到印度、尼泊尔。南路沿大理—保山—瑞丽高速公路和即将建成的昆明—仰光铁路向缅甸境内延伸，与瑞丽—曼德勒—仰光、瑞丽—密支那公路和中缅原油管道等沿线地区相通。依托泛亚铁路东盟通道和规划中的中缅印铁路，粤桂滇缅印经济带在缅甸境内向西可延伸到印度、孟加拉国，向南可延伸到泰国、马来西亚、新加坡，与“中新经济走廊”交汇。这一经济带的主轴带走向大致为“广州—南宁—贵阳—昆明、拉萨—曼德勒—达卡—加德满都—新德里—伊斯兰堡”，将珠江三角洲城市群与南桂昆城市群、雅鲁藏布江地区等中国西南边疆重地连成一体，在西藏和云南边境向缅甸、印度、孟加拉国、尼泊尔、巴基斯坦延伸，成为与海上丝绸之路经济带基本平行的陆上延边、跨国经济带。粤桂滇缅印经济带的东段是由珠江三角洲城市群和南宁、北海、海南岛城镇密集区组成的城市群连绵区，中段是贵阳、昆明、大理等城镇密集区，可发挥承东启西、串南连北的优势。西段是延伸到缅甸、印度、孟加拉、尼泊尔、巴基斯坦等国的国外区段，这些国家与中国的经济互补性很强，合作潜力巨大，国家关系的基础牢固，是中国面向东南亚和南亚发展开放型经济的重要伙伴国。

2. 粤桂滇缅印经济带依托的主要交通线

粤桂滇缅印经济带目前尚处于待建、成长之中，区段之间多有间断之处。建设粤桂滇缅印经济带所依托的跨国交通干线主要有：

（1）泛亚铁路东盟通道。该通道是连接东盟主要成员国和中国的桥梁，根据规划将建成全长 1.26 万公里的高速铁路网，过境国家包括柬埔寨、老挝、马来西亚、缅甸、越南、泰国、新加坡。其中的干线铁路以中国云南的昆明为出发点，分东、中、西三条主线，铁路网的最南端到达印度尼西亚。中线从昆明经过景洪、磨憨、老挝首都万象、泰国首都曼谷和马来西亚首都吉隆坡，终点到达新加坡。东线从昆明经河内、胡志明市、金边到曼谷。西线从昆明经瑞丽、仰光到曼谷。连接中国和东南亚诸国的这一高速铁路网预计 2020 年全线通车，一些东盟国家已积极开始建设本国的路段。东盟通道中国境内的路段主要有：玉蒙铁路（玉溪到河口），出境后与越南铁路网连通，是泛亚铁路东线的重要组成部分，已于 2012 年开通运营；大瑞铁路（大理到瑞丽），已于 2015 年开工。中国在磨憨将建成泛亚高速铁路后勤服务中心。依托泛亚铁路东盟通道可以形成包括中国的广西、云南和中南半岛七国的大型跨国经济带，有关方面将其称为“中国—新加坡经济走廊”。

（2）泰缅印孟铁路。计划中的泛亚铁路网目前尚存在几处断线，其中就包括缅甸与泰国之间、缅甸与印度和孟加拉国之间的铁路至今还是空白。要把中国、泰国、缅甸和印度、孟加拉国连接起来，需要建设由中国穿越缅甸通向印、孟的铁路和高速公路。中、泰、缅、印等国有关方面正在为此进行努力。

(3) 滇藏铁路和中印、中尼铁路。“一带一路”倡议要求中国必须进一步强化经略边疆的意识，尽快规划、建设滇藏铁路以及建设青藏铁路向与印度、尼泊尔境内的延伸线，规划、建设与铁路配套的高速公路和普通公路，形成中国西南地区直接与印度、尼泊尔、孟加拉国互联互通的网络。

建设粤桂滇缅印经济带面临的最大困难，是中国西南边疆各地区以及中国与各邻国之间受高山、峡谷等天然屏障的阻隔，交通设施建设难度大，城镇发展滞后，边境地区的产业承载能力薄弱，限制了经济合作的规模、领域和发展速度。因此必须加强西南边疆地区的交通和城镇设施建设，加快滇藏公路的改造升级和滇藏铁路的规划、建设，形成快捷、发达的滇藏、中缅、中印、中尼交通通道网络。

(四) 促进建设西亚—南亚经济带

实施“一带一路”倡议需要建设连接西亚与南亚的分支经济带，这不仅对西亚和南亚国家的发展极为重要，而且对中国以及其他国家的发展具有不同寻常的意义。

西亚—南亚经济带所依托的交通轴心主要是泛亚铁路网的西亚—南亚铁路，该铁路是连接伊朗与巴基斯坦的交通干线，并且与伊斯兰堡—德里—达卡的铁路已经连通。这样，由伊斯坦布尔到达卡也就是由欧洲经西亚到南亚已经形成了干线铁路和铁路网大通道。这一铁路在达卡等南亚地区可以与泛亚铁路的东盟通道接通，形成由欧洲经西亚、南亚直到东南亚的东西向大通道。这就是联合国建议修建的第三条亚欧大陆桥，即从新加坡开始，途径泰国、缅甸、孟加拉国、印度、巴基斯坦、伊朗、土耳其，穿越波斯普鲁斯海峡连通欧洲铁路网的欧亚铁路干线。建设这一大陆桥目前面临的问题是沿线一些国家的铁路轨距不同，由欧洲经西亚到南亚、东南亚各国的通道在一些地点需要转轨，影响主通道的运输效率和效益。

西亚—南亚经济带的西段主要是地中海和黑海东岸的土耳其、叙利亚、格鲁吉亚等国家，直接与欧洲相连；中段是伊朗、阿富汗，东段是巴基斯坦、印度等国。建设这一经济带将使丝绸之路经济带形成了向南亚地区延伸的分支带，中间与中巴经济走廊交汇，使丝绸之路经济带和海上丝绸之路经济带相互连通。中国最西部的新疆、西藏不仅可以通过中巴走廊形成出海通道，而且能够通过中巴走廊和中缅印走廊从陆路通向西亚和欧洲。这样可以扩大“一带”“一路”和中巴走廊、中缅印走廊的辐射带动范围，有利于促进西亚、南亚与中国西部这一区域的一体化发展，为“一带一路”倡议提供重要支撑条件。

西亚—南亚经济带与粤桂滇缅印经济带相衔接，形成欧洲—中西亚—南亚—东南亚经济带，成为丝绸之路经济带的第二条副轴带。

三、建设连通“一带”与“一路”的五条纵向分支轴带

（一）建设海陆东北亚经济带

东北亚经济带实际上是一条主要依托海上运输线形成的沿海经济带，即由中国的长江三角洲和环渤海地区为起点，经渤海、黄海、日本海、鄂霍次克海、白令海到东西伯利亚海的带状沿海地区，沿线的地区和国家主要有中国的东北地区、俄罗斯的远东地区和日本、韩国、朝鲜三国以及美国的阿拉斯加地区。由于东北亚地区地域辽阔，从陆地上还可以形成一条与沿海经济带相平行的经济带，这就是由沈阳、哈尔滨经俄罗斯的斯科沃罗季诺、雅库茨克直到东西伯利亚海和拉普捷夫海沿岸地区的经济带。这一地区人口稀少，但能源、矿产和森林等资源丰富，是俄罗斯正在加快开发的区域。

横贯东北地区的哈尔滨—长春—沈阳—大连经济带即“哈大经济带”，城镇密集，产业集聚度和经济发展水平较高，发展潜力和带动周边地区发展的实力巨大，是我国参与、推动东北亚区域合作体系的战略基地。为了进一步发展与俄罗斯远东地区的经济合作，逐步扩大参与俄罗斯远东地区的区域开发和发展，哈大经济带在北端应当分别向哈尔滨—齐齐哈尔—满洲里—漠河—斯科沃罗季诺方向和哈尔滨—佳木斯—哈巴罗夫斯克—共青城等方向延伸，形成跨越中俄两国的中国东北—俄罗斯远东经济带。这一经济带的东侧和东南侧可分别形成以陆路和海运线为轴心的中国东北—朝鲜—韩国、中国—朝鲜—日本等沿海分支轴带，轴带的北端可一直延伸到俄罗斯最东部的沿海地区和美国的阿拉斯加地区；西侧可依托铁路、公路线形成沈哈—蒙东—蒙古国等方向的分支带。整个轴带体系紧连环渤海城市群，辐射中、俄、日、朝、韩和蒙古国的广大区域，是东北亚合作区的核心地带。

海陆东北亚经济带及其辐射区域的开发潜力巨大，是中俄两国发挥互补优势的理想之地。俄罗斯远东地域辽阔，资源丰富，尤其是石油、天然气、木材、港口等资源和条件对中国发展意义重大。俄罗斯远东地区又是通向美国阿拉斯加地区和加拿大的通道，其地理位置和陆路、海路运输线对沟通东亚与美洲的发展具有重要战略意义。俄罗斯已确定了与中国共同推动其远东地区大开发的战略，在远东将设立多个快速发展的开发区，希望与中国在造船、航空、交通运输、投资和农业方面加强合作。俄鼓励并欢迎中国企业在远东投资，在税目减免、土地、基础设施等方面提供优惠的条件。中俄合作开发远东的主要领域包括：船舶制造—鼓励中国企业在俄罗斯远东建厂造船，向俄罗斯供应先进船舶；民用航空，如宽体飞机制造等，并合作开拓第三国市场；联合开发高铁项目，以及公路、路桥修建等交通项目；农产品贸易、农业投资等，俄鼓

励中国企业在远东建立高科技农业园。中国对俄罗斯的开发计划已做出积极响应，中俄相邻地区已开始商谈和实施一系列重大合作项目。俄罗斯在交通建设上正在为远东大开发做准备，有可能计划修建连接太平洋与大西洋的高速公路和高速铁路，其公路和铁路网将逐步延伸到远东地区。

建设东北亚经济带将使内蒙古东部、吉林、黑龙江等边疆地区成为东北亚地区的经济中心，形成由中国东北地区经朝、韩、日到俄罗斯远东和美国、加拿大的带状国际经济合作区。中国积极参与、推动这一地区的资源开发和经济发展，如合作修建横跨中国—俄罗斯—美国—加拿大高速铁路，合作开发俄远东和北极、阿拉斯加等地的资源，发展海运和海洋产业，可以形成与中国内地经济、日本经济、韩国经济互补性很强的新的国际区域增长极，拓展中国外向发展的空间，带动东北边疆地区加快经济转型升级。

（二）建设俄蒙中泰新经济带

由俄罗斯的贝加尔地区经蒙古国中东部、中国的呼兰成昆地区和老挝、泰国、缅甸，直到中南半岛最南端的新加坡，可以形成沿主要铁路、公路线的跨国经济带，即“俄蒙中泰新”经济走廊。这一经济带实际上是中国境内的呼兰成昆经济带分别向南北两端的延伸发展。呼兰成昆经济带是以包兰铁路、兰渝—宝成铁路、成昆铁路为轴心线，北端从内蒙古呼和浩特、包头城镇群开始，中经银川、兰州、成都等中心城市，南端分别到北海和昆明并与粤桂滇缅印经济带相交的大型经济条带。建设呼兰成昆经济带的主要目的，是将西北与西南地区的几个城市群以及两大地区的出国、出海通道连成一体，一方面显著缩短西北与西南地区的经济协作半径，改善其经济协作条件和对外开放水平，带动两大地区经济的一体化发展；另一方面分别在呼包地区和昆明地区向国外延伸，形成南北两大跨国经济区。在北端，由呼和浩特分别向二连浩特—乌兰巴托—乌兰乌德—伊尔库茨克方向延伸，形成中蒙俄经济合作区。在南端，由昆明和北海分别向大理—曼德勒—吉大港、普洱—景洪—万象、开远—老街—河内等方向延伸，形成以南桂昆城市群为中心的包括越南、老挝、泰国、缅甸、孟加拉和印度等国在内的跨国经济区。其中，“中国—老挝—泰国—马来西亚—新加坡”经济走廊在这一地区将率先形成并发挥带动区域发展的作用。

俄蒙中泰新经济带将国内几个重要区域的开发、发展与国外的区域开发、发展连成一体，成为亚洲中部连通“环心”与“环边”的最大的南北向跨国经济带，也是将丝绸之路经济带主副轴带和海上丝绸之路经济带贯穿起来，形成诸多战略枢纽区的巨大桥梁。

（三）建设西伯利亚—中国新疆—南亚经济带

我国新疆地区和中亚五国是丝绸之路经济带的中心地区和关键性区段，应当成为带动丝绸之路经济带较快发展的核心区域。但这一地区深居亚欧大陆腹地，与四周的经济发达地区交往条件较差，要想较快成长为大区域增长极受到诸多限制。因此需要建设一条贯通南北的经济带，将俄罗斯的西西伯利亚地区与中国新疆、中亚五国和南亚的巴基斯坦、印度等国连成一体，使中国新疆和中亚国家北通俄罗斯经济较发达地区，南有出海口并与南亚经济发达地区互联互通，形成“西伯利亚—中亚—南亚经济带”。这条经济带实际上是中国国内的北疆—南疆经济带分别向北、向南的跨国延伸，建设这一经济带无疑将会改善西伯利亚—中亚—南亚地区的经济合作条件，促进区内各国经济的发展。

可沿两条通道建设西伯利亚—中亚—南亚经济带。一条是新西伯利亚—阿亚古兹—中国塔城—乌鲁木齐—库车—中巴经济走廊，另一条是车里雅宾斯克—阿斯塔纳—塔什干—杜尚别—喀布尔—卡拉奇（或伊朗的阿巴斯港）。由于目前尚缺少从中亚直通南亚或波斯湾的铁路，其中的断线主要在阿富汗境内，所以沿第一条通道即新西伯利亚—中国新疆—中巴经济走廊这一通道建设经济带较为现实。

西伯利亚—中国新疆—南亚经济带的北区段是中俄哈三国的能源通道，建设这个区段符合三国的共同利益，不会遇到较大的阻力。中区段是中国新疆维吾尔自治区的西部，中国目前正在将这一区段的建设纳入丝绸之路经济带建设的总体规划付诸实施，不久将会形成贯通北疆、南疆、巴基斯坦的大通道和经济带。南区段是正在建设中的我国新疆喀什经伊斯兰堡、卡拉奇到瓜达尔港的中巴经济走廊。瓜达尔港是中巴能源通道的起点，由波斯湾、红海和印度洋的海运油气在巴基斯坦的瓜达尔港进入铁路或管道运输，在中国新疆的红其拉甫达坂口岸入境，将形成中国第五大油气输入通道。中巴经济走廊就是沿瓜达尔、卡拉奇—伊斯兰堡—喀什这一长达2 000多公里的运输通道形成的跨国经济带。建设这一经济带旨在将中国西部地区的开发和发展与巴基斯坦国内经济发展尽可能紧密地结合起来，使巴基斯坦经济在中国的帮助下加快发展，中国在巴基斯坦形成能源和货物的转运枢纽，中巴两国在互利互惠的合作中结成紧密的利益共同体。

（四）促进形成西伯利亚—中亚—南亚经济带和北欧—中欧—西亚经济带

建设车里雅宾斯克—阿斯塔纳—塔什干—杜尚别—喀布尔—卡拉奇（或伊朗的阿巴斯港）这一经济带符合塔吉克斯坦、阿富汗两国寻求南下出海通道和巴基斯坦由陆路输入能源等方面的共同利益要求，所以在各方共同努力下是可以实现的。巴基斯坦和阿富汗等国政府正在积极推动建设横贯南亚次大陆北部、从喀布尔经伊斯兰堡到新德里和加尔各答的主交通线连接线，这与建设杜尚别—喀布尔—伊斯兰堡—瓜达尔经济带和中巴经济走廊的国际合作有异曲同工、相辅相成之效。

此外，依托泛亚铁路南北通道可以形成连接北欧与波斯湾的又一条南北向经济带，即北欧—东欧—西亚经济带。泛亚铁路南北通道主线始于芬兰的赫尔辛基，依次经过俄罗斯的莫斯科地区、伏尔加河流域、里海沿岸国家，终点是伊朗的阿巴斯港。依托这一交通干线的经济带，贯通北欧、东欧、中亚、西亚地区，连接波罗的海和波斯湾，在丝绸之路经济带主副轴带与海上丝绸之路经济带之间形成一条桥梁式的南北走廊，在莫斯科、德黑兰和波斯湾等地区形成东西向经济带与南北向经济带的重要交叉点和枢纽区，成为“一带一路”的重大战略支撑条件。

这一经济带的核心地区是环里海地区，将里海以东的中亚五国与里海以西的阿塞拜疆、格鲁吉亚、亚美尼亚，里海南部的重要国家伊朗以及黑海、地中海沿岸的乌克兰、罗马尼亚、保加利亚等东欧国家连为一体，是里海、黑海、波斯湾沿岸国家的石油、天然气主产区和能源化工基地，同时也是中国对外经贸重要伙伴国的集中地区和中国企业重点投资的目标地区之一。

四、促进“一带一路”轴带网络体系的发育和完善

经济带及其延伸形成轴带网络是一种区域经济的空间组织形式，是推动经济活动在不断扩大的地域空间中合理聚集和合理扩散的系统运行模式。经济带网络由初级的结构和形态发育、升级到高级的结构和形态，是区域经济发展由低级水平进到高级水平的重要推动力和重要标志。“一带一路”倡议就是在深入认识和创造性利用经济条带形成、发展的一系列重要规律的基础上，按照东亚—中亚—西亚—欧洲和东亚—东南亚—南亚—非洲—欧洲两个经济条带的走向及布局特点，将国内的主要地区与世界五大洲的众多国家和地区组织到大型、开放的条带经济网络之中，在全球范围组合和利用天时、地利、人和条件，规划、实施以中国和上合组织其他成员国为主要核心区的跨国、跨洲的区域开发和发展，促进不同国家和地区在互补、协作、联合中谋求最大的共同利益，开创国内和世界经济发展的新途径、新模式、新机制。在空间上，规划和建设“一带”与“一路”相互衔接、融合的环形经济带及其延伸形成的轴带网络，用轴带网络的形式落实“一带一路”倡议，依托轴带网络的形成和发育、升级，形成并不断健全经济要素快速流动和优化配置、高增长地区辐射带动更大区域发展的机制，是保证“一带一路”倡议获得成功的关键。

（一）建设“一带一路”的三级和四级轴带

经济带的发育成长，有点类似于树木枝条的发育成长，是在不断提高主次轴带的综合功能、发展水平和延伸其长度、宽度的同时，不断地延伸形成三级、四级等多级分支轴带，形成致密程度逐步提高的轴带网络，使早期的条带形经济空间布局演变为相对均衡的网络型经济布局。随着三级、四级等多级分支轴带的不断形成，经济带在空间上组织经济活动的能力和效率也随之提高。经济要素依托密如蛛网的轴带网络自由、便捷地流动并在最佳区点和时段上实现优化配置，其效率、效益就显著高于轴带分布相对稀疏的阶段。

丝绸之路经济带主副轴带与海上丝绸之路经济带主轴带形成的环形经济带，是“一带一路”的主轴带，亦即一级轴带。由环形经济带向外延伸形成的环太平洋、环印度洋、环欧洲、环非洲经济带和向内延伸形成的陆上“五纵五横”分支轴带，是“一带一路”的二级轴带。一级和二级轴带构成的网络，只是“一带一路”轴带网络的基本骨架。“一带一路”轴带网络要在不断加强主副轴带建设和不断延伸分支轴带的过程中，形成日益致密、发达的轴带网络，使其带动和组织区域经济发展、促进贸易和投资便利化的功能更加强大、健全、细密、高效。实施“一带一路”倡议的重要举措之一，就是在重点建设主次轴带亦即一级、二级轴带的基础上，根据各区段的具体条件，促进三级、四级等多级分支轴带的延伸和发展，逐步提高“一带一路”轴带网络的密度。

国内主要省市区实施对接“一带一路”倡议，其中一项主要的措施，就是依托“一带一路”主次轴带，建设向本地区和相邻地区延伸的次一级经济带，使本地区的经济运行发展更加有效地并入“一带一路”所覆盖的国内外区域经济机体之中。

如本章第一节的“丝绸之路经济带主轴带国内区段的主要分支带”一小节中所述，西安、兰州作为丝绸之路经济带主轴带西北区段的重要节点城市，可以形成辐射状的若干条次一级的轴带。以西安为起点，可以分别形成西安—运城—临汾—太原—忻州—大同—乌兰察布、西安—延安—榆林—包头、西安—汉中—成都、西安—安康—重庆、西安—襄樊—武汉、西安—庆阳—银川等多条轴带。以兰州为起点，可以分别形成兰州—固原—平凉—庆阳、兰州—银川—包头—呼和浩特、兰州—西宁—格尔木条、兰州—重庆—贵阳等分支带。

山西省对接丝绸之路经济带，可以建设以下主要分支轴带：太原—大同—张家口—京津（乌兰察布）轴带；太原—临汾—运城—西安轴带；太原—长治—晋城—郑州、洛阳轴带；太原—石家庄—京津轴带；太原—吕梁—绥德—银川轴带；临汾—长治—邯郸轴带等。

这些轴带的形成，必将显著增强西安、兰州、太原等中心城市的轴带枢纽功能，使丝绸之路主轴带在越来越大的范围集散经济要素，组织经济运行，加快形成横贯中国东中西部三大地带的城市群连绵区。

（二）建设“一带一路”轴带网络的主要核心区

在“一带”与“一路”构成的环形经济带所覆盖的亚欧非地区，中国中西部和中亚地区在地理空间上处于中心位置，但这一地区却是亚欧经济相对不发达的地区，而西欧、南欧、东亚等环边地区则是经济发达地区。经济发展水平在空间上的这种差异是符合客观规律的，因为环边地区也就是沿海地区，是依托海运优势和世界经济交往优势必然会得到更快发展的地区。环心地区地处内陆，经济发展的条件远不能与沿海地区相比。建设“一带一路”轴带网络，就是要把环心、环边和环外连成发达地区带动不发达地区、不发达地区面向发达地区发挥自身优势以实现最快发展的世界性经济网络，推动世界经济发展由极度不平衡走向相对平衡。

因此，作为“一带一路”轴带网络的核心区可以分为两类：一类是地理空间上的核心区，这就是中国中西部、中亚以及西亚、南亚的部分地区；另一类是经济发展水平和辐射能力的核心区，这就是西欧、南欧、东亚地区。建设“一带一路”轴带网络的主要核心区，就是建设上述这两类核心区及其全面合作的关系。

在没有“一带一路”网络维系的情况下，世界各国的发展带有国家间、地区间、地区集团间各自为政的孤立性、分裂性、对抗性的特征。实施“一带一路”倡议，建设“一带一路”轴带网络，目的就是要以一种有效的、覆盖范围尽可能大的地域空间组织形式、相应的经济社会组织形式及其良好的运行机制，弱化以致消除世界经济和国际区域经济发展的孤立性、分裂性、对抗特征，国际经济发展的全面合作性、互利共赢性和一体化水平。

在“一带一路”覆盖的亚欧非大区域，中国是兼具内陆型和沿海型两个核心区特点的经济大国，是核心区域中的核心。要通过规划建设贯通全国东西南北的大型经济带和跨国经济带国，形成有效组织和覆盖国内各地区以及国际大区域发展的致密型经济带网络，将中西部地区与沿海地区和国外的发达地区连成互联互通、全面合作的空间－经济社会组织体系，使资源丰富、潜力巨大的内陆核心区获得更多的发展机会和更优越的对外合作条件，同时也使发达国家和地区依托轴带网络获得更直接、更优越的合作条件，更多地面向内陆地区发挥其优势，增大发展的动力。在建设连接“一带一路”环心、环边、环外地区的“五横五纵”轴带中，要优先建设“五横五纵”的国内区段，加快推进“五横五纵”在周边邻国的延伸和贯通，使“五横五纵”在国内和国内与上合组织成员国、东盟成员国、南亚诸国等周边邻国的互联互通达到国际领先水平，发挥引领、示范作用。国内各地区要在对接"一带一路"倡议，建设向本地区和相邻省市延伸的三级和四级等多级分支轴带，使国内成为"一带一路"轴带网中最致密的区域。在重要经济带相互交叉的内陆枢纽地区，促进已形成的城市群如长江中游、中原、沈哈、成渝、南桂昆、关天等城市群，增强产业聚集和轴带枢纽的功能，推动一批新的城市群如呼包鄂、太原、黄河上游、环天山等城市群加快发展，成为驱动纵向和横向的经济带更快发展的引擎。发挥经济带与城市群相辅相成、相互促进的作用，使核心城市和城市群不断增强创新载体、产业载体、增长中心、综合实力载体和对内对外经济合作主体的功能。依托纵横交织的经济带网络和星罗棋布的中心城市、城市群，推动全国经济空间组织结构趋于合理化，为科学地开发利用国土资源、合理布局生产力、深化区域分工协作、协调各类区域发展、推动内外经济合作、实现"一带一路"倡议目标提供强有力的支持。

建设致密化的国内轴带网络的又一个战略目的，就是为国内每一个地区、每一个企业直通国外市场和直接建立对外合作关系创造条件，使中国更好地发挥驱动"一带一路"轴带网络覆盖区发展、承接国外发达地区经济辐射作用的功能。要不断创造这方面的新经验，及时向合作伙伴国展示和推介成功经验，帮助上合组织、东盟、南亚、非洲等合作伙伴国在吸收、借鉴中国经验的同时，开拓其自身的轴带建设之路，与"一带一路"轴带网紧密对接。

（三）促进"一带一路"轴带网络的结构和功能升级

"一带一路"轴带网络是一种地域经济系统，其结构—功能水平是经济发展水平的重要标志，也是经济发展的重要推动力。促进"一带一路"轴带网络的结构和功能升级，就是推动"一带一路"轴带网络覆盖区域更快发展的一种手段和方式。

1. 集中建设丝绸之路主轴带和副轴带

促进主副轴带依托一定的交通设施和节点城市合理延伸长度和宽度，提高对两侧腹地的辐射带动能力。强化建设主副轴带的基础设施和轴心区，多国共同促进主轴带跨国铁路路轨的统一，尽可能形成以主干道为骨架的发达线路网络。促进建设主轴带的主要节点城市和城市群，建设关键性的区段，使主副轴带率先成为经济发达的城市群连绵区。通过建设丝绸之路经济带主副轴带，提高中国与俄罗斯、哈萨克斯坦、蒙古国等近邻国的互联互通水平，为建立上合组织自贸区创造条件。促进东北亚经济带、俄蒙中泰新经济带北段和阿勒泰—新西伯利亚等分支轴带与俄罗斯东西大通道——西伯利亚铁路沿线交汇，促进俄罗斯西部—中部—远东经济带的形成和发展，积极参与俄罗斯中部和远东地区的开发，加快丝绸之路经济带主轴带与副轴带沿线地区的一体化步伐。促进长江—雅鲁藏布江—南亚经济带、粤桂滇缅印经济带、西亚—南亚经济带加快建设，并实现这三条经济带在印巴地区的衔接，形成西亚—南亚—中国沿海经济带，成为丝绸之路经济带的第二条副轴带，带动中国与东南亚、南亚、中西亚的一体化发展。

2. 推动海上丝绸之路经济带主轴带发展

加快中国沿海经济带的发展和结构—功能升级，使其对外驱动发展的引擎功能持续增强。积极探索多国合作建设海上丝绸之路经济带主轴带的关键区段和主要节点城市的有效途径，提倡各国在主轴带覆盖的合作对象国沿海地区扩大投资，建成更多的合作项目。进一步提升中国海上航运的实力和技术、管理水平，缩短由海运大国向海运强国过渡的时段。科学地认识、把握海上丝绸之路经济带的特殊性，积极创造条件推动海上丝绸之路主轴带延伸形成日益增多的分支带，推动沿海经济带向内陆地区延伸，逐步形成中国能够广泛参与和有效推动的海陆联网轴带体系。有效排除来自政治、外交、军事等方面对建设海上丝绸之路经济带的干扰，尽最大可能以经济合作和友好交往及其带来的共同利益化解国家之间的摩擦和冲突，义无反顾地推进海上丝绸之路经济带建设进程，持续提高经略海洋的综合实力。

3. 完善“一带一路”轴带网络

完善“一带一路”轴带网络的主要思路是：建设将丝绸之路经济带与海上丝绸之路经济带连成网络的分支经济带，促进海陆轴带的一体化发展；建设丝绸之路经济带和海上丝绸之路经济带向环外延伸的主要分支经济带；建设将海陆主轴带与副轴带连成网络的分支经济带和三级、四级等多级轴带，形成日益致密的经济带网络；建设主副轴带和重要分支轴带的薄弱区段，提高经济带的连续性、均衡性水平；建设轴带枢纽型城市和城市群，促进城市、城市群与经济带形成相互依存、互动发展、同步升级的关系。

第七章

“一带一路”与经济运行发展的基本规律

“一带一路”倡议反映了经济运行发展的一条基本规律，即社会再生产过程中生产与消费的“适应—不适应—新的适应”的矛盾运动规律，也就是马克思揭示的生产的片面性与消费的全面性矛盾规律。马克思有关经济运行发展这一基本规律的思想，为近代以来的国际合作提供了重要理论基础，是“一带一路”倡议获得成功的思想基石。“一带一路”倡议顺应了马克思揭示的这一规律，为解决当代中国和世界经济运行发展的突出问题，加快世界经济、政治一体化进程开辟新的道路，同时也为马克思主义经济理论和现代国际合作理论的丰富、发展做出新的贡献。

第一节　社会再生产过程的基本矛盾

马克思在他的经济学说中将社会再生产的一个周期区分为生产、分配、交换、消费四个基本环节，“生产表现为起点，消费表现为终点，分配和交换表现为中间环节，”① 这四个环节首尾相连、依次过渡，周而复始地循环运行，以螺旋式上升的过程实现经济发展。随着生产力和社会分工的发展，社会再生产四个环节的职能分别由相应的社会组织系统承担，这些系统以相对独立的形式各自发挥其职能，物质和精神资料亦即我们所说的“经济要素”在这些系统之间依次流动，从而使社会再生产在每一瞬间同时进行生产、分配、交换、消费活动，维持经济社会有机体的生存和发展。马克思论述的社会再生产周期性运动及其螺旋式上升的过程，大体相当于今天我们所说的经济运行和经济发展。社会再生产的四个环节，从宏观经济系统总体运行的角度可以分为供给与需求两个侧面，供给的一侧包括生产、流通和分配，而需求一侧，则包

① 马克思：《〈政治经济学批判〉导言》，《马克思恩格斯选集》第2卷，第91页，人民出版社1975年版。

括生活消费需求、生产消费需求和投资需求。所以，社会再生产过程中生产与消费的“适应—不适应—新的适应”的矛盾，也就是宏观经济运行中供给与需求的“平衡—失衡—再平衡”的矛盾。

马克思的社会再生产理论包含着这样一个重要观点：社会再生产运动的基本矛盾是生产与消费之间的矛盾，而生产与消费的矛盾集中体现为生产的“片面性”属性与消费的全面性属性之间的对立统一。

一、社会再生产过程中生产的“片面性”特征及其本质

马克思在分析商品生产过程时指出：“社会分工使商品所有者的劳动成为单方面的，又使他的需要成为多方面的。”[①] 为了进一步说明社会分工造成单方面的劳动与多方面的需要之间的矛盾不只是商品生产中的特殊矛盾，而是一切社会再生产中普遍存在的矛盾，他将分工的起源追溯到原始社会。“人的依赖关系（起初完全是自然发生的），是最初的社会形态，在这种社会形态下，人的生产能力只是在狭窄的范围内和孤立的地点上发展着。”[②] “在家庭内部，随后在氏族内部，由于性别和年龄的差别，也就是在纯生理的基础上产生了一种自然的分工。”“不同的公社在各自的自然环境中，找到不同的生产资料和不同的生活资料。因此，它们的生产方式、生活方式和产品，也就各不相同。这种自然的差别，在公社互相接触时引起了产品的互相交换，从而使这些产品逐渐变成商品。”[③] 在这里，马克思所揭示的从原始社会的自然分工中产生商品交换的规律，表明人的劳动活动、劳动能力以致整个社会的各个生产组织的生产活动和生产能力等，都有其片面性的自然基础。生理的、种族的、生存环境的差别，以及个人和社会组织在自己的环境中所能找到的生产资料和生活资料等自然因素的差别，决定了每个人的劳动、劳动能力以致各种社会组织的生产活动和生产能力，都难以逾越由一定自然条件所决定的特殊性、片面性、局限性。而后来出现的更为发达的社会分工和普遍的物质交换，只是扬弃了这种自然的分工，将自然分工的基础性作用纳入社会分工的体系之中。马克思指出，“以物的依赖性为基础的人的独立性”，是继最初的社会形态之后的第二大社会形态，“在这种形态下，才形成普遍的社会物质变换，全面的关系，多方面的需求以及全面的能力的体系。建立在个人全面发展和他们共同的社会生产能力成为他们的社会财富这一基础上的自由个性，是第三个阶段”[④]。所以，

---

① 马克思：《资本论》第1卷，第124页，人民出版社1975年版。
② 《马克思恩格斯全集》第46卷上，第104页，人民出版社1979年版。
③ 马克思：《资本论》第1卷，第389—390页，人民出版社1975年版。
④ 《马克思恩格斯全集》第46卷上，第104页，人民出版社1979年版。

马克思指出的生产所具有的片面性，首先是来自自然因素，受一定自然条件的决定；其次是这种片面性在不同的社会条件下有其相应的社会形式，成为具有社会特征的、体现社会发展不同阶段的片面性；再次是这种片面性通过普遍的商品交换过渡为相对的全面性；最后是在社会发展的较高级阶段，这种基于分工和交换的全面的生产能力和全面的社会关系，成为全体社会成员的共同财富和他们获得自由个性的条件。

从人类生存发展的自然环境、人类自身在长期演化中形成的特质和本性，到人类社会形成一定系统结构并保持其发展能力的必然性和内在联系等，所有这一切不以人的意志为转移的物质条件和客观规律，都决定了任何一个层次的社会生产主体，不论是作为生产劳动者的个人，还是作为社会生产活动的组织系统，如氏族、部落、部落联盟、民族、国家、地区，以及现代的企业、行业、部门、各种经济联合体等，他们从事物质性、精神性、信息性、服务性产品的生产，其生产能力相对于他们的消费需求都无一例外地具有“片面性”的特征。每一个生产主体只能生产出他们的能力所企及的产品，因为他们的生产能力，总是受他们各自生理的、社会的、专业技术的、地域综合条件的等多方面的规定和制约，不可避免地具有其特殊性、专业性、地域性或局限性。每一个生产主体同时又是消费主体，只有消费才能使生产主体持续不断地生产和再生产其生产能力。而要消费，就必须获得相对全面的消费品。消费结构单一或畸形，消费者就不能成为健康、合格的生产主体，就不会生产出合格的产品供全社会消费。而要使每一个生产主体都能获得相对全面的消费品，所有的生产主体就必须进行分工并以某种形式联合起来，从事既有分工又相互合作的社会性生产。这就是人类社会不同于动物群体的本质性特征之一，也是人作为社会性动物而与自然动物相区别的本质特征之一。

社会生产之所以具有“片面性”并且在分工推动下不断向越来越“片面性”的方向发展，是因为这种“片面性”的本质就是专业性，是人的本性和分工规律所决定的提高劳动生产效率和生产社会化水平，进而提高经济效益和社会效益，并以此为基础不断改善社会成员生存条件的基本途径。古典经济学家亚当·斯密对生产的这种“片面性”特征的本质及其与消费的全面性矛盾曾做过有价值的分析。他在列举了制造一件普通衣服的复杂分工的情况后得出结论：“没有成千上万人的帮助和合作，一个文明国家里的卑不足道的人，即使按照（这是我们很错误地想象的）他一般适应的舒服简单的方式也不能够取得其日用品的供给的。”[①] 亚当·斯密认为，人类之所以能够解决生产的片面性与消费的全面性矛盾，在于人类能够“把各种才能所生产的各种不同产物，结成一个共同的资源，各个人都可以从这个资源随意购取自己需要的别人生产的

① 亚当·斯密：《国民财富的性质和原因的研究》上卷，第12页，商务印书馆1972年版。

物品。”[①] 亚当·斯密在这里所说的“各种才能所生产的各种不同产物”，与马克思所说的“特定种类的生产活动”[②]，都是指专业化的生产。从古至今，任何一个生产主体，即使是今天的规模巨大的企业或地域综合体，甚至是一个大国或若干个国家的联合体这样的生产主体，之所以不可能生产出他们现实的消费活动所需要的吃、穿、住、行、用、享受、发展等多种多样的消费品，就是因为生产的专业化本质不是由人的意志所决定的。尤其是在商品经济进入较发达的时代，生产者是出于为自己获得价值的目的而为别人生产使用价值，因而只能从事为满足别人的消费需求并能发挥自己的专长的“特定种类的生产活动”，这样他才能获得较多的价值去购买比自给性劳动所得更多、更全面的消费品。

二、生产片面性与消费全面性矛盾推动人类走向日益广泛的协作和联合

与生产的片面性、单一性特征相对立，作为既是生产主体同时又是消费主体的个人或社会组织，其现实的消费需求却是相对全面的，即他们必须获得吃、穿、住、行、用、享受、发展等多种多样的消费品，才能维持正常生存并获得一定发展。

马克思指出了弥补生产的这种片面性局限的一种重要方式是协作。“许多人在同一生产过程中，或在不同的但互相联系的生产过程中，有计划地一起协同劳动，这种劳动形式叫作协作。”单个人的分散劳动与许多人的协作劳动“有本质的差别”，后者不仅提高了个人生产力，而且创造了一种新的生产力，体现了人“天生是社会动物”的本性[③]。“劳动者在有计划地同别人共同工作中，摆脱了他的个人局限，并发挥出他的种属能力。”[④] 协作可以摆脱个人的局限，当然也可以摆脱企业、行业、地区、国家等更大的生产组织或经济主体的局限。不仅个人之间或者班组之间，而且企业、行业、地区、国家之间也广泛存在着“在同一生产过程中，或在不同的但互相联系的生产过程中，有计划地一起协同劳动”的协作现象。从个人之间的协作、合作、联合，到社会组织之间的协作、合作、联合，从技术性、生产性、经营性的协作和联合，到综合程度越来越高的经济性、社会性甚至思想学术性的协作和联合，人们在不同规模和不同的社会结构层次上建立有偿的或无偿的、包含商品交换的或不包含商品交换的协作、合作、联合，都是用以弥补生产的片面性缺陷（当然也包括弥补其他方面的缺

① 同上书，第16页。
② 马克思：《资本论》第1卷，第55页，人民出版社1975年版。
③ 马克思：《资本论》第1卷，第362—363页，人民出版社1975年版。
④ 同上书，第366页。

陷)、提高生产能力和社会生产力水平的手段，同时也是体现和提高、丰富人作为“社会动物”的本性的一种途径。而协作，实质上是人的活动的直接交换，商品交换则是以产品为中介、以等价为原则的间接协作。协作和交换，都是将分工者维系成总体生产力的纽带。所以，生产力从其本质上来说只能是社会性的生产力，而不是单个人的生产力。单个人只有通过自发、自愿的协作或在强制力的维系下结成一定的社会关系和社会组织，才能形成社会性的生产力。

马克思在这里揭示协作的经济规律的同时，表述了他一贯强调的关于人的本质和本性的重要思想，即人的本质的实现就是人“发挥出他的种属能力”，经济发展的特征和水平与人如何发挥它的“种属能力”密切相关。马克思认为人的本质不是单个人所具有的抽象物，而是社会关系的总和。人只有作为人类这个“类”的个体来展现他的内在属性和能力，把自己与人类的其他成员看作是不可分割的整体，以自己的劳动和生存为其他成员提供有利的生存、发展条件，同时依赖其他成员的劳动来提高自己的劳动和生存水平，他才是具有人的真正本质的人类成员。否则，他就是本质被削弱或扭曲了的人类成员。人类所有成员只有实现最大限度的平等、联合、协作，才能真正体现人是作为“类”的存在物的本质。所以，就人的本质而言，每一个人、每一个社会组织都因其局限性而需要其他的人、其他的组织来弥补自己的这种局限性。人类整体也有其局限性。人类从一开始就是通过与自然环境、自然条件、自然资源的结合和相互作用，来弥补自身的局限性并获得不断发展的。在社会领域，人类一方面需要其所有的成员和各种社会组织相互合作、协作、联合来弥补其局限性，另一方面则需要在不断的发展中，以高级阶段的进步性、优越性克服其低级阶段的落后性、局限性。人只有不分种族、地域、宗教信仰、政治派别、文化差异等，实现最广泛的协作和联合，并在发展中不断改进、完善其协作和联合的方式，才能最大限度地克服自身的片面性、局限性，充分发挥人的潜能，使人的本性得到丰富、提高，使社会在人的发展的基础上不断进步、不断提高文明水平。

商品交换就是人作为类的存在物，在特定历史条件下不分种族、地域、宗教信仰、政治派别、文化差异等进行外在性联合、协作的一种形式。“不同的劳动只有通过把产品当作商品来交换才能建立联系。”① 虽然交易双方之间看起来是一种外在的物物让渡关系甚至冷冰冰的金钱关系，但其背后则是谁也离不开谁的相互依赖关系。人类至今还没有充分实现不分种族、地域、宗教信仰、政治派别、文化差异的最广泛的大协作、大联合，是因为人类还处在它的某种较低级的历史阶段。人类只有在不断地肯定—否定—再肯定自己的社会变革过程中，改变物质财富统治人、压抑人、扭曲

① 马克思:《资本论》第1卷，人民出版社1975年版，第390页。

人的本性的条件以及这些条件所决定的政治制度和意识形态，才能实现不分种族、地域、宗教信仰、政治派别、文化差异的最广泛的大协作、大联合、大统一。

三、解决生产片面性与消费全面性矛盾的基本途径—发展分工和交换

人类社会解决生产的片面性与消费的相对全面性矛盾的基本途径，就是发展分工和交换。氏族、家庭、企业等微观组织内部的分工与社会在行业、地区、国家等宏观领域的分工互为条件，相互促进，使分工由生理分工逐步扩展到经济、社会、地域等一切领域，“到处为专业化、专门化的发展，为人的细分奠定基础”①。分工使社会成员和社会组织的生产能力向专业化、专门化、特殊化方向发展，形成多样化、多元化的生产主体和产品，而交换则使各自独立的、专业化的生产者之间相互让渡其产品，以满足社会成员和社会组织日益全面的消费需求。分工发展和深化了生产的片面性，而交换则将各种各样的片面性生产结合成相对全面的生产体系。“分工是自然形成的生产机体，它的纤维在商品生产者的背后交织在一起，而且继续交织下去。”② “普遍的需求和供给互相产生的压力，促使毫不相干的人发生联系。”③ 商品生产者背后交织在一起的“纤维”，就是把无数个毫不相干的“单方面的”劳动汇集成“多方面的”消费品，并通过交换来满足每一个商品所有者的消费需求一种本质性社会关系。分工形成相互分离的主体，交换则将分离开的主体联系成互通有无的网络。消费不断由简单、低级水平的全面性发展到越来越复杂的、高级水平的全面性，推动分工不断由简单的、生理性的、技术性的、组织内部的分工发展为越来越复杂的行业性、地区性、国家间的全面社会分工。适应分工的每一步发展，交换也发生相应的变化和发展，由氏族、家庭、微观组织内部的直接的活动交换，发展为微观组织之间、行业之间、地区之间、国家之间、世界各大洲之间越来越广泛的商品交换。而且在商品经济的较高发展阶段，交换不只是为了获得自己所需要的使用价值，更多的则是为了节约劳动时间、提高生产效率、获得迅速增加的财富，加快经济发展和社会进步的速度。与商品交换同时发展的，还有各种不等价的、非商品性的交换，如发明创造的溢出效应、创新行为的示范效应、经验和知识的交流，以及无偿的物质交换和信息交换等。

---

① 同上书，第392页。
② 马克思：《资本论》第1卷，第125页，人民出版社1975年版。
③ 《马克思恩格斯全集》第46卷上，第104页，人民出版社1979年版。

第二节　经济运行发展的基本规律与现代国际合作

一、生产与消费的矛盾运动规律是经济运行发展的基本规律

虽然分工及其推动的专业化生产在不同的历史时期都有其不可避免的局限性和副作用，但这不是它的本质。它的本质是：一定条件下任何生产主体的生产能力都是片面的、有限的，而无数同时并存的和一代接一代的生产主体的相互联合、协作、结合、衔接，才能构成全面的、无限发展的生产能力和生产过程。发达的分工产生出发达的“片面性”生产，发达的“片面性”生产需要以发达的全面性交换为中介，才能形成发达的全面性社会生产体系并适应全面性的社会消费。生产中的分工不断深化和不断地外在化，交换从生产中不断地分离出来，并不断向复杂、高级的形态演变，使生产与消费的“适应—不适应—新的适应”的矛盾运动永无止境。正是受这种矛盾运动的推动，生产专业化的深度和广度不断提高。虽然社会进步使越来越多的人在素质上获得了全面发展，他们有潜力掌握多方面的知识和才能，从事多种专业领域的工作，不再成为畸形化的被动劳动者，但是在有限的时空范围内和充满竞争的环境中，每个人要精益求精地做好自己的工作，他只能掌握非常有限的知识和才能，只能从事少数几个专业领域的工作。任何才能出众的个人和综合能力强大的组织，只有顺应“片面性”的生产和分工规律，才能占据有自身优势并有益于社会发展的分工位置，获得生存和发展的主动权。正是这种规律，决定了地球上每个角落的人，都需要与其他角落的人直接或间接地进行交流、协作、联合、交换，才可以弥补自身的局限性，获得平等的社会地位和做人的尊严。

不断发展片面性的亦即专业化的生产能力并将其结合成相对全面的总体生产能力以适应消费增长、变化的需要，是社会再生产亦即一切社会形态下经济运行发展的基本规律。马克思指出，一切时代的生产都有其“共同标志，共同规定”或“生产一般”[①]，同样，消费以及生产与消费的矛盾运动、社会再生产的基本规律等，在其具有各个时代的特殊标志、特殊规定的同时，也有其超越时代特点的“共同标志，共同规定”或“消费一般”“矛盾一般”“规律一般”。生产的片面性与消费的全面性矛盾运

① 马克思：《政治经济学批判》，第195页，人民出版社1976年版。

动规律，就是超越各个时代、各个区域特点的共同规律、普遍规律或“规律一般”。对这一规律，经济学往往是从不同的角度加以认识和表述的，如将其表述为生产与消费的矛盾运动规律、供给与需求的平衡—失衡—再平衡规律、再生产诸环节相互适应规律等。

根据经济运行发展的这一基本规律，任何社会形态下经济发展的第一位的也是主要的推动力乃是消费需求的拉动力，其他的发展动力都是从属于这一主要动力或者只是这一主要动力的转化形式。推动现代经济增长的“三驾马车”中，消费是第一位的、决定性的动力。投资的推动作用无疑是非常重要的，但投资只有直接或间接地增加有效需求亦即有利于增加最终消费，它才能对经济增长产生正向推动作用，否则，则会造成产品或产能过剩。外贸对经济增长的拉动，实质上是将境外的消费需求转化为国内经济增长的动力，或者将本国居民的消费需求转化为进口的贸易增长，进而转化为拉动境外经济增长的动力。

消费是第一动力的规律启示我们，经济低迷的根本原因是生产与消费、供给与需求的脱节。造成这种脱节的一个重要原因，就是企业普遍追求最大化的利润，政府普遍追求经济总量和财政收入尽可能快的增长，但却不能正常消费这些过快增长的利润、经济总量和财政收入所体现的使用价值，或者因为生产领域的创新能力不足而只能生产已经过剩的使用价值，而却不能提供市场所需要的使用价值；而占人口绝大多数的普通消费者需要足够的消费品以改善其生存状况或提高其生活水平，但却不能获得相应数量的货币收入来购买所需的消费品，或者是虽有购买能力但却购买不到所需要的生产性和生活性消费品。一方面是为了获得最大化的价值形态的财富而生产出过多的使用价值，另一方面是需要足够的使用价值而却不能占有相应数量的价值财富。所以，生产与消费、供给与需求的脱节，更为本质的则是社会再生产中价值运动与使用价值运动的脱节。正是这种脱节造成经济结构失衡，使经济运行和发展周期性地陷入低迷不振甚至严重危机的状态。这是市场经济条件下价值与使用价值、生产与消费的矛盾由相对缓和到激化再到新的缓和状态的普遍特征。走出这种供需脱节困局的根本路径，就是改变市场的分割状态，革新经济运行中价值运动与使用价值运动既相互分离又相互结合的机制和渠道，以直接和间接的途径缩小贫富差距，有效提高普通居民的收入，发挥消费（通过市场）的第一拉动力作用。同时，要以更加开放、有效的政策、制度和合作方式，深化以科技进步为基础的国内和国际的专业分工，将不断深化的专业分工体结合成更加适应消费需求的再生产体系。

二、生产与消费的矛盾运动推动分工的深化和商业贸易的发展

生产与消费的矛盾，总是通过生产者与消费者的利益关系所产生的压力发挥作用的。生产为了适应消费的变化就必须深化分工，生产者必须以越来越专门化的方式生产从人的生存资料到享受资料和生产资料、社会公共设施资料等产品，还必须以越来越专门化的方式将品类繁多的产品收集、运送、销售到人们生存和生产的地点，送到生产特征和生活方式各不相同的消费者手中。否则，生产者就会因失去市场而丧失其生存条件或一定的经济利益。生产者同时又是消费者，他只有获得具有专门效用的食物、日用品和各种生产资料、公共设施等，才能维持自身生命力的再生产和产品的再生产。正是这种“普遍的需求和供给互相产生的压力”，推动了手工业从农业中、商业从农业和手工业中先后分离出来，成为独立的产业部门。马克思在分析生产与消费的矛盾运动推动分工的深化和商业贸易的发展过程时指出，物质劳动与精神劳动的分工造成体力劳动者与脑力劳动者、城市与乡村之间的分离和对立，将人划分成“城市动物”与“乡村动物”两大对立阶级，使他们屈从于分工的压力而被迫从事使人畸形化的劳动。但是这种分工、对立和人性被扭曲的代价，是“野蛮向文明的过渡、部落制度向国家的过渡、地方局限性向民族的过渡”以及全部文明发展史得以实现的条件，没有这样的代价就不会有文明的产生和发展。[①] 商业从农业和手工业中分离出来就“引起了各城市间在生产上的新的分工，在每一个城市中都有自己的特殊的工业部门占着优势。最初的地域局限性开始逐渐消失”[②]。为了满足人们日益多样化的消费需求，也为了使相对片面性的生产扩大为规模更大、效率更高的商品化生产，商业利益驱使人们在古代就开辟了海洋和陆上的各种商路。古代希腊、罗马发展了海洋贸易，中西方的商人们开拓了陆上和海上的丝绸之路。借助纵横交织、跨国跨海的各种商路，生产者能够用自己的产品与异域生产者的产品进行交换。这种具有“世界性质的”商业交往不仅如亚当·斯密所说，使交换双方以致“社会各阶级普遍富裕”[③]，而且如马克思所说，它使每一地方创造出来的先进、发达的生产力不致被毁灭而是得以保存下来。[④] 商业体系的不断发展，使交换的规模和地域空间越来越大，地区生产的专业性越来越强，不同的地区、国家、民族之间的经济联系越来越紧密。以往时代那种各地区“每

① 马克思、恩格斯：《德意志意识形态》，《马克思恩格斯选集》第1卷，第56页，人民出版社，1975年版。

② 同上书，第59页。

③ 亚当·斯密：《国民财富的性质和原因的研究》上卷，第11页，商务印书馆，1972年版。

④ 马克思、恩格斯：《德意志意识形态》，《马克思恩格斯选集》第1卷，第60—61页，人民出版社，1975年版。

天都在重新发明”但又经常使发明成果被毁灭的孤立发展，被发明成果在商业交往中迅速扩散并转化为各个地区、国家、民族的共同财富的世界性发展所取代，商业不仅加速了发明成果的积累和诸如工场手工业等生产力的革命，而且因其深刻改变了国家之间的关系而“具有了政治意义”①。

马克思肯定了资本主义上升时期生产与消费的矛盾运动推动分工的深化和商业贸易的巨大发展，认为分工、分化、对立和交换产生各种弊病甚至暂时的倒退，但同时也产生分工者的优势和各种优势的结合，从而产生消除旧的局限性和推动更大发展的社会进步。“私人交换产生出世界贸易，私人的独立性产生出对所谓世界市场的完全的依赖性，分散的交换行为产生出银行和信用制度”，从而产生出新社会所必需的物质生产条件和与之相适应的交往关系。② 从中世纪后期的城市中产生的资本主义工场手工业和后来的机器大工业，以更加发达的分工和交换推动国内市场扩展为世界市场。新的工业所加工的，“已经不是本地的原料，而是来自极其遥远的地区的原料；它们的产品不仅供本国消费，而且同时供世界各地消费。旧的、靠国产品来满足的需要，被新的、要靠极其遥远的国家和地带的产品来满足的需要所代替了。过去那种地方的和民族的自给自足和闭关自守状态，被各民族的各方面的互相往来和各方面的互相依赖所代替了。”③ 资本主义的生产与消费方式推动分工和交换不仅超出了狭小的地区范围，而且超出了国家和各个大洲的范围，变成了全球性的分工和交换。地球这边的消费者需要地球那边的生产者为他们生产和供应越来越多的消费品，地球那边的消费者也需要地球这边的生产者为他们生产和供应他们不能自给或自给不划算的更多消费品。相隔遥远的五大洲的居民，由此加快了步伐向同一个村即地球村的居民过渡。

在马克思之前，古典政治经济学家曾不同程度地表述了生产片面性与消费全面性矛盾运动规律及其推动国际贸易发展的某些特点。亚当·斯密和大卫·李嘉图分别提出了他们的绝对优势理论和比较优势理论，指出了产品分工、行业分工推动地区分工以致形成国际分工和国际贸易的一些规律性特征。亚当·斯密认为，交通运输促进了交易范围的扩大，水上运输业特别是海运业以及海运与内河运输业的结合发展，极大地推动了国际贸易的发展和大规模商业的出现，使地中海沿岸地区最早开化，使后来的世界各大洲的沿海地区获得更快发展。“水运开拓了比陆运所开拓的广大得多的市场，所以从来各种产业的分工改良，自然而然地都开始于沿海沿河一带。这种改良往往经过许久以后才慢慢普及到内地。”④ 亚当·斯密可以说是最早按照科学的分工理论、

① 同上书，第63页。
② 《马克思恩格斯全集》第46卷上，第105—106页，人民出版社，1979年版。
③ 马克思恩格斯：《共产党宣言》，《马克思恩格斯选集》第1卷，第254—255页，人民出版社，1975年版。
④ 亚当·斯密：《国民财富的性质和原因的研究》上卷，第17页，商务印书馆，1972年版。

价值理论和商业理论提出沿海经济带观点的经济学家。他主张实行国际间的自由贸易，认为国际通商应该是团结与友谊的保证，国与国的商业竞争“有利于人民大众”，邻国的财富能够为本国提供更大的交易量和更好的市场，邻国的富有“乃是本国可能获得财富的原因和机会”①。亚当·斯密和李嘉图等将古代的地区间、国家间的贸易只是互通有无、交换使用价值的观点，提高到相互交换其生产和商业成本、加快价值积累和促进互利的较为科学的观点，论证了每一国需要利用其他国家的产业获得更多的价值和更快的经济发展速度的自由贸易理论，对国际贸易理论做出了重要贡献。

20世纪出现的赫克歇尔—俄林模型和里昂惕夫反论，以及当代的新要素学说、竞争优势理论、产品生命周期理论、国际相互依赖理论、经济一体化理论、大市场理论、协议性国际分工理论、综合发展战略理论等，从越来越广阔、深化的程度揭示了现代市场经济条件下，生产与消费的矛盾导致经济走向全球一体化，以及经济一体化推动各国、各民族全面合作和相互依赖的趋势。

三、生产与消费的矛盾运动推动现代国际合作向更高水平发展

在现代市场经济条件下，社会生产向着更加高度的专业化发展，而消费则向着更高水平的全面性、个性化发展。除了经济极为落后的少数国家和地区外，绝大多数国家和地区的消费者，其直接、间接消费的物品和服务的种类，都极大地超出了本国、本地区的生产所能提供的范围。随着人们收入水平的不断提高，这种依靠全世界的生产来满足消费的趋势迅速增强。为了适应消费变化、提高的需要，生产正在发展为全球化的组织体系。分工越来越细密的行业、企业、工序、工艺、技术等，通过协作、交换、联合等多种途径，结合成综合性不断提高的生产体系。适应这种生产体系正常运行和发展的需要，国际合作不断由较低的水平进到越来越高的水平。

（一）国家和地区的产业体系正在融合为全球产业体系

不断深化和扩展的分工使各国、各地区的产业结构越来越复杂，但仍无法形成全面满足本国、本地区居民消费需要的“完整产业体系”。而且，虽然产业结构越来越复杂，产业体系越来越庞大，但产业体系内部的结构性缺陷却在迅速增多。这些缺陷使产业体系在国家或地区的有限范围内越来越无法维持自身的生存，因而需要外部的行业、企业来提供产品、半成品、中间品、工序、工艺、技术、服务来弥补这些缺陷。即使那些占据高端分工位置且产业门类相当齐全的发达国家，其高端的制造行业譬如

① 亚当·斯密：《国民财富的性质和原因的研究》下卷，第65—67页，商务印书馆，1972年版。

先进的机械、电子行业和科技研发行业等，由于产品构造的复杂性、质量要求的高标准、人才队伍的特殊结构以及追求低成本、高效率的经济竞争等因素所决定，产品的零部件往往需要在世界不同的国家和地区进行生产，然后在一个或几个地方组装成整机。同样，善于生产某些中间产品的企业或国家，它们的制造业中出现了越来越多的“中间产品行业”。这些行业主要向世界许多国家和地区的成千上万家企业供应中间产品，它只有与这些国家的成千上万家企业组成产业链，才能算是一个相对完整的行业。分工的深化与分工链的延伸在同步发展，它使得国家、地区的产业体系只有形成内外互通有无、相互合作的贸易和协作链才能正常运转。每一个国家和地区，由于自己的产业构成太片面，并且越来越片面，就只有通过分工合作和对外贸易，把别的国家和地区的产业体系、流通体系与自己的产业体系、流通体系组合成共同的跨国产业体系和流通体系，进而衔接成为全球化的供给体系，才能更好地满足居民消费的全面性需求。

各国和各地区的产业体系、流通体系要融入全球化的供给体系，它就必须与世界上其他国家和地区建立起公平、互利的分工合作关系，将自己拥有的、存在许多缺陷的产业体系融合到全球统一的产业体系之中，以特殊的分工地位从事全球性的亦即全面性的生产，同时从全球的产出中分配到相应的、公平合理的经济收益，从全球市场上购买到本国居民所需要的消费品，实现生产与消费的动态平衡。每一个国家、地区要实现自身生产与消费、供给与需求的大致平衡和良性循环，它就必须放弃自成一体、自我循环的孤立性产业结构和经济体系，加入世界性的经济结构体系和运行过程中。否则，由于自身的局限性，它必然面临要素稀缺、分工不发达、生产能力有限、生产效率和经济效益低下等制约因素，导致产业结构畸形、经济增长缓慢、消费品短缺、居民生活水平下降，并由此积累成为日益严重的经济和社会危机。而持续的生产效率和经济效益低下及其所必然导致的经济和社会危机，意味着在地区间和世界性的竞争中走向没落和衰败。所以，效率和效益是国家命运的基础，而分工合作则是产生效率和效益的基础。为了不致葬送已有的发展成就甚至陷入没落和衰败的命运，多数的国家和地区都不同程度地实行开放、合作和自由贸易的政策，将国际合作视为增进共同利益和实现共同发展不可缺少的条件。虽然贸易保护主义倾向时有抬头，但国家和地区普遍存在的产业结构缺陷及其引致的经济运行不良、增长缓慢和经济社会危机，总是迫使贸易保护主义不得不有所收敛，迫使干扰自由贸易的政策行为不得不重新回到国际合作的轨道上来。开放和合作越来越成为世界经济发展的主流，闭关锁国和贸易保护主义越来越成为窒息经济发展活力的桎梏。世界上任何一个国家的经济，只有依赖日益发达的国际合作和统一的国际市场，经济才能实现正常运行和更快发展。

（二）国际合作成为遏制国际冲突的主要力量

国家之间发展经济合作的根本推动力是共同利益，而共同利益在本质上乃是合作各方生存、发展的需要和条件。经济合作受到阻碍、干扰或破坏，意味着合作各方生存、发展的重大需要落空，或者各方失去生存发展所依托的重要条件。合作各方的经济贸易数量越大，各方所获得的利益也就越多，合作关系也就会朝着越来越紧密的方向发展。合作关系越紧密，合作各方的各类经济主体和经济活动相互渗透的程度就越高，你中有我、我中有你、你我谁也离不开谁的融合度、依存度就越高。所以，出于国家生存和发展的需要，经济合作已成为当今世界各国实现共同发展的基础。

然而，发展国际合作、维护统一的国际市场，总是伴随着国家之间、民族之间、地区之间的矛盾、冲突、对抗。这些矛盾、冲突、对抗的本质性、基础性的原因，乃是经济利益的矛盾、冲突和对抗。而导致经济利益的矛盾、冲突和对抗的终极性原因，就是生产片面性与消费全面性矛盾的激化。每一个国家、民族为了避免因自身的种种局限而陷入经济社会危机，就必须寻求与其他国家、民族的互利合作。但是，由于国家、民族、地区等利益主体在经济政治制度、生活方式、文化传统、民族习惯、综合实力等方面存在着种种差异，它们在全球再生产体系中所占有的资源、所具有的能力、所得到的利益和机会，甚至所拥有的发言权等是不均等的，它们实现自身发展和寻求对外合作的方式各不相同，因此在全球再生产运行、发展的各个环节中必然产生不间断的分歧、摩擦、冲突、对抗。更重要的是，作为国家这样的利益主体，它是以掌握着军队、警察等一整套的暴力手段和拥有对内对外使用武力的强制性权力为其重要特征的，这就使国家、民族之间在经济利益的分配上，因综合实力的差异和暴力手段的介入而更加不易达到公平合理。大国、富国在维护和争夺利益方面往往处于强势地位，而小国、穷国则处于弱势地位。经济利益方面的矛盾、摩擦、冲突、对抗，往往容易转化、升级为军事的对抗和冲突。由此使国际间的合作发展总是受制于利益分配的难题，不仅伴随着各种经济风险，也面临着政治和军事的风险。

然而，军事的对抗和冲突从来不是解决经济问题的有效途径。正如马克思所说，“君主们在任何时候都不得不服从经济条件，并且从来不能向经济条件发号施令”。[①] 同样，掌握武装力量的现代各国的各种类型的“君主”们，同样不能对国际合作、自由贸易这样的经济条件和经济全球化趋势发号施令。恩格斯当年针对暴力决定经济情况的错误观点时曾说过，用枪炮是不可能把“世界贸易”等现代经济发展的效果从世界上消除掉的，因为经济不是由军事暴力决定的，相反，军事暴力却是由“经济情况来

① 马克思：《哲学的贫困》《马克思恩格斯全集》第4卷，第121页。

决定”的。[①] 在合作日益成为世界经济发展主旋律的现代条件下，诉诸军事手段只能对世界和各当事国的经济造成极大破坏。只有共同的经济利益可以不断地削减、冲淡、化解政治和军事方面的摩擦、冲突、对抗，并且最终将彻底消除各种暴力冲突干扰经济发展的现象。但是，以共同利益消除暴力冲突必须经过一个漫长的过程。在这个过程还没有结束的时候，国际合作只能在公平战胜垄断、协调战胜失衡、合作战胜对抗的一步步努力中艰难前行。

第二次世界大战以后，特别是20世纪中后期发生的新的科学技术革命以来，国家间的合作发展不断地向传统的国家关系、国家界限和国际政治格局提出挑战，经济合作越来越成为不同制度的国家之间加强联系、寻求沟通、避免对抗和进行全面合作的基础。为了解决共同的经济问题，实现共同的经济利益，越来越多的国家选择了开放、合作的政策方向，超越制度、文化、民族、国情的差异，建立体现共同利益的世界贸易组织、自由贸易区和各种各样的国际合作组织、地域经济组织，制定和实行“跨制度”“跨文化”的贸易规则，推动世界经济进入数十年的繁荣时期。在各种国际合作组织、地域经济组织中，最普遍的一种联合体的形式就是区域经济集团，如欧盟、北美自由贸易协定、东盟和“东盟10+1”、上海合作组织、石油输出国组织、非洲联盟、拉美经济体系等。区域经济集团是区域内许多国家实现稳定合作和走向经济一体化的过渡性组织形式，同时也是一些集团与另一些集团角逐利益的带有一定狭隘性的联合体。区域经济集团以及世界贸易组织、自由贸易区等，无疑是国际化条件下解决生产片面性与消费全面性矛盾的较为有效的途径，也是单个国家的独立性经济体过渡到全球一体化组织的一种中间形态。这种地域经济组织形式在促进国家间的合作发展和化解、遏制区域冲突等方面发挥了重要作用，但同时也面临着诸多严峻的问题。世界贸易组织、自由贸易区和各种国际合作组织的产生、发展及其面临的问题表明，人类只能通过曲折、迂回的道路，推动国际合作的升级和发展，逐步提高全球经济的运行和治理水平，实现全球性供给与需求的动态平衡。

（三）生产与消费、供给与需求的矛盾运动推动现代国际合作进到更高级的水平

区域经济集团以及世界贸易组织、自由贸易区等超国家经济组织的优势、作用、局限性及其引发或面临的各种问题表明，正是生产与消费、供给与需求的矛盾，推动现代国际合作不断突破旧的体制和利益格局的限制，进到更高级的水平。合作伙伴国不得不一再放弃、搁置长期存在的国情差异、政治分歧甚至军事对抗，寻求经济合作

① 恩格斯：《反杜林论》，第163～164页，人民出版社，1970年版。

方面的共同利益。原先仅以贸易为主的合作，演变为国与国之间寻求日益全面化的政策和制度的"对接"。通过产业链和发展战略、政策、制度的对接，加快产业的跨国衔接、跨国移植和国际融合。走向全面化的政策对接和产业融合，减少了体制、政策、文化等方面的障碍，扩展了国际市场，缩短了高加工度产业特别是高技术产业在发展中国家由萌芽、幼稚阶段到成熟、发达阶段的成长周期，使这些国家有条件在短期内引进、嫁接甚至"买进"先进生产能力，实现经济快速发展，同时也使出口高端产品和先进技术的国家获得了不断扩大的市场。

从贸易、投资到战略、政策、体制的全面合作能够使经济要素更快流动，并在最佳的区点上实现优化配置，从而能够最大限度地促进生产的效率、效益水平和社会成员的收入、消费水平提高，达到以全面的、低成本的全球化生产体系满足全面的、不断增长的消费需求。

近代以来，全球所有的发达国家和中等发达国家，无一例外地在全球一体化的发展过程中占得先机，分享到最大或次大利益的经济体。20 世纪 60 年代到 70 年代亚洲"四小龙"的经济腾飞，在很大程度上就是得益于它们与欧美发达国家和广大发展中国家进行的国际合作。中国改革开放 30 多年的经济快速发展，以引进国外资金、技术、资源为主的国际合作发挥了重要的"杠杆"作用，同时中国也为世界经济的增长做出了其他国家不曾有的贡献。就人口数量以及许多相应的经济指标和潜在的经济规模来看，中国是世界上的第一大国。在不久的将来，中国还将成为世界第一的生产大国、服务大国、消费大国和经济强国，甚至成为世界上产业体系最齐全的经济体。但即使这样，中国也不可能成为自给自足之国。相反，中国将发展成为更加依靠全世界的资源和条件来从事生产、贸易、分配和消费的国家。在国内，各地区间面临的生产与消费的矛盾，与世界各国间的这种矛盾有某些相似之处，但性质有所不同。像中国这样的人口和经济大国，将国内的各类地区组织成为类似于几十个、上百个国家的联合体的分工合作体系，实现产业体系相对齐全、分工和协作体系高度发达、贸易规模巨大、发展速度较快、生产与消费基本适应、抗风险能力最强的目标，肯定比任何一个国家都要有优越性。但即使这样，也不能代替国际间的全面合作。只有国内地区间的全面分工合作与全球各国的全面分工合作紧密结合，中国才能发展得更快、更好，其他国家从与中国的合作中获益也就更多。近年来中国与发展中国家的产能合作，加快了这些国家由资源型、农牧业主导型的产业结构到加工业主导型产业结构的转型、升级步伐，使这些国家能够在高起点上实现工业化。中国通过进出口贸易和参股、并购等对外投资方式，将发达国家的先进技术和发展中国家的资源，与中国的高增长市场需求和大规模投资能力结合成一种国际化的共同发展过程，以便捷而低成本的途径，跨越了技术升级换代和高端产业循序成长的某些阶段，在一些关键性产业领域实现了由缺乏独立知识产权到领先世界、拥有知名品牌的“跳跃式”发展。

在今后的进一步发展中，中国的巨大市场可以拉动更多国家的产业发展，中国庞大而复杂的产业体系及其输出的产品、服务和投资，可以降低合作伙伴国的经济运行成本。中国作为世界经济大国和将来发展成为世界经济强国，要始终顺应世界经济运行中生产片面性与消费全面性矛盾的规律，把握好这一规律在新时期、新条件下发挥作用的特点，主动担当好推动国际经济合作升级的责任。一方面要发挥好自身的优势，发展平等而普惠的国际合作，给世界各国带来不断增多的利益和发展机会，尽最大努力化解、消除影响国际合作的分歧、对抗和冲突。另一方面则要创新国际合作的方式，主动推动国际合作的发展和升级，充分利用世界各国的资源和优势来发展本国经济。中国只有不断创造开放发展、合作发展、共赢发展的新成就，才能以最快和最节省的方式加快自身的发展与进步，同时增强对世界发展的贡献作用。

第三节　“一带一路”倡议旨在建立合作发展的全球经济体系

中国在国际合作中获得了巨大的发展，并且以自己的方式推动国际合作向建立全球化再生产体系这一更高水平发展。中国版的跨国经济带，就是一种“跨制度”“跨文化”的国际经济合作的组织形式。中国倡导的“一带一路”倡议，就是旨在有效解决世界经济运行发展的基本矛盾和重大问题，推动当代国际经济合作升级的一种创造性举措。

“一带一路”倡议的实施，将有助于解决世界经济运行发展的以下突出问题：推动世界交通大通道和交通通信网络等基础设施建设，提高全球各地的互联互通水平；推动跨国企业发展，提高贸易投资便利化和国际分工水平，深化各国之间的优劣互补和全面合作；以“一带一路”轴带网络建设推动全球产业分布趋于合理，促进产业、人口、城镇向条件优越的轴带沿线聚集，提高轴带沿线及其辐射区的经济效益和生态效益；以“一带一路”沿线的经济合作带动全人类的全面依赖和广泛合作，为弱化以致消除地区冲突、加快人类社会的发展和进步奠定基础。

一、建设发达的国际互联互通网络

为了解决经济全球化时代生产与消费亦即供给与需求之间的矛盾，尽量缩短产品由生产者到达消费者手中时间，需要更加发达的商业、交通运输业以及金融、信息等中介产业。“一带一路”倡议的提出和实施，正在启发、引导越来越多的国家关注和参与全球互联互通设施的建设，为产业的跨国关联和经济合作升级奠定基础。

交通通信等基础产业的发展滞后，成为实现全球性供需平衡的首要瓶颈，由此推动了这些产业的革命性变革。在生产力水平低下、自给性经济占主导地位、商品经济尚不发达的时代，社会必须以占绝对优势的劳动力和劳动时间来生产消费品，这些消费品在大范围、远距离的空间流动和交换的数量并不大，因而社会用于商业和交通的劳动力和劳动时间占比也较小。近代以来特别是现代条件下，由于生产技术的巨大进步和经济交往的广度、深度的提高，社会投入消费品生产领域的劳动力和劳动时间在迅速减少，而投入到商业、运输等流通领域的劳动力和劳动时间在快速增加。这种变化使原来仅仅作为生产与消费的中介环节的商业，发展成为以商贸产业为主导的日益发达的企业、行业、地区、国家间的商贸合作体系。相应地，以运输、仓储、加工、配送为主要环节的物流产业，以及以通信为主导的信息服务业等，由此成为快速发展的复合型产业。提高互联互通水平是商业贸易发展的前提，也是产业升级和经济全面发展的重要基础。

交通运输是组织大规模社会化生产尤其是实现全球再生产循环的基础条件。运输经济学的有关研究在总结 13 世纪以来的几次运输和物流革命后指出，“良好的运输条件提供了低廉的运输成本，服务于更为广阔的市场，并通过大范围的运输活动实现大规模生产”，成为“国民经济发展的先决条件”。[①] 统计数据揭示了经济发展中的“流动性和财富之间存在的联系”，比如“人均国内生产总值（GDP）水平和居民享受到的运输流动性”之间的关联关系，[②] 并且表明了这种关系实际上是人均收入水平与运输量、运输水平之间相互促进、相互转化的正相关关系。不论是发达国家还是发展中国家，经济的扩张和国际、国内贸易的发展，都对交通运输能力有着极大的依赖性。尤其是国际贸易比国内贸易更加依赖交通条件，“全球贸易增长本身是由于运输的改进而产生的”[③]，在交通条件更好的区域内特别是交通条件改善更快的国家集团内，如欧盟、北美自由贸易区以及东亚、东南亚等区域内，国际贸易能够获得更快发展。

生产的进一步发展和消费水平的进一步提高需要地区、国家之间实现更高水平的互联互通。由于大规模生产、更广阔的市场、人均收入增长与大范围运输之间的矛盾

---

① （英）Kenneth Button 著，李晶、吕靖、贾晓惠等译：《运输经济学》，第 361 页，机械工业出版社，2013 年版。

② ［英］Kenneth Button 著，李晶、吕靖、贾晓惠等译：《运输经济学》，第 41 页，机械工业出版社，2013 年版。

③ 同上书，第 361 页。

不断产生又不断解决，推动了陆地、海洋、内河、航空、管道等运输形式在20世纪后半期达到了空前未有的规模和水平。但是，交通运输落后仍然是制约许多国家以至世界经济运行发展的瓶颈。覆盖亚洲主要地区并连通欧洲与亚洲的泛亚铁路建设，从20世纪60年代开始谋划，至今仍未实现其主要目标。覆盖非洲和拉丁美洲的铁路网比泛亚铁路的状况还要落后。亚非拉大多数发展中国家因为铁路、公路、海运等主要交通设施过于落后，其经济长期陷于“贫困—闭塞—相对更加贫困”的恶性循环之中。即使是像美国这样的世界头号发达国家，交通等基础设施建设滞后的问题也日渐突出。可以说，经济全球化的首要障碍，就来自以交通为主的全球互联互通网络建设滞后。

因此，“一带一路”倡议的首要步骤，就是突破沿线国家普遍面临的交通瓶颈制约，提高亚欧非以至全球的互联互通水平，促进各经济体之间加速构建超越国界的生产网络和价值链，形成以区域分工、国际分工为基础的贸易与投资的自由化、便利化经济体系。互联互通的根本性要求是交通运输和通信的全面便捷化。互联互通实质上是现代社会生产力发展的一个重要领域，是适应产品生产发展和消费水平提高的要求并与产品生产紧密相结合的一种社会生产力。这种生产力能够把空间上缺乏联系的经济体及其经济活动连接成整体，把局限于一个个地区内的产业衔接成跨地区的产业链条，使各自孤立发展的地区、国家融合成具有新质和更强发展能力的更大经济系统。提高互联互通水平，实质上就是通过提高交通、通信领域的生产力来带动提高社会整体的生产力，推动国家和全球社会经济体系由松散结构向紧密结构过渡，进而推动国家和全球经济、政治、文化等社会整体更加均衡发展的一种机制。

实现国家间交通和通信的互联互通必然涉及经济、政治、外交、社会、文化等众多领域，要求这些领域在基础设施和政策、制度、规则、技术、标准等方面实现统一。共同的亦即一体化的运输政策曾经是促进欧盟这一共同体形成的重要条件。欧盟在实现共同体的发展目标中，“共同运输政策被认为是至关重要的”，为了避免共同体得到扩大而各国“仍旧处于零散状态”的弊病，欧盟曾对成员国各自的运输网络和体制结构进行了改革。各成员国实行一体化的运输政策和相关政策，建立起“完整的欧洲交通运输基础设施体系”和“泛欧运输网络”，为自由贸易扫清了障碍，① 进而为各国走向经济一体化和政治一体化奠定了基础。

国家之间的互联互通，需要合作国增强政治互信，重大问题上形成广泛共识，消除地缘政治、国际博弈、文化对抗等消极因素，去除相互间的战略疑虑；需要合作国具有坚实的经济基础和健全的内在发展机制，在产业结构、发展模式方面具有更大的

① ［英］Kenneth Button 著，李晶、吕靖、贾晓惠等译：《运输经济学》，第375～379页，机械工业出版社，2013年版。

互补性，消除因发展水平和政治、社会、文化的差异造成的合作障碍；需要统一的政策、法律法规、规章制度、行动准则、技术标准等，使经济交往能够顺畅进行，经济合作能够不断提高效率、效益。实现这些方面的统一，实际上就是在推进不同的地区、国家之间走向经济、政治、社会、文化的融合和一体化，形成经济、政治、安全的共同体。实现互联互通，一般来说首先是国家内部不同地区之间的互联互通，其次才是国家之间的互联互通。国家之间的互联互通，首先是邻国之间或区域组织内部各成员国的互联互通，其次才是区域组织成员国与外部的互联互通。但是在另一种情况下，外部更加发达的互联互通也能够有力地推动一国内部或区域组织内部加快互联互通的步伐。

中国在互联互通建设领域初步形成了国际领先的综合优势，具有影响和提高亚洲及相邻地区互联互通水平的技术资金基础，加快了以中国为核心的交通通道“轴—辐”框架的建设步伐。作为亚洲地区互联互通的枢纽国，中国倡导和引领支撑基础设施建设的融资体系建设，面向东北亚、东南亚、南亚、中亚、西亚、俄罗斯等，正在建设更加发达的交通和通信网络。中国依靠自身经济实力的较快增长并与合作伙伴国的共同努力，在提高“一带一路”沿线和全球互联互通水平方面将取得以下重大进展：进一步推动各种运输方式向着大型化、重载化、高速化、信息化、智能化方向发展，使以往时代难以跨越的天然屏障，在先进的交通工具和宏大的交通工程面前陆续变成坦途；建设连通五大洲和四大洋的海陆空运输网和通信网络，重点建设连通主要经济聚集区的高速交通线和综合性的海陆交通通道，缩短全球各类经济体进行交往的空间距离，使不同国家之间和各国的地区之间形成距离迅速拉近的“同城化”“同地化”交往条件；将高效和大运量交通通道两侧地区发展成互利合作的产业密集带，使国际和国内的产业链、经济协作链更加紧密；协商解决互联互通所涉及的经济、政治、外交、社会、文化等领域的重大问题，在政策、制度、规则、技术、标准等方面实现对接和统一；适应国家、地区在更高水平上建立资源、产业、综合条件方面的互补、协作、联合关系的需要，超前提升基础设施服务水平，为全球供应链的衔接、升级和经济高效运行提供基础支撑。

二、推动跨国企业获得更大发展

现代市场经济条件下生产片面性与消费全面性的矛盾，推动了跨国经营企业的快速发展。企业走出国门、走向世界是生产与消费矛盾运动规律的客观要求。跨国投资呈现快速发展的趋势，跨国公司的数量、规模以及“跨国指数”等指标的增长超过了以往任何时期。跨国公司作为“在全球范围内实行资源的最优化配置”的“全球公司”，其经营和发展战略成为一种“将公司的要素优势与各国的区位优势相结合”以追求资源效用最大化的全球战略。[①] 公司将其经营的所有行业、产品以及每一种产品从研发、生产到售后服务等全过程的各个环节，分解到全球的数十个国家的成千上万个企业，并且通过分包、许可协议、联合研发、以技术换市场等战略联盟的形式，与其他公司建立外部合作、联合的网络。由于跨国公司的广泛存在和不断扩大其经营的领域，世界上销售的产品越来越难以分清其属于哪个国家的产品，只能说供人们消费的产品越来越成为全球性的产品。受生产片面性与消费全面性矛盾推动并且与跨国公司并存的另一种企业形式，就是数量更多的中小型跨国经营企业。这些企业以独立的或附属的形式从事直接或间接的跨国经营，成为推动生产国际化、全球化的重要力量。它们与那些“巨无霸”式的跨国公司一起，成为跨国供应链的重要载体。跨国公司和数量众多的中小型跨国经营企业，就是以生产在空间上的高度分散来达到供给上的高度全面的一种企业组织形式。“一带一路”倡议顺应企业国际化发展的这种趋势，通过合作推动投资贸易便利化的一系列行动，为各国企业从事跨国经营提供更为有利的条件，推动跨国企业的生产经营体系走向更高的国际化水平。

中国一如既往地支持、鼓励各国企业来中国投资，通过建设国内的自贸试验区和跨国、跨境产业园区等举措，提高国内市场的开放度。2015 年，外商在中国大陆投资企业达到 481 179 户，投资总金额 45 390 亿美元，比 2005 年分别增长了 85% 和两倍以上。同时，政府以更大的力度支持本国企业“走出去”成为名副其实的全球经营主体，扩大海外投资的传统市场，寻求新兴目的地。2016 年，中国大陆在全球 184 个国家和地区的投资企业超过 2.5 万家，对全球 164 个国家和地区的 7 961 家境外企业进行了非金融类直接投资，累计实现投资 11 299.2 亿元人民币，合 1 701.1 亿美元，同比增长 44.1%，境外投资企业盈利和持平的占到 75% 以上，其中非公企业投资额约占 50%。中国主要能源企业在中西亚、南亚、非洲、拉美的许多油气出口国，投资于油气勘探开发、管道运输、炼油化工、装备制造、产品销售、工程建设、工程技术服务以及相关产品出口、人员培训、基础设施建设等领域，以完整的产业链带动东道国经济发展。在非洲兴业的 2 500 多家中国企业，投资领域涉及电信、能源、医药、纺织、机械、农业、采矿、建筑、金融、商贸、科技、服务、餐饮、零售、旅店等，帮助东道国建设工业园区和高端产品生产基地，形成本土化经营的知名品牌，并为当地培养高端技术人才，加强了这些国家的供需平衡能力，带动了众多产业发展和产业结构升级。中国主要银行和对外基金组织扩大对“一带一路”沿线国家的投融资合作，以大规模融资额度支持基础设施、农业、制造业、中小企业等国民经济薄弱环节发展，促进东道国

① 杜德斌、冯春萍等：《世界经济地理》，第 83 页，高等教育出版社，2009 年版。

经济运行发展走上良性轨道。海外并购已成为中国大陆企业对外投资的主要形式，收购的领域涉及能源、医药、航空、家电、化工、高科技、保险、房地产等，收购的对象包括美、欧、日发达国家的世界著名企业。由于并购规模巨大，注重收购先进技术项目和知名品牌，使中国企业能够以“跳跃”的方式获取核心技术和销售渠道，走捷径进入成熟、发达的国际市场，加快了在全球范围布局生产经营网点和由低端分工向高端分工的转型升级。

从事跨国经营的各国企业，无一例外地关心全球市场的稳定、全球合作的发展和各国经济联系的不断加强。“一带一路”倡议正是为了满足各国企业的这一共同愿望，积极创造各种有利条件推动中外企业从事跨国经营，并通过产业链和供应链拉动、影响更多的企业加入全球生产经营体系。中国今后在推动企业进一步扩大占领国际市场方面，应当发挥金融实力强大的优势，支持国内主要金融企业建立更多的海外分支机构，逐步形成覆盖“一带一路”沿线和全球范围的金融服务网，为中外跨国经营企业在全球范围内提供全面、便捷的融资服务。要注重建设基础设施完备、公共服务健全、合作双方政策对接紧密的境外经济合作园区，形成以产业链为主要纽带并与金融机构、中介机构、涉外专业服务机构紧密合作的企业集群，使本国的大中小各类企业能够“抱团”适应海外市场环境，以群体优势增强竞争力和在东道国的聚集—扩散能力，同时吸收各国企业加入园区，参与园区合作，减少企业经营风险，发挥国际示范效应。通过发展更多的跨国经营企业，强化跨国产业链和供应链的微观载体功能，提高合作国经济的融合度，为治愈世界经济运行中市场分割、供需脱节、穷国与富国差距扩大等顽疾提供“疗效”显著的药方，为全球经济由“列国纷争”“碎片拼接”的松散结构演化为网络化、开放性的有机整体结构开拓新的道路。

三、建立全面合作的全球再生产体系

“一带一路”倡议的总体目标应当是建立各国全面合作的世界经济体系。为了实现这一目标，应在以下主要方面取得重大进展：

（一）形成开放、高效的经济空间组织结构

以提高投资贸易便利化水平和合作国发展战略对接为主要途径，将“一带一路”沿线各国的国内产业链逐步衔接成跨国产业链和全球产业链。实施相互对接的战略规划，引导投资向合作条件相对优越的沿海、沿交通干线、沿边界地区集聚，将高效和大运量交通通道发展成为国家、地区、城市之间的协作、融合的轴心。发展临港、临站、临空和交通沿线的产业集聚区，促进沿海、沿交通干线、沿边界地区率先发展成

为城镇、港口和产业密集的跨国、跨洲经济带。倡导、实行超越国界的合作发展规划，按照增进共同利益和合作发展规划要求，优化产业的跨国布局和城市群、经济带、大区域的空间结构。促进“一带一路”主副轴带发展成为辐射功能强大的世界经济增长极，通过轴带的延伸和分支体系的扩展，逐步形成布局合理、运行高效、覆盖全球的经济带网络。

（二）健全国际供应链结构

供应链是指“产品生产和流通过程中所涉及的原材料供应商、制造商、批发商、零售商以及最终消费者组成的供需网络”。[①] 在经济走向全球化过程中，各国国内的供应链不断延伸、衔接成为跨国供应链，成为维系国际合作机制和国际产业链结构、保证世界经济正常运行的主要纽带。国际经济合作的效果和效益，最终都要体现在国际供应链的结构和运行水平上。“一带一路”倡议在基础设施、政策、管理、调度、协商等方面及时排除国际供应链各环节的障碍，促进已有供应链的高效运行和新供应链的形成，提高国际供需网络特别是“一带一路”覆盖区供需网络的便捷化、高效化水平。中国作为世界经济大国，应当进一步发挥进出口和输入输出资金总量大、产业门类相对齐全、管理大规模经济系统运行经验丰富等方面的优势，加强国内供应链与海外投资、生产、采购、配送、销售网络的衔接，降低跨国供应链衔接和运行的成本，为健全国际供应链结构做出示范，推动区域经济合作和国际产业链由松散型、断续型向紧密型、稳定型过渡。

（三）以共同经济利益的增长化解分歧、对抗和冲突

在现代国际关系中，以实现和扩大共同利益来引导、促进合作各方进行经济、政治制度的改革，改变有损共同利益的国际政治关系和国际合作的方式，才能有效地削减、冲淡、化解经济、政治、军事方面的摩擦、冲突、对抗，为经济全球化开拓越来越广阔的道路。“一带一路”倡议是谋求各国共同发展的百年大计，应当遵循发展优先、分歧置后、求同存异、平等相待、排除干扰、化解冲突、合作共赢等策略原则，在寻求和实现共同利益上不断取得新进展。中国应当在以下主要方面做出努力：

（1）依靠中国在经济总量、市场容量、进出口规模巨大和综合实力增长速度快等优势，与发达国家和发展中国家携手，在国际经济、政治、外交、军事等领域发挥合作共赢、扶危济困、促和去恶的建设性作用，推动国际合作升级。在与国情各异的国

---

① 浦东美国经济研究中心、武汉大学美国加拿大经济研究所：《创新增长合作与中美经贸关系》，上海社会科学院出版社，2013 年版。

家的合作中，一方面正视和认真对待与一些国家间存在的贸易摩擦、政治分歧甚至军事对峙，在重大原则和涉及国家核心利益的问题上绝不让步，但同时努力争取使分歧、对峙、对抗不致破坏正常的经贸往来，使双方的自贸谈判等能够继续进行并取得新的进展；另一方面，在涉及双方共同经济利益的重要合作领域，坚持以自由贸易原则和发展互利合作为主线，促进贸易额、投资额以及带动就业等指标较快增长，使经济合作及其带动双方经济增长的贡献作用，成为稳定和发展两国关系最具分量的“压仓石”。通过扩大经贸合作和对外援助，带动和扶持小国、穷国发展经济，改善人民生活，提高国际地位。制约一些国家的不合理利益扩张，阻滞大国博弈加剧，与有关国家共同应对复杂严峻的国际政治、经济形势，维护公平正义和和平发展大局，推动全球治理结构朝着公平、合作、共赢方向发展。帮助陷于纷争和冲突的国家消弭纠纷，遏制局势恶化，促进冲突各方走向和谈，重振经济。以合作共赢的利益增长影响地缘政治经济格局，协调多元力量的争执、竞合关系，推动形成良性互动、持久合作的地域共同体。带头强化国际交往的规则建设，有效防范合作各方面临的经济风险、政治风险、安全风险。

（2）根据合作对象国的发展需要，寻求双方的利益结合点，在共同利益最大化的领域和重大项目上取得突破。发挥中国资源种类多样、产业体系相对齐全、要素输入需求量巨大的优势，与世界上具有各种产业构成特点的国家、地区寻求产业链对接和产业融合发展的结合点。针对各国、各地区的产业结构和市场供需特点，分类发挥中国在进出口和产能、资本、装备、技术、人才、文化、产业园区、企业竞争力等方面的特长和优势，帮助因产业结构不合理而陷入困难的国家走出困境，帮助因产业优势而面临各种发展机遇的国家实现经济较快增长，使中国成为大区域以致全球产业衔接网络的核心。以产能合作为主线，以产业链对接为主要形式，寻求和实现经济要素的跨国优化组合，建立以要素优化组合为基础的经贸合作网。将中国的长期、大额进口需求与合作对象国的优势产业、支柱产业衔接成上下游产业链关系，使结构单一的产业能够在合作对象国经济增长中发挥支柱性或主导性作用。以相对稳定的跨国产业链和不断增长的贸易投资为利益纽带，帮助欠发达国家克服要素稀缺、分工不发达、产业结构单一或畸形、经济增长缓慢、消费品短缺、贫困和社会危机严重等困难，发展与发达国家之间在高端产业和科技、教育、文化等领域的互补互利合作，与各类合作伙伴国结成丰缺互补、交往互利、项目互惠的利益共同体。研究和谋划交通、通信、能源、科技、港口、产业园区、城市群、城镇带等大型、关键性合作项目，为跨国产业链提供不断增多的战略支点，带动提高合作各方经济增长的速度和质量。

（3）适应“一带一路”发展需要，提高对外开放的深度和广度，从“走向世界”的开放模式过渡到深入了解世界、主动适应世界和积极影响世界的开放模式。以经济合作的深化和升级推进合作各方的体制、政策创新，加快体制、政策的改革和对接步伐，谋划和实行共同发展方案。合作推进金融、投资、区域经济组织等领域的改革，完善贸易、投资等经济交往规则，逐步扩大政策、制度对接的范围，提高全球经济的运行和治理水平。按照“物以类聚，国以利分”的常规，倡导建立经济互补性最强、政策和体制对接最成功的伙伴国关系，实行合作伙伴国重大政策和中长期发展战略对接，形成共同发展效果和共同利益最大化的合作样板。这些样板的类型大致可以划分为以下几种：政策和战略对接最成功的合作样板；与“近邻”国的成功合作样板；与发达国家的成功合作样板；与产业结构单一国家的成功合作样板；与弱小国家和最不发达国家的成功合作样板；其他的成功合作样板。投入不断增多的财力、物力和人力，了解和适应各个国家的特殊国情，熟练掌握与各国开展经贸合作的政策、知识和操作技巧。培养更多的涉外人才，培育更多以世界为经营舞台的企业，形成越来越多的以全球分工为基础的世界产业和世界产品，带头创造各民族相互沟通、相互认可、相互包容和相互借鉴的多元性世界文化。适应国情和民意特点，以互补互利为基础，建立形式多样的利益共同体，使互利合作关系影响到合作各方的国体和国策，深入民生和民心的各个领域。健全维护共同利益的政治、外交、文化手段，促进以共同发展为目的的政治、外交、防务、文化等领域的改革，形成经济、政治、文化逐步趋于协调的国际社会共同体。

第四节　“一带一路”的发展演变趋势

“一带一路”必然经历由商业贸易之路到产业和城市密集带再到经济共同体和命运共同体的发展、演变过程。与此相适应，“一带一路”的发展方略应当包括近期对策、中期谋划和长远之计三部分内容。

一、“一带一路”由商贸之路发展为产业和城市密集带

经济带的最初形式一般是由简单的运输条件联系起来的商路。这种商路式的经济带是一种松散、初级的地域共同体，实际上只能算是沿途各地区、各国的商贸联系体。在这样的体系内，既有沿线各地区经济主体相互的贸易和投资，也有彼此的摩擦、对立和冲突，所以维系这种商贸共同体的纽带较为脆弱。古代的丝绸之路和近代以来的海上航路就是这样的商路式经济带。

但是，商路式经济带从一开始就有其顽强的生命力，因为它是解决经济带沿线地区以及更广大地区生产片面性与消费全面性矛盾的一种有效的、无可替代的形式。从富人到穷人，从国家管理者到普通劳动者，社会各个阶级、阶层为了生存和发展，都必须依赖一定的通商条件，必须维护商路的畅通。商路的中断意味着联系生产者与消费者的生命线的中断，不仅造成商人利益和政府税收的损失，而且使各阶层的消费者失去消费品来源，使大批下层劳动者失去维持生计的条件，由此必然引发社会的动荡和冲突。即使在商路经过的一些地区发生剧烈的政治冲突和持续的战乱，也只能中断商路的某一些区段，并且这些被中断的区段很快就会被其他的商路路段所取代。在一些国家和地区，因政治和军事冲突中断了商路，商人们则会开辟出替代的路段，将中断了的商路重新衔接起来。传统的商路衰落了，商人们就会联合社会其他阶层，开拓出新的甚至比以前更加繁忙的商路。这就是经济利益特别是牵涉到社会各阶层、各民族生存和发展的共同经济利益所产生的力量，是一种基础性的、无法抗拒的社会力量。这种力量是推动经济社会发展当然也是推动商业发展和商路畅通的原动力，自然也就是商路式经济带从一开始就具有的顽强生命力。

古代丝绸之路就曾因列国割据、政权更迭、战乱频发等原因，经历了多次改道、多种商路并存和以陆路为主到以海路为主等长期而复杂的演变过程。不论是古代还是现代，发达的商路使相隔遥远的地区之间加强了经济联系，加快了经济活动向沿线地区聚集。为了适应或服务于商业的发展，一些产业譬如古代的手工业、餐饮业甚至种植业、畜牧业等逐渐向商路沿线集聚、转移，政府在沿线的管理机构也因之加强。原本只是单纯的驿站或无足轻重的村落，因商旅繁荣而演变成了交易市场和商家不断增多的集镇，集镇进一步演变为商业、手工业繁荣的城市，小城市演变为大中城市，城镇稀疏的地带演变成为城镇密集的地带。古代丝绸之路就曾以这种方式，串联了由中国东部地区到欧洲的陆上城市链和沿海城市链，带动了沿线地区的经济发展和各民族的密切交往。

在现代，海陆丝绸之路经济带必然要经历由商贸带到城市密集带这一重要发展阶段。沿线国家合作建设互联互通网络，建设越来越多的大中型交通、通信、能源工程和配套设施，共同实行与互联互通网络相配套的政策、措施，在政策、体制、战略上扩大相互对接的广度和深度，必将极大提高商贸和投资便利化水平。生产基地、商贸中心和投资项目不断向沿线的城镇、城市群聚集，将持续加快以城镇为载体的各类产业发展。海陆交通通道沿线的城镇、城市群在近期内主要以交通和贸易联系为主，随后不断增多并加强产业链和价值链联系。譬如中欧贸易快速增长、中欧之间货运规模迅速扩大，将推动中国和欧洲国家分别在中亚、西亚和对方国家建设生产基地、物流基地，就近提供满足市场需要的商品，形成东亚—中亚—西亚—欧洲绵延数万公里的产业链条。这种产业链及其所体现的价值链纽带逐步深化欧亚城市、城市群之间的分工，推动原有城市的扩大和新兴城市发展，提高城市分布密度，增强城市在经济上的全面合作和相互依赖，由此形成跨国和跨越欧亚大陆的各种城市链和城市群连绵带。这种变化，首先会在交通通道经过的各国国内的重要城市、城市群以及合作伙伴国的边界地区取得突破，随后沿海陆经济带主副轴带和分支轴带延伸，逐步形成由中国沿海、内地到欧洲、非洲、大洋洲、南北美洲的城市和城市群连绵带，带动各国原有城市、城市群、城市群连绵带的进一步发展和升级。在沿线各国现有的城市发展水平上，“一带一路”由商贸带到城市密集带的过渡，在10~20年的时间将会取得实质性的进展，从而使新兴的世界性城市密集带成为“一带一路”地区实现经济一体化的主要基础条件。

根据这一基本发展趋势，近期即2020年前后，“一带一路”建设的主要任务是推进互联互通的硬软设施建设，实现主要合作伙伴国发展战略和重要的政策、制度对接，扩大贸易和投资规模，促进沿线地区经济较快增长，合作国互利共赢发展取得初步成效，为以后的合作升级和持续发展奠定基础。

二、“一带一路”由城市密集带发展为经济共同体

城市密集带必然是商贸发达带和产业密集带，但不一定是一体化的经济共同体，因为经济共同体的主要标志是实行零关税或接近零关税的区域自由贸易集团和统一的大市场体系。区域经济一体化的实质是市场一体化，市场一体化的重要基础条件是城市、城市群的一体化。“一带一路”沿线及其近辐射地区由现在的松散式地域空间组织发展为统一的、紧密型的区域经济组织，再进一步发展为市场一体化的经济共同体，其基本进程大致如下：从商品贸易为主的经济合作发展到以相互投资为主的合作，提高投资贸易便利化水平，成员国的合作关系走向紧密化、高度化；协商制定一整套促进合作升级的政策、制度，成功管理各成员国的贸易和投资，形成共同市场体系，譬如欧盟当年通过实施共同市场的一系列政策，致力于消除各成员国之间的贸易壁垒，取消成员国之间的所有关税和各种非关税壁垒，消除海关关卡、过境手续以及卫生检疫标准、法规 、技术标准、税别、税率差别等方面的障碍，建立统一的海关税则，建成类似关税同盟的组织，使商品、劳务、人员、资本自由流通；建立起统一的或成员国普遍接受的货币体系，由统一市场体系过渡到全面的经济货币联盟，如欧盟建立共同的中央银行，成员国率先放弃货币主权，共同采用统一的货币等。

由于“一带一路”沿线地区各国在经济和政治制度、文化传统、民族特点等方面存在复杂而巨大的差异，各国共同实施全面配套的经济政策并过渡到高度化的统一市

场体系，可能要经历比欧盟完成这一过程还要长的时期。因此，“一带一路”在中期阶段即到2040年前后的主要建设任务，就是形成统一市场体系创造必不可少的条件。主要包括：建设覆盖全球的现代化、智能化互联互通网络，“一带一路”主副轴带延伸发展为覆盖五大洲的轴带网络，提高发展中国家与发展达国家经济的融合度；以更加有效地经济合作加速以“金砖国家”为主的后起经济体的转型升级，显著缩短世界“雁行阵列”第二梯队（发展中国家中的工业化国家）与第一梯队（发达国家）的发展差距；沿线各国实施全面配套的互联互通政策、共同产业政策、共同外贸政策、保护消费者政策、取消关税政策、共同货币政策、内外改革政策等，使各国经济增长保持较高速度，大批不发达和最不发达国家搭乘“一带一路”快车加快工业化、信息化步伐；发达国家、中等发达国家、发展中国家中的工业化国家以及其他发展中国家等，都面临着进一步提升经济合作水平、改进经济合作方式、形成共同市场体系以实现新的共同发展目标的要求。

三、“一带一路”由经济共同体发展到经济与政治相统一的命运共同体

政治是经济的集中体现，经济一体化的深入发展，地区、国家之间在经济上的全面合作和相互依赖，必然会产生政治一体化的共同要求，推动政治上的相应变革和协调统一。所谓命运共同体，主要就是经济和政治一体化的包括经济、政治、外交、防务等多方面协调统一的国家联合体。“一带一路”在各国经济长期紧密合作的基础上，通过沿线国家之间签订一系列重要协议、条约，制定和实行一系列共同政策，如共同的地区政策、社会政策、科学政策、宗教政策、外交和安全政策，以及制定和实行共同的法律等，推动成员国在经济、政治、安全、防务等领域实现联合并采取共同行动，使区域社会经济发展走向高度的协调和统一。欧盟在这方面的重要经验之一，是在其一体化的各个阶段都制定了相关的法律，并使其转化为成员国国内法的法律。如《欧盟宪法条约》规定了欧盟拥有共同的决策机制、共同的执行机构、共同的议会，以及机构的设置、各机构权力的分配，实行共同的外交政策和安全政策，组建快速反应部队，制定和实行统一的欧洲环境法等，使松散的国家联合体成为真正的政治实体或国家邦联。“一带一路”在发展中必然会不同程度地借鉴这些经验，在经济一体化达到较高程度和区域组织如上合组织、东盟、亚太经合组织、南亚联盟等获得进一步发展的基础上，“碎片化”的区域组织逐步融合为“大板块”“大集团”式的区域组织，从而使形成经济与政治相统一的命运共同体的条件趋于成熟。

“一带一路”在经过30年到40年的发展之后，即到2050年前后，借靠新的科学

技术革命及其引起的产业变革浪潮，将全面、快速地刷新世界经济发展的动力、方式、水平及其传统格局。发展中国家与发达国家的差距进一步缩小，全球各类经济体的融合度显著提高。“一带一路”将演变为全球经济带网络，它与其他区域组织形式的区别趋于消失。各国共同推动政治制度的演变、包容和政治体制的协同、对接的条件趋于成熟，世界将加快步伐并以更加文明、进步的方式解决文化差异、民族隔阂、地缘政治等造成的对抗和不平等问题，消除大国与小国、富国与穷国在利益和权力分配上的分歧，加快政治一体化进程和各国在经济、社会方面的统合。“一带一路”倡议在推进这一伟大进程中的历史性贡献将载入人类发展的史册。

第八章

“一带一路”的发展功能和发展机制

“一带一路”及其在发展、演变中形成的轴带网络作为一种世界性的经济空间组织形式，具有其特殊的结构和相应的功能。其中最主要的，就是它具有自身较快发展并带动更大区域和世界经济发展的内生兼外溢型增长极功能。由轴带网络的结构产生相应的功能，功能的发挥又进一步促进结构的变化，由此形成“一带一路”轴带网络促进中国和世界经济发展的规律性机制。

第一节 “一带一路”的区域开发功能

经济带也称“开发轴”，是推进区域开发的重要组织形式。不论是作为经济带理论的早期形态之一的“点轴开发”理论，还是作为经济带理论的中后期形态的经济轴带理论、网络开发理论等，都是从空间组织形式的角度研究区域开发战略的理论形式。这些理论所揭示的有关规律，是“一带一路”发挥区域开发功能的主要客观依据。而区域开发功能的实质，就是一种产生区域内生增长能力的机制。

区域开发是在一定区域范围内进行的基础性、综合性、创新性、战略性的资源开发利用和资源转化活动，即通过一系列创新性的技术、经济、行政手段和社会组织方式，把潜在性、资源性的财富或条件转化为现实的物质财富、精神财富和区域经济社会健康发展的社会实践活动。区域开发是区域发展的基础环节，是通过以发掘、转化区域资源潜力为主的创新活动，为区域经济起飞准备基础性物质条件，推动区域经济的综合上升发展和区域社会的变革、进步。

“一带一路”沿线地区主要是发展中国家，有不少国家经济十分落后。这些国家经济发展的首要任务就是进行区域综合开发，将资源潜力转化为现实的物质财富和经济、社会的协调发展，同时保护生态环境，增值生态财富。中国在长期的发展中积累了丰富的区域开发经验。在推进“一带一路”倡议中，中国根据沿线各国、各地区的实际，将自身的区域开发经验进行推广和创新，形成了以经济带建设带动区域开发、加快地区发展的模式，即以建设交通、通信、水利、城市等基础设施，发展农业、电力、矿产等基础产业，促进沿线各国、各地区之间实现互联互通为首要任务，为沿线地区的进一步发展和落后国家的经济起飞创造基础支撑条件。

一、“一带一路”带动国际通道网建设

区域开发的首要任务是建设运输通道，其中铁路通道是区域开发的主要依托条件。“一带一路”倡议和“一带一路”经济带在以下三个方面有效地推动了国际通道网建设：“一带一路”倡议强调合作各方实现互联互通，推动合作各方积极投资建设重要的交通通道，促进已有的交通通道适应合作发展需要得到进一步改善，促进相对简单、落后的交通通道发展、升级为先进的通道网；“一带一路”的主次轴带和轴带体系不断延伸发展，不断提出新建、改建、升级交通通信设施的任务，使交通和通信网建设处于先导性的低位，成为带动区域和行业发展的新增长点；“一带一路”轴带体系不断扩大合作各方的共同利益，为基础设施建设领域具有投资能力和设计、施工优势的企业、国家提供了发挥其优势的机遇和市场，也为基础设施建设滞后的国家和地区提供了改变其基础服务落后状况的机遇和合作对象，使交通通信网建设成为国际合作的热点之一。

中国在互联互通的诸多领域特别是在基础设施建设领域已形成国际领先的综合优势，具有影响和提高“一带一路”沿线地区互联互通水平的技术和资金基础。在亚洲，目前已大体形成以中国为核心的交通通道“轴—辐”框架。中国面向东北亚、东南亚、南亚、中亚、西亚、俄罗斯等，正在形成日益发达的交通和通信网络，加快了中国与各经济体的融合发展。中国一方面以本国运输通道建设为沿线国家做出样板，另一方面加强出国通道的国内铁路和公路区段建设以及一批沿边铁路和公路建设，主动与周边国家的运输线进行衔接。在西北方向，规划建设克拉玛依至塔城、喀什至中国与吉尔吉斯边界地区的伊尔克什坦、喀什至中巴边界的红其拉甫达坂、阿勒泰至中俄边界的喀纳斯、阿勒泰至吉木乃、酒泉至额济纳等口岸铁路。在西南方向，实施南宁至凭祥的铁路扩能，规划建设芒市至中缅边境地区的猴桥、临沧至普洱和清水河、日喀则至吉隆和亚东、广西靖西至中越边境地区的龙邦、防城港至中越边境城市东兴等铁路。在东北方向，实施集宁—二连浩特铁路扩能，规划建设伊尔施至阿日哈沙特、海拉尔至黑山头、莫尔道嘎至室韦、古莲至洛古河、虎林至吉祥、密山至档壁镇、南坪至茂山、开山屯至三峰、长白山至惠山、盘古至连崟等铁路。在沿海方向，以大连、秦皇

岛、天津、烟台、青岛、连云港、上海、宁波—舟山、福州、泉州、厦门、汕头、深圳、广州、茂名、湛江、海口等沿海城市及重要港口为支点，加强港口城市后方铁路通道的升级及集疏运体系建设，形成更加发达的铁海联运国际交通网。同时，中国带头加快被称为“铁丝绸之路”的泛亚铁路网建设，提高中国与周边国家的铁路联通水平，其中建设泛亚铁路中国—东盟通道的推进速度最快。中国高铁和普通铁路、公路工程走向世界的规模越来越大，其中铁路将成为中国在“一带一路”沿线出口的核心产品。中国的高铁在新兴市场国家存在巨大需求。由中国企业承建的肯尼亚蒙巴萨—内罗毕铁路、埃塞俄比亚的斯亚贝巴—吉布提铁路等重大项目已陆续开工建设。高铁出海项目中，目前已经启动建设的有印尼雅万高铁、中老铁路、中泰铁路、匈塞铁路，莫斯科至喀山的高速铁路和巴西到秘鲁的两洋铁路已开始勘测。

二、“一带一路”带动临海开发走廊建设

“一路一带”倡议和“一带一路”轴带体系促进合作各方越来越广泛地参与沿线的港口建设，使港口合作成为港口所在国与合作对象国扩大经济合作的重要领域。至2018年，中国参与海外港口建设的项目有10多个，其中有些项目是项目所在国请求援建的，有些是双方合作的，如巴基斯坦的瓜达尔港、斯里兰卡的科伦坡港、孟加拉国的吉大港、希腊的比雷埃夫斯港、俄罗斯的扎鲁比诺大型万能海港等。这些港口位于航运要道，具有重要的地理和战略位置。合作建设这些港口能够为国际贸易提供海上通道的便利和公共物流支点，是共同开发海洋、海运资源和陆上资源的重要领域，同时也能够为合作各方提供保障海上运输线的基地，是多国合作建立海上贸易通道的重要方式。依托这些港口可以建设大批临港型产业和产业集群区、开发区、经济特区等，形成越来越多的沿海开发走廊、沿海城市链、沿海经济带、沿海经济繁荣区，加快国家和地区发展。

三、“一带一路”引导发展中国家走综合协调开发发展之路

中国在“一路一带”倡议和“一带一路”轴带体系建设中，广泛总结和借鉴国际发展经验，同时引导、推动发展中国家走综合协调开发发展之路，取得了显著的成效，展示了发展中国家实现健康、协调发展的广阔前景。

（1）帮助欠发达的东道国建设完整的产业链。在“一带一路”能源合作中，中石油等中国主要石油企业在与哈萨克斯坦、土库曼斯坦、乌兹别克斯坦、塔吉克斯坦、吉尔吉斯斯坦、阿塞拜疆、缅甸、孟加拉、印度、巴基斯坦、阿富汗以及西亚、非洲

的许多油气出口国的合作中，从投资常规油气开采项目逐步扩展到开采油砂、超重油、煤层气、页岩气、深水油气等非常规项目，从上游的勘探、开采等产业延伸至下游的炼油、装备制造、贸易仓储等产业，不同程度地形成了包括勘探开发、管道运输、炼油化工、装备制造、产品销售、工程建设、工程技术服务以及相关产品出口、人员培训、基础设施建设等环节的完整产业链，使单纯的资源开发升级为资源开发—能源进口—产品出口—产能合作的复合型经济合作。中亚、西亚、东南亚、非洲、拉丁美洲的许多能源输出国家在与中国的能源合作中，既获得了丰富的资金和成套的技术，同时也带动了当地石油工业、关联产业的快速发展和社会经济的全面提升。

（2）以资本输出驱动产能、产业、技术、标准、相关制造、人力资本等全面发展。中国通过大规模对外投资，将合作伙伴国的地下资源转变为迅速增长的国家财富，使其资源利用程度和内外销售水平大幅提升。协助伙伴国建立完整的石油工业及相关产业一体化的经济体系，并通过扩大就业、培养当地员工以及帮助发展当地的教育、医疗、基础设施建设等公益事业，推进当地社会进步。中国对沿线地区的投资领域呈现多元化趋势，推动了多个领域的资源开发和产业发展。目前，在非洲兴业的中国企业已超过 2 500 家，投资领域涉及金融、商贸、科技、服务、电信、能源、医药、纺织、机械、农业、采矿、建筑、餐饮、零售、旅店等，为当地创造了 10 余万个就业岗位。投资合作进及其带动的进出口增长，加快了沿线国家的工业化进程和传统发展方式转型，保持了经济较快增长。

（3）通过贸易和产能合作促进沿线国家产业升级。中国出口高档、成套装备和先进材料产品，跨越式提升了许多国家的基础设施和制造业水平。中国企业在沿线地区参与、帮助建设工业园区，发展信息、家电等高端产业，形成本土化经营的知名品牌。中国高科技企业与非洲国家的运营商、政府、行业客户进行合作，建设高端信息产品生产基地，并为当地培养高端技术人才，带动了这些国家众多产业发展和产业结构升级。

（4）树立综合、协调开发的国际样板。中国与巴基斯坦合作建设“中巴经济走廊”，带动了沿线一大批能源、电力、公路、铁路等基建项目，为钢铁、建材、能源、设备、机械等相关的中国制造业“走出去”提供了巨大市场。中国将在走廊沿线进行大规模投资，用于建设火力、光伏和风力等发电设施，有望改变巴基斯坦长期缺电的状况。配合基础性建设，中巴还将进行规模更加巨大的产业和产能合作，在“一带一路”建设中发挥样板性的引领、示范作用。

四、“一带一路”推进区域开发的预期成效

持续地推进“一带一路”轴带网络建设，发挥轴带网络的区域开发功能，将产生

以下几方面的预期成效：

（1）带动沿线经济落后地区加快资源开发和经济发展。尽快进入经济起飞阶段。

（2）形成日益发达的开发链、产业链和城市链。中国具有完整的产业体系，国内的产业链不断向沿线国家延伸，与沿线地区的开发项目和产业发展衔接成跨国的开发链、产业链和产业体系网络，加快区域经济的一体化发展。

（3）促进沿线地区较快形成新的开发轴带，发挥区域增长极功能。

（4）带动沿线地区形成发达的区域经济中心，如港口、节点城市和城市群。

（5）由非均衡开发向相对均衡开发过渡。

第二节 “一带一路”的经济聚集和经济扩散功能

“一带一路”作为轴带型区域增长极，以海陆交通干线为轴心，以城市和城市群为载体和节点，具有面向两侧地区聚集经济要素、辐射经济能量、带动轴心沿线地区和两侧腹地更快发展的功能。“一带一路”的运行机制和发展能力集中体现为它的经济聚集和经济扩散功能，它不仅包括沿线各类地区和城市、城市群的聚集功能，而且不断推动沿线城市、城市群提高密度，形成比城市、城市群更高一级的经济聚集区。

一、“一带一路”的国际性经济聚集功能

“一带一路”的主要战略功能是在越来越大的国际范围聚集经济要素，促进要素跨国流动和更大规模的优化配置，加强沿线各国、各地区之间的经济合作关系，为沿线地区带来相对高于其他地区的贸易、投资和发展效益，形成高增长能力。

“一带一路”的经济聚集不同于单个城市的点式聚集和城市群的块状聚集，而是将众多城市的点式聚集和许多城市群的块状聚集串联成大型的城市、城市群条带，将人口、人力、资金、资源、商品、信息等要素聚集到沿海陆交通线密集分布的城镇、城镇集群区或城市群连绵区，形成众多的中心城市、城市群密集分布的国际产业集聚带和国际城市群连绵区。由于交通通信等设施的便利和要素的高度聚集，处于国际产业集聚带各区段的城镇、城市、企业、社会组织之间更易于形成深度和广度的分工协作，更易于形成密集交易的市场体系，要素在经济带内更易于实现高效、优化配置。所以，“一带一路”沿线分工的深度和广度、协作效率、增长速度、创新密度和自我发展能力

等一般均高于两侧的腹地。

城市和城市群仅在一个国家之内吸纳和聚集经济要素，并将要素的聚集、配置转化为价值增值过程具有一定的局限性。“一带一路”轴带体系将沿线不同国家的城市和城市群组织成为跨国经济带，每一个城市和城市群不仅在本国范围内吸纳和聚集经济要素，而且跨越国家界限，在更加广阔的国际范围吸纳和聚集经济要素，依靠互联互通的优越条件，以较低的成本从国外获取本国所缺乏的要素，同时使本国多余的要素流向国外缺乏这种要素的地方，这样就比仅在一国范围聚集经济要素的效率、效益更高，因而更易于生成新的生产力，能够更快地增值物质财富和精神财富。沿线的每个城市、城市群因为聚集经济要素的效率、效益更高，更易于生成新的生产力和能够更快增值财富，就必然扩大对其他城市和城市群的需求，增加要素的输入量，扩大产业规模，从而使经济增长速度得以提高，由此更加依赖与其他城市和城市群的跨国合作关系。这样，沿线的每一个城市和城市群都成为合作共赢链条上的“要素吸纳器”“要素加工站”和“要素流动泵”，“一带一路”就因为串联起跨越国界的诸多城市和城市群而成为吸纳、加工、传导经济要素的供需链条、利益链条和快速发展区域。沿线的每一个城市与其他城市之间在吸纳、加工、传导经济要素过程中，必然带动国家、地区、城市、城市群之间更被广泛的优势联合、优劣互补，形成并逐步升级分工合作、公平竞争、相互影响的关系，增强货物、服务、技术、制度、政策、知识的供需效应和溢出效应，从而使得这种供需链条、利益链条的生存、发展活力更加旺盛。毫无疑问，“一带一路”沿线的城市、城市群的这种发展成效与相对孤立的城市和城市群相比，与仅在一国范围内的城市、城市群发展相比，无疑具有“1 + 1 > 2”的优势。所以，相对于其他区域，“一带一路”地区不仅有条件实现快速、高效发展，并且能够增强加快沿线城市、城市群的相互融合和城镇与农村的一体化发展，成为贯通亚、欧、非三大洲的经济发达地区。

中欧班列的快速增长，在一定程度上可以说明丝绸之路经济带具有怎样的聚集功能。截至 2018 年，中欧班列已累计开行超过 12 000 列，国内开行城市 56 个，通达欧洲 15 个国家 49 个城市。毫无疑问，中欧班列今后所串联的国家和城市还会继续增长，这些国家和城市将在经贸合作纽带的编织作用下结成越来越大、越来越紧密的经济聚集体和利益共同体。

构成丝绸之路经济带国内区段的五个主要城市群即长江三角洲城市群、中原城市群、关中—天水城市群、黄河上游城市群、新疆城市群彼此相连，正在形成贯通中国东中西部、广泛连接南北各地的特大型城市群集群带，具有越来越强的经济聚集功能，有利于形成多圈层的产业集群区和产业配套体系。

在丝绸之路经济带的国外区段，贯通中国—中亚—西亚、中国—东南亚、中国—

巴基斯坦、中国—蒙古国—俄罗斯、西亚—南亚—东南亚等国际大通道沿线，实现互联互通并促进城市和城市群的发展已有一定基础，其中的一些区段如中国—老挝—缅甸铁路沿线、中巴走廊、中尼印孟走廊、中蒙俄走廊、计划中的中吉乌铁路沿线等，虽然交通、通信、产业、城市发展仍存在诸多问题，但是在合作各方的共同努力中，特别是在中国的积极参与和帮助下，正在得到改变。这些国际大通道沿线，正在形成聚集效应迅速增强的城市密集带和城市群连绵带。在海上丝绸之路经济带沿线，实际上已经初步形成从中国沿海经东南亚沿海、孟加拉湾和阿拉伯海沿海到地中海和环欧洲、非洲沿海的城市密集带。在发达的海路交通的带动和串联下，这一地带未来的发展趋势，必然会更快形成聚集效应不断增强的城市密集带和城市群连绵区。“一带一路”倡议的推进，将使海陆丝绸之路经济带地区的交通、通信、城市、电力、水利等基础条件得到不断改善，城市和城市群集群区的聚集效益、创新功能和发展功能将得到更大。

二、“一带一路”的经济扩散功能

“一带一路”的另一种战略功能就是它的经济扩散功能，亦即辐射带动功能。“一带一路”沿线地区在自我发展中不断产生新的需求并增加其需求总量，吸引两侧地区的企业、单位和城镇、农村的各种生产经营主体为满足这些需求发展相应的产业，从事相应的经济活动。“一带一路”沿线的企业也为了自身进一步的发展，逐步扩大向两侧腹地投资发展各种产业和业务，于是形成经济带与两侧腹地之间越来越紧密的交易链、产业链，包括市场、投资、协作、要素等各类经济要素和经济活动就以交易链、产业链为主要纽带，向两侧地区扩散，带动两侧越来越大的范围加快发展。

“一带一路”及其串联起来的城市和城市群是驱动沿线地区经济发展并辐射带动更大区域发展的主要动力源，也是激发、增强沿线地带创新能力的活力源。随着交通、通信、城市、电力、水利等基础条件的改善和分支条带越来越密，沿线城市、城市群的聚集效益、创新功能和内外向发展功能无疑将得到更大提升，带动腹地发展的范围也将越来越大。以丝绸之路经济带国内区段为例。国内区段五大城市群的发展对两侧地区具有广泛的连带辐射带动作用，可以为这些地区提供越来越大的市场需求、投资需求和配套需求，这些地区对五大城市群也具有配套性、连带性支持作用，并发展成为城市群集群带的有机构成部分。不仅交通线经过的江苏、安徽、河南、陕西、甘肃、新疆等省直接受到五大城市群的辐射带动，而且距交通线较远的山东、河北、湖北、山西、内蒙古、重庆、四川、宁夏、青海等省市区通过分支轴带的串联和辐射，与五大城市群集群区逐步融合，利用城市群集群区的分工协作、产业配套、产业集聚、商品集散、共享外部性效益等有利条件，加快自身发展。由此使城市群集群区与沿线地区、两侧腹地之间不断深化分工协作，强化产业链关联纽带和产业配套功能，加快一体化、高度化发展进程。国内区段的发展，也会沿经济带的纵向辐射带动国外区段发展。尤其是新疆作为丝绸之路经济带的核心区，其城市、城市群发展和产业聚集水平的提高，将不断增强辐射带动中亚、南亚地区的功能。

海陆丝绸之路经济带及其分支轴带是中国面向世界聚集经济要素、实现开放发展并积极推动和影响世界经济社会发展的中轴和桥梁，中国吸收世界经济发展的动力和成就以及自身发展所产生的经济能量以此为载体，可以依次传导到亚太、中亚、西亚、欧洲、北非等区域，为中国与世界其他经济体的互动发展开拓更加广阔的空间。其带动两侧腹地发展的范围也将不断扩大。亚、欧、非、澳等广大的腹地将与“一带一路”沿线的城市群集群带逐步融为一体，在分工协作、产业集聚、产业配套、产能扩散、商品集散、共享外部性效益等方面，加快一体化发展步伐。

“一带一路”就是在聚集—扩散—再聚集—再扩散这样的循环运行、发展中，一方面实现自身的更快增长，另一方面带动越来越宽的两侧腹地与之共同发展。

三、发挥“一带一路”聚集—扩散功能的主要途径

为了充分发挥“一带一路”的聚集—扩散功能，就必须从以下几方面创造条件，增强经济带的聚集—扩散能力和聚集—扩散效益：

第一，建设发达的交通、通信、电力、水利等基础设施，提高互联互通水平，使要素聚集的依托条件更加完善。中国应当发挥资金、产能、技术等方面优势，帮助沿线国家建设基础设施，同时在发展战略、政策、制度、外交措施等方面与合作对象国实现对接，提高人口、人力、资金、资源、商品、信息、企业等要素向“一带一路”聚集的效率和效益，提高聚集密度，推动分工发展，刺激科技创新、行业分化和产业成长，使经济带或经济带的某些薄弱区段由初期的“产业空白带”或“产业稀疏带”较快成长为产业密集带。

第二，通过资本输出和带动沿线各国的政府、企业投资等途径，建设一批推动经济带成长的“起动式”的项目，包括城镇建设、园区建设、矿产开发、关键性加工业、高科技产业、商贸服务业等领域的骨干项目，刺激、带动产生越来越大、越来越多样化的需求，吸引越来越多的企业、组织机构为满足这些需求加盟到经济带建设中，形成不断延伸的供需链条，使“一带一路”沿线步入要素聚集程度逐步提高、产业链的空间延伸能力不断增强的发展轨道。对沿线的经济落后地区来说，要通过实施区域综合开发，将资源潜力转化为现实的物质财富和经济社会协调发展，同时保护生态环境。

结合实际条件实施以经济带建设带动区域开发和地区发展的模式，以沿线各国、各地区之间实现互联互通为首要任务，建设经济中心并将经济中心区连接成条带式增长极，为经济起飞和产业升级创造基础支撑条件。

第三，建设面向两侧地区的市场需求和供给能力的骨干项目，刺激两侧地区为满足经济带的发展需求和依赖经济带的供给而发展相应的企业和行业，形成与经济带配套、协同的发展组带。

第四，按照“一带一路”的功能要求和规划目标，实施对经济带运行、发展的有效监控和预测、调控，及时发现和解决经济带运行中的突出问题。注重促进经济带沿线地区特别是沿线各类城镇、城市群、企业、行业之间深化分工，形成彼此间既有竞争又有匹配和衔接关系的交易链、协作链、产业链，加快经济要素沿经济带轴线向两端和两侧流动并实现优化配置，使经济带具有旺盛的成长能力。

第五，发挥贸易和投资便利化的优势，促进沿线地区中心城市和城市群发展，形成以交通通道为轴心的国际城市密集带和跨国城市群连绵区。

第三节　“一带一路”的经济组织功能

经济带的聚集—扩散功能在市场机制的配合下，能够衍生出又一种重要的功能，这就是经济组织功能。所谓经济组织功能，是通过对经济主体及其活动进行组合、整合、匹配、协调、影响等作用以形成某种经济运行发展的秩序、结构的过程。经济组织功能可以分为管理型或主观型的组织功能和自组织型或客观型组织功能，前者主要是借助管理、调控机构实施对经济活动的主观性作用以形成一定的经济秩序和经济结构，后者是经济主体通过相互影响、相互作用，尤其是在市场机制发挥作用的条件下自发地形成某种经济秩序和经济结构。

“一带一路”作为大型跨国经济带，其经济组织功能主要体现为以下几方面：

一、将相对分散的经济要素和经济活动整合为各种经济聚集体

“一带一路”将将相对分散的经济要素、经济活动整合为各种经济聚集体，产生聚集经济效益和经济聚集体的运行发展秩序，有利于实现沿线地区经济的较快和稳步发展。由于依托互联互通等相对优越的设施条件，经济要素在“一带一路”沿线地域空

间的流动和配置效率就会高于交通等设施条件不足的地区，所以海陆丝绸之路经济带沿线地区较其他地区更有利于企业等经济实体的生存、聚集和发展，更易于形成城镇、城镇群、城市群、产业集群、产业密集区。这一点在中国与周边国家的一些边境地区和“一带一路”主要交通线经过的地区表现得更为明显。在这些地区，由“一带一路”及其分支经济带串联起来的城镇、城镇群、城市群等聚集体，得益于资源开发、商贸和物流规模扩大、开发区建设、旅游等服务业发展，获得了更快的成长和发展，形成了更高的增长和创新能力。与两侧的腹地相比，经济带沿线更易于成为经济高增长的地区。吸引经济要素、经济实体向沿线的优越地带聚集，并获取城镇化、产业集群化、城市群融合发展等越来越高的聚集经济效益，有利于形成城镇、产业集群、城市群、国内经济带和跨国经济带等各种经济聚集体的合理结构和高效运行特点，有利于降低因经济活动分散化带来的效益和利益损失，从而为国际合作的升级和跨国的管理、协调方式的改进，提供客观的依据和启迪。

二、将各类经济主体整合为利益关系紧密的经济共同体

“一带一路”倡议将利益关系松散的各类经济主体，整合、组织成为利益关系日益紧密的经济共同体，可以消除孤立发展的弊端，增强合作发展的优势和效能。

“一带一路”倡议的聚集效应必然引起分工的扩展和深化，分工的扩展和深化意味着以企业为主的经济实体不断走向高度的专业化和建立更加紧密的经济、技术协作关系。中国与中西亚国家、东南亚、欧洲、拉丁美洲国家之间，由于资源和产业构成的互补性，彼此合作的领域越来越宽广、合作规模越来越大，经济的关联度越来越强。由此形成的产业链、供需链、交易链、社会影响链等，将处于分工和协作关系中的经济、政治实体越来越紧密地维系在一起，将相对孤立发展的国家、地区组织成为谋求共同利益的联合体。中国对优质农产品、多种矿产品和高端技术产品的巨大需求，使中西亚和澳洲、拉丁美洲等农矿产品出口国和欧美等技术产品出口国的相应产业获得快速增长，而这些地区和国家对于资金和基础设施方面的巨大需求，则推动了中国对外投资尤其是海外并购和基础设施等相应产业的发展。由此加快了中国与这些国家和地区之间的自贸协议谈判，关税和非关税壁垒不断被排除，双方的经济合作更加紧密且方式日新月异，甚至政治、文化方面的差异、摩擦和冲突也因此被冲淡或包容。贸易和投资量的迅速扩大，促进了经济要素在全球的优化配置，提高了企业和合作伙伴国的外部性效益和共同利益，使合作各方加快实行维护共同利益的政策、制度、规划、措施，形成越来越多的跨国经济聚集体和利益共同体。不论是自发形成的聚集体或共同体，如城镇、产业集群、产业密集区、经济条带或分支经济带等，还是自觉组织的

聚集体或共同体，如各种协会、开发区、试验区、自贸区、经济合作组织、经济联盟等，都有效地将原来利益关系松散的企业、地区、国家等，联结、整合、组织成为利益关系日益紧密的经济共同体。

三、提高区域一体化发展水平

“一带一路”倡议既促进经济带各区段、各地区的分化，又形成率先发展地区带动后发地区的机制，从而加快区域一体化发展步伐。

经济带有利于要素的高度聚集和优化配置，这种高度聚集和优化配置必然导致更高的创新密度和不断提高的生产效率、经济效益，从而形成很强的利益诱导机制。在“一带一路”沿线地区，为了追求更高的效率、效益和更大的经济利益，企业、个人和政府等利益主体都倾向于在条件最优越的地区进行投资。如中国企业在海外投资，有的将设备、品牌和技术收购后迁回国内，有的则在原地进行生产经营。“一带一路”沿线的条件优越地区，如交通干线两侧、中心城市和城市群、资源富集地区等，就成为投资密度快速增加的地区。这些地区的每一种生产性、消费性需求更易于引起利益主体为满足需求而从事相应的业务或投资，这些业务、投资又产生更大更多的需求，又有更多的利益主体为满足这些需求而从事相应的经济活动，供需链条的这种不断延伸就形成倍增的经济成长过程，使条件优越地区快速地成为经济聚集程度越来越高的发达地区。这些地区就成为“一带一路”的重要辐射中心或节点区段。沿线的其他地区，则处于条件的次优、一般、较差、最差等地位，相对地成为投资密度低、经济发展缓慢的区段。“一带一路”沿线在相当长的时期内不可能实现均衡发展，而是遵循非均衡发展规律，呈现出分化发展的特点。但同时，条件最优地区与次优、一般、较差、最差地区都由同一条交通线或交通通道串联起来，它们之间的经济联系成本总是低于没有交通线串联的地区之间的经济联系成本，因此它们之间虽然存在要素聚集和配置的效率、效益水平的差别，但同时也存在较强的效率、效益溢出效应和相对发达区段影响、带动相对不发达区段的有利条件，即存在更有利于一体化发展的条件。所以，“一带一路”虽然总是会形成发达区段与次发达区段、不发达区段的差别，但又是有利于发达区段带动不发达区段实现一体化发展的一种地域经济组织形式。建设“一带一路”必然会取得重大的战略成功的重要原因之一，就在于“一带一路”与非经济带的地区相比，其沿线各地区、各区段由出现差别、相对地扩大差别到基本消除差别的周期要短，沿线形成一系列的发达地区并辐射带动落后地区以及沿线地区辐射带动两侧地区的效率和效益要高。“一带一路”在地域空间上将组织起一个相对于其他地区的高效益、高增长的轴带经济体系，发挥区域和世界经济增长极的功能。因此，建设“一带一路”的基本方略之一，就是集中建设重点区段和节点型城市、城市群，如中国将新疆建设成为辐射中亚和南亚区域的经济中心，将中国沿海地区和“东盟10+1”建设成为辐射亚太地区的经济中心，将中巴走廊和中蒙俄走廊建设成为样板型合作区域等；与此同时，进一步增强和发挥“一带一路”轴带网络的互联互通优势，不断深化各区段之间的区域分工和产业链等经济联系，形成重点地区的高度聚集发展、各区段的分化发展与全线一体化发展相辅相成、相互促进的经济空间组织特征。

四、促进形成高效经济网络

“一带一路”倡议有利于将散乱、低效的经济活动组织成为有序、高效的经济网络，使区域经济的结构水平获得极大提升。

一般来说，经济带在空间上最易于沿三类方向延伸发展：一是沿主轴带的纵向向两端延伸，使主轴带的长度增加；二是沿主轴带两侧的分支轴带呈横向延伸，使主轴带的宽度增加；三是沿资源富集地区或城镇密集地区等特殊方向延伸、扩展，形成广狭不一的条带形经济聚集区。这种延伸使主轴带、分支轴带及其两侧的资源、城镇密集地区获得优先发展，形成以轴带体系为脉络的经济空间布局。“一带一路”自然也遵循这种规律。在“一带一路”及其轴带体系形成之前，全球各类经济主体的经济活动从相对程度来看是处于某种散乱、低效的状态，因为其跨国、跨洲的互联互通水平较低、供需链条和产业链条相对要短，国家之间、地区之间在发展上的割裂性、孤立性较强。中国首倡并与越来越多的合作伙伴国共同建设“一带一路”，并推动海陆主轴带延伸形成日益发达的跨国跨洲轴带网络，不断提高轴带网络覆盖区的互联互通水平，使被割裂的断断续续的供需链条衔接起来并形成致密化的供需网。“一带一路”的延伸发展使分支轴带越来越密，轴带网络覆盖的地区越来越多，各类轴带及其覆盖的不同地区之间借助互联互通和便捷交易、广泛合作等机制的优越性，形成越来越紧密的供需链、供需网。这种供需链、供需网先是覆盖主轴带经过的亚、欧地区，随后扩展到澳洲、非洲和南北美洲等更大地区。供需链、供需网不断产生新的需求和满足新需求的经济主体——新的企业、行业、组织，产生承载企业、行业、组织的新的城市、城市群、城市密集带，由此使供需链、供需网覆盖区的经济主体和经济活动越来越密集，分工越来越发达，创新密度不断增加。人员、物资、资金、信息等要素沿供需通道流动并在市场信息的引导下在效益最佳的地点配置，带来不断增长的经济效益和合作者的共同利益。即使空间距离很远，譬如地处五大洲的国家、地区、企业之间，由于有便捷的互联互通设施和高效的资源配置机制，经济要素仍然能够快速流到最易于实现价值增值的地点。每一个经济主体寻找供需或协作对象，往往倾向于优先在“一带一路”轴带及其辐射范围内寻找，因为这样成本最低、效益最高。轴带体系内外如果出现一种较大的需求，整个网络就会组织大范围的区域和各类经济主体来提供资源、生产、服务和流动渠道来满足需求。相反，如果出现一种大的风险或波动，整个网络就会组织大范围的区域和主体来应对、化解或规避之。所以，与其他地域经济组织形式相比，“一带一路”轴带体系有利于增强远距离、大范围、多极互动的需求拉动和产业驱动作用，易于形成长期、稳定、可持续的增长过程和相对高效的运行、发展秩序，因而是一种区域开发成效较高、发展较快的经济组织形式。

第四节 “一带一路”的联动发展功能

“一带一路”轴带体系能不能产生这样一种功能：全球每一个大区域的发展，拉动、促进、加强、影响另一些大区域的发展，反之亦然？回答是肯定的。

一、“五连环”轴带网产生的共同利益

“一带一路”作为大型跨国经济轴带网络，是用“大动脉”串联起来的世界性经济空间组织。这种“大动脉”就是连通亚欧非三大洲的海陆交通大通道，大通道及其延伸的分支性海陆交通线将“一带一路”的“大环”区域，亦即海上和陆上丝绸之路经济带两端连接而形成的贯穿亚欧非三大洲的环状经济带，与其他的“四环”区域，亦即环太平洋经济带、环印度洋经济带、环非洲经济带、环欧洲经济带，连成“五连环”的经济带布局结构。这种特殊的空间结构所具有的聚集—扩散功能，主要体现为经济条带的首尾之间以及各支点、各区段、各分支带之间的联动发展。由海、陆经济带构成的环形结构，分别向环内和环外延伸形成越来越多的分支轴带和三级、四级轴带，最终将形成以“一带一路”地区为中心的全球经济带网络，促进越来越多的国家、地区、企业在发展中不断增强相互合作、公平竞争、互利共赢的关联关系；每一个经济体的发展，都能够通过大小“动脉”的传导作用，分享经济要素流动和配置效率提高的好处，并不同程度地影响、拉动“五连环”体系中的其他经济体的相应发展；随着互联互通条件的不断改善和轴带网络密度的增大，国家、地区、企业之间传导经济能量、配置经济要素的相互影响、相互促进作用，将使轴带网络区甚至全球范围的经济一体化水平得到较快提高。

中国在“五连环”轴带体系中将发挥重要而特殊的作用。中国与越来越多的国家携手，通过各种国际组织、国际合作以及政治、外交等手段，促进全球经济带网络的结构进化，使其空间组织功能得到增强并趋完善。全球经济带网络的结构进化，将各国、各地区和各类经济主体的发展和合作，组织成为互利互动的网络。每一方的发展，都有条件直接、间接地影响和推动其他各方的相应发展。每一方的需求、投资、生产、销售行为，都将为网络中的其他各方带来现实的或潜在的利益，因而成为网络中不可缺少的一员。一些具有良好示范效应的合作方式、合作关系、合作项目，能够更直接地发挥利益引导作用，为网络中各方所效仿。这种互利互动的网络，不断产生驱动世界经济增长和改变世界经济结构不合理的合力，推动产生出越来越多的区域性、全球性经济合作组织，有利于沿线国家以及各个区域、次区域经济组织在全球合作中发挥各自的潜力和优势。

这种联动发展的功能特征，以增大各国、各地区和各企业之间的共同利益为主要的动力源，对某些地缘政治因素、文化差异因素、民族冲突因素、单边主义贸易因素等所导致的消极、阻碍力量，具有越来越大的抵抗、消解、弱化作用，体现了共赢法则战胜丛林法则的全球化发展活力，是建立稳定的利益共同体的重要动力和重要基础。“五连环”轴带网在其运行发展过程中，将使越来越多的国家、地区、企业等经济主体更善于进行这样的利益权衡：自己从“五连环”共同利益中获得的份额，远远大于并且越来越大于追求狭隘的地缘政治目标、文化排斥目标、民族对抗目标、单边主义目标等带来的利益，甚至是前者为正而后者为负的差别，那么加入“一带一路”求发展何乐而不为呢？

事实也证明，“一带一路”倡议实施过程中，参与的国家、地区和企业的数量与日俱增，有些一开始或较长时期对“一带一路”持反对、抵制、观望态度的国家，也陆续转变态度，加入到“一带一路”合作伙伴国行列。2016 年 11 月，“一带一路”重大倡议首次写入联合国大会决议。2017 年，召开的首届“一带一路”国际合作高峰论坛，参加的成员有 140 多个国家和 80 多个国际组织的代表，其中有 29 个国家的元首出席。到 2019 年初，在“一带一路”倡议提出 6 年的时间，已有 129 个国家和 29 个国际组织与中国签署了“一带一路”倡议合作文件。这种进展表明，“一带一路”倡议迅速、有效地带动了全球性合作和各国共同利益的扩大，带动了越来越多的国家、地区、企业的互利互动发展。

二、沿海与内陆互动融合发展

海、陆两条丝绸之路经济带在东、西两端相互连接形成的环形经济带，具有维系沿线各国经济合作和共同利益、促进区域开发和辐射带动更大区域发展的功能。环形结构使海、陆两条经济带既各展其长又形成互补性结合，为各国之间的经济合作和社会交往提供了多样性的区域空间，为形成区域利益共同体和命运共同体提供了越来越牢固的纽带。沿线各国、各地区依托这一纽带，在全球经济要素流动、配置和经济能量传导过程中能够兼得陆、海之利。每一经济体可以针对其他经济体的劣势和市场空间，充分发挥其多种多样的优势，提升沿线各类经济体的合作共赢水平，逐步由松散式、插花式的合作体过渡到紧密型的合作体或共同体，为形成越来越大的地域经济共同体并提高互动发展水平奠定基础。

海上丝绸之路沿线的港口和港口城市有条件成为轴带网络中发展最快、辐射带动功能最强的增长点。但是如果港口和港口城市通向内陆地区的运输通道建设滞后，内陆腹地发展过于落后，则会使港口和港口城市的功能受到极大制约。而陆上丝绸之路的建设及其带动的区域发展，使沿海地区与内陆地区之间形成由铁路、公路、航空、水运、管道等运输形式构成的通道网，将内陆各地区之间组织成以大中城市、城市群为重要节点的轴带网，这就有效地消除了港口和港口城市快速发展的制约条件。“一带一路”倡议实施过程中，越来越多的内陆国家在有海港的国家建立了自己的出海口，扩大了海上贸易。越来越多的沿海国家和沿海地区面向内陆发挥海港优势，建立了海陆互补型的经贸合作关系。中国内陆地区建立了越来越多的“陆港”“无水港”，建立了陆港与海港的合作关系，有的建立了陆海合作联盟，内陆省市区由此大规模地发展跨国、跨境、跨洋物流贸易。这样的发展趋势，必然是“一带”与“一路”、沿海与内陆逐步走向融合发展，“一带一路”环形经济带带动越来越广大的沿海地区和内陆地区实现一体化发展。

三、加快经济要素流动并在条件优越的区点实现优化配置

海—陆环形经济带及其延伸形成的分支轴带连通了四大洋五大洲，加快了资金、人员、原材料、半成品、产成品以及服务、技术、知识等要素在全球范围的流动，使“跨国供应链”的合作与管理条件获得改善。海—陆经济带网络也使许多国家和地区的地理位置、对外合作条件等发生着重大的变化，许多原来缺少地理位置和合作条件优势的国家、地区，由此形成或增强了相对和绝对优势。这些，无疑会使“一带一路”地区形成越来越多的优越合作区点，有利于要素在条件优越的区点实现优化配置。中国与沿线合作伙伴国通过建立政策、战略、实际措施的协调机制，共同维护海—陆轴带网，提高海陆交通网的密度和现代化水平，能够不断拓宽国际贸易的空间，畅通要素流动的渠道，有效推动贸易和投资便利化，改善“跨国供应链”的运行、管理条件，

形成不断增多的合作区、自贸区和合作项目，为沿线国家和全球的经济增长提供日益坚实的支撑条件。

优质港口和港口城市成为“一带一路”轴带网中的要素集聚点，因此也就成为发展最快的经济增长点和国际利益交汇点。中国与沿线许多合作伙伴国的重要合作项目之一，就是共同建设战略意义重大的港口和临港产业园区，以及连通港口与内陆的交通通道。中国与巴基斯坦、希腊、斯里兰卡、以色列、俄罗斯等国在港口建设方面的合作已取得显著成效，中国在这些国家获得了 7 个港口的经营权。依托以港口为主的优越条件，中国在沿线国家建设了 80 多个经贸合作区，沿线国家如新加坡等也在中国境内建设了许多经贸合作区。这样的合作以后将会继续增加。中国在国内更是以战略性的大手笔加快了沿海港口、港口城市和以港口城市为中心的大型城市群的建设，在推进长三角、珠三角、环渤海三大城市群建设的同时，又加大力度建设粤港澳大湾区和京津冀地区。西部地区的出海口——北部湾城市群也加快了发展步伐。可以预料，“一带一路”倡议的实施，将使世界各大洲的优质港口和港口城市成为发展最快的增长极，这些港口和港口城市将由海路运输线连接成越来越密集的沿海城市链，并且对相应的内陆腹地发挥越来越大的辐射带动作用。

同样的道理，内陆地区也不断形成要素优化配置的区点，这些区点主要就是条件优越的城市、城市群和区域经济中心。“一带一路”倡议的实施，促进了沿线各国城市、城市群加快转型和发展，并将推动条件相对优越地区崛起大批的新兴城市和城市群，形成新的区域经济中心。

中国西部地区与中亚地区地处内陆，缺少出海口，但由于处于“一带一路”大环内的中心位置和几条主要分支轴带的交汇区，因此成为国际合作条件较为优越的地区。中国的一些边疆地区长期开发程度低，经济社会发展缓慢，但在“一带一路”轴带体系的辐射带动下，有条件成为国际区域的经济中心，如新疆成为中国西部、中亚、南亚这一区域的经济中心，广西、云南成为中国西南地区与中南半岛七国的区域经济中心，内蒙古中部成为中国华北、蒙古国、俄罗斯中部这一区域的经济中心，黑龙江和内蒙古东部成为东北亚地区的经济中心等。东亚、东南亚和中国东部沿海地区由于处于“大环”与环太平洋经济带、环印度洋经济带相交叉的枢纽地位，其原来的优势得到极大增强，成为带动亚洲和世界经济增长的最富活力的地区。

四、形成全球性的联动发展机制

“一带一路”主副轴带及其延伸形成的环内外轴带体系，使主环（“一带一路”大环）与其他四环（环太平洋经济带、环印度洋经济带、环非洲经济带、环欧洲经济带）

的发展紧密相关联，由此形成全球性的"五连环"联动发展机制。这种机制是消除市场壁垒、促进全球统一大市场形成的重要基础条件和推动力。市场是不同的经济主体寻求和实现共同利益的活动空间。减少壁垒、走向统一的全球大市场的形成过程，就是国家、地区、企业等经济主体寻求和扩大共同利益的过程。全球每一个经济主体由此会越来越清晰地认识到，自己的利益依赖于全球范围的其他经济主体，进而依赖于全球统一的大市场，而全球统一大市场则在很大程度上依赖于"一带一路"及其带动形成的全球经济带网络，依赖于全球的"五连环"联动发展；脱离"五连环"就可能意味着失去重大的发展机遇和重大的经济利益。维护"一带一路"及其带动形成的全球经济带网络和"五连环"联动发展机制，也就是维护自身面向全球发挥优势的平台，因而也就是维护自身的利益、自身的发展和全球合作伙伴的共同利益、共同发展。

中国与全球主要经济体和合作伙伴国通过发挥、利用这种联动发展的功能，共同协商制定多国通力合作实现"提一环而带四环"的战略规划，并通过相应的政策对接、有效的组织形式和具体措施，以"五连环"的合力、合作机制，推动世界经济增长和全球共同利益的不断扩大，就能够为建立人类命运共同体奠定良好的经济基础。

"一带一路"轴带体系的联动发展功能推动国内和国际经济的空间组织形式发生重大变化，为中国国内各类地区带来多方面的战略机遇，有利于各地区形成和发挥多方面的优势。东部沿海地区的发展优势更加强大，内陆的许多重要城市、城市群处于纵向、横向跨国经济轴带相交叉的枢纽地位，一些边疆地区成为国际区域的经济中心，这将牵动国内的地区结构出现重大转变。从沿海、边疆到内地都将形成四通八达的出国、出海通道，从而改变了各地区与国内外合作对象之间的互联互通条件，有利于其面向国内外各类地区和众多国家的市场，发展门类更多的特色优势产业。随着"一带一路"轴带体系趋于发达，联动发展功能也将走向健全并实现升级，内地与沿海、沿边的"门户城市"和国际市场的联系更加越紧密、广泛，各地产业发展的领域更加广阔。

"五连环"的合力、合作机制推动中国在促进自身经济增长和结构升级的同时，与合作伙伴国构建更多的"跨境经济贸易合作区"或其他国际区域组织，持续、有效地带动合作对象国和区域、次区域的发展，为世界带来越来越大的共同利益和越来越多的发展机会。

全球性的共同利益、全球性的合作和全球性的联动、互动发展，这就是"一带一路"倡议及其带动形成的全球经济带网络所产生的和今后继续产生的效果。

第九章

建设覆盖全国并延伸到周边国家的经济带网络

“一带一路”倡议获得成功的关键，就是健全其轴带体系结构，增强和提升轴带体系的运行发展能力，充分发挥轴带体系带动国内外区域经济发展的多方面功能。建设结构合理、功能强大而健全的“一带一路”轴带体系，就是建设中国深刻影响和有效带动世界经济发展、世界经济发展助推中国现代化进程的开放经济体系，在逐步实现中国国内区域发展一体化、“一带一路”沿线地区一体化的基础上，向更大区域和更高水平的世界经济一体化过渡。中国推进这一过程的基本方略，就是将当务之急与长远发展、局部行为与总体战略、经济实效与宏伟愿景科学地统一起来，继续创造本国经济持续、健康发展的时代奇迹，提高中国经济与世界经济的融合度和互动、互利、协调发展水平。

经济带和经济带网络是区域经济发展的一种有效的空间组织形式，同时也是提高区域经济的开放程度和国际化水平的重要依托条件。建设“一带一路”轴带体系的重要方略之一，就是建设贯通全国东西南北的大型跨国经济带，形成有效组织和覆盖国内主要地区并延伸到国外的经济带网络。在充分认识我国境内和北、西、南部边境地区多山、多戈壁沙漠等天然障碍这一国情特点的基础上，把建设发达的经济带和经济带网络作为今后较长时期的重大战略主攻方向，发挥经济带和经济带网络连贯不同区域、穿越天然障碍、化解政治和文化冲突、辐射带动越来越广泛的地域范围共同发展等功能，弱化以致消除境内外各种天然屏障和社会因素对经济发展、生产力布局和对内对外开放的阻隔、障碍作用，推进极化发展与相对均衡发展、内向发展与开放发展的有机结合，使区域开发、国家发展和对内对外开放提升到更高水平。

应当重点建设纵向和横向的七条大型跨国经济轴带，即东西向亦即横向的三条跨国经济轴带和南北向也就是纵向的四条跨国经济轴带，形成“三横四纵”的一级经济轴带布局框架，将原本属于国内一级增长极的“三横四纵”轴带网，纳入规模和覆盖范围更大的开放型、国际化的“三横四纵”经济轴带网之中，形成国内大型轴带网与国际轴带网亦即“一带一路”轴带网的统一体。其中，东西向的三条经济轴带分别是丝绸之路经济带、长江—雅鲁藏布江—南亚经济带、粤桂滇缅印经济带（中缅印孟经济带）；南北向的四条经济轴带即东北亚—中国东部沿海经济带、京广经济带、俄蒙中泰新经济带和西伯利亚—中国新疆—南亚经济带（西伯利亚—中亚—南亚经济带）。“三横四纵”跨国经济轴带的布局和功能体现了经纬国土、连通世界的特点，在辐射带动和有效组织国内外大区域发展中具有重大而深远的战略意义（见图9-1）。

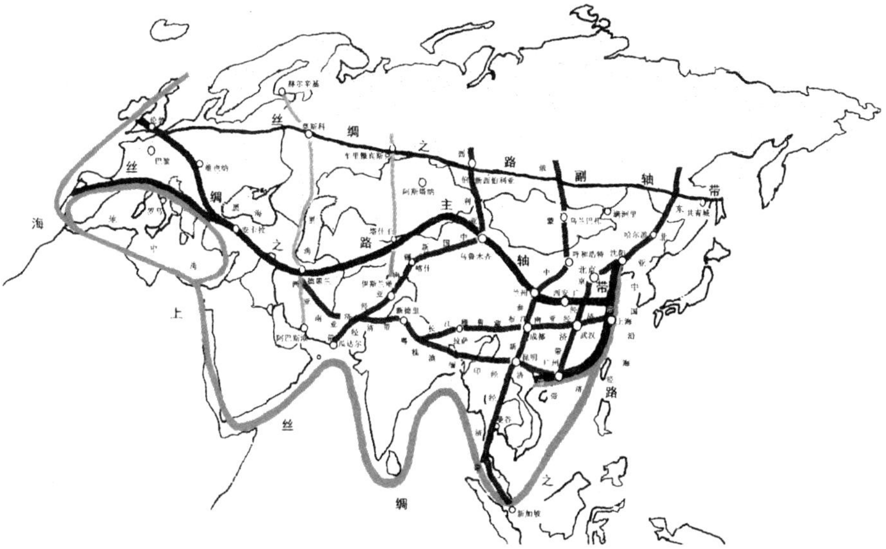

图9-1　四纵三横的跨国经济带网络

第一节　建设东西向的三条主轴经济带及其主要分支轴带

一、提高丝绸之路经济带的建设水平

（一）明确丝绸之路经济带建设的战略目的

中国首倡建设丝绸之路经济带，体现了区域开发的战略思想、战略模式、战略规划的重大创新和转变，有利于实现以下几方面的战略目的：

第一，顺应经济条带形成、发展的规律和快速变化的国内外经济社会形势，按照东亚—中国—中亚—西亚—欧洲—北非这一经济条带的走向和布局特点，规划区域开发的大型板块，将国内的东中西部不同发展水平的区域以及国内与国外的不同区域，组织到大型、开放的条带经济区之中，有利于对广阔范围内多种资源的充分开发并形成集成性更高的总体优势，促进不同区域在互补、协作、联合中实现最大的共同利益，这在国内外的区域开发和发展中无疑是一种前所未有的战略创举。

第二，在国内，依托已经形成和正在形成的陇海兰新、沿海、京广、呼兰成昆等大型经济条带，进一步加强这些条带的重点区段建设，形成在更大范围内聚集经济要素、带动区域发展的若干个条带型增长极，并延伸建设一系列分支条带，促进条带网络的形成，有利于加快陇海兰新经济带西部区段及其辐射带动的整个西北地区的相对均衡发展，为优化投资环境、吸引国内外客商、促进整个丝绸之路经济带地区一体化发展提供强大的支撑和带动力量，这将有力地推动东中西部三大地带的转型发展。

第三，促进我国西部地区与中亚、西亚、南亚等区域形成综合条件相对优越、经济联系日益紧密、发展速度较快的跨国经济区，提高中国与中亚、西亚、南亚地区的经济一体化水平，建立、发展与这些地区各国之间日益牢固的经济纽带和更加友好的国家关系，实现经济合作和国家关系的稳步升级。进而以中亚、西亚、南亚地区为近邻和桥梁，形成与北非、欧洲等地区相互融合的亚欧非经济圈，用不断加强的经济纽带将亚欧非大陆联结成利益共同体，一方面可借助沿线各国的资源、区位、经济、技术等多方面优势，弥补中国的短项，加快中国特别是西部地区的发展；另一方面发挥中国经济规模巨大、能够带动沿线发展中国家和促进发达国家发展的多方面优势，使中国与沿线国家由互利共赢的利益共同体逐步发展为经济、政治、科技、文化、民间等全面休戚相关的命运共同体，从而以规模越来越大、水平越来越高的国际区域开发推动和提升国内区域开发，使中国经济的转型、升级、发展具有不断增强的基础推动力。

为了实现上述战略目的，中国在丝绸之路经济带建设中应当以建设国内区段为主，以国内区段的高标准建设和率先发展，支持、引领国外区段的共建共享，使丝绸之路经济带成为当代国际区域发展的样板工程。

（二）加强丝绸之路经济带国内区段的交通通信设施建设

规划和实施丝绸之路经济带国内区段亦即陇海兰新经济带沿线的铁路、公路、管道、航空、通信等重大建设项目，形成通畅的交通大通道和致密化、便捷化的交通通信网络。

以健全丝绸之路通道路网和增强其运输能力为重要战略目标，增加丝绸之路国内段高铁网的密度和覆盖范围。高铁主干道包括：陆桥通道（连云港—徐州—郑州—西安—兰州—西宁—乌鲁木齐—中哈边境口岸城市)、贯通东陇海、中原、关中平原、兰西、天山北坡等城市群；京兰通道（北京—呼和浩特—银川—兰州)、贯通京津冀、呼包鄂、宁夏沿黄、兰西等城市群；青银通道（青岛—济南—石家庄—太原—银川)、贯通山东半岛、京津冀、太原、宁夏沿黄等城市群。

普速铁路建设与高铁通道形成配套体系，扩大丝绸之路沿线特别是中西部地区路网覆盖，提升路网质量，形成丝绸之路沿线跨区域、多径路、便捷化大能力区际通道。主要区际通道包括：

京津冀—西北（西藏）通道。包括京津—呼和浩特—乌鲁木齐—喀什、京津—太原—兰州—西宁—拉萨、京津—呼和浩特—额济纳—哈密—富蕴—阿勒泰等主要干线及其辅助线路，连接京津冀与兰州 - 西宁城市群、新疆城市群和西藏地区，其中主要实施青藏铁路格尔木—拉萨段、南疆铁路等扩能改造，以及建设柳沟（哈密市）—三塘湖—将军庙（中蒙边界）铁路，以及内蒙古西部和新疆东北部沿边铁路等工程。

长三角—西北通道。即长三角—西安—乌鲁木齐—阿拉山口（霍尔果斯)、长三角—长江中游—成渝—兰州（西宁）—乌鲁木齐两条干线及其辅助线路。主要实施西平铁路、宝中铁路、三门峡经禹州至江苏沿海港口铁路、山东半岛经郑州至西北主要城市铁路和西煤东运铁路等工程，连接长三角、山东半岛、中原、武汉、关中平原、成渝、兰州—西宁、新疆等主要城市群。

珠三角—西北通道。即广州—长沙—重庆—成都—格尔木—若羌—和田—喀什干线和辅助线，连接珠三角、成渝、青海、新疆地区。

西北—西南通道的重要路段。建设成都—兰州、成都—格尔木—库尔勒、西宁—玉树—昌都等铁路，提升兰州—重庆—北海铁路、公路等级，研究建设新藏铁路和田至日喀则段，形成进出西藏、新疆、青海及四省藏区的便捷通道。

与大通道建设相配套，新建一批支线铁路和西北地区的出国铁路（国内段)、沿边铁路，扩大丝绸之路路网覆盖面。如安康—恩施—张家界、黄陵—庆阳—平凉—固原—定西、汉中—巴中—南充、酒泉—额济纳、克拉玛依—塔城、喀什至中国与吉尔吉斯边界地区的伊尔克什坦、喀什至红其拉甫、阿勒泰至中俄边界的喀纳斯、阿勒泰至吉木乃等铁路。

进一步加强西部特别是西北的综合交通通信网建设，形成以兰新线、西宁—格尔木—库尔勒线、巴彦淖尔—哈密线三条进疆铁路为主干的综合运输网。实施一批东中部地区和西南地区通往西安、兰州、西宁、乌鲁木齐等西北中心城市的高速公路、普通公路、航空项目。加强西北地区内部的交通、通信网建设，改造提升西北中心城市通向市州县的交通和通信设施，提高西北运输网和通信网的密度和现代化水平。完善丝绸之路沿线口岸配套设施，增加内陆港口和航空港，提高沿海港口与丝绸之路沿线城市、陆港的互联互通水平。

（三）建设丝绸之路经济带国内段的重要分支轴带

以郑州、西安、兰州、乌鲁木齐等中心城市为节点，分别建设向两侧地区延伸的若干分支轴带，强化沿线地区内外部的经济联系，提高丝绸之路国内经济走廊的一体化水平。

郑州节点除过以郑州为重要枢纽的京广经济带的南北两段外，重点建设三条分支轴带，即郑州—晋城—太原—呼和浩特轴带；郑州—运城—临汾—榆林轴带；郑州—南阳—襄阳轴带。

西安节点重点建设四条分支轴带，即西安—铜川—延安—榆林轴带，与呼包经济带交汇；西安—庆阳—银川轴带；西安—汉中—安康轴带，分别与重庆、成都、襄樊、武汉等中心城市相通；西安—临汾—太原轴带。

兰州节点应当重点建设四条分支轴带，即兰州—固原—平凉—庆阳轴带，并向陕西延安、山西晋南延伸发展；兰州—银川—包头—呼和浩特经济带，逐步发展成为兰银呼包经济带；兰州—西宁—格尔木经济带，并向那曲镇、拉萨延伸，与雅鲁藏布江经济带相交；兰州—成渝轴带，促进黄河上游经济区向成渝经济区延伸。

乌鲁木齐节点应当重点建设两个分支轴带：环准格尔盆地经济带和环塔里木盆地经济带。

（四）逐步扩展丝绸之路经济带国内区段的覆盖和辐射带动范围

依托交通通信网和主要节点城市、城市群建设，扩展丝绸之路经济带国内区段的宽度和长度，使国内区段的规模、功能与国外区段相匹配，并有效支持、促进国外区段的建设和发展。国内区段由西安向东延伸至连云港、青岛、烟台、天津和南京、上海等沿海中心城市，与中东部地区的大型城市群、经济带融为一体，使之成为丝绸之路经济带建设、发展的强大后方基地，培育和吸引更多的经济主体参与向西开放。建设陇海兰新经济带两侧的若干分支条带和新的城镇群，扩展陇海兰新经济带在中部和西北地区的宽度。使陇海兰新主轴经济带与沿线各省域内经济轴带及跨省域经济带连成网络，逐步将中原、太原、武汉、成渝、呼包等重要城市群、城镇群纳入陇海兰新经济带辐射范围，形成有利于区域分工协作和多圈层经济聚集区的轴带网络型城镇布局。扩大丝绸之路经济带在国内其他地区的辐射带动范围，实现经济带沿线及其辐射地区的相对均衡发展。

通过建设沿线的节点城市及其辐射带动的分支轴带，形成以中心城市为核心的辐射状经济轴带网络，使陇海兰新沿线与全国其他大型经济区、城市群相通相融，为节点城市扮演国家级大型增长极并在丝绸之路经济带中发挥战略支点作用提供不断扩大的舞台。依托节点城市和分支轴带，培育发达的区域分工协作体系和更加完善的产业配套体系，形成更加多样的经济优势，有利于以国内的集成优势参与丝绸之路经济带的国际合作和市场竞争。

（五）促进丝绸之路经济带国外区段建设

丝绸之路经济带国外区段建设的重点地区是中亚、西亚、南亚地区，建设的重点领域是互联互通设施。中国在互联互通设施建设领域具有国际领先的优势，目前已初步形成连接中亚、西亚、南亚和俄罗斯的交通通道和通信网络，但互联互通的水平还有待提高。中国今后需要做出的努力主要是：

（1）推动中国与中亚、西亚、南亚各国之间以及亚、欧、非三大洲之间尽快形成互联互通的铁路、公路干线网，形成沟通太平洋、印度洋、大西洋三大洋的大陆桥，提高丝绸之路沿线地区的互联互通水平。加强出国通道的国内铁路和公路建设，提高与周边国家运输线衔接水平。与沿线各国合作共建重要的铁路、公路、航空、管道等设施项目，积极承建战略意义重大、难度高、投资规模大的交通项目。促进中巴、中吉乌、中国—阿富汗、中国—伊朗、中国—尼泊尔—印度等重大铁路、公路项目的联合调研和施工建设，促进解决各国铁路轨距不同和铁路设施更新换代等技术、资金障碍，多边协调解决海关、检疫、安全检查等问题。

（2）以能源合作为主旋律，帮助中西亚、南亚、非洲地区的能源输出国和其他发展中国家建设完整的产业链，稳步提高其综合经济实力。加强与中西亚、南亚、非洲能源矿产出口国的全面经济合作，将这一地区建设成为中国最大的海外能源供应基地。提倡、支持中国企业在能源合作、产能合作和其他经济合作中进行全产业链的投资和经营，帮助东道国建立完整的产业链和合理的产业体系，提高其资源利用水平、经济增长能力和抵御国际风险的能力。

（3）发挥中国在资本输出方面的优势，帮助中西亚、南亚、非洲地区的经济落后国家较快实现经济起飞。推动更多的中国企业在西亚、南亚、非洲地区从事大规模、多元化投资，建设带动东道国经济发展的主导性、支柱性、公益性产业项目，加快其工业化进程和传统发展方式转型。

（4）以扩大经贸合作为主动力，促进中西亚、南亚、非洲国家的产业升级。实行货物、服务、技术进出口协调发展的方针，一方面以中国的巨大市场需求拉动亚非国家的经济增长；另一方面以中国的高端产品和先进技术出口促进亚非国家的技术进步和产业升级。帮助亚非国家建设工业园区，发展高端产业，增强自主发展能力。

（5）将经贸合作扩展为经济、政治、文化的全面合作。稳步扩大以上合组织成员国、观察员国为主的中西亚、南亚、非洲、欧洲国家间的经贸合作，发挥上合组织在维护这一地区共同利益、协调这一地区政治互信关系中的主导作用，有效缓和、消除地区冲突，维护地区社会稳定，促进各国文化交流互鉴，共同建设丝绸之路命运共同体。

二、促进长江—雅鲁藏布江—南亚经济带的形成和发展

长江经济带是仅次于沿海经济带的国土整体开发的第二轴心区，是以长江为中轴线，将东、中、西部三大区域连成一种新的区域经济共同体的带状增长极。长江经济带的东段区域即长三角地区，是全国扩大对外开放、实现转型升级和现代化发展的第一增长极。其开发和发展的基本目标，就是紧跟并努力涉足世界发展的前沿领域，吸收、转化世界先进的科技、文化和产业成果，发展占领世界市场的高端产业。中段区域是以武汉为中心的长江中游城市群，其开发和发展的基本目标，是以武汉—长株潭—南昌城市群集聚区为核心，成为先进、强大的综合产业载体，与东段的长三角地区和西段的成渝地区形成产业及城市群功能的成龙配套体系，发挥承东启西和联东带西的国家级增长极功能。西段区域是以成渝城市群为核心的长江上游地区，其开发和发展的基本目标，是形成产业聚集能力迅速增强、科技和经济水平不断提高的发达经济区，发挥辐射周边和向西延伸开发的区域增长极功能，带动形成沿川藏交通线和雅鲁藏布江的新经济带。

促进形成长江—雅鲁藏布江—南亚经济带应当突出以下几个战略重点：

（1）建设水陆空协调配套的长江—雅鲁藏布江—南亚综合运输大通道。依托国家高铁网的沿江通道、沪昆通道、厦渝通道，分别连接华东、华中、海峡西岸、华南、西南地区，贯通长三角、长江中游、成渝三大城市群，增加以沿江高铁为主轴线的高铁网密度和覆盖范围。普速铁路与沿江高铁形成配套网，重点实施川藏铁路建设工程，形成成都至拉萨和中印、中尼边界的铁路轴线，形成包括铁路、公路、航空在内的跨越喜马拉雅山脉的国际通道。建设川藏铁路雅安—昌都—林芝段、滇藏铁路香格里拉—邦达段，以及拉萨至林芝铁路和日喀则—吉隆、日喀则—亚东等经济中心区通向边境口岸的铁路，研究和规划甘藏、新藏铁路建设。建设拉萨至林芝、拉萨至日喀则、拉萨至那曲、贡嘎至泽当、卡若区至邦达机场等高等级公路，以及拉萨至格尔木、昌都至德格、波密至德钦、阿里至和田等铁路、公路、航空通道，提高进出藏交通的快捷化水平。实施南京—芜湖—铜陵—九江铁路等扩能改造，建设九江—岳阳—常德、黔江—遵义—昭通—攀枝花—大理铁路等工程，规划研究沿江货运铁路。公路与铁路

形成配套体系，提高以沿长江公路—川藏公路—中印尼不公路为轴线的高速、普速公路网密度和覆盖范围。提高长江—雅鲁藏布江—南亚沿线的水运、空运设施建设水平，与铁路、公路交通形成高效的配套体系。

（2）促进长江经济带的三大城市群逐步发展为紧密衔接的城市群连绵区，带动长江流域全面发展，并向西藏和南亚地区延伸辐射范围。促进长三角和长江中游两个城市群在各自发展的同时逐步趋于融合，形成相对均衡发展的长江中下游产业—城市密集区，为长江经济带向西延伸提供强力支持。在长江经济带的上游区段，促进成渝城市群发展，提高其综合功能，注重沿川藏交通线向西延伸成渝城市群的辐射范围，使成渝、川西地区与雅鲁藏布江沿岸地区连成一体。进一步向印度、尼泊尔、孟加拉国境内延伸川藏地区的辐射功能，为形成“长江—雅鲁藏布江—南亚”跨国经济带奠定基础。

（3）制定和实施川藏—雅鲁藏布江经济带的开发、发展规划，将这一地带建设成西藏和南亚地区的重要经济中心，促进长江上游经济带与雅鲁藏布江经济带的衔接、融合。培育拉萨—日喀则—林芝经济带，形成以拉萨为中心、以雅鲁藏布江—川藏交通线为中轴、以青藏线为重要分支带的点、线、面结合的区域增长极体系。加强拉萨—山南—日喀则核心经济区建设，提升拉萨经济技术开发区、达孜工业园区、西藏空港新区、昌都经济开发区的产业载体功能，提高产业和城镇聚集水平，促进藏中南经济聚集区更快发展。

（4）统筹长江—雅鲁藏布江沿线的资源开发、产业升级、城市和城市群发展、国际合作，统筹实施交通、能源、水利等重大项目，有效消除瓶颈制约，促进沿线各区段之间的深化分工，发展广泛的协作联合，提升产业配套水平，在滚动式、循环式的开发、发展中走向高水平的区域一体化。

三、促进粤桂滇缅印经济带的形成和发展

从中国的广东经广西、云南两省和西藏自治区，分别与越南、老挝、泰国、缅甸、印度、孟加拉国、尼泊尔、巴基斯坦等国接壤或为近邻，可形成多国沿边地区紧密合作的经济带，可将其称为“粤桂滇缅印经济带”或“中缅印孟经济带”。该经济带以珠江三角洲为龙头，沿西江—红水河—南江（与沿三茂—南昆铁路基本重合）向西，经玉林、南宁、昆明到大理市，然后分南北两路向西延伸。北路沿滇藏公路经丽江、德钦、芒康、林芝等地，与雅鲁藏布江经济带相通，在亚东、聂拉木、吉隆等口岸延伸到印度、尼泊尔；南路沿大理—保山—瑞丽高速公路向缅甸境内延伸，与瑞丽—曼德勒—仰光、瑞丽—密支那公路和中缅原油管道等交通通道相通，在缅甸境内向西可

延伸到印度、孟加拉国，向南可延伸到泰国、马来西亚、新加坡。这一经济带的主轴带走向大致为“广州—南宁—贵阳—昆明—拉萨—曼德勒—达卡—加德满都—新德里—伊斯兰堡”，将珠江三角洲城市群与南桂昆城市群、雅鲁藏布江地区与中南半岛、南亚等国连成一体，成为与海上丝绸之路经济带基本平行的陆上延边、跨国经济带。粤桂滇缅印经济带的东段是由珠江三角洲城市群和南宁、北海、海南岛城镇密集区组成的城市群连绵区，与环渤海、长三角、珠三角三大城市群组成的沿海经济带相接，形成贯通我国东部沿海、南部沿海、西南沿边地带的半圆形大型经济轴带；中段是贵阳、昆明、大理等城镇密集区，具有北连成渝城市群、南通越老泰缅诸国、西接西藏雅鲁藏布江地区和印孟尼诸邻国的重要布局特点；西段是延伸到缅甸、印度、孟加拉、尼泊尔、巴基斯坦等国的国外区段，这些国家与中国的经济互补性很强，合作潜力巨大，是中国面向南亚、东南亚发展开放经济的重要伙伴国。

粤桂滇缅印经济带是将中国华南、西南地区与东南亚、南亚地区连成一体的战略性地域纽带，是最终形成中国—东盟—南亚经济合作区和自由贸易区的重要基础。该经济带目前尚处于待建、成长之中，区段之间尚有许多有间断之处，增长极功能较薄弱。中国一方面要积极推动相关国家联合进行这一经济带建设的谈判与合作，联合制定该经济带的规划，实施重要建设项目。另一方面，要注重建设这一经济带的国内区段，发挥对国外地区的示范、引领、辐射、带动作用。

（一）建设粤桂黔滇综合交通网

建设粤桂滇缅印经济带的首要战略任务是建设贯通粤桂黔滇四省区的现代化交通网，为华南与西南地区的一体化发展提供基础支持。依托国家高铁网的沪昆、广昆通道，提高以上海—南昌—长沙—贵阳—昆明和广州—南宁—昆明高速铁路为主干线的铁路网密度，连接华东、华中、华南、西南地区和长三角、长江中游、珠三角和南桂昆等主要城市群。建设玉屏—铜仁—吉首、昭通—六盘水、贵港—玉林等高铁区域连接线，扩大高铁路网覆盖范围。建设与主通道配套的内联外通、通边达海的普速铁路网。其中，重点建设柳州—梧州—广州、韶关—贺州—柳州—百色、贵阳—兴义、黄桶—百色、涪陵—柳州、泸州—遵义、临沧—普洱等铁路，实施黔桂、南昆铁路扩能，提高珠三角至南贵昆地区的通达水平。推进南贵昆三省区与周边国家的互联互通，实施南宁—凭祥、芒市—猴桥、临沧—清水河、靖西—龙邦、防城港—东兴铁路，以及芒市—临沧—文山—靖西—防城港沿边铁路的扩能或建设。完善口岸配套设施，建设北部湾等沿海港口城市的后方通道，形成连接内陆、铁海联运的国际交通走廊。增强南宁、贵阳、昆明的国内、国际交通枢纽功能。加快滇藏公路的改造升级和滇藏铁路的规划、建设步伐，提高粤桂黔滇藏地区高速公路和普通公路网密度。以形成快捷、发达的粤桂黔滇藏和中缅、中印、中尼交通通道网络为主要目标，加快推进泛亚铁路东盟通道的建设，提高中国与东盟主要成员国的互联互通水平。促进缅甸与泰国、印度、孟加拉国之间的铁路建设，形成中国经缅甸通向印度和孟加拉国的铁路、高速公路主通道。

（二）加强西南边疆地区的城镇体系建设

以主干铁路、公路、水运航道为轴心，建设粤桂黔滇城镇—产业密集带，并促其与越、老、缅、印、孟、尼诸国的城镇区连通、融合。促进以南（宁）北（海）钦（州）防（城港）为中心的北部湾城市群的形成和发展，建设优势更强的港口城市，使之成为西部地区出海的龙头和临港型产业密集区。加强南贵昆产业基地建设，形成水电、有色金属矿产、机械电子和第三产业的聚集优势；加强昆明、贵阳两市及其辐射区的城镇建设，使之成为直接连通国内外市场的产业聚集区。建设区域分工协作和城际交通发达的南桂昆大型城市群，增强其国际区域增长极的功能，使之成为辐射带动西南地区和东南亚、南亚邻国的经济中心。加强百色—义兴区段、楚雄—大理—保山区段城镇建设，逐步将交通线两侧的重要城镇纳入辐射带动范围。加强凭祥、河口、勐腊、瑞丽、腾冲等一大批边境城镇和城镇群建设，增强其承载产业、带动外向经济发展、促进对外经济合作的功能。

（三）依托重要节点城市建设一批分支经济带

在粤桂滇缅印主轴经济带的东段，分别沿南宁—崇左—凭祥—河内、南宁—柳州—桂林等方向建设分支轴带，扩大辐射带动范围；在中段沿昆明—普洱—景洪—万象—曼谷方向建设跨国经济走廊，一直延伸到马来西亚、新加坡，形成广西—云南—中南半岛跨境城镇密集带。

第二节　建设南北向的四条主轴经济带及其主要分支轴带

一、建设东北亚—中国东部沿海经济带

为了促进覆盖国内外广大区域的轴带网络尽快形成，应当加强“东北亚—中国东

部沿海”这一大型跨国经济带的建设和更快发展。“哈大经济带”作为我国参与、推动东北亚区域合作体系的战略基地，不仅可以向俄罗斯远东地区延伸而形成陆上东北亚经济轴带，带动我国东北地区发展，加强与俄罗斯远东地区的经济合作，而且能够在环渤海地区与东部沿海经济带相衔接，形成一条规模更大的从东北亚到中国东部和南部沿海地区的经济带，辐射带动国内外更大区域的发展。

（一）促进东北亚—东部沿海地区海陆交通基础设施的建设和升级

1. 建设重要高铁通道

落实国家中长期高铁网规划中有关东北和沿海地区的高铁建设目标，提高沈哈、京津冀、辽中南、山东半岛、东陇海、长三角、海峡西岸、珠三角、北部湾等城市群的集群化、一体化水平。重点建设京哈通道（哈尔滨—长春—沈阳—北京）、沿海通道（大连—天津—青岛—连云港—上海—福州—深圳—北海）、京沪通道（京津—济南—南京—上海）、京港通道（北京—衡水—菏泽—合肥—南昌—赣州—深圳—香港），以及合肥—福州、南昌—福州、蚌埠—合肥—杭州等高速铁路，建设齐齐哈尔—乌兰浩特—白城—通辽、佳木斯—牡丹江—通化—沈阳、赤峰和通辽至京沈、朝阳—盘锦，以及北京—唐山、天津—承德、日照—临沂—菏泽、上海—湖州、南通—苏州—嘉兴、杭州—温州、合肥—新沂、龙岩—梅州—龙川、梅州—汕头、广州—汕尾等高铁连接线，形成逐渐致密化的高铁网。

2. 建设重要普速铁路通道或路网

京津冀—东北通道。包括京通、平齐等铁路扩能，京津—沈阳—哈尔滨—绥芬河、京津—通辽—齐齐哈尔—满洲里等进出关通道，连接京津冀、辽中南、哈长城市群。

京津冀—长三角—海峡西岸通道。包括阜阳—六安—景德镇、衢州—宁德、兴国—永安—泉州等铁路。

东北铁路网。包括集宁—二连浩特铁路扩能，规划建设伊尔施—阿日哈沙特、海拉尔—黑山头、莫尔道嘎—室韦、古莲—洛古河、虎林—吉祥、密山—档壁镇、南坪—茂山、开山屯—三峰、长白山—惠山、盘古—连崟铁路，韩家园—黑河、孙吴—逊克—乌伊岭、鹤岗—富锦、创业—饶河—东方红、东宁—珲春等沿边铁路。

沿海铁路网。以大连、秦皇岛、天津、烟台、青岛、连云港、上海、宁波—舟山、福州、泉州、厦门、汕头、深圳、广州、茂名、湛江、海口等沿海城市及重要港口为支点，提高港口城市后方铁路通道及集疏运体系建设水平，形成连接内陆、铁海联运的国际交通走廊。

建设哈长、辽中南、京津冀、长三角、珠三角、山东半岛、海峡西岸等城市群城际铁路网，推动提高城市群的空间组织结构水平和一体化水平。

实施连接山东半岛与辽东半岛铁路的海底隧道等重大工程项目，加强东北亚经济带与沿海经济带海陆运输轴线的直通能力。

3. 建设现代化的海运设施

促进山东半岛、辽东半岛、渤海湾、长江口两翼（苏、沪、浙）、福建、两广、海南等重点海港区的建设和发展，提升大连、天津、青岛、上海、厦门、广州、海口等港口城市的经济中心和海运枢纽功能，合理布局港址泊位，形成以海陆交通线为纽带的大中小结合、功能齐全的沿海港口密集带。确定各类港口的功能特征和合理发展规模，提高配套设施和储、运、装、卸现代化水平，增强集疏能力。依托港口功能，建设相应类型的临港经济区和港口腹地的产业体系，增强港口和港口城市的经济实力。建设国际竞争力不断增强的海运船队，提高综合运输能力、智能化管理水平和技术装备水平。开发建设南北海上通道，探索、开发北冰洋等新航线，形成江海联运、水陆联运、国内外联运网络。

（二）提升东北亚经济带的综合功能

促进哈长城市群成长，增强其辐射带动东北地区发展和东北亚区域经济中心的功能。建设沿边、跨境经济合作区，提高东北地区参与与俄罗斯远东地区开发，发展与俄罗斯远东地区经济合作的能力。增强东北地区与东部沿海地区的产业配套功能，提高两地之间的经济融合水平。加强海上东北亚经济带建设，提高中、俄、蒙、日、韩经济合作水平。

（三）促进环渤海城市群与长三角、珠三角城市群的融合

包括京津冀在内的环渤海城市群是将哈大—东北亚经济带与东部沿海经济带连成一体的重要关节点。全面落实京津冀城市群发展规划目标，带动环渤海城市群在东、北、西、南四个方向进一步扩展空间范围，实现结构—功能优化，发挥驱动东北亚经济带更快发展，辐射带动东北、华北、西北地区和亚太地区的国际经济中心功能。以产业结构升级为主动力，深化东北亚—中国东部沿海经济带沿线地区各区段、各城市和城市群之间的产业分工，提高其合作、协作、产业配套水平和沿线地区的一体化发展水平，实现环渤海城市群与长三角、珠三角城市群的融合发展。

二、建设辐射功能更加强大的京广经济带

京广铁路全长 2 300 多公里，穿越冀、豫、鄂、湘、粤五省，与东西走向的十几条主要铁路相交，与南北向的京九线、太焦线、集柳线、湘桂线、黎湛线等相交或平行，

是我国铁路网的中轴。京广经济带实际上自近代以来就已形成并发挥作用，新中国成立以来的60多年间获得了更快的发展。沿线地区农业生产条件优越，矿产资源丰富，第二产业、第三产业较发达，水陆空交通和城镇发展的基础条件较为坚实，环渤海城市群、中原城市群、武汉城市群、长株潭城市群和珠三角城市群基本连接成横贯南北的城市群连绵带，是仅次于沿海经济带并与长江经济带不相上下的国家级主轴经济带。京广经济带在全国和各主要区域的发展中处于战略中枢的重要地位，发挥着贯通南北、承东启西的区域协调功能。由于京九、京沪、浙赣、鹰厦等重要干线的建成及其沿线地区产业、城镇的相对均衡发展，京广经济带与沿海经济带正在趋于融合，将逐步形成相对均衡发展的京广—沿海经济网络区。因此，建设功能更加强大的京广经济带，在带动中部地区较快崛起、促进全国区域协调发展、支撑一带一路建设等方面均有着重大而深远的战略意义。

京广经济带今后进一步建设的重点主要有以下几方面：

（1）建设结构合理、规模更大、功能更加健全的京津冀经济区，增强京广经济带北端城市群的聚集和辐射能力，形成京广经济带与哈大经济带、沿海经济带的交汇、融合区，辐射带动东北和华北地区的发展。沿京包、集二、集通、京通等重要交通干线建设分支经济带，将京津地区的经济能量向北部和西北、东北方向传导，带动呼包、晋北、蒙东地区与京津冀、环渤海地区实现一体化发展。进一步发挥向北开放的经济优势，促进北部和东北部跨国经济带的形成和延伸发展，在越来越大的国际区域发挥积极辐射作用。

（2）建设结构合理、功能更加强大的中原、武汉、长株潭三个城市群，强化其交通枢纽功能、产业载体功能和城镇网络延伸功能，在京广经济带的中段形成城市群连绵区，发挥全国第四大增长极的功能。中原—武汉—长株潭城市群连绵区，一方面要进一步提高产业聚集—扩散功能，强化对豫西、鄂西、湘西等地区的辐射功能，带动中部地区实现均衡发展；另一方面要以深化区域分工、扩大产业协作配套半径为重要方向，将产业协作网络和镇网络逐步向东扩展，与京九沿线的合肥、南昌等中心城市和城镇群以及长三角城市群融为一体，逐步形成中原—武汉—长株潭—长三角经济网络区，推进中部地区与沿海地区的一体化发展。

（3）以京九沿线地区为衔接、过渡地带，促进京广经济带与沿海经济带趋于融合。我国经济地理界曾于20世纪80年代提出建设京九沿线经济带的设想，而且京九经济带在东中部地区发展中也曾发挥了一些重要的带状增长极作用。但是由于沿海经济带的持续、快速发展和不断向西侧扩展，以及国家及时提出并实施东部崛起的战略，京九经济带在沿海和京广两个更大的经济带的夹缝中很难形成独立性较强的大型经济条带，因之有逐渐被沿海和京广两个经济带融合的趋势。京九沿线地区今后一方面可以继续

“扮演”沿海和京广两个经济带的共同的副轴带的角色，形成聊城—合肥—南昌—赣州一线的城镇和产业密集区，在区域发展中发挥一定的极化功能和空间组织功能；另一方面，这一地带自身的崛起实际上是在加快缩小与沿海经济带的发展差距和提高与沿海、京广两个经济带的融合度，在沿海和京广两个经济带的“扩延式”发展中将越来越失去自己的“边界”。应当促进这种两种趋势产生以下积极效果：聊城、商丘一带在加快发展中融入中原城市群，合肥等皖中地区以更发达的水平融入长三角城市群，南昌等赣中地区融入以武汉为中心的长江中游城市群，赣南地区融入珠三角城市群，京九沿线地区最终以成功的转型发展融入“京广—沿海均衡发展区”之中。

（4）提高沿线地区基础设施的现代化水平和产业结构的高度化水平，全面增强京广经济带推动“一带一路”建设的战略功能。以高铁、高速公路和航空等交通线为主要依托条件，使京广经济带在北端与哈大经济带和包兰成昆经济带连通，以环渤海地区为战略基地，支撑东北亚经济带和俄蒙中泰新经济带的形成和发展。以中原城市群为战略枢纽区，在城市群南北两侧建设若干分支经济带，扩展丝绸之路经济带在中原地区的宽度，促进丝绸之路经济带与京广经济带的融合发展。进一步提升京广经济带南端即珠三角城市群的现代化水平，形成驱动海上丝绸之路经济带发展的“主发动机”。以焦柳线为主要依托，促进京广经济带向西侧延伸宽度。推进京广经济带与沿海经济带的产业升级，提升“两带”之间的产业配套能力和融合发展水平，逐步形成以高端产业为主导的京广—沿海经济网络区，发挥世界经济增长极的功能。

三、促进俄蒙中泰新经济带全线贯通和更快发展

促进俄蒙中泰新经济带全线贯通和更快发展，首要的环节是集中力量建设俄蒙中泰新经济带的国内区段。俄蒙中泰新经济带的国内区段亦即呼兰成昆经济带（包括兰州—重庆—北海分支带），是向南北两端的国外地区延伸发展的基础。

呼兰成昆经济带是我国西部地区的一条南北向大型经济带。该经济带以包兰铁路、兰渝—宝成铁路、渝黔北（海）铁路、成昆铁路等重要交通线为轴心，北端从内蒙古呼和浩特—包头城镇群开始，中经银川、兰州、重庆、成都等中心城市，南端分两条支线分别到北海和昆明。建设这一经济带的主要目的，是将西北与西南地区的几个城市群以及两大地区的出国、出海通道连成一体，一方面显著缩短西北与西南地区的经济协作半径，改善其经济协作条件和对外开放水平，带动两大地区经济的一体化发展；另一方面在昆明地区与粤桂滇缅印经济带相交，形成与缅甸、泰国、老挝、越南诸国相融合的跨国经济区。

呼兰成昆经济带沿线虽然是我国西部地区最发达的地带，但从全国整体来看，这

一地带仍然是欠发达地区。将这一地带建设成为驱动跨国经济带发展的国际区域增长极和战略基地，任务艰巨但战略意义极为重大。为了将国内区域开发、发展与国外的区域开发、发展逐步连成一体，形成大型跨国经济带，呼兰成昆经济带的南北两端应分别向国外延伸。在南端，由昆明分别向开远—老街—河内、普洱—景洪—万象等方向延伸，形成“中国—老挝—泰国—马来西亚—新加坡”经济走廊。在北端，由呼和浩特分别向二连浩特—乌兰巴托—乌兰乌德—伊尔库茨克方向延伸，形成中蒙俄经济走廊。这样，从最北端的俄罗斯贝加尔湖地区开始，中经蒙古国中东部、中国的包兰成昆地区和缅甸、老挝、泰国、马来西亚，到最南端的新加坡，成为亚洲中部最大的南北向跨国经济带——可将其称为“俄蒙中泰新经济带”。

同时，要加强与南北两端各邻国之间在建设跨国经济带方面的协商与合作，形成双边和多边合作共建的方案并付诸实施。

（1）建设包头、呼和浩特、银川、兰州、成都、昆明等中心城市及其辐射带动的城市群、城镇群，分别成为该区段中的“葫芦型”经济中心，使包兰成昆经济带成为“串葫芦”式的经济走廊。将呼包地区建设成为向北开放和延伸发展战略基地，增强面向蒙古国和俄罗斯的经济合作能力。将昆明地区建设成为向西、向南开放和延伸发展的战略基地，增强面向东盟和南亚的经济合作能力。将银川地区、兰州地区、成都地区分别建设成为各具特色优势的城市群，增强对内对外的战略合作能力，形成对边境战略基地的配套和支持优势。进一步加强交通线沿线地区的城镇建设，使沿线的“串珠”“串葫芦”式城镇分布由松散型向密集型过渡。

（2）在呼兰成昆沿线建设向两侧延伸的分支轴带，逐步拓宽主轴带的宽度和辐射范围。重点建设的分支轴带主要有：呼和浩特—北京轴带；呼和浩特—通辽轴带；呼和浩特—太原轴带；包头—榆林轴带；银川—庆阳—西安轴带；兰州—西宁—拉萨轴带；兰州—临夏—阿坝轴带；兰州—重庆—北海轴带；成都—重庆轴带；成都—达州轴带；成都—雅安—昌都轴带；昆明—六盘水轴带；昆明—丽江轴带。

（3）呼兰成昆经济带所依托的交通线较为落后，必须加强包兰、兰渝、宝成、成昆等铁路及其配套设施建设，同时规划、建设与铁路大体平行的包兰成昆高速公路，改变包兰成昆地区交通设施落后的状况，提高铁路、公路、航空、管道等设施的现代化水平和运输能力。重点加强兰州至成都区段、兰州至银川区段、乐山—攀枝花—昆明区段、昆明—玉溪—景洪区段的交通、通信设施建设，促进该经济带的铁路和高等级公路等主通道全线贯通。

（4）与蒙古国和俄罗斯发展区域经济合作，三方共建呼包—乌兰巴托—贝加尔经济带，即中蒙俄经济走廊，使之成为俄蒙中泰新经济带的北部区段，与丝绸之路经济带副轴带相交，并进一步向紧密型区域合作组织过渡。

(5) 进一步发展与老挝、泰国、缅甸、越南、柬埔寨、马来西亚、新加坡等东盟国家的经济合作，共建中国—东盟七国经济带，形成发达的中新经济走廊和大湄公河流域经济体，使之成为俄蒙中泰新经济带的南部区段，带动中国南桂昆地区与中南半岛七国的一体化发展，提升“东盟 10 +1”区域合作水平。

四、建设西伯利亚—中国新疆—南亚经济带

西伯利亚—中国新疆—南亚经济带的北区段轴心是中俄哈三国的能源通道，建设这个区段符合三国的共同利益，因此应当加快制定和实施有关的规划。建设这一区段除过依托阿拉山口—阿亚古兹—塞米巴拉金斯克—新西伯利亚铁路等国外交通线外，还应当以新疆的布尔津—阿勒泰地区为重要节点，沿额尔齐斯河走向建设阿勒泰—塞米巴拉金斯克—新西伯利亚跨国交通线，形成阿勒泰—塞米巴拉金斯克—新西伯利亚经济带，成为西伯利亚—中国新疆—南亚（巴基斯坦）经济带的北部区段。

西伯利亚—中国新疆—巴基斯坦经济带的中区段是贯穿中国新疆维吾尔自治区的西部的北疆—南疆经济带，中国目前正在将这一区段的建设纳入丝绸之路经济带建设的总体规划付诸实施。从建设大型跨国经济带的整体需要来看，在新疆的西部建设从阿勒泰、布尔津经克拉玛依、库车、喀什的北疆—南疆经济带，是增强新疆在中西亚和南亚地区经济中心地位的战略性工程。这一经济带在奎屯、乌苏地区与陇海兰新经济带相交，是新疆维吾尔自治区城镇和产业最密集的经济轴带，也是未来在丝绸之路经济带中发挥主要辐射带动作用的增长极。这一经济带所依托的交通条件尚显薄弱，必须加快建设乌鲁木齐、奎屯到阿勒泰、喀什到红其拉甫达坂的铁路和高速公路，进一步提高奎屯、乌鲁木齐到喀什的交通网络水平，促进沿线城镇和城镇群发展。

西伯利亚—中国新疆—巴基斯坦经济带的南区段就是正在建设中的我国新疆喀什经伊斯兰堡、卡拉奇到瓜达尔港的中巴经济走廊。瓜达尔港是南亚的深水良港和中巴能源通道的起点，由波斯湾、红海和印度洋的海运油气在巴基斯坦的瓜达尔港进入铁路或管道运输，在中国新疆的红其拉甫达坂口岸入境，将形成中国第五大油气输入通道。中巴经济走廊以公路、铁路、航空、管道和光纤通信等交通通信设施为主要依托，沿瓜达尔、卡拉奇—伊斯兰堡—喀什走向形成 3 000 多公里的运输通道和跨国城市链，使中国西北地区与南亚沿海地区有了直通的桥梁。建设这一经济带旨在将中国西部地区的开发和发展与巴基斯坦国内经济发展结合为一体，使巴基斯坦经济在中国的帮助下加快转型和发展，中国在巴基斯坦形成能源和货物的转运枢纽，中巴两国在互利互惠的合作中建设越来越多的产业园区、自由贸易区等大型开发项目，结成紧密的利益共同体。建设西伯利亚—中国新疆—巴基斯坦经济带，将中巴经济走廊与丝绸之路经

济带主副轴带连成一体，沟通陆上和海上丝绸之路，其战略意义极为重大，造福中巴和俄罗斯、中亚国家的互利合作前景非常广阔。

与西伯利亚—中国新疆—巴基斯坦经济带建设相配套，依托陇海兰新经济带和阿勒泰—乌鲁木齐—喀什经济带，建设环塔里木盆地经济带和环准格尔盆地经济带，形成覆盖全疆的经济带网络。

第三节　建设以中心城市和城市群为“结节点”的跨国经济带网络

为了有效推进“一带一路”倡议的实施，必须重点建设“三横四纵”的七条跨国经济带及其交叉型、辐射型的轴带枢纽区，形成覆盖全国、延伸到周边国家、带动国内外大区域经济发展的轴带网络。

贯通国内东西南北、连接全国主要中心城市和城市群并延伸到周边国家的“三横四纵”经济带，即横向的丝绸之路经济带、长江—雅鲁藏布江—南亚经济带、粤桂滇缅印经济带和纵向的东北亚—中国沿海经济带、京广经济带、俄蒙中泰新经济带、西伯利亚—新疆—巴基斯坦经济带，以及各个主轴经济带延伸形成的诸多分支经济带，构成一种纵横交织的经济带网络，成为我国实现经济较快增长和转型发展、扩大对内对外开放、不断提高经济社会发展质量的重要空间组织形式。这种经济带网络的结构不断趋于合理化，就能够在区域分工、要素配置、经济增长、协调发展、经济转型和经济合作中发挥越来越广泛、强大、健全的作用。建设这样的跨国经济带网络，是实现经济和社会现代化的重要基础条件。其中的一个关键性战略重点，就是建设经济带网络的“结节点”和枢纽区。

一、经济带网络的“网线”与“网结”

经济轴带和轴带网络的形成、发展及其结构变化的重要规律性特征，就是若干条纵向和横向的经济带相互交织而形成一个个的“结节点”，这些“结节点”将条带形的经济轴带联结成轴带网络，网络的“结节点”（简称为“网结”）与一条条的“网线”之间形成相互依存、相辅相成的互动发展关系。“网结”与“网线”之间的这种互动发展，是带动区域经济由低水平、非均衡的状态过渡到高水平的、相对均衡的一体化的重要动力和重要的空间组织形式。

在一定区域范围内，比如在一个国家或相当于我国的几个省市区的范围内，若干一级经济带交织的“结节点”即“网结”，一般可以称为“轴带枢纽”，而规模较小的分支经济带或三级、四级经济带相互交织的“网结”，在小区域范围内当然也可以称为“轴带枢纽”，但在大区域范围则被看作是与“轴带枢纽”相区别的轴带网中的一般性结节点。轴带枢纽和轴带网的一般结节点，都是将大小不同规模的经济轴带联结成轴带网的“网结”，在轴带网的结构中处于关键性的地位。尤其是作为轴带枢纽的“网结”所在地区，往往是综合条件相对优越、经济聚集效益高、创新能力积累和经济增长速度相对快的中心城市或城市群，或者是具有形成大型城市或城市群的巨大潜力的潜在性发达地区。

经济轴带和“轴带枢纽”是构成经济带网络的两种最主要的经济载体，二者紧密相连、相辅相成，是区域经济由条带型的空间分布过渡到网络型均衡分布的重要机制。单一的经济轴带主要是依靠沿交通线的纵向联系，加快经济要素的流动，发挥沿线城市、城市群之间的“串联”式分工与合作。而纵横交叉的经济轴带则同时依靠纵向、横向和辐射型的多向性经济联系，加快经济要素在360度的区域空间流动，有利于发挥各条带沿线城市、城市群之间的“并联”式分工与合作。这就决定了在经济联系、区域分工与合作、经济要素的流动和配置、带动区域经济增长和均衡发展等方面，“并联”式的城市、城市群和交叉式的经济轴带，要比“串联”式的城市、城市群和单一走向的经济轴带有更高的效率和效益。因此，建设经济带并充分发挥其带动经济发展的功能，必须注重建设纵横交织的经济带网络，重点建设处于多条经济带交汇点上的枢纽型城市和城市群。

经济轴带能够将沿线地区特别是沿线的城市和城市群连接成不断深化分工、密切协作、扩大共同利益的区域经济系统，加快沿线地区的发展。而作为联结纵向、横向经济轴带的“枢纽型”的城市和城市群，则能够依托经济带的“通达功能”全方位地聚集经济要素，更易于形成创新能力的积累、扩散和经济更快增长等优势，并将这种优势沿纵向和横向的经济条带向外传导，带动更大范围的经济增长，从而使单一经济带的功能得到倍增式的放大。所以，建设纵横交织的经济带网络和枢纽型的城市、城市群，促进经济带与经济带枢纽区在良性互动中协调发展，是提高区域经济发展水平的重要战略方向，也是“一带一路”建设获得成功的重要保证。

贯通我国东西南北并延伸到周边国家的“三横四纵”一级经济带及其主要的分支经济带，在国内许多地区形成相互交叉、融汇的“结节点”，这些“结节点”大多为较大区域的中心城市或城市群。这类城市群可以称之为“交叉型轴带枢纽”，其中主要的有：丝绸之路经济带从东到西分别与东北亚—中国沿海经济带、京广经济带、俄蒙中泰新经济带、西伯利亚—新疆—巴基斯坦经济带形成交汇点，处于交汇点上的中心城市和城市群有连云港、郑州及中原城市群、兰州及黄河上游城市群、乌鲁木齐及环天山城市群；长江—雅鲁藏布江—南亚经济带从东到西分别与东北亚—中国沿海经济带、京广经济带、俄蒙中泰新经济带形成交汇点，处于交汇点的中心城市和城市群有上海及长三角城市群、武汉及长江中游城市群、成都及成渝城市群；粤桂滇缅印经济带从东到西分别与东北亚—中国沿海经济带、京广经济带、俄蒙中泰新经济带形成交汇点，处于交汇点的中心城市和城市群有广州及珠三角城市群、南宁—北海及北部湾城市群、昆明及南桂昆城市群。

一级经济带上的另一些节点城市和城市群，虽不是几条一级经济带交汇的枢纽，但却形成了向四周延伸的辐射型分支经济带。这类城市和城市群可以称为“辐射型轴带枢纽”，如东北亚—中国沿海经济带上的哈尔滨、沈阳、京津等城市及环渤海城市群，京广经济带上的长沙和长株潭城市群，丝绸之路经济带上的西安和关天城市群，俄蒙中泰新经济带上的呼和浩特和呼包城市群，粤桂滇缅印经济带上的南宁和南北钦防城市群等。

二、建设辐射国内外的轴带枢纽型中心城市和城市群

大型经济带实际上是带状分布的城市和城市群集合体。城市推动经济带发展的主要功能是聚集经济要素，承载产业发展，培育创新能力，优化贸易和投资环境，辐射带动周边地区，加强与其他城市之间的分工协作和经济技术联系，使城市之间的产业互补、产业配套、商品交换成为维系经济带一体化发展的主要纽带。城市群依靠城市之间的紧密联系，对城市的上述功能进行倍加式放大，产生“1+1>2”的效应。而经济带依托交通线和其他基础设施对城镇、中心城市和城市群发挥串联、维系作用，对城市和城市群的功能进行与上述放大效应相类似的倍加放大，使在狭长地带上分布的城镇、中心城市和城市群能够更为便捷地建立和发展经济技术联系，产生城市之间的聚集效应，形成产业—城镇的带状集群，从而在区域发展中发挥主导性的要素聚集和扩散带动作用。这种机制，使经济带沿线的众多城市和若干城市群及其辐射带动的两侧腹地，与其他非经济带地区相比，能够率先成为投资效益高、创新能力强、增长速度快、发展水平高的发达地区。

经济带的率先崛起及其在更大区域范围发挥极化式聚集发展和扩散式带动作用，节点式城镇特别是“轴带枢纽”型的中心城市和城市群是关键性因素。没有发达的经济带和轴带网，节点型、枢纽型的中心城市和城市群难以获得健全、优越的发展条件和健全、优越的发展动力机制，难以充分发挥其产业载体、创新载体、经济聚集体的潜力和功能。同样，没有节点型、枢纽型的中心城市和城市群，经济带和轴带网就如

同没有坚实桥墩的简易桥梁，难以承载条带形经济区的聚集—扩散功能。或者如同没有发动机的人力车，效率和效益十分低下，发展自然非常缓慢。因此，在静态上将经济带比作桥梁、将经济带串联起来的城市群比作桥墩，将二者紧密结合、互为依托的空间结构特点比喻为以城市群为“战略桥墩”的“束簇状城镇体系”是颇为恰当的。[①]现代经济社会条件下的大型经济带，比如我国国内跨省市区的经济带以及“一带一路”的跨国、跨洲经济带，就是在空间上将远距离、大范围的不同区域连成一体的战略桥梁。而经济带串联起来的区域中心城市和城市群，就是支撑经济带这种桥梁的战略性桥墩，二者的耦合及其承载的经济要素流动、配置过程，就构成一定的条带形经济区的重要结构—功能特征。

建设覆盖国内并延伸到周边国家的主要经济带和轴带网络，必须在国内城市化和城市布局达到一定水平的基础上，促进节点型、枢纽型城市和城市群获得更高水平的发展，形成以枢纽型城市和城市群为核心、为支撑，以纵横多条经济带为载体和媒介体的多圈层分工—协作网，发挥聚集经济要素、辐射经济能量、创新发展机制、驱动轴带和两侧腹地发展的功能。为此，就必须推动已有的枢纽型城市和城市群发挥更大潜力，增强其轴带“发动机”的功能，同时促进一批新的枢纽型城市和城市群如南桂昆、呼包鄂、黄河上游、环天山等城市群加快发育成长。随着枢纽型城市和城市群的轴带“发动机”功能不断增强，轴带网络的主要“网结”才能更加坚实，轴带网就能够发展成为现代化的经济载体之网和区域协调之网，有效带动全国产业布局、区域经济联系和经济的整体素质发生深刻的、上升式的发展变化。

城市群与经济带的相互依存和相互促进关系，在其不同的成长阶段有其相应的特点。

处于初级成长阶段的城市群具有以下几方面特点：城市群中各成员城市和各主要地区之间分工水平低，以分工为基础的产业关联和经济技术协作、联合不广泛、不紧密，普遍处于各自孤立开发和发展的状态；各成员城市和各主要地区之间因经济联系松散和各自为政的管理方式，使资源和合作、协同的潜力不能得到充分发挥，或者彼此之间虽有一定的合作、协同关系，但合作、协同的深度和广度不足，各自都有大量的资源和潜力被闲置、浪费；各成员城市和主要地区在资源、产业、发展能力、社会、环境等方面因重复建设、过度竞争、市场分割、各行其是等行为，导致优势相互抵消、劣势难以弥补、困难因素积累加快、发展阻力增大的恶性循环。

处于较高成长阶段的城市群，其主要特点可以概括为具有较强的“提近带远”功能。“提近”就是提高城市群内部的组织结构水平和成员城市的普遍发展水平；“带

① 方创琳：《长江经济带城市群建设需有一体化统筹机制》，《经济参考报》2015年10月15日第8版。

远”即带动城市群周边地区和远距离腹地发展的水平。前者主要是指城市群中各成员城市和各主要地区之间分工水平高，以分工为基础的产业关联和经济技术协作、联合广泛而紧密，每一成员城市和每一地区的开发和发展都与其他城市和地区的开发和发展密切相联系；各成员城市和各主要地区之间因经济联系紧密、产业配套水平高而形成一体化的发展特征和统一的管理方式，各成员城市的资源和彼此的合作、协同潜力能得到充分发挥，并且普遍具有不断提高合作、协同的深度和广度的共同利益要求；各成员城市和主要地区出于共同的利益要求，寻求各种途径统筹城市群的资源开发利用，调整分散化、孤立式的产业布局，按照一体化的发展要求和最佳产业链的结构重新组合各成员城市和主要地区的产业；各成员城市和主要地区在资源、产业、发展能力、社会、环境等方面主动建立优劣互补、优势叠加、强强联合的协作联合关系，大幅度提高企业发展的外部效应和区域协同产生的经济倍增效应；各成员城市和各主要地区逐步探索、形成统筹城市群发展的管理、协调机构，并逐步提高运行效率。

建设轴带枢纽型的城市群，就是利用经济轴带形成有效推动城市群发展的有利条件，缩短城市群的成长周期，使城市群加快由小到大、由松散到紧密、由初级阶段到发达水平的过渡，成为孕育、承载高端产业和先进经济形态的良好载体。

建设轴带枢纽型城市群的主要的途径包括：深化城际、区际分工，构建紧密协作和高质量配套的产业体系，依靠合理分工和统一市场的功能，消除城际、区际产业结构雷同和恶性竞争等弊病；按照合理分工的要求，疏解主要成员城市的一些功能，重新建立城际、区际协作网，提高优劣互补、优优叠加的效益和城市群的内在一体化水平；适度超前建设基础设施，提高交通、通信的便利化、现代化水平和城际、区际的互联互通水平，最大限度节约要素流通的成本，为城市群的一体化发展提供基础条件；依托已有的经济轴带并向外延伸更多的经济轴带，增加辐射带动大范围腹地的通道和载体，依靠要素的快速流动和优化配置提高城市群经济运行发展的效率、效益；以要素的高效聚集和高质量组合激发创新动力，增强创新实力，形成创新驱动型发展模式；建设全面、高效地开发利用城市群内外各种资源的产业园区、发展试验区、经济新区等产业聚集区，带动形成大规模、优质化的产业集群；促进城市群内部的产业实现合理转移，同时承接外部产业转移，使低端产业聚集于远离核心区的地带，高端产业聚集于条件更加优越的地带，实现产业结构和空间布局的更加优化；在资源配置更加高效、合理的同时，为生态环境的改善和宜居环境建设节约更多资源，腾出更多空间，提高可持续发展水平。

三、促进经济带网络的结构升级

经济带网络结构的进化、升级是区域经济由极化发展向相对均衡发展过渡的重要形式。中国国内的经济带网络由松散的较低级结构升级为高度化的密集型结构，将会极大地推动全国各地区的发展，并为实现“一带一路”倡议的总体目标提供强有力的支撑。

促进经济带网络结构升级包括以下主要方面：合理布局一级轴带，建设更多的分支经济带，增加一、二级经济带的宽度，延伸经济带的辐射范围，提高经济带网络的密度，形成致密化的多级轴带网络；建设高端产业聚集发展的高能经济区和专业分工逐步深化的特色经济区、自由贸易区等经济新区，增强核心城市和枢纽型城市群的创新载体、产业载体、增长中心、综合实力载体和对内对外经济合作主体的功能；延伸城市群的范围，促进相邻城市群趋于融合；发挥经济带与城市群相辅相成、相互促进的作用，带动经济带网络加快由非均衡发展向均衡发展过渡，提高网络区的一体化发展水平，促进国内“发展波”沿国际轴带网络向周边地区和世界五大洲传播。

第十章

建设国内主要的轴带枢纽城市群

我国国内大型经济轴带相互交叉、交汇形成的枢纽型城市群，一般都是国家的一级或二级增长极，其突出的特点是具有全方位、大范围、国际化的经济聚集和辐射带动功能。在实施“一带一路”倡议和促进全国区域协调发展中，应当在七条主轴经济带沿线重点建设13个轴带枢纽型城市群，增强和健全这些城市群的轴带枢纽功能和聚集—扩散功能，形成轴带与轴带枢纽区相辅相成的融合发展机制。

第一节 建设陇海兰新沿线的五个枢纽城市群

一、苏北—鲁东南城市群

由于受到“一带”与“一路”建设、发展的强力拉动，以连云港市为中心的苏北—鲁东南城市密集区正在形成一个位置和战略功能独特的城市群，其主要成员城市包括连云港、盐城、淮安、宿迁、徐州、枣庄、济宁、泰安、临沂、莱芜、青岛、日照等地级市和计划单列市。该城市群是丝绸之路经济带东端与东北亚—中国沿海经济带中段的交汇点，同时也是“一带”与“一路”的交汇点，以及环渤海城市群与长三角城市群衔接、融合地带。处于中心位置的连云港市是中亚国家和中国西北地区最便捷的出海口和日、韩等国货物输向中亚、欧洲的中转站，具有发展国际物流产业和临港型加工业、服务业的良好条件。

苏北—鲁东南城市群与山东半岛城市群在成员城市和地域范围上有一定的重合或融合之处，这两个城市群在进一步的发展中将融为一体，成为环渤海—长三角城市群连绵带的构成部分。由于苏北—鲁东南城市群位于“一带”与“一路”的交汇点这一重要而独特的战略位置，今后的发展速度将会加快，发展前景十分广阔。

作为“一带”与“一路”的战略支点和轴带枢纽地区，苏北—鲁东南城市群应当在以下几方面健全轴带枢纽的结构和功能：进一步加强基础设施建设，形成联结中国与中西亚、欧洲、亚太、非洲的海陆交通枢纽，有效组织和加快要素的全球流动；增强城市群的产业载体功能，重点发展国际物流产业和临港型炼化、盐化、医药等加工业，发展壮大海洋产业和配套型服务业，使城市群成为有效服务“一带一路”倡议的产业聚集区；连云港、青岛等主要城市及其辐射带动的苏北—鲁东南城镇密集区与丝绸之路经济带沿线主要地区发展产业配套和全面经济合作，增强丝绸之路经济带向西开放发展的能力通海、出海功能，推动丝绸之路经济带与海上丝绸之路经济带在交汇、融合中更快发展；发展城市群各成员城市之间的分工合作，以产业链为主要纽带，与青岛、日照、盐城、临沂、徐州、淮安等城市组成沿海、近海城市链，成为辐射带动苏、鲁、豫、皖相邻地区发展的增长极；以“一带”与“一路”为主要载体，逐步扩大区域分工合作范围，促进环渤海城市群、长三角城市群和中原城市群融合为一体化的环渤海—长三角—中原经济发达区。

二、中原城市群

以郑州为中心的中原城市群是丝绸之路经济带与京广经济带呈十字形交叉的轴带枢纽。根据国家发改委发布的中原城市群发展规划，中原城市群共包括 30 个城市，其中河南省的郑州市、开封市、洛阳市、平顶山市、新乡市、焦作市、许昌市、漯河市、济源市、鹤壁市、商丘市、周口市和山西省的晋城市、安徽省的亳州市共 14 个城市为核心发展区，安阳市、濮阳市、三门峡市、南阳市、信阳市、驻马店市、邯郸市、邢台市、长治市、运城市、宿州市、阜阳市、淮北市、蚌埠市、聊城市、菏泽市共 16 个城市为联动辐射区，城市群的近辐射范围包括河南、河北、山西、安徽、山东五省和陕西、重庆、湖北等省的部分地区，远辐射范围为全国。

中原城市群的建设目标是国家级的网络化、开放式、一体化发展的增长极和重要的先进制造业、现代服务业基地，中西部地区创新创业先行区、内陆地区双向开放经济区和生态经济发展示范区。作为城市群的核心城市，郑州市有条件发展成为国际性的交通枢纽和大型跨国经济带的枢纽。郑州市的发展目标是建设成为国家级中心城市，发挥高端产业集聚功能、对外开放门户功能、综合交通枢纽功能、现代物流中心功能和带动周边、辐射全国、联通国际的区域经济中心功能。

中原城市群应当从以下几方面增强和发挥其轴带枢纽功能：

第一，形成多条经济轴带的交汇区。沿京广经济带与环渤海城市群和长江中游城市群形成南北呼应、逐步融合的态势。将邢台、邯郸、安阳、鹤壁、新乡、许昌、漯河、驻马店、信阳等沿线城市纳入京津冀—中原—长江中游城市群连绵带之中，深化城市间的分工协作，以联动发展的形式共同带动中部地区崛起。沿陇海经济带与鲁南—苏北城市群和关中—天水城市群形成东西融合发展的态势，共同辐射带动丝绸之路经济带全线发展。提升郑州、洛阳、开封、三门峡、运城、商丘、淮北、宿州、菏泽等丝绸之路节点城市的功能，强化对丝绸之路经济带的战略支撑作用。沿郑州—济南—烟台、郑州—太原—呼和浩特、郑州—宜昌—重庆、郑州—合肥—上海等分支经济带与山东半岛、晋中、呼包、成渝、长三角等城市群连成城市网络，共同辐射带动全国经济发展。

第二，发展成为世界级的产业聚集区。优化城市群内部的区域分工协作格局，以区域专业化和产业集群化的布局原则，发展壮大先进制造业、战略性新兴产业、现代服务业，培育一批在国内和国际市场有较强竞争力的先进制造业骨干企业，建成具有全球影响力的物流中心和全国重要的商贸中心，面向国内外延伸产业链，逐步向世界级的产业聚集区过渡。

第三，由经济聚集区向创新聚集区的升级。增强国家自主创新示范区的引领带动功能，完善郑洛新国家自主创新示范区等区域创新平台功能，健全区域创新创业政策体系，促进各类创新资源的有效集聚和高效集成。在重大科技领域取得创新突破，依靠不断增强的科技创新实力和专业创新优势融入全国和全球创新网络，实现由经济聚集区向创新聚集区的升级。

第四，依托发达的交通设施，发展成为全国的开放发展示范区。完善连接国内主要城市群和世界主要国家的综合运输通道，形成布局合理、分工明确、设施先进的现代综合交通枢纽体系。建设郑州航空港经济综合实验区，提升郑州新郑国际机场区域枢纽功能，改进航空网络通达功能，形成连接全球重要枢纽机场的空中通道。依托交通通道网和交通枢纽设施，建设联结东西南北的开放型、物流主导型经济示范区，推动交通物流融合高效发展。建设航空港、铁路港、公路港等重要物流园区，以及河南自由贸易试验区、跨境电子商务综合试验区、物流及商贸中心等平台，将地区内、国内的合作与国际的合作紧密相结合，增强区域经济的空间组织功能和要素流动的驱动、疏通、配置功能，在以开放、合作促发展方面为全国做出示范。

中原城市群要以丝绸之路经济带和京广经济带为直接通道，强化大区域的经济聚集功能，向四周延伸辐射能力，在交通、物流、科技创新、战略性新兴产业、经济总量、吸引外资、文化发展等方面，发挥国内一级增长极的综合功能。带动中部地区崛起和中部与东部的融合发展，有效推动“一带一路”轴带体系建设，逐步形成包括豫、皖、苏、鲁、冀、晋、陕七省的均衡发展区。

三、关中—天水城市群

以西安为核心的关中—天水城市群是丝绸之路经济带国内区段的经济中心，同时也是国内重要的辐射型轴带枢纽地区。该城市群的主要成员城市包括核心城市西安市和咸阳、渭南、铜川、延安、庆阳、平凉、天水、陇南、宝鸡、汉中、安康、商洛等地级市。关天城市群通过主要的交通通道，可以形成西安—临汾—太原、西安—延安—包头、西安—庆阳—银川、西安—汉中—成都、西安—安康—重庆、西安—南阳—武汉等辐射状轴带网络。这种轴带网络，是将中西部的广大区域组织到丝绸之路经济带的分工协作体系和要素集散体系之中的主要载体。

关天城市群作为丝绸之路经济带上的重要辐射型枢纽区，应当在以下几方面增强其轴带枢纽功能：

第一，以丝绸之路经济带为直接通道，以俄蒙中泰新经济带为重要的间接通道，充分发挥连通周边省区的辐射型轴带网功能，推动“一带一路”轴带体系发展，促进国内外经济要素流动和优化配置。扩展和深化与兰州、乌鲁木齐、银川、呼和浩特、包头、太原、郑州、连云港、青岛、武汉、宜昌、重庆、成都等中心城市及其腹地之间分工协作，带动形成发达的区域产业配套体系和经济要素的集聚—扩散体系。

第二，发挥科技、教育、文化和高端制造业等方面的优势，进一步发展成为辐射国内中西部地区和中西亚地区的科技—高新产业—文化产业聚集区，增强占据高端分工地位、发展高端产业、吸引高端企业和高端人才的国际竞争力，带动中西部地区的国际贸易、金融、文化发展和经济增长。

第三，承接国内外产业转移，注重对引进的科技成果进行消化吸收和再创新，对进口资源进行深度加工并实现多环节增值，增强带动西部地区产业升级和转型发展的能力。

第四，提高面向西、南、东、北全方位开放的广度和深度，发挥国内一级增长极和国际重要增长极的综合功能。组织周边地区以各自的分工优势和总体的集成优势参与国际市场竞争，带动西部地区特别是西北地区与中亚、西亚、南亚、欧洲开展广泛合作。

四、黄河上游城市群

以兰州为中心的黄河上游城市群是丝绸之路经济带与俄蒙中泰新经济带呈十字交叉的轴带枢纽，是推进西部大开发的重要战略基地。该城市群的主要成员城市包括兰州、白银、中卫、吴中、银川、固原、定西、临夏、西宁、武威、金昌等地级市，在国内和国际的不同层次区域范围均有坐中连四的地理位置优势和四面八方的出国、出海通道，有利于面向国内各类地区和中西亚、南亚、东南亚、环太平洋地区、俄罗斯、蒙古国和欧洲、非洲等众多国家的市场需求，发展门类更多的特色优势产业。

黄河上游城市群与丝绸之路经济带和俄蒙中泰新经济带具有相互促进、融合发展的空间结构特征。丝绸之路经济带和俄蒙中泰新经济带的形成、发展，使黄河上游城市群的轴带枢纽地位和大区域经济中心优势更加突出，主要成员城市与沿海、沿边地区和国际市场的联系更加紧密，与中国周边国家的经济合作条件得到极大改善，城市群产业发展的领域更加广阔。黄河上游城市群的发展使丝绸之路经济带和俄蒙中泰新经济带所依托的交通通道网更加发达，陇海铁路、包兰成昆铁路以及兰渝黔桂、兰渝湘粤、甘青藏等交通线的国际通道功能更加突出，经济带在纵向和横向的延伸发展能力不断增强。

黄河上游城市群应当在以下几方面增强其轴带枢纽功能：

第一，增强兰州市的核心地位。在丝绸之路经济带的城市链中，兰州是承前启后的经济中心和重要的产业基地，具有综合条件好、发展潜力大，科技、文化实力和人才、人力资源较为雄厚，对西部少数民族地区发展具有广泛的带动和示范作用等多方面优势。兰州市要在科技创新、战略性新兴产业、经济总量、吸引外资、文化发展和少数民族地区发展等方面，发挥国内一级增长极的综合功能，成为西北地区开发、发展的经济中心。

第二，以丝绸之路经济带和俄蒙中泰新经济带为直接通道，同时加强兰州—西宁—拉萨、兰州—重庆—贵阳、兰州—固原—庆阳等次级经济带的建设，强化大区域的经济聚集功能，直接辐射带动甘肃、宁夏、蒙西、青海等省地的产业升级和转型发展。

第三，促进包兰成昆、兰渝黔桂、兰渝湘粤、甘青藏等交通大通道的现代化、智能化建设，增强甘宁青地区与海上丝绸之路经济带和粤桂滇缅印经济带的融合度。积极发展与西藏以及与印、孟、尼等国的经济合作，推动以兰州为起点的“甘青藏印经济带”的形成和发展。在重点发展面向中亚、西亚市场的优势产业的同时，注重发展面向海上丝绸之路经济带沿线的东南亚、南亚、非洲、地中海地区的特色产业，使产业构成进一步走向多元化和高加工度化。提高城市群内部及其与周边省区的互联互通设施水平，提高与关天城市群、呼包城市群和成渝城市群的融合度，逐步形成发达的兰州—银川—西宁经济核心区和覆盖甘、陕、宁、蒙、青、渝、川地区的轴带网络。

五、环天山城市群

以乌鲁木齐为中心的环天山城市群也可以称新疆城市群，是丝绸之路经济带与西伯利亚—中国新疆—南亚经济带呈十字形交叉的轴带枢纽，是推进向西开放、发展的战略前沿地区。该城市群主要的成员城市包括乌鲁木齐、克拉玛依两个地级市和吐鲁番、哈密、昌吉、石河子、奎屯、乌苏、伊宁、博乐、塔城、阿勒泰、库尔勒、阿克苏、喀什等20多个县级市。环天山城市群尚处于形成之中，核心城市和主要成员城市的规模、经济实力以及相互之间的经济联系都达到一定水平，但还有待进一步提高和增强。今后应当从以下几方面增强环天山城市群的轴带枢纽功能：

第一，以丝绸之路经济带主轴带和西伯利亚—中国新疆—南亚经济带（中巴经济走廊）为直接通道，发挥向西开放的门户、前沿和进出口大通道等优势，强化在新疆、中亚、南亚这一区域的经济中心功能。环天山城市群要带动建设环准格尔盆地、环塔里木盆地等区内重要分支经济带，以“三环”（环天山、环准格尔盆地、环塔里木盆地）城市链为主体，形成独具特色的全疆城镇空间组织体系。依托以陇海兰新、蒙甘新、川青新、新藏等主要交通通道，分别与东中西部主要地区特别是全国主要的城市群地区、东部经济最发达的三大经济圈地区建立稳定的轴带型经济联系，形成面向国内和周边国家的现代商贸物流网络。依托北、西、南部的出国通道，带动形成向俄罗斯和中亚、南亚等邻国延伸的分支经济带，促进中巴经济走廊建设和中哈俄经济合作区的发展。要逐步形成环天山城市群与区内外主次经济带相辅相成的互动发展机制，增强城市群的轴带枢纽功能，有效推动“一带一路”在中国西部、中亚、南亚这一地区的轴带体系建设。

第二，增强城市群的集聚—扩散功能，承担丝绸之路经济带核心区的主体功能，辐射带动全疆的产业升级和转型发展。加快建设“三通道”（能源、交通、通信等综合大通道）、“三基地”（大型油气生产加工和储备基地、大型煤炭煤电煤化工基地、大型风电和光伏发电基地）、“五大中心”（交通枢纽、商贸物流、金融、文化科教、医疗服务中心）和“十大进出口产业集聚区”（机械装备出口、轻工产品出口加工、纺织服装产品出口加工、建材产品出口加工、化工产品出口加工、金属制品出口加工、信息服务业出口、进口油气资料加工、进口矿产品加工、进口农林牧产品加工）步伐，在科技创新、战略性新兴产业、经济总量、吸引外资、文化发展等方面，发挥国际区域增长极和国内重要增长极的综合功能。

第三，加强口岸城市建设，增强城市群发展的外向推动力。在环天山城市群的成员城市中，霍尔果斯、阿拉山口等新兴口岸城市发展速度快，是带动城市群发展的重要动力。要加强口岸城市的互联互通设施建设和产业园区、经济合作区建设，使口岸城市成为以外向经济发展带动城市群和经济带发展的重要引擎。

第二节 建设东北亚—中国沿海沿线的四个枢纽城市群

贯通我国东北三省的哈大经济带以环渤海城市群为接合点，与沿海经济带连成一体，形成东北亚—中国沿海经济带，使丝绸之路经济带主副轴带的东端与海上丝绸之路经济带的起点实现衔接、融合，成为“一带一路”轴带体系中具有特殊战略意义的国际性大型经济轴带。该轴带从北到南依次有四个主要的轴带枢纽型城市群，即以哈尔滨、长春为“双中心”的哈长城市群和环渤海城市群、长江三角洲城市群、珠江三角洲城市群。

一、哈长城市群

哈尔滨和长春两市处于东北亚—中国沿海经济带和丝绸之路经济带副轴带的交叉位置，在中国东北地区和中、俄、朝三国比邻的东北亚地区处于核心地位。随着中国东北地区的进一步发展和俄罗斯远东地区加快开发，以及东北亚—中国沿海经济带和丝绸之路经济带副轴带的形成、发展，中、俄、朝三国比邻的东北亚地区将出现经济交往日益广泛、密切的跨国城市群，而哈尔滨和长春无疑将成为这一地区的“双星式”经济中心，以哈尔滨和长春为中心的哈长城市群将扩张为东北亚城市群，成为东北亚地区的轴带枢纽区。

哈、长两市应当更快提升其在国际大区域的经济和文化影响力，成为高端企业、高端人才和先进科研开发机构等经济社会要素的聚集地，在东北亚地区发挥高科技、先进制造、国际贸易、现代农业、金融、文化的辐射功能和交通枢纽功能。

哈长城市群要以东北亚—中国沿海经济带和丝绸之路经济带副轴带为直接通道，形成城市、城市群与经济轴带相辅相成的互动发展机制。一方面，要依托经济轴带提升核心城市和城市群的聚集—扩散能力，以吸引要素聚集促进创新升级和经济增长，以创新升级和经济增长强化对国内外腹地的辐射带动功能；在进一步加强互联互通设施建设的基础上，不断深化两个核心城市、成员城市及其带动的黑龙江、吉林、蒙东等地域的产业分工，依靠建立发达的产业关联关系优化城市群内部结构，提高与环渤海城市群的融合度。另一方面，面向东北亚地区提高开放发展的水平，向国外延伸辐射范围，提高辐射、带动、示范的强度，推动中国东北和俄罗斯远东地区向一体化的经济合作区过渡。

哈长城市群要在开放发展和带动东北地区振兴中实现重大突破，在经济总量、科技创新、战略性新兴产业、农业现代化、吸引外资、文化发展和少数民族地区发展等方面，增强国内一级增长极和国际区域增长极的综合功能，使东北亚地区成为“一带一路”轴带体系的有机构成部分和跨国经济合作区的典范。

二、环渤海城市群

（一）环渤海城市群概况

环渤海城市群是东北亚—中国沿海经济带的经济中心和国内最大、最重要的辐射型轴带枢纽地区，是东北亚—中国沿海经济带、京广经济带、丝绸之路经济带和俄蒙中泰新经济带四大经济带的直接和间接的交汇区。该城市群以北京、天津两市为双星式的内核，范围包括京、津两市和辽宁、河北、山东三省。环渤海城市群包括三个次一级的城市群，即以北京为核心的京津冀城市群、以沈阳为核心的辽中南城市群和以济南、青岛为核心的山东半岛城市群，成员城市有40多个。三个次级城市群在发展水平、规模和经济实力方面均具有较高水平，功能上各有特殊性。三者要形成组织结构合理、分工协作紧密、交通网发达的一体化城市群，发挥国家一级增长极和世界经济增长极的功能，还需要经历一个调整、转型、成长、升级的过程。

（二）建设环渤海城市群的三个次级城市群

1. 以北京、天津为核心的京津冀城市群

以北京、天津为核心的京津冀城市群包括北京、天津、石家庄、保定、衡水、廊坊、张家口、沧州、唐山、秦皇岛、承德等主要成员城市，是带动全国参与全球竞争和率先提高环渤海地区经济现代化水平的国际增长极的“极核”。其发展的战略思路包括以下几个重点：按照增强北京服务、天津制造、河北加工等各自优势的调整方向，通过核心城市和主要成员城市的功能疏解、空间优化、产业转移、产业重新组合、产业布局调整、基础设施升级等重大措施，深化、优化城市群内部分工，形成更加高效、合理的组织结构，提高吸纳优质经济要素、创新体制机制、占领世界高端分工地位的综合能力；将京津的传统产业转移到河北沿海等地的开发新区，腾出空间发展高端服务业和加工业，构建紧密协作和高质量配套的产业体系，使经济增长的基础更加深厚、稳固。在不断深化区际、城际分工和实施新的组合、布局的基础上，重新建立更加高效的城际、区际协作网，提高优劣互补、优优叠加的效益和城市群内在一体化水平；提高交通、通信的便利化、现代化水平和城际、区际的互联互通水平，最大限度节约要素流通的成本，提高城市群经济发展的效率、效益水平；依托已有的经济轴带并向外延伸更多的经济轴带，增加辐射带动大范围腹地的通道和载体；以要素的高效聚集和高质量组合激发创新动力，形成“提近带远”的良性循环。

2. 以沈阳、大连为核心的辽中南城市群

辽中南城市群实际上就是以辽中南城市密集区为主的辽宁城市群。该城市群以沈阳、大连为中心，包括鞍山、抚顺、本溪、辽阳、丹东、营口、盘锦、葫芦岛、锦州、朝阳、阜新、铁岭等地级市，是城市密集、大城市所占比例很高的综合性工业基地和重要的国际航运中心。辽中南城市群包括沈阳都市圈和沈大城市走廊两个重要的城市—产业聚集区，形成了依托海陆交通线的多条省域内经济带。

辽中南城市群是东北亚经济带与中国沿海经济带的重要衔接点，其在“一带一路”轴带体系中的主要分工职能是将丝绸之路经济带副轴带和东北亚经济带与沿海经济带连成一体，并与京津冀和山东半岛城市群融合为世界级的大型城市群，发挥跨国轴带枢纽功能。辽中南城市群增强其轴带枢纽功能的建设思路主要包括以下几方面：

第一，进一步增强产业与城市相辅相成的发展优势。辽中南城市群是在以重化工业为主导的综合性产业体系发展的推动下形成的城市密集区，上下游产业链条维系着企业的集中连片布局和城镇的密集分布，具有工业体系完善，工业化、城市化水平高和产业聚集水平高的优势。今后要进一步健全产业和产业链推动城市和城市群发展、城市和城市群为产业和产业链提供优良载体的机制，充分发挥沈阳、大连等大城市在经济、科技等方面的优势及其带动中小城市和小城镇的发展的优势，加快产业结构转型、升级，以产业现代化和不断增强的经济实力支撑“一带一路”发展。

第二，深化与哈长城市群、京津冀城市群和山东半岛城市群的分工协作，提高环渤海城市群的一体化发展水平，发挥对丝绸之路经济带副轴带和东北亚—中国沿海经济带等多条经济带的带动作用，依托经济带延伸辐射范围。

第三，进一步增强陆、海互促互补的区位—交通优势，一方面强化内陆交通通道建设，发展辐射带动内陆地区的城市和产业；另一方面加强沿海城市和港口建设，发展面向全球市场的海运业、制造业、服务业，以内向与外向紧密结合的优势增强经济增长能力。

3. 以济南、青岛为核心的山东半岛城市群

以济南、青岛为核心的山东半岛城市群是丝绸之路经济带东端与东北亚—东部沿海经济带的衔接点，主要成员城市包括济南、青岛、淄博、枣庄、潍坊、东营、烟台、济宁、泰安、威海、日照、莱芜、德州、聊城、滨州等地级及以上城市，是以面向东亚、东北亚地区为主的外向型城市密集区。山东半岛城市群与苏北—鲁东南城市群在成员城市和地域范围上有部分重合，战略地位和战略功能上各有其特殊性。该城市群在全国的区域分工职能主要包括：环渤海城市群的制造业和生产服务业中心；黄河流域的经济中心；东部沿海经济带的重要区段；辽中南、京津冀、中原、苏北—鲁东南、长三角等主要城市群的衔接、融合区。

山东半岛城市群在“一带一路”轴带体系中的分工职能是将丝绸之路经济带、东部沿海经济带与京津冀地区连成一体的重要枢纽区。其增强轴带枢纽功能的战略重点主要有：

第一，发挥城市群的空间结构优势，进一步增强海、陆丝绸之路经济带的战略枢纽地位。山东半岛城市群大中小城市发展较均衡、发达，其空间结构具有“三星为核、多点均衡分布”的特征。城市群的核心城市主要是济南和青岛，但烟台市的核心功能也十分显著，其他地级市为小区域的中心城市。城市链条纵横交织，城市之间的海陆交通发达，城市群的覆盖范围与山东省的省域范围基本相重合。要进一步发挥这种空间结构优势，为形成世界级的制造业和服务业基地提供良好载体。

第二，发挥面向国内外市场的开放发展优势，以不断增强的经济实力支撑“一带一路”发展。按照城市群规划的建设六大产业集聚区的基本思路，发展东营—淄博的石化和医药产业带、济南的电子信息产业带、青岛—日照的家电制造产业带、烟台—威海的汽车制造产业带、潍坊—即墨的纺织服装产业带、日照—青岛—威海—烟台的海洋产业带，加快产业升级步伐，带动城市群经济持续、健康发展。

第三，发展与辽中南、京津冀、中原、苏北—鲁东南、长三角等城市群的分工协作，提高与这些城市群的融合度，促进东北亚—中国沿海和陇海兰新沿线城市群连绵带的形成。

（三）增强环渤海城市群的轴带枢纽功能

环渤海城市群应当在以下几方面增强其轴带枢纽功能：

第一，作为城市群核心的京、津两市，应当更快提升其在世界大都市分工格局中的地位和政治、文化影响力，成为世界高端企业、高端人才和国内先进科研开发机构等高端经济社会要素的聚集区，发挥高科技、先进制造、国际贸易、金融、文化的辐射功能和海陆空交通枢纽功能。

第二，环渤海城市群在整体上应当以东北亚—中国沿海经济带和京广经济带为直接通道，以紧密相连的丝绸之路经济带和俄蒙中泰新经济带为主要的间接通道，在科技创新、高端产业、经济总量、政治影响、文化发展等方面，发挥全方位、大范围、国际化的辐射带动作用，推动“一带一路”轴带体系发展。

第三，依托伸向四周的辐射型经济轴带和交通线，直接带动周边的辽宁、内蒙古、河北、山西、河南、山东等省区的产业升级和转型发展，直接和间接带动全国参与国际竞争和国际分工，发挥国内一级增长极的综合功能。以辽中南城市群为基地，以哈大经济带亦即东北亚经济带为载体，向东北亚地区延伸辐射范围，支撑东北老工业基地振兴和东北亚多国合作发展；以京津冀城市群为基地，通过北京—呼和浩特—乌兰巴托通道向呼包地区和蒙古国、俄罗斯延伸辐射范围，支撑国内的华北地区和俄蒙中泰新经济带北段沿线地区的多国合作发展；通过京广经济带向南扩大辐射范围，带动以河北和华中、华南地区为主的京广沿线及两侧腹地的转型发展，促进京津冀与中原两大城市群趋于融合；以山东半岛城市群为基地，以沿海经济带和丝绸之路经济带为主要通道和载体，一方面面向东亚扩大开放，辐射带动环太平洋地区发展；另一方面与中原城市群融为一体，辐射丝绸之路经济带沿线的中原、西北以及中西亚、欧洲等国内外区域，增强向西开放发展能力。

第四，要探索和形成“一群”（环渤海城市群）驱动“四带”（东北亚—中国沿海经济带、京广经济带、丝绸之路经济带、俄蒙中泰新经济带），“四带”促进“一群”的良性循环发展机制，开创城市群与经济带良性互动发展的新模式。要把城市群的产业聚集功能、创新源泉功能与经济带的经济能量传导功能、创新成果扩散功能结合起来，在国内外高效集散和配置经济要素，带动经济增长，增进共同利益，提升共同发展水平。

第五，在建设环渤海地区各省市中心城市与成员城市间的 1 ~ 2 小时交通圈、实现区域同城效应的基础上，构筑紧密连接京津冀、辽宁、山东三大区域间的一体化综合交通网络，改善环渤海城市群内部各区域合作的设施条件，提升地区经济一体化水平。

三、长江三角洲城市群

以上海为核心的长江三角洲城市群包括上海、南京、无锡、常州、苏州、南通、盐城、扬州、镇江、泰州、杭州、宁波、嘉兴、湖州、绍兴、金华、舟山、台州、合肥、芜湖、马鞍山、铜陵、安庆、滁州、池州、宣城共 26 个城市，是全国经济最具活力、开放程度最高、创新和辐射带动能力最强的增长极。长三角城市群是东北亚—中国沿海经济带与长江—雅鲁藏布江—南亚经济带、丝绸之路经济带的交汇点，也是国内最大、最重要的轴带枢纽地区，在“一带一路”轴带体系建设中具有不可替代的战略核心作用。长三角城市群应当从以下几方面强化其在“一带一路”倡议中的轴带枢纽功能：

第一，紧跟世界科技革命和经济发展的新趋势，带头发展新经济，发挥面向全球、辐射亚太、引领全国的世界级城市群综合功能。提高面向世界的互联互通水平和开放型经济发展水平，在全球要素流动、配置中发挥枢纽作用，提升在全球价值链和产业分工体系中的位置，在资源配置效率、辐射带动能力和国际化、市场化、法制化等方面不断攀登新的水平。提升利用外资质量，集聚国际化人才，形成在亚太乃至全球有重要影响力的国际金融服务体系、国际商务服务体系、国际物流网络体系，以不断增强的实力和竞争力参与国际合作。

第二，在改革开放和创新驱动发展上不断开创新局面，增强新优势，与环渤海、珠三角城市群形成协调配套改革和融合发展的城市群连绵带，带动沿海经济带加快结构升级和综合实力增长，并沿沿海经济带、长江经济带、陇海经济带等主要轴带向中西部地区延伸辐射范围，发挥全国最大增长极和最重要经济中心的功能。

第三，适应“一带一路”倡议需要确定和调整城市群的重要功能定位，担当“一带一路”轴带体系核心支撑点的职能。以东北亚—中国沿海经济带与长江—雅鲁藏布江—南亚经济带为直接通道和带状载体，形成并扩展多圈层的区域分工—协作网，在科技进步、高端产业、经济总量、文化发展、进出口和吸引外资等方面，直接带动江苏、浙江、安徽等广大腹地的现代化发展。增强亚太地区重要国际门户的职能，面向环太平洋经济带、环印度洋经济带、环非洲经济带和欧洲沿海地区，扩大和深化国际合作领域，驱动“一带一路”轴带体系向五大洲延伸发展。建设枢纽型、网络化的基础设施体系，提高省际基础设施共建共享、互联互通的水平。依托国家运输大通道和综合交通网络，将城市群内部的经济带与“一带一路”的轴带体系连成网络，依托内外联网的轴带网络，发挥城市群驱动国内外区域发展的引擎功能。

第四，建成全球重要的现代服务业和先进制造业中心。重点发展高技术和高附加值产业，提升以技术、品牌、质量、服务为核心的国际竞争力。发展具有国际领先优势的先进制造业产业集群，形成服务经济主导、智能制造和多产业门类综合配套的现代产业体系。实行以创新驱动分工、以分工推动结构升级的产业政策，不断提高产业体系内部的配套水平和产业体系向外的延伸发展能力，使产业链不断向国内外各类区域延伸。

第五，建成在全球具有重要影响力的科技创新高地。立足区域科技人才资源丰富的优势，面向国际国内聚合创新资源，瞄准世界科技前沿领域和世界先进水平，在国际性重大科学发展、原创技术发明和高新科技产业发展等领域不断取得重大突破，在全球创新网络中占据更为重要的分工位置。建立健全以企业为主导的产业技术研发创新的体制机制，支持企业利用国内外创新资源和创新成果发展新产品和新兴产业。在实施创新驱动发展战略方面为全国提供经验和样板，在国家创新驱动发展进程中发挥引领和支撑作用。

三、珠江三角洲城市群

以广州为中心的珠江三角洲城市群包括香港、澳门、广州、深圳、珠海、佛山、惠州、东莞、中山、江门、肇庆等主要城市，总面积5.6万平方公里，2017年末总人口约7 000万人，是东北亚—中国沿海经济带与京广经济带、粤桂滇缅印经济带（中缅印孟经济带）等多条经济带的交汇点，也是我国人口集聚最多、开放程度最高、创新能力和综合实力最强的三大轴带枢纽地区。2019年2月18日，中共中央、国务院印发了《粤港澳大湾区发展规划纲要》，标志着珠三角城市群发展进入到它的升级版——粤港澳大湾区阶段，更加有利于发挥粤港澳综合优势，深化内地与港澳之间的合作，提升其在国家经济发展和对外开放中的支撑、引领作用。

珠三角城市群要以东北亚—中国沿海经济带、海上丝绸之路经济带、京广经济带、粤桂滇缅印经济带为直接通道和载体，在科技创新、战略性新兴产业、经济总量、进出口和吸引外资等方面，直接辐射带动广东、海南、福建、江西、湖南、广西等泛珠三角区域的现代化发展，增强驱动“一带一路”轴带体系建设、发展的经济实力，从以下几方面发挥国内一级增长极、国际主要增长极和大型轴带枢纽区的综合功能：

第一，优化提升香港、澳门、广州、深圳四大核心城市的综合功能，使之成为带动珠三角、泛珠三角和全国发展的核心引擎。进一步提升城市群的科技创新与技术研发能力，加快发展高技术产业和战略性新兴产业，实现产业结构的高度化升级，在全国率先由要素驱动为主向要素驱动与创新驱动相结合转变。以科技创新为主动力，全面增强综合经济实力，在经济总量增长、产业结构升级、外向和民营经济发展、实现经济社会现代化等方面，直接带动泛珠三角区域发展，并通过多条经济带带动华南、中南、西南地区和全国经济发展。

第二，进一步增强世界级城市群的功能，成为世界新兴产业、先进制造业和现代服务业基地和具有全球影响力的国际科技创新中心、“一带一路”建设的战略支点、国际交通物流枢纽、国际文化交往中心、内地与港澳深度合作示范区、宜居宜业宜游的优质生活圈。以发展外向型经济为主旋律，面向全球市场发展先进制造业和现代服务业，带动世界大区域发展，成为全球最繁荣、最具活力的经济中心。其中，广州市要发展成为影响力迅速扩大的国际城市，成为驱动海上丝绸之路经济带发展的主引擎；香港要提升为全球重要的现代服务业中心之一；澳门要成为世界最具吸引力的旅游休闲中心和区域性商贸服务中心。城市群各个成员城市要发挥面向东南亚的位置优势、侨乡优势和拥有或临近优良海港的优势，提高引进资金、先进技术和管理的能力，并将引进优势迅速转化为输出优势，形成引进—输出的良性循环，率先赶上以致超过世界高收入国家和地区的发展水平。进一步增强华为、美的、格力等一批跨国经营企业的竞争优势，带动更多企业加快“走出去”占领国际市场，在全球范围内进行产业整合，逐步从国际产业链的参与者向主导者转变。

第三，以构建新型交通运输体系为主要依托，促进珠三角城市群在空间结构和功能目标上实现升级。进一步优化海陆运输布局，健全核心带动与轴带延伸相结合的辐射方式，形成海陆经济融合发展的示范区。充分发挥香港国际航运中心和吞吐量位居世界前列的广州、深圳等重要港口的优势，增强港口和海运实力，成为国家海运和临港产业发展的重要支柱。完善大湾区至泛珠三角区域其他省区的交通网络，为大湾区带动中南、西南地区发展拓宽传输通道。通过轨道交通和高速公路为主的基础设施建设，实现大珠三角城际一小时交通圈，促进各成员城市间形成更加发达的分工协作链和城市群内部经济社会结构关系的紧密化，提高粤港澳与广大腹地的经济一体化水平。

第三节　建设长江沿线的两个枢纽城市群

长江沿线共有三个大型城市群，即长江三角洲城市群、长江中游城市群和成渝城市群。长江三角洲城市群在本章第二节中已作了论述，本节只论述长江中游城市群和成渝城市群两个城市群。

一、长江中游城市群

以武汉为中心的长江中游城市群是由武汉城市群、长株潭城市群、环鄱阳湖城市群三个次一级城市群组成的大型城市群，包括武汉、黄石、鄂州、黄冈、孝感、咸宁、仙桃、潜江、天门、襄阳、宜昌、荆州、荆门，长沙、株洲、湘潭、岳阳、益阳、常德、衡阳、娄底、南昌、九江、景德镇、鹰潭、新余、宜春、萍乡、上饶、抚州、吉安等30多个成员城市。长江中游城市群是长江经济带与京广经济带的交汇区，是我国内陆地区最大的轴带枢纽地区和全国第四大增长极，具有承东启西、连南接北、辐射全国和提振中西部地区的战略中枢功能。为了有效地支撑、推动“一带一路”轴带体系建设，在国内外区域发展中发挥越来越大的辐射带动作用，长江中游城市群应当在以下几方面强化其轴带枢纽功能。

第一，提升武汉、长沙、南昌三个中心城市的经济聚集功能和辐射带动能力，带动城市群由国家级增长极向世界级增长极跃升。武汉市要借助两大经济带的通道和载体优势，高效聚集优质经济要素，增强科技创新实力和经济增长能力，成为快速发展的国际城市，实现综合经济实力和经济辐射力的大幅度提升。长沙市和南昌市作为下级城市群的经济中心，在科技创新和产业结构升级中与武汉市形成合理分工、紧密配套的关系。武汉、长沙、南昌三市既要增强各自的综合实力，又要不断强化功能互补，结成“三星一体”的核心，发展成为具有全国突出优势和世界影响力的产业聚集区和科技创新基地，并通过经济带的纽带作用带动城市群整体发展。

第二，以强化轴带枢纽功能为重要动力，提高城市群与经济带的一体化发展水平。长江中游城市群与长江、京广两大经济带的发展紧密关联、相互促进，应当注重开创城市群与经济带互利共兴、协同发展的成功道路，探索、完善城市群与经济带“互利协同”的发展模式。长江、京广两大经济带及其交叉形成的枢纽区，是拉动长江中游城市群获得持续、快速发展的深厚潜力所在。要适应两大轴带发展的需要，设计和规划城市群及其主要成员城市的功能模式，促进城市和城市群的产业体系面向轴带地区的市场需求发挥优势。注重发挥城市群驱动轴带沿线发展、沿轴带方向扩展辐射范围的功能。一方面，要沿京广经济带向北延伸辐射范围，寻求与中原、环渤海等区域一体化发展的用武之地，同时沿长江经济带向西延伸辐射范围，与成渝城市群相融合，逐步增强对长江上游、雅鲁藏布江流域和南亚地区的辐射力；另一方面，向东、向南延伸辐射范围，寻求与长三角、珠三角城市群一体化发展的分工位置，逐步扩大向环太平洋地区、环印度洋地区、环非洲地区等国际区域的辐射能力。同时，依托武汉—襄樊—西安、长沙—怀化—贵阳、长沙—桂林—南宁、南昌—赣州—厦门、南昌—鹰潭—福州等主要分支轴带，与丝绸之路经济带、海上丝绸之路经济带、粤桂滇缅印经济带及其分支轴带连成轴带网络，辐射带动河南、陕西、重庆、贵州、广西、广东、江西、福建、浙江、安徽等地区的产业升级和转型发展，促进中部地区崛起和中部与东部的融合发展，逐步向发达的沿海—中部城市群连绵区过渡。通过沿长江、京广两大经济带向东、西、南、北延伸辐射范围和与丝绸之路经济带、海上丝绸之路经济带、粤桂滇缅印经济带连成轴带网络，逐步形成深度参与国内和国际分工的产业优势和城市、城市群的综合功能优势，使城市群与经济轴带结成血肉相连、命运相关的区域有机体，在全国和“一带一路”的战略全局中发挥越来越大的支撑作用。

第三，按照城市群与长江、京广两大经济带融合发展的功能要求，调整城市群内部城镇、交通、产业聚集区的空间布局，为产业发展和城市群内部结构关系合理化、“紧固化”创造有利条件。创新鄂、湘、赣三省各地区、各成员城市之间深化分工合作和彼此融合发展的先进体制机制，增强各地区、各成员城市在资源、产业等方面的互补、契合效应，形成分工深化促进协作升级、协作升级进一步推动分工深化的良性循环。不断创造城乡统筹发展的新经验，创新并不断完善城市群一体化发展的成功模式，引领、带动中部地区更快崛起。

第四，优化产业结构，发挥产业升级和经济转型的引擎作用。重点发展壮大先进制造业、现代服务业、战略性新兴产业和现代农业，形成布局合理、特色鲜明、优势突出、配套紧密的产业体系，成为具有全球影响和高端产业竞争力的现代产业基地。

第五，建设内陆开放示范区，面向国内、国外扩大开放，实行外向发展与内联发展的紧密结合，提高经济社会的开放型发展水平。依托两大经济带主通道和对外联通网络，畅通内外联系，发展全球合作和国际交往，提高对外贸易和吸引外资水平，推动开放型经济向更广泛的领域扩展，增强城市群整体的国际影响力和国际竞争力。

二、成渝城市群

以成都、重庆为中心的成渝城市群是长江—雅鲁藏布江—南亚经济带与俄蒙中泰新经济带的交汇点，也是国内一级和西部最大的轴带枢纽地区。根据国家发改委发布的《成渝城市群发展规划》，成渝城市群包括重庆市的渝中、万州、黔江、涪陵、大渡口、江北、沙坪坝、九龙坡、南岸、北碚、綦江、大足、渝北、巴南、长寿、江津、合川、永川、南川、潼南、铜梁、荣昌、璧山、梁平、丰都、垫江、忠县等 27 个区（县）和四川省的成都、自贡、泸州、德阳、绵阳、遂宁、内江、乐山、南充、眉山、宜宾、广安、达州、雅安、资阳等 15 个市。城市群所在区域是川渝两地经济活力最强、发展潜力最大的地区，是驱动“一带一路”等多条跨国经济带和更多分支轴带的战略支撑点。

成渝城市群应当在以下几方面强化其轴带枢纽功能：

第一，成都、重庆两个核心城市要发展成为特色突出、聚集—辐射力迅速增强的国际城市，有效解决城市发展中的突出问题，使综合经济实力和经济辐射力迅速提升。针对城市群结构中“两核”独大、次级城市发育不足的问题，发挥好核心城市与二级、三级成员城市的梯次辐射带动功能，促进一批大中小城市较快崛起，增加百万以上大城市数量，增强城市群的产业载体功能。优先建设以高速铁路、城际铁路、高速公路为骨干的城际交通网络，形成核心城市间、核心城市与周边城市间、相邻城市间 1 小时通达的交通设施体系。依托交通和通信的便捷化、现代化，深化各城市间的分工协作，以交通通信和产业链为主要纽带，“加固”各成员城市间的联系，将松散式的空间结构连接成紧密型的城镇体系，提高城市群一体化发展水平。

第二，进一步加强对外交通通道建设，加快成都—贵阳、成都—西宁以及郑万、兰渝、成昆铁路的扩能改造，建设重庆至西安铁路，畅通与黔中、滇中、长江中游、关中—天水、兰州—西宁等区域的国内通道和出国、出海通道。依托交通大通道促进以长江—雅鲁藏布江—南亚经济带和俄蒙中泰新经济带等“一带一路”重要轴带发展，发挥驱动这些轴带发展的引擎作用。依托长江黄金水道和沿江铁路、公路，完善向东出海的川渝汉沪通道，增强向海上丝绸之路经济带传导经济能量。依托兰渝、宝成、西康至襄渝、兰新等铁路，形成连接丝绸之路经济带的通道，增强面向西北地区和中西亚、欧洲的辐射力。依托成昆铁路、渝昆铁路、渝桂铁路等通道，形成贯通川渝黔滇桂并延伸至东南亚的陆上通道，增强面向西南地区和东南亚的辐射力。促进川藏铁路、川藏高速公路建设，依托川藏通道向雅鲁藏布江地区延伸经济轴带，面向西藏和南亚地区发挥辐射作用。四川省和重庆市要与内蒙古、宁夏、甘肃、云南等周边省区共谋共建俄蒙中泰新经济带国内段即包兰成昆经济带，将呼包城市群、黄河上游城市群与成渝城市群和南贵昆城市群连成一体，加强西北与西南地区以及西北、西南与俄蒙、东南亚各国的经济合作，提升成渝城市群的轴带枢纽地位。

第三，按照“一轴、两带、双核、三区”的空间布局框架，重点建设城市群内的两个核心城市和成渝发展主轴，以及沿长江城市带、成都—德阳—绵阳—乐山城市带和川南城镇密集区、南充—遂宁—广安城镇密集区、达州—万州城镇密集区。合理布局和重点建设国家级和省级经济开发区、高新技术产业开发区、综合保税区、出口加工区等产业集群，做好产业转移承接。在科技创新、高端制造、“两化”融合发展、吸引外资、经济增长等方面，以不断增强的优势直接带动西南地区和引领西部大区域的现代化发展，强力促进“一带一路”轴带体系建设，发挥国内一级增长极和国际重要增长极的功能。

第四节　建设呼兰成昆沿线的两个枢纽城市群

呼兰成昆交通通道沿线共有四个枢纽型城市群，即呼包鄂城市群、黄河上游城市群、成渝城市群和南贵昆城市群。其中，黄河上游城市群和成渝城市群已分别在本章第一节中归入陇海兰新沿线和第三节中归入长江沿线加以论述，本节只论述呼兰成昆沿线的呼包鄂城市群和南贵昆城市群。

一、呼包鄂城市群

以呼和浩特和包头为核心的呼包鄂城市群是俄蒙中泰新经济带的重要支点，同时也是俄蒙中泰新经济带（国内区段北部）与呼包—京津、呼包—西安、呼包—太原等主要分支经济带交汇的枢纽地区。由于近20多年来鄂尔多斯市、榆林市的崛起和快速发展，原来的呼包城市群不仅增加了两个重要的成员城市，而且形成了呼、包、鄂、榆四足鼎立且经济社会联系紧密的城市群核心区，因而原来的呼包城市群又被称为呼包鄂城市群或呼包鄂榆城市群——一个以“双星”城市为核心的城市群。该城市群的主要成员城市包括内蒙古自治区的呼和浩特、包头、鄂尔多斯、巴彦淖尔、乌海、乌兰察布市和陕西省的榆林市、山西省的大同市、朔州市。呼包鄂榆城市群应当通过以下主要途径增强其轴带枢纽功能：

第一，发挥地理位置方面的特殊优势，以俄蒙中泰新经济带和呼包—京津、呼包—西安、呼包—太原等主要分支经济带为直接通道，增强在国内外大区域的辐射能力。呼包鄂城市群与京津冀、晋中、黄河上游等周边城市群的融合条件较好，同时又具有毗邻蒙古国和与俄罗斯接近的区位优势，是促进西北、华北地区经济发展和中蒙俄经济走廊建设的经济中心。要增强对区域经济的组织、带动功能，深化与银川、兰州、西安、太原、京津等周边城市之间的分工协作，促进大区域产业配套体系的形成和升级。面向北部、东部和西部扩大开放，带动西北、华北地区与中西亚、俄蒙、东亚开展经济合作，提升外向发展实力。要重视发掘城市群作为轴带枢纽的潜力，积极探索并完善城市群与经济带相辅相成、良性互动的发展机制，对“一带一路”轴带体系发展、升级做出贡献，发挥国内一级增长极和国际重要增长极的综合功能。

第二，发挥资源条件优越和产业聚集度高、产业结构较合理的优势，增强综合经济实力。城市群所处地区拥有丰富的煤炭、天然气、钢铁、稀土、农牧业等资源，依托资源条件形成了一批竞争力较强的资源型产业和加工业、服务业。今后应当通过产业链延伸、传统产业升级、承接产业转移等途径，提高产品精深加工水平，重点发展装备制造业、高新技术产业、农牧产品加工业以及现代服务业、旅游业等产业，形成资源型与非资源型产业紧密关联、合理配套的产业体系，支撑区域经济持续较快增长。

第三，增强综合交通枢纽功能。加快贯通东西南北的综合运输网络建设，提高与周边地区和俄、蒙等国的互联互通水平，增强区域性物流中心的功能。

二、南贵昆城市群

以南宁、贵阳、昆明为“三星式”中心的南贵昆城市群是粤桂滇缅印经济带与俄蒙中泰新经济带在西南地区相交叉形成的轴带枢纽，是推进“东盟10+1”战略和驱动海上丝绸之路经济带发展的重要基地。南贵昆城市群包括三个次一级的城市群，即以南宁为核心的北部湾城市群、以贵阳为核心的黔中城市群和以昆明为核心的滇中城市群。三个次级城市群目前在发展水平、规模、城镇密度和经济实力诸方面均达到一定水平，但城市经济实力、城市之间的分工协作和交通、通信网络尚未达到发达程度。三者要形成结构合理、分工协作关系紧密、内部交通网发达的大型城市群，发挥国家一级增长极和国际区域增长极的功能，还需要经历一个转型、发展、升级的过程。但是，三个次级城市群向着“群上之群”即规模更大的南贵昆城市群扩展、升级是基本趋势。顺应这一趋势的重要举措之一，就是在提高内外互联互通水平和促进三个次级城市群进一步发展的基础上，建设连通省际主要地区的城市链和经济带，为三个次级城市群融合为更大城市群奠定基础。

（一）建设北部湾城市群

以南宁为核心的北部湾城市群包括广西壮族自治区的南宁市、北海市、钦州市、防城港市、玉林市、崇左市，广东省的湛江市、茂名市、阳江市，海南省的海口市、儋州市、东方市、澄迈县、临高县、昌江县，共12市3县，是辐射中国西南、华南地区和中南半岛各国的国际区域增长极。北部湾城市群是珠三角城市群和黔中、滇中城市群的结合部，对粤桂滇缅印经济带和俄蒙中泰新经济带南段的形成和发展起着关键性作用。北部湾城市群要加快建设南宁特大城市，增强其产业集聚、国际合作、金融服务、信息交流、商贸物流、创业创新等重大功能，在经济总量、先进制造、国际贸易、金融和海陆空交通等方面增强辐射功能，成为中国华南、西南—东南亚—南亚这一区域的副中心。建设以南宁为枢纽的陆海空航运体系，加强与周边省和东盟国家的互联互通。依托主要陆、海通道，形成沿南宁—百色—曲靖、南宁—河池—都匀、南宁—桂林、南宁—北海—海口、南宁—凭祥等主要轴线的区域性经济带，将区内和周边的区域中心城市和重点镇纳入城市群空间结构体系，增强要素流动和产业聚集水平。北部湾城市群要增强在粤桂滇缅印和俄蒙中泰新城市链中的地位和作用，与广州、海口、长沙、贵阳、昆明等城市之间形成发达的分工协作网，促进区域产业配套体系的升级。要面向以东南亚为主的海上丝绸之路经济带扩大开放，带动西南地区与沿线国家开展经济合作。

（二）建设黔中城市群

以贵阳为中心的黔中城市群包括贵阳市、遵义市、安顺市、毕节市和黔东南州、黔南州6个市（州）及贵安新区共33个县（市、区），是贵州省发展条件最优越、经济实力最强的重点城市化区域。黔中城市群在国内的战略定位要突出西部地区新的经济增长极的功能，在新型城镇化、内陆开放发展和生态宜居等方面开创新道路、形成新模式和新经验；在国际区域发展中的战略定位要突出跨国经济带重要支点的功能，与滇中城市群和北部湾城市群实现融合发展，成为粤桂滇缅印经济带和俄蒙中泰新经济带交叉的枢纽地区。加快黔中城市群建设，必须在城乡统筹发展、产业协调发展、基础设施互联互通、生态环境建设、扩大开放与合作等方面实施一批重大工程项目，增强综合发展能力，使城市群及其近辐射地区的经济总量、城镇化率和居民人均收入实现快速增长。优化城市群空间结构，增强贵阳市的核心地位，强化贵阳中心城区和贵安新区的综合经济功能，提高产业聚集水平和辐射带动能力。推进贵安综合保税区、国际旅游休闲度假区、电子信息产业园、高端装备制造产业园和大学城等重要平台建设，提高承接产业转移和开放发展能力。建设连通贵阳与周边主要城市的高速交通网，形成一小时通达的核心经济圈。依托主要交通线形成贵阳—安顺、贵阳—都匀—凯里、贵阳—遵义、贵阳—毕节等省域内经济带，将省内区域性中心城市和小城镇纳入以贵阳市为核心的辐射状轴带网络之中。

（三）建设滇中城市群

以昆明为核心的滇中城市群应当包括昆明、曲靖、玉溪、楚雄、昭通、大理、丽江、保山、临沧、普洱等主要城市，是沟通华南、中南、西北等主要地区和面向东南亚、南亚，连接太平洋和印度洋的跨国经济轴带枢纽，同时也是中国西南和东南亚、南亚这一大区域的经济中心。

滇中城市群的建设应当突出以下战略重点：

第一，将昆明建设成为国际性的大都市，发挥其带动城市群发展的核心功能和辐射更大区域的综合功能。昆明市具有地理位置优越、发展潜力大，科技、文化实力和人才、人力资源较雄厚，对西南少数民族地区发展具有广泛的带动和示范作用等多方面优势。昆明市在形成粤桂滇缅印经济带和俄蒙中泰新经济带南区段的城市链条中，可以发挥承内开外的经济中心职能，其辐射带动中国西南地区、东南亚地区、南亚地区的区域中心地位和驱动跨国经济带发展的增长极地位无可取代。

第二，建设东西、南北两条重点轴带，使之成为维系城市群分工协作体系和空间结构的主要纽带。东西轴带即粤桂滇缅印经济带云南段。该轴带主要以贵昆线、南昆线和昆明—瑞丽等铁路、公路干线及其串联的曲靖—昆明—楚雄—大理—保山—瑞丽城市链为轴心，东连黔、桂和珠三角地区，西通缅甸、印度、孟加拉国等国，形成滇中、滇西向国外延伸发展的城镇和产业聚集区。南北轴带即俄蒙中泰新经济带云南段。该轴带主要以成昆线、内昆线和昆明—蒙自、昆明—磨憨等铁路、公路干线及其串联的昭通—武定—昆明—玉溪—蒙自—普洱—景洪城市链为轴心，北连川、渝和西北地区，南通越南、老挝、泰国、缅甸等国，形成滇中、滇南向中南半岛延伸发展的城镇和产业聚集区。

第三，建设以昆明为核心的两层城市圈。依托环绕昆明市的重要公路网、铁路网和轨道交通网，建设以昆明、曲靖、武定、楚雄、玉溪为主要成员城市的第一层也是核心层城市圈，扩展城市规模，提高人口和产业聚集水平，深化成员城市之间的产业分工，重点发展高技术产业、现代农业、先进制造业、化工、冶金、生物、物流等产业，形成经济增长强劲，对全省和周边地区具有较强带动、辐射功能的城镇密集区。依托连接核心城市圈与大理、丽江、保山、临沧、普洱、蒙自、昭通以及周边省区重要城市的铁路、公路通道，建设基本覆盖云南全省的第二层城市圈，培育边远地区的中心城市，发展各地特色产业和新兴产业，承接核心层城市的产业转移、扩散，加快城乡一体化发展。

滇中城市群的发展前景，取决于它与中国西南—东南亚—南亚这一大区域的发展形成怎样的互动互利关系，包括经济上的合作、互利关系和空间上以互联互通为主要依托条件的布局结构关系。这种互动互利关系越是紧密、广泛，双方就越是容易加快“水涨船高”的共赢发展步伐。

南贵昆城市群的发展要与粤桂滇缅印经济带和俄蒙中泰新经济带的发展形成相互依赖、融合的机制。南贵昆城市群要以粤桂滇缅印经济带和俄蒙中泰新经济带为直接通道，一方面深化城市群内部分工，加强和提升南、贵、昆三个核心城市及其带动的省域城市群之间的产业配套关系，提高与珠三角城市群、成渝城市群和长株潭城市群的融合度，依托外通内连的轴带枢纽和轴带网络机制增强城市群的经济实力；另一方面要面向东南亚、南亚地区提高开放发展水平，强化在国际大区域的经济聚集—扩散功能，依托轴带网络的布局和机制稳步向国外延伸辐射范围、提高辐射强度，带动形成发达的跨国经济合作区，在中国西南地区和东南亚、南亚地区发挥经济中心功能。要在科技创新、战略性新兴产业、经济总量、吸引外资、文化发展和少数民族地区发展等方面，增强国内一级增长极和国际区域增长极的综合功能，以持续、较快的发展速度和不断增强的经济、科技、文化实力，驱动粤桂滇缅印走廊和俄蒙中泰新走廊的延伸和升级，成为“一带一路”轴带体系的重要构成部分。

第十一章 实行国内与国际良性互动的开放发展模式

“一带一路”倡议的提出和实施，极大地开阔了国家在开放发展、区域协调发展和经济开发方式等方面的视野，使实行国内与国际良性互动的开放发展战略的思路更加清晰。为了使“一带一路”在国内与国际良性互动发展中发挥越来越大的引领、驱动作用，国家在总体上应当实行海陆结合的开发和发展战略，合理扩大和不断深化开发海洋和陆地资源，建设海陆并重型的现代化经济强国。应当以资源开发方式的升级支撑沿海经济带的结构和功能升级，增强沿海经济带的世界增长极功能。建设一批沿边型国际区域经济中心和高质量发展的内陆经济中心，建设和健全贯通全国各类经济中心的内陆轴带网络，使内陆的综合实力和战略后方功能更加强大，不断提升内陆发展与沿海、沿边发展的融合度。优先发展壮大海洋运输业，扩大和深化开发海洋资源，稳步向现代海洋经济强国迈进。稳步扩大“一带一路”轴带体系的覆盖范围，促进建设连通国内外的城市链，以国内的区域合作关联、引领、带动国际区域合作升级。以“一带一路”轴带网带动国内经济高质量发展，在世界分工体系中发挥中国的优势，在适应世界和积极影响世界的合作发展中走向繁荣昌盛。

第一节　实行海陆结合的经济开发战略

实行国内与国际良性互动的开放发展战略，促进国内经济持续增长并带动“一带一路”沿线地区的发展，以“一带一路”发展助推国内经济发展，必须有相应的经济开发战略与之相配套。经济开发是经济增长的基础和源泉，是将资源、综合条件等潜在形式的财富转化为现实财富的经济活动和经济运行过程。为了有效支撑国内经济的持续发展和国内经济增长对“一带一路”沿线发展的带动力，我国必须实行海洋资源开发与陆地资源开发紧密相结合的开发和发展战略，为建设门类相对更加齐全的现代化产业体系和抗风险能力不断增强的国家经济体系奠定基础。

一、中国的陆海并重开发发展战略

中国的国情特点和世界的发展趋势决定了中国经济的开发、发展必须实行陆海并重的战略，即陆地资源和海洋资源、陆地开发和海洋开发二者缺一不可。实行陆海并重的开发发展战略是中华民族振兴和中国促进世界发展的重要基础条件。

陆海并重的开发发展战略的基本思路可以列举以下几方面的重点：

第一，确立以陆支海、以海济陆的战略思想。陆上领土特别是内陆地区是中国的脏腑之地，是中华民族的生命根基之所在。脏腑强则命脉旺盛，根基厚则勃兴有望。所以立足内陆谋发展是中国自立于世界民族之林的“金汤固本”之计。沿海地区、海岛地区、边疆地区和领海海域等有似于中国的肌肤和四肢，是承载脏腑、维护生命根基的重要器官，建设和保护沿海地区、海岛地区、边疆地区和领海海域，是中国以健美的体魄在世界舞台实现更大发展的生命保障。在现代经济社会条件下，海洋已成为人类经济活动的主要空间之一，成为决定人类命运的重要资源和重要环境因素。合理开发利用海洋资源成为国家发展和民族振兴不可或缺的战略途径。内陆是中国经济实力的主要增长之地，是支撑沿海发展、海洋开拓和边疆建设的战略后方；海洋则是中国扩大开发资源、发展对外合作交流、促进世界经济社会发展的重要舞台，是经济实力持续增强的重要源泉。对于中国这样一个发展中的大国来说，由沿海地区、海岛地区、边疆地区和领海海域的发展空间走向世界的海洋和陆地发展空间，是发展对外合作和保持经济持续发展的必不可少的条件。没有海洋和海洋开发，中国就将是一个被窒息的经济体。所以，实行海陆并重的开发发展战略，乃是中国持续发展和中华民族振兴的“双全之计”。

第二，将沿海地区建设成为大规模、高水平开发利用世界海洋资源和陆地资源的战略基地。沿海地区兼有通向世界各地和连通内陆各地的双重优势，因此应当实行深度开发利用沿海地区本地资源和间接开发利用国内外其他地区资源特别是海洋资源相结合的开发方针，提高资源开发利用的加工深度和开放水平，以资源开发方式的升级支撑沿海地区尽快发展成为高端产业基地，成为带动国内各地区和“一带一路”沿线的世界经济增长极。

第三，扩大开发沿边经济资源和间接开发利用周边国家资源，建设以城市群和跨国经济带为主要形式的沿边经济中心，实现沿边地区与周边国家互利共赢发展，达到实边、兴边与睦邻友好的双重战略目的。

第四，从深度与广度的结合上开发利用中西部和东北的内陆经济资源，建设以大中型城市群为主的内陆经济中心和贯通国内各类经济中心的轴带网络。

第五，以陆海资源开发为基础，形成沿海、内地、边疆三类经济中心并存和互动发展的区域结构关系，提升内陆地区与沿海、沿边地区的网络化、一体化发展水平。

二、以资源开发方式的升级支撑沿海经济带的结构和功能升级

建设海上丝绸之路经济带及其若干分支轴带使中国沿海地区在“一带一路”轴带网络中的地位更加重要。以沿海经济带为轴心的我国东部地区要形成持续、较快的经济增长能力和对内对外的带动发展能力，必须有雄厚的经济增长源泉。这就要求沿海地区必须实行适应国内外发展要求的资源开发战略，以不断提高的效率和效益，将国内外的资源潜力转化为经济总量的持续增长和辐射带动能力的不断增强。这种资源开发战略包括：深度开发利用沿海本地资源与间接开发利用国内其他地区资源相结合，提高资源开发利用的加工深度和技术高度，形成具有世界先进水平的高端产业体系和带动中西部地区发展的区域良性互利机制；以发展对外合作为主要途径，扩大开发利用世界海洋资源和陆地资源，提高资源开发利用的开放水平，形成具有世界先进水平的外向产业群体；将沿海主要的城市群及其核心城市建设成为聚集和扩散世界先进科学技术和高端产业的新一代区域增长极，以高效开发利用知识资源和智力资源为主导，实现资源开发方式的升级，使沿海地区发展成为以知识创新实力为基础的世界发达地区。

（一）注重资源的深度开发

开发利用怎样的资源以及怎样开发利用资源，决定着产业结构的状况及其升级的快慢。我国东部沿海地区要加快产业结构升级，实现向高质量运行模式的转型，必须从资源开发方式的转变着手，提高资源开发的深度，为加快现代化转型发展奠定基础。

1. 提高资源开发的深度

要由以往只注重矿产、土地、农业、低素质劳动力等常规资源的开发转变为以科学技术为主的知识资源开发和人才、人力、创造力、教育方式等智力资源开发，注重制度、社会环境、道德、文学艺术等文化资源和金融、信息资源开发，建设科技知识

和文化知识含量不断提高的新型产业体系。重点包括：高起点开发科技资源，科技创新达到或接近世界先进水平，依靠科技创新提高制造业的加工深度，加快经济社会的科学化转变；依靠科技进步，开发利用物质的微观结构和微观粒子、生物基因和生物分子、深海和地壳物质、地外空间环境和空间物质等自然物质的深层属性、多重属性，创造改善人类生活条件的新物质财富；高水平开发利用信息资源，运用先进信息技术手段改造、装备经济社会的各个领域，提高区域经济社会的数字化、智能化水平，创造高度智能化的社会财富；深化文化资源开发，建设知识密集型的先进文化产业，促进现代科技与文化的融合发展，促进精神财富的极大丰富和人们精神素质的不断提高。

2. 以深度开发为主同时兼顾广度开发

沿海地区在重点实施区域资源深度开发的同时，还必须兼顾广度开发。广度开发的重点主要是扩大开发利用海洋资源、全球资源、空间资源等。其中，从深度与广度的结合上开发海运资源和港口资源，是合理扩大开发利用海洋资源和全球资源的关键。要结合各地区、各行业和各个企业的实际，探索、完善以深度开发提升广度开发、以广度开发促进深度开发的战略模式，使经济发展的基础更加坚实，发展的源泉更加深厚、广阔。

3. 提高区域开发的文明化水平

实行人本化和环境友好型的开发模式，开发利用自然资源和科技、文化、社会资源与生态环境保护协同推进，建设科技进步快、资源利用效率高、绿色化领先全国的区域经济体系。

（二）实现沿海经济带的结构和功能升级

中国沿海经济带的形成和发展已经有一千多年的历史。在古代的经济发展中，沿海地区依赖气候、海运和鱼盐等条件和物产之利，逐渐发展成为百业兴旺的富庶之地。在近代以来的民族工商业发展中，特别是新中国成立以来的工业化建设和改革开放时期的经济发展中，沿海经济带都是全国最大的综合性产业载体和主要的增长极，是中国与世界各国交往的主要门户和窗口。但是，在21世纪的世界发展格局中，作为海上丝绸之路经济带的引擎和重要构成部分，沿海经济带必须加快结构调整，增强产业聚集、科技创新、驱动外向发展、扩大文化传播与交流等经济社会功能。在激烈的国际竞争中，只有以产业结构升级为主导，加快沿海经济带的结构和功能升级，才能有效带动东部地区以致全国的更快发展，在海上丝绸之路经济带建设中和全球分工链条中占据有利位置，在“一带一路”倡议中发挥关键性作用。

沿海经济带的结构和功能升级，应当突出以下三个重点：

第一，在空间上实现延伸发展，通过延伸发展优化空间结构，扩大资源开发利用的范围，增强经济实力和对国内外地区的带动能力。沿海经济带一方面要向国外的海域和陆地延伸，由国内经济带上升为覆盖国内、国际更大范围的跨国经济带；另一方面要向国内延伸，提高与中部地区的融合度。

沿海经济带在其北部要向日本海、鄂霍次克海沿海地区延伸，形成东北亚经济带；在东南部要向菲律宾、澳大利亚、新西兰等东南太平洋地区延伸，形成中国—澳大利亚—新西兰经济带。沿海经济带在空间上向南北延伸的同时，要进一步增强其外向驱动发展的功能。沿海的基础设施、制造业、服务业、海洋产业要形成优势产业群并保持强劲、可持续的发展能力，与沿线国家的产业链形成越来越紧密的衔接。沿海地区要提升对外投资能力，支持越来越多多的企业走出去，在海外建设资源开发基地和加工业、服务业基地，成为贯通、衔接国内外产业链的重要桥梁。把海外市场作为金融业发展的重要推动力，促进金融企业向海外扩大发展，为沿线地区的实体企业提供金融支持。

沿海经济带向国内延伸的重点是：以京津冀为核心的环渤海地区通过分支轴带向华北和东北腹地延伸，分别形成哈大一体化、京津冀一体化的发展格局；长三角地区向长江中上游地区延伸，形成沿长江经济带一体化发展格局；珠三角地区向东、北、西三个方向延伸，形成粤闽赣湘桂港澳以及海南、四川、云南、贵州一体化的泛珠三角发展格局。京津冀、长三角、珠三角等大型城市群以及沿海经济带整体，都要沿多条分支经济带向中西部的内陆地区延伸，扩大辐射带动范围。沿海经济带向国内延伸的同时，要相应地增强其带动内地发展的功能。进一步提升沿海与内地的交通、通信等设施联通水平，以及沿海与内地的产业配套和经济协作水平，以交通通信网和产业链为主要纽带，适时向中西部地区转移产业，有效辐射带动内地发展。促进沿海企业与内地企业建立广泛的合作、联盟关系，形成门类越来越多的区域联合型优势产业群。沿海要带动内地发展对外合作，以不断增长的对内对外投资和进出口贸易满足“一带一路”沿线地区的市场需求，并引发新的市场需求，刺激、带动更多的优势产业生长。

第二，沿海经济带的主要城市群即环渤海、长三角、珠三角、山东半岛、海峡西岸等，加快内部结构优化和相互融合发展步伐，向大型城市群集群带和城市群连绵区过渡。以产业升级和产业配套为主动力，提升各城市群的发育水平，增强城市群和城市群连绵区的经济实力和国际竞争力，发挥全国最大增长极、国际大型增长极的功能。进一步提高各城市群核心地区以及核心地区与非核心地区各类成员城市之间的交通通达水平，加强公路、高铁、城轨、地铁的充分衔接，分别实现半小时、一小时城镇圈的通达目标和城市群的同城化目标。调整、优化交通通信网络和城镇网络的结构，以空间联系的紧密化、便捷化、合理化促进城市群、城市群连绵区产业一体化发展。加快京津冀、粤港澳大湾区建设，以深化成员城市之间的分工和强化其协作为主动力，优化环渤海、长三角、珠三角三大城市群的内部结构，增强其在国内外更大范围配置资源、聚集扩散优质经济要素的功能。加强沿海主要城市群与台湾省的空间一体化和经济一体化联系，增强其通达性、便捷性、互补性功能。进一步强化沿海城市群和台湾省的产业载体功能，提高“五群一省”的产业配套水平和一体化发展水平。

第三，建设引领新的科学技术革命的新一代区域增长极。随着沿海三大城市群的不断融合发展并带动更大范围的发展，沿海各类地区的发展将逐步趋于相对均衡状态。传统的以工业化为主要发展特征的增长极，如大型企业、主导行业或支柱行业、中心城市、城市群、产业密集带等，随着区域均衡状态的到来，其极化发展的功能也逐渐弱化。沿海地区在相对均衡发展即将到来的时期，必须适时建设新一代的增长极并逐步取代传统增长极，发挥引领新的科学技术革命和产业革命、引领高度信息化和现代化发展的功能。新一代的增长极主要是指掌握世界最先进科学技术的大型企业、大型研发机构、科技园区和支柱产业，以及以高端技术产业为主导的中心城市和城市群。建设新一代增长极的主要目的是加快提升区域创新水平，使科技自主创新取得重大战略突破，综合创新能力快速提高，并有效带动经济发展，搭建起高度信息化经济也就是后工业经济的结构框架。新一代增长极的核心是以“北上广深”为主要依托的国家级科技创新试验、示范区和自由贸易试验区等新型的产业集群。依托沿海三大城市群和主要的区域核心城市，特别是“北上广深”四个核心城市，建设各有分工但又紧密协作的世界级科技创新中心，集聚全球科技、人才、信息等重要资源，提升科研开发机构和科技创新园区的国际竞争力，使之发挥科技发展极和知识创新增长极的功能。建设科技创新实力迅速增强的国际大都市和国家级核心城市，使之成为东部城市体系的主导力量。将北京建设成为世界科技—文化创新型城市，形成以基础知识创新为主的科技—文化核心。将上海建设成为国际科技—金融中心和航运、高端制造中心，形成以科技、先进制造、现代服务业为主的创新中心。将广州、深圳建设成为以企业创新为主导的高端产业基地，侧重发展高科技经济。将天津、青岛、苏州、宁波、南京、杭州、厦门、福州等建设成为各具创新优势的中心城市，增强与北京、上海、广州—深圳的协作配套能力。发展城市之间、省市之间的科技协作，建设区域科技创新网络体系，及时、高效地转化和扩散先进科技成果。以华为等在科技前沿引领发展的创新型企业为典型，建设以进入世界500强和全国500强企业为主体的高科技骨干企业和企业群，使之成为所在行业的主导力量。建设高科技产业、新兴服务业产业群和全球高端产业基地，快速发展壮大高端制造业，将传统工业改造提升为高科技工业，将产业集群、工业园区、老工业基地改造提升为高新技术产业和知识服务业集聚区，使之成为带动经济转型的支柱。建设和健全北上广深创新中心向所在城市群及其腹地传导、扩散创新成果的空间通道和协作渠道，有效辐射带动沿海和中西部地区的科技创新和高科技产业发展。

（三）带动东部地区的转型发展

以沿海经济带的结构和功能升级带动整个东部地区加快转型发展，使之率先进入世界发达地区行列。

东部地区转型发展的战略重点主要有：

1. 确立科学化、人本化、绿色化的发展方向

推动经济社会向高度科学化、信息化、知识化发展；进一步提高居民生活水平和社会共同富裕水平，显著缩小收入差别；由点到面，探索和建设人与自然和谐共生的绿色经济形态，发挥对全国经济转型的示范和带动作用。

2. 以新的思路调整经济结构

调整东部地区经济结构的新思路包括：以新一代增长极为重要载体，培育、发展知识化的新型经济主体，培育、发展高度科学化的经济实体和经济综合体；促进企业转型升级，形成高科技、高效益、低碳型微观经济基础；建设创新驱动型的产业体系，发掘、转化自然界和经济社会系统的深层潜力，实现产业体系的高端化、服务化、绿色化，企业、行业、产业集聚区向科学化、高端化、低碳化转型升级取得决定性成功；建立以人为本、兼顾效率与公平的经济利益关系和社会关系，发展新型的经济结构网络；逐步改造、提升、融化旧的经济实体和经济关系，探索和形成适应后工业化发展的体制、机制，为全国的改革事业开拓新道路，经济社会向人本化、高度信息化和绿色化转型取得显著成效，新型经济结构占据主导地位并趋于成熟、完善；促进科学技术和战略性新兴产业快速发展，带动产业结构高度化；在资源开发方式转变的推动下，促进高技术产业和现代服务业更快发展，攀升世界产业链和价值链的高端位置，加快产业结构升级步伐；推动传统经济形态转变为以人为本和高度科学化、信息化、知识化、绿色化为主要特征的后工业经济形态，经济社会发展总体水平与世界发达国家和地区之间的差距显著缩小。

3. 提高经济发展的效率、效益水平

经济转型的核心是依靠以科技创新为主的综合创新，实现经济运行发展的高效率、高效益。要大力推进经济社会的知识化发展，提升全民创造力，增强科技自主创新和全面知识创新能力。创建更多的创新型企业和世界品牌、全国名牌，全面提高企业的生产效率、经济效益和国际竞争力。各经济特区、创新试验示范区、自由贸易试验区、经济技术开发区以及各类城市和城市群等，结合各自的实际条件，对照国际先进标准和先进水平，积极探索科技创新、区域深度开发、创新驱动发展、产业升级、深化改革、经济转型等方面的高效率效益的模式，总结普遍性的成功经验，发挥地区性和全

国性的引领、示范、辐射、带动作用。各省市等行政区要对照世界先进水平制定改革、管理方案和发展规划，使本地区尽快发展成为世界一流的经济发达地区，依靠不断提高的效率效益水平扩大区域市场容量，增强的产业承载能力、资本输入输出能力、文化影响力和综合经济实力。

4. 提高经济发展的均衡、协调水平

东部地区经济的均衡、协调关系中蕴藏着巨大的发展潜力。东部在继续发挥各种增长极的积极作用的同时，应当积极创造条件迎接相对均衡发展时期的到来。东部经济转型的重要领域和重要目标之一，就是在经济逐步进入发达状态的同时，注重提升经济社会发展的均衡、协调水平，为中西部地区提供非均衡的极化发展与均衡、协调发展相统一的经验。首先是提升东部不同地区之间的均衡发展水平，缩短城市群核心圈层与外围圈层之间、城市群与腹地之间、发达地区与相对落后地区之间、大中城市与县（市）、乡镇之间的发展差距，由非均衡的经济布局向均衡水平不断提高的网络化布局过渡，使落后地区的潜力得到充分发挥。广东等省市在提高县（市）、乡镇等基层地区的发展能力方面创造了许多成功经验，大批专业镇的崛起为区域均衡发展开拓出了一条可行的道路。今后在这方面应当探索更加多样的有效途径。其次是提升不同收入阶层的均衡发展水平，重点是提升低收入人群的综合素质水平和经济收入水平，缩小社会的科教文卫资源分配差距和经济收入差距，使社会的人力、人才、知识和利益关系资源得以更快增值。第三是全面提升区域经济、政治、社会、科技、文化发展的均衡水平及其与生态环境间的协调水平，扩大和深化开发利用各种经济社会资源、文化资源、生态资源，不断拓宽经济社会发展的潜力和源泉。

均衡发展是协调发展的重要基础。在推进均衡发展的同时，要通过深化改革、推行社会治理和现代化管理、加强法制建设等措施，调整经济利益关系和社会结构关系，消除社会利益方面和不同社会领域之间的摩擦、对立，提高社会文明水平。

三、建设沿边型国际区域经济中心

“一带一路”倡议使我国的一些边疆地区成为国际大区域的地理中心，将这些地理中心建设成为辐射带动国内和国际大区域发展的经济中心，发挥增长极的聚集—扩散作用，是“一带一路”倡议的重要举措。

在边疆地区建设辐射带动国内和国际大区域发展的经济中心，必然引起全国地区经济社会结构发生重大而积极的变化。由于长期以来边疆地区多被当作经济发展的边缘地带，没有真正对其实施重点发展的战略，甚至正是因其处于“边陲”的位置，故而忽视其在国家总体发展上的重要性，更多地考虑到边疆地区在国防安全、社会稳定、民族关系方面的问题，因而在基础设施、城镇建设、社会发展等方面往往欠账很多，经济社会发展普遍滞后。“一带一路”倡议意味着国家实行更加开放的边疆发展政策和加快跨国经济带的形成，由此必然引起国内外地区分工格局发生变化，有条件也有必要使一些“边缘”地带变成新的经济中心，成为拉动全国发展的新增长点。

（一）实行广度开发为主、深度开发为辅的区域开发模式

边疆地区的多数市（州）、县（市）地广人稀，土地、矿产、能源、水、生物等自然资源和旅游资源的普查、勘探、开发程度低，人口数量过少、资源开发不足、区域开发能力薄弱是经济发展的普遍性制约因素。建设沿边经济中心的基础条件之一，就是实行广度开发为主、深度开发为辅的区域开发模式，将资源优势转化为经济的快速增长。要通过与沿海、内地和国外的协作，引进先进的资源开发和资源综合利用技术，形成技术先进、特色产业快速成长、环境质量得到保障的区域发展方式。

边疆各地区要结合具体的区情条件，探索以增长极的深度开发辐射带动大范围的广度开发、以广度开发为深度开发积累投资能力的良性循环模式。广度开发的重点是：扩大开发利用优势矿产资源、清洁能源、闲置的土地资源和旅游资源等自然资源，扩大特色优势产业的规模，提高经济增长能力；合理扩大城市规模，建设新的城镇，加快城镇化步伐；在环境承载能力有保证的条件下，吸引沿海、内地移民，扩大对闲置优势资源的开发利用；立足本地基础条件，通过国际合作途径，如建立自贸试验区、国际产业园区、保税区和发展国际贸易等，扩大开发利用国外资源，发展外向产业。深度开发的重点是：提高资源型产品的加工深度，延伸资源加工产业链；深化开发金融、信息、科技、教育、文化、知识、创造力、社会关系、体制机制、管理等软资源，加快第三产业发展，提高社会文明水平；在经济发展进到较高水平的阶段，及时实现区域开发的战略升级，高起点、高水平开发利用优势自然资源和科技、人才、资金、信息等经济社会资源，形成高效益、多样性的新增长点，加快工业化、城镇化、信息化步伐。

（二）重点建设五大边疆经济中心

在中国广袤的边疆地区，可以形成多种多样的跨国辐射的经济中心。其中应当重点建设以下五个战略意义重大的经济中心：

1. 将新疆建设成为中国西部—中亚—南亚地区的经济中心

建设丝绸之路经济带将使新疆成为中国西部—中亚—南亚地区的经济中心，其中乌鲁木齐—伊宁地区将成为这一中心区的核心地带，喀什将成为新疆经济中心的副中心地区。建设新疆经济中心将显著推动新疆和中亚、南亚国家加快发展步伐，同时拉

动内地经济发展。

引导重点建设以乌鲁木齐为核心的环天山城市群，稳步扩大核心城市和主要成员城市的规模，增强其产业聚集功能和城市群的轴带枢纽功能，辐射带动全疆的产业升级和转型发展。在科技创新、战略性新兴产业、经济总量、吸引外资、文化发展等方面，发挥国际区域增长极和国内重要增长极的综合功能。

按照建设“五大中心”“三大基地”和“十大进出口产业集聚区”的思路，增强以城市群为主导的全疆一二三产业升级发展。按照建设丝绸之路经济带“三大通道”的思路，在交通方面重点建设联通内地与中亚、西亚、南亚以及欧洲和俄罗斯、蒙古国的铁路、航空、公路通道和能源、通信通道。其中，丝绸之路经济带的北通道走向大致为京津唐—大同—呼和浩特—准东—富蕴—阿勒泰—哈萨克斯坦—俄罗斯，中通道为上海—郑州—西安—兰州—哈密—乌鲁木齐—伊宁—中亚—欧洲，南通道为广州—长沙—重庆—成都—格尔木—和田—喀什—伊斯兰堡—瓜达尔港。以战略性的大通道建设促进国内国际要素有序流动、资源高效配置、市场深度融合，形成全方位对外开放的互利合作新格局。①

发挥新疆经济中心的功能，必须有效推动“一带一路”在中国西部、中亚、南亚这一地区的轴带体系建设。其中重点建设西伯利亚—中国新疆—巴基斯坦经济带的中区段，即中国新疆维吾尔自治区西部的阿勒泰—布尔津—克拉玛依—库车—喀什经济带，带动、促进南部区段（中巴经济走廊）和北部区段的发展，使之成为中巴、中俄哈利益共同体的重要载体。建设环塔里木盆地经济带和环准格尔盆地经济带，形成覆盖全疆的经济带网络。

2. 将云南、广西建设成为中国西南—东盟地区的经济中心

建设粤桂滇缅印经济带和俄蒙中泰新经济带将使云南、广西成为中国—东盟地区的两个重要经济中心，从而加快南贵昆大型城市群的形成，使南宁和昆明两地区的区域经济中心地位更加突出，保山、普洱、临沧、百色、凭祥、东兴等边境市将获得更快发展。

促进以昆明为核心的滇中城市群发育成长，发挥其沟通华南、中南、西北等主要地区和面向东南亚、南亚，连接太平洋和印度洋的跨国经济带枢纽功能。建设粤桂滇缅印经济带云南段和俄蒙中泰新经济带云南段，增强城市群沿主要轴带辐射带动国内外大区域发展的功能。依托滇中城市群发展云南与中国西南各省区和东南亚—南亚区域的经济合作，不断提高合作的深度和广度。

建设以南宁为核心的北部湾城市群，使之成为泛珠三角地区的副中心和粤桂滇缅

① 新疆维吾尔自治区发展和改革委员会：《新疆维吾尔自治区国民经济和社会发展第十三个五年规划纲要》。

印经济带的重要节点。加快建设南宁特大城市，增强其产业集聚、国际合作、金融服务、信息交流、商贸物流、创业创新等重大功能。北部湾城市群要面向以东南亚为主的海上丝绸之路经济带扩大开放，带动西南地区、西北地区与东盟等沿线国家开展经济合作。

3. 将西藏建设成为中国西南—尼泊尔—印度—孟加拉地区的经济中心

建设长江—雅鲁藏布江—南亚经济带和甘青藏印经济带，将使西藏成为中尼印孟地区的经济中心，其中以拉萨为中心的包括林芝、那曲、日喀则等在内的雅鲁藏布江沿线地区将成为这一区域的核心区。虽然由于自然条件和其他方面的原因，建设这一跨国经济带和拉林那日核心区面临着巨大困难，并将经历较长时期，经济核心区的规模也难以与国内的其他经济中心区相比，但长江—雅鲁藏布江—南亚经济带和拉林那日核心区的形成是这一地区发展的基本趋势，在促进西藏和南亚地区的发展中具有重大而深远的战略意义。

建设长江—雅鲁藏布江—南亚经济带和以拉林那日为核心的西藏经济中心的重要战略条件，是陆续实施并如期完成川藏、滇藏、甘藏、新藏铁路和高速公路工程和中尼铁路等互联互通工程，从根本上改善全国主要地区特别是西南、西北几省市区通向西藏和南亚诸国的互联互通条件。同时，配合实施水利、能源、资源开发、特色产业发展等其他方面的工程和政策措施，助推西藏自治区经济社会持续、快速发展；扩大与尼泊尔、印度、孟加拉国等国的经贸合作，通过不断增进共同利益，发挥上合组织等区域组织的积极作用，弱化、消除地缘政治方面的障碍，推进中尼印孟利益共同体的形成和发展。

4. 将黑龙江、吉林和蒙东地区建设成为东北亚地区的重要经济中心

建设东北亚经济带将使黑龙江、吉林和内蒙古东部地区成为东北亚地区特别是中俄日朝韩比邻地区的经济中心，其中哈尔滨地区的核心地位更为突出，图们江、通化、鸡西、佳木斯、黑河、满洲里等一批沿边城市将获得更快发展。

东北地区发展的重要制约因素，一方面在于东北相对远离国内经济发达的长三角、珠三角地区，以及经济较发达的长江中游、中原、成渝、关中等地区，空间的阻隔性限制了经济要素的快速流动和优化配置，使东北地区总体上难以深化与国内更多地区之间的区域分工和产业分工。另一方面，则在于东北地区面向周边国家扩大开放的外部条件迟迟不能具备，其中最主要的就是俄罗斯远东地区开发和北极航道的开拓进展缓慢，中俄在远东的合作范围和合作规模受到限制；中日韩自贸区建设因国际关系的复杂化而一再受阻；朝鲜长时期实行封闭的经济体制，中朝经济合作规模狭小，合作方式单一而低效。

建设以哈尔滨—长春为核心的东北亚经济中心区将会对上述制约因素产生消融、

化解的作用。同时，随着中俄经济合作的不断扩大和加深，中国与日韩关系的改善，以及中国与朝鲜经济合作的实质性改善，建设东北经济中心区的外部条件会越来越有利。特别是东北地区在自然和经济社会条件方面的诸多优势，将会使东北亚各国在与中国东北各类经济主体的合作中受益不断增大，区域合作有望实现较快升级。所以，建设以哈尔滨—长春为核心的东北亚经济中心区将会形成合作各方优势互补的良性循环，从而加快东北振兴的步伐，东北将成为仅次于沿海地区的经济发达地区。

重点建设哈尔滨—长春城市群，促进其发展成为中、俄、朝三国比邻地区跨国经济中心。增强哈、长两市聚集高端企业、高端人才和先进科研开发机构的能力，在东北亚地区发挥高科技、先进制造、国际贸易、现代农业、金融、文化的辐射功能和交通枢纽功能。不断深化城市群核心城市、成员城市及其带动的黑龙江、吉林、蒙东等地域的产业分工，形成日益发达的产业关联关系，增强与环渤海城市群的融合度。面向东北亚地区提高开放发展的水平，向国外延伸辐射范围，提高辐射、带动、示范的强度，推动中国东北和俄罗斯远东地区向一体化的经济合作区过渡。

5. 将内蒙古自治区中部地区建设成为中国华北—蒙古国—俄罗斯中部地区的重要经济中心

建设俄蒙中泰新经济带将使内蒙古自治区中部地区成为中国、蒙古国、俄罗斯中部地区的重要经济中心，其中呼和浩特—包头—鄂尔多斯—大同地区将成为这一地区的核心区，可以发展成为“呼包鄂大”城市群。

建设“呼包鄂大”中心区不仅有该地区良好的自然条件和经济社会发展的坚实基础等有利条件，而且有临近京津冀、受环渤海城市群辐射带动等有利因素，以及中俄合作日益紧密等外部有利条件。不利的因素主要是蒙古国经济规模小、产业结构单一和低度化，在一定程度上限制了经济中心的更快发展。

要注重发挥京津冀城市群对“呼包鄂大”经济中心的辐射带动作用，促进“呼包鄂大”经济中心与京津冀城市群、以太原为中心的汾河流域城市群、兰州—银川—西宁城市群和关中—天水城市群的融合发展，逐步形成以京津冀为龙头的华北—西北城市群连绵区。

重点建设呼包鄂城市群，增强其在国内外大区域的辐射能力。增强城市群和“呼包鄂大”经济中心区对区域经济的组织、带动功能，深化与银川、兰州、西安、太原、京津等周边城市之间的分工协作，促进大区域产业配套体系的形成和升级，带动西北、华北地区与中西亚、俄蒙、东亚开展经济合作，提升外向发展实力。发挥资源条件优越和产业聚集度高、产业结构较合理的优势，增强经济中心区的整体实力。加快贯通东西南北的综合运输网络建设，提高与周边地区和俄、蒙等国的互联互通水平，增强区域性物流中心的功能。

（三）实施经略边疆、振兴沿边地区的政策和规划

为了将边疆地区建设成为辐射国内外广大区域的经济中心，发挥对内对外的增长极功能，改变长期以来边疆与内地、沿海发展不平衡的状态，必须实施一整套经略边疆的政策和规划。这些政策和规划的重点主要有：确定全面建设边疆地区和在边疆地区建设新的经济中心区的政策方向，制定分期分类将边疆地区条件相对优越的区域建设成为经济发达区，使边疆地区的人口、产业、城镇分布更趋合理的远景规划、五年规划和重大工程规划；引导内地与边疆地区形成新的分工—协作关系，制定内地支援边疆和边疆与内地协作联合的优惠政策和专门规划；制定沿海和内地的产业向边疆地区转移、人口向边疆迁移的优惠政策，以及在边疆创新、创业、就业的优惠政策。强化建设边疆地区的基础设施，提升边疆与内地和国外的交通、通信快捷化水平。在国务院建立经略边疆地区的专门机构，统筹和协调边疆地区的发展以及边疆地区与内地、与邻国地区的合作。建立维护边疆发展的保卫、保障机构，有效维护边疆地区的经济运行和社会稳定。

（四）建设沿边地区的重要增长极

建设延边地区增长极的重点是促进边疆地区的国际中心城市、地区中心城市和城市群发展。要从跨国的区域发展大局和与周边国家建立长期友好合作的战略需要着眼，明确各个城市、城市群的发展方向、发展重点和分工地位，提升城市、城市群的设施水平和产业承载能力。依托城市、城市群建设高水平的经济特区、开发区、试验区、产业园区，使之成为边疆产业成长和国际经济合作的优良载体。依托边疆地区的优势资源和有利地理位置，扶持建设特色优势产业和骨干企业，增强行业式、企业式增长极对边疆发展的带动作用。

四、建设高质量发展的内陆经济中心

内陆地区主要是指由条带型的沿海、沿边地区所“包裹”的国内地区。我国的内陆地区主要包括：北京、山西、河南、安徽、湖北、湖南、江西、贵州、重庆、四川、陕西、宁夏、甘肃、青海共 14 个省市（自治区）。“内陆地区”以及与之相对应的“沿海地区”“沿边地区”这几个概念的含义并不很严密，它们之间没有十分明确的界限，彼此只有相对性的区别。如沿海、沿边省市（区）靠近内陆的一些市、州等地区，有的可以归入沿海、沿边地区，有的则可以归入内陆地区。有些省市区只有很小一部分地区属于沿海或沿边地区，因而基本上属于内陆地区，如甘肃等省就属于这类地区。

北京市虽然属于内陆地区，但是它距离渤海很近，一般总是将其归入沿海地区。这里所说的内陆经济中心，主要是地处内陆的城市群及其较近的辐射圈。

（一）明确内陆地区的区域分工职能

内陆地区在全国的区域分工中，主要是发挥承载多门类产业、为沿海和沿边发展提供配套条件、充当沿海和沿边的战略后方、培植、增强国家的综合发展能力和发展潜力等。

1. 承载多门类产业

作为世界经济大国，中国的国土资源特点、人口规模以及长期发展所形成的产业分布和地域分工格局等，决定了中国的产业门类是最齐全的。这是中国经济的一个突出优势，也是中国与世界各国发展合作、为世界发展做出越来越大的贡献的重要条件。中国实行陆海并重的开发发展战略，将使这一优势变得更为强大、更为健全。其中，发展内陆经济，建设内陆经济中心的重要目的之一，就是进一步深化与沿海、沿边地区的产业分工和地域分工，深化内陆各地区之间的分工，增强内陆地区承载更多产业和更大规模产业的能力，依靠产业门类的相对齐全和主要产业规模的合理扩大，增强抗外部风险的能力。

在世界科学技术革命的推动下，新兴产业迅速增多，产业构成体系处于快速变化之中。同时，传统产业也发生不断的分化，形成越来越多的新产业和细分产业。产业门类增多往往会给一个国家的发展带来风险。一些国家借助某种资源和科技方面的优势，形成了对某些产业的垄断性贸易优势，在交易中获得超额利润。中国应对这种挑战的办法，除过在沿海、沿边发展适宜的产业外，就是发挥内地在资源、科技、人力、地区、产业等方面的多样化分化发展的优势，及时调整资源的配置和投入，发展对全局发展至关重要的新兴产业、战略产业和暂时处于薄弱状态但在以后发展中越来越重要的产业，成为国家的战略性“产业库”。长期以来，内陆地区所承载的种植业、畜牧业、林业、能源矿产业、原材料、建筑等基础性产业，成为国家走向富裕、强盛的基础。航空航天、电子、机械制造、核原料、稀土、军工等产业，则是内陆地区所承载的关系国家未来发展成败和国防安全的产业。正是由于内陆“产业库”的战略作用，国家才避免了产业结构脆弱性带来的种种危险，并与沿海、沿边地区结成了日益紧密的产业链和产业协作网。

2. 为沿海和沿边发展提供配套条件

内陆与沿海、沿边不断深化分工，建立分工基础上的日益紧密的协作联合，是实现各自发展和增强国家综合实力的重要途径。对内陆地区来说，面对世界和国内产业分工的深化，必须与沿海、沿边地区共同分担新的产业分工职能，承载那些不宜在沿海、沿边地区发展的产业和与沿海、沿边产业紧密配套的产业。尤其是沿海、沿边地区在国防安全上往往有其一定的脆弱性，重要的军工产业、工程设施和战略意义重大的科研开发机构等，应当分布在内陆地区。同时，内陆地区自然条件和资源种类复杂多样，适合于发展多种多样的传统产业和新兴产业，能够通过产业链条为沿海、沿边提供供、需两方面的拉动力。内陆承载的产业门类越多、产业规模越大，沿海、沿边的发展动力也就越大，发展优势也就越强。

3. 充当沿海和沿边的战略后方

沿海和沿边虽然有其发展方面的诸多优势，但也有多方面的劣势。前文中提到的国防安全方面的脆弱性之外，更为重要的是沿海、沿边在资源、土地面积、人口、产业承载力以及文化、社会、民族等许多方面，都有其难以避免的局限性。尤其是在应对世界性、地区性的巨大风险方面，以及在经济的可持续发展方面等，沿海、沿边地区必须有内陆地区为其提供战略后方。作为战略后方，内陆地区可以为沿海、沿边地区分散风险，提供应急性的支持、援助和缓冲条件。内陆的资源、产业、经济网络、发展能力等，是以市场的和非市场的方式支持、充实、加强沿海、沿边发展的强大后盾。如沿海获得快速、高质量发展的重要条件之一，就是内陆各地长期培植的人才、人力、原材料、产成品、文化积淀等优质资源和短缺经济要素的源源供给。如果内陆经济过于落后，则难以向沿海、沿边提供足够的优质资源和短缺要素，也难以形成吸纳沿海、沿边要素的更大市场。相反，内陆经济发展与沿海、沿边的差距显著缩小，则两者之间的互补交往就成为强强联合，更易于形成水涨船高的良性循环。

4. 培植和增强国家的综合发展潜力

潜力是尚未形成现实能力的要素、条件、机会的总和。内陆的发展一方面是将资源、条件、机会等潜在要素转化为现实的财富和能力，另一方面则是为沿海、沿边和国家总体发展积累更多的要素，创造更多的有利条件和机会。内陆经济越是发展到更高的阶段，沿海、沿边和国家总体发展就会有更多的要素、条件、机会可供利用，就会有不断扩大的市场需求拉动其发展。当然，对于内陆地区来说，沿海、沿边和国家总体也是培植和增强综合发展潜力的源泉。国家的发展潜力，就是在不同的地区之间、不同的经济主体之间互利互动的关系中永无止境地增值和增强的。

（二）建设内陆地区的经济中心

有关内陆大中型城市群的建设思路已在本书第九章《建设国内主要的轴带枢纽城市群》中有较多论述。本节主要根据内陆地区的基本分工职能，从以下几方面强调建设内陆经济中心的特殊意义和重要思路：

1. 建设内陆地区的各类经济中心

建设内陆经济中心的重点是建设大中型城市群及其近辐射圈，使城市群所在的省市（区）及其比邻的县市成为一定地域范围的经济中心，并率先进入全国发达地区行列。此外还要重视建设小区域的经济中心，包括小型城市群和各级中心城市及其近辐射圈，形成星罗棋布的小型发达地区。通过建设各类经济中心，使各个城市群、中心城市彼此间以“墨迹扩散”的方式形成叠加、交叉辐射，加快内陆地区整体的发展步伐。

建设大中型城市群及其近辐射圈主要包括：

（1）建设以郑州为核心的中原城市群及其近辐射圈，其中近辐射圈的范围主要是河南省及与河南比邻的市县，城市群要带动形成以河南为中心的均衡发达地区。

（2）建设以西安为核心的关中—天水城市群及其近辐射圈，其中近辐射圈的范围主要是陕西省及与陕西比邻的甘肃东部和南部，以及山西南部各市县，城市群要带动以陕西为中心的这一地区发展成为西北最发达的区域。

（3）建设以兰州为核心的黄河上游城市群及其近辐射圈，其中近辐射圈的范围主要是甘肃省的中部、西部和青海省的东部、宁夏回族自治区的全部，城市群要带动以兰银西为中心的这一地区发展成为黄河上游发达地区。

（4）建设以武汉为核心的长江中游城市群及其近辐射圈，长江中游城市群包括武汉城市群、长株潭城市群和环鄱阳湖城市群，其中近辐射圈的范围主要是湖北、湖南、江西三省及其比邻的县市。长江中游城市群要带动以湘鄂赣为中心的这一地区发展成为相对均衡的发达地区，成为中部崛起的主要支柱。

（5）建设以重庆、成都为核心的成渝城市群及其近辐射圈，其中近辐射圈的范围主要是四川省和重庆市，以及与川渝比邻的周边市县，城市群要带动形成以川渝两省市为中心的这一地区发展成为均衡发达地区。

（6）建设一批小型城市群，包括：以太原为核心的山西城市群；以合肥为核心的安徽城市群；以贵阳为核心的黔中城市群。促进城市群带动其所在的省域加快发展，形成相对发达的区域经济中心。

（7）在城市群辐射力薄弱的地区，建设小区域的中心城市及其近辐射圈，形成小片区域的经济中心。

2. 增强经济中心的产业承载能力

建设内陆经济中心的主要目的，就是要以中心城市和城市群为主要载体，增强内陆各类地区的产业承载能力。增强产业承载力的重点，是依托城市、城市群的创新资源，提升区域创新能力，以创新促进创业，以创业支持、回馈创新，使创新资源不断转化为对其他各种资源的广度和深度开发利用，转化为新产业的产生、成长和已有产业的扩大、升级。增强城市群的“墨迹扩散”式辐射带动能力，使其辐射范围逐步扩大，扩展经济中心承载产业的空间范围，提升吸纳沿海和国外产业转移的能力。促进各个经济中心承载门类更多、规模更大、升级更快的产业，以此来扩大、深化经济增长的源泉，加固经济发展的支柱，实现内陆各地区经济持续稳定发展。

3. 增强经济中心的区域配套能力

建设内陆经济中心的又一重要目的，是增强其在全国区域发展中的配套能力。重点主要有：将沿海、沿边和内陆非经济中心地区的产业与内陆经济中心的产业衔接成跨区域的产业链，组织跨区域供应链的稳定运行，使跨区域产业链成为拉动沿海、沿边、内陆等不同地区一体化发展的主要力量；建设跨区域的重大工程，如建设跨区域的交通、通信、水利、能源工程等，提高内陆经济中心与沿海、沿边地区和内陆非经济中心地区之间的硬件连通水平；发展区域间的联合协作，提升内陆经济中心与沿海、沿边地区和内陆非经济中心地区的一体化发展水平。

为了实现全国和各地区的高质量发展，内陆经济中心作为连接沿海与沿边、发达地区与欠发达地区的桥梁和纽带，必须有效推动各类区域之间深化分工，形成发达分工基础上的高效良性互动的区际关系，使每一个较大的或较小的地区成为全国甚至全球区域分工—配套体系中不可缺少的一员。

4. 增强战略后方的发展保障能力

内陆经济中心作为沿海、沿边的战略后方，要增强对沿海、沿边和全国发展的保障能力。其重点主要有：以内陆的优势弥补沿海、沿边的劣势和缺陷，填补国家发展的供需求缺口，将沿海、沿边和国家整体对外发展的片面性缺陷降低到最低限度；不断增强产业承载力和市场容量，为沿海、沿边的产业发展和产业转移提供蓄水池和拉动力；发展对沿海、沿边和国家全局有重大战略支持功能的产业和特区；对沿海、沿边发展中遇到的灾难、困难、突然事件等提供援助、支援和各种缓解手段；储备国家安全所需要的特殊生产能力和特殊物资，承载国家安全所需要的特殊设施、特殊机构等。

5. 高效培植和增强综合发展潜力

内陆作为国家的脏腑之地，由于其面积广阔，自然和经济社会条件复杂多样，是国家综合发展潜力的主要蕴含区。内陆各个经济中心既是组织现实经济社会发展的主体和载体，同时也是培植、增强面向未来发展的各种潜力的主体和载体。内陆各个经济中心培植、增强综合发展潜力的实质，是通过制定和实施中长期规划和实现中长期发展目标的政策、制度等，长周期地生产和再生产区域的硬实力和软实力。培植、增强综合发展潜力的重点主要有：承载适量的人口，提高人口素质，优化人口结构，建设人才队伍不断壮大的广阔园地和深厚蓄水池；持续提高人民群众的收入水平，促进消费增长和市场容量的扩大，保持消费对经济增长的强劲拉动力；发展科技教育事业，为最大限度增值知识财富和智力财富奠定基础；发展各具特色的区域文化，高效生产真善美的精神产品，提高居民的文化消费和精神素质；改革陈旧体制，革除社会弊端，美化社会环境，生长和积累社会软实力；保护和改善生态环境，以良性循环形式增值生态财富。

内陆经济中心培植、增强综合发展潜力的战略，原则上也适用于沿海、沿边地区和国家整体。培植、增强综合发展潜力需要超越和克服短期目光、短期行为，以视天下若家室的主人翁精神，将一次次的短期投入转化为长周期的综合实力生长过程。

五、建设贯通全国各类经济中心的内陆轴带网络

广袤的内陆地区只有形成通达水平很高的经济网络，才能更好地发挥其区域分工职能。发达的内陆经济网络形成的基本途径，就是建设覆盖整个区域的经济轴带网，以轴带网促进、带动经济网的致密化和均衡化。

有关建设区域经济轴带网络的内容，已在本书第八章《建设覆盖全国并延伸到周边国家的经济带网络》中有较详细的论述。其中的要点主要是：建设东西向的三条主轴经济带及其主要分支轴带；建设南北向的四条主轴经济带及其主要分支轴带；建设以中心城市和城市群为“结节点”的经济带网络；促进经济带网络的结构升级。这里只在第八章内容的基础上强调以下几点：覆盖内陆的经济轴带网是覆盖全国并延伸到周边国家的经济带网络的核心部分；覆盖内陆的经济轴带网要更加致密；覆盖内陆的经济轴带网要有效加快内陆地区以及内陆与沿海、沿边地区的融合发展。

（一）内陆经济轴带网是覆盖全国并延伸到周边国家的经济带网络的核心

在覆盖全国并延伸到周边国家的跨国经济带网络中，内陆经济带网络处于地理空间上和经济交往关系上的核心位置。而覆盖大部分国土的内陆经济带网络也有其核心，如中原、关天、成渝、长江中游四大城市群及其近辐射圈构成的纵横轴带网，就是内陆经济带网络的中心或核心。

从支撑全国经济发展的重要性上来看，内陆经济带网络在覆盖全国并延伸到周边国家的跨国经济带网络中的核心地位更加重要。沿海地区经济在总量和发展水平上无疑是全国经济的核心，但沿海轴带网络却不具有全国和跨国轴带网的核心地位。原因主要是沿海地区是一个南北狭长的条带型地域，且区域发展相对均衡，其轴带网络在组织、协调全国总体发展方面的作用难以同内陆轴带网相比。相反，内陆轴带网能够将沿海、沿边经济轴带连成覆盖全国并延伸到国外的超大型轴带网络，在加速经济要素在国内外流动、促进各类经济中心崛起和发展、全方位传导和转化经济能量方面，

具有无可取代的战略核心功能。

（二）内陆经济轴带网要更加致密

内陆是国家的脏腑之地，脏腑的动静脉血管比其他器官的血管系统更加发达是毋庸置疑的。经济轴带网是区域经济发展到较高阶段但又尚未达到均衡状态的时期的一种经济空间组织形式。内陆地域广阔，条件复杂多样，经济社会的分化发展程度越来越高，组织经济的协调发展难度最大。除过体制、基础设施、宏观管理、技术等组织经济的手段外，经济轴带网络是从空间上和机制上组织经济运行发展的非常重要的手段。内陆各地区之间在分工规律的作用下越是走向特色化、优势化的分化发展，各种特色化、优势化的地区发展就更需要一个越来越致密的经济交往和经济布局网络来提供相互间的互促互补作用，使每一方的特色优势更强，所获得的互促互补作用也更大，区域整体因此而产生的综合效率、效益也更大。为了能够达到这样的目的，就要适应经济发展在每个阶段的需要，促进内陆经济带网络结构实现进化和升级。这种进化和升级包括内陆各主要经济轴带逐步延伸其宽度和辐射范围，并向两侧延伸发展多级分支轴带，扩大城市、城市群的规模及其辐射范围，逐步将大型的经济中心和市、县、乡镇、村等各级区域经济纳入轴带网络的覆盖和运行范围内，弱化以致消除许多基层地区、边远贫困地区过于封闭的劣势。网络的密度提高到一定程度，经济中心与远、近辐射区之间的差别就将趋于消失，区域经济就进入均衡、发达的高级阶段。

（三）内陆经济轴带网要有效加快全国各地区的融合发展

内陆经济轴带网由其核心地位所决定，是将沿海、沿边经济带连接成全国整体轴带网络的枢纽，沿海、沿边经济与内陆经济只有通过内陆轴带网的枢纽作用，才能走向融合。内陆各地条件复杂多样，其融合发展是全国各地融合发展的难点。内陆各地经济提高融合度，所依靠的主要条件之一，就是发达的交通网和经济轴带网。内陆经济在发展水平上是承上启下的角色，它比沿海经济水平低一个档次，但总体上比沿边经济要高一个档次。内陆经济网络通过市场的和非市场的途径，加快经济要素的流动并在一定的区点上实现优化配置，产生企业经营、产业成长、人口聚集、城镇发展等综合发展效果，形成不断增多的城市、城市群、城镇密集带等经济聚集区。这种效果首先会在东部与中部地区的过渡地带密集出现，带动中部崛起加快步伐，逐步实现中部地区与东部地区的融合、均衡发展。这种效果也将在包括沿边地区在内的西部地区和东北地区的中心城市、城市群、产业密集区等相对发达地区密集出现，使西部地区和东北地区的相对发达地区率先缩短与东中部地区的发展差距，实现“插花”式的区域融合发展。最后，这种效果将使中西部地区的欠发达地区在全国更大力度的扶持、反哺作用下加快发展速度，迅速缩短与发达地区的差距，提高全国整体的均衡发展水平。

第二节　建设现代海洋经济强国

科学技术革命和经济全球化的加快，使海洋经济在经济总量中的占比不断增大，发展海洋科学技术和促进海洋产业更快成长，已成为经济增长的重要引擎和国家竞争力的重要标志。我国提出“一带一路”倡议，以海洋运输线和沿海经济带连通东盟、澳洲、南亚、西亚、北非、欧洲、南北美洲等全球各大经济板块，发展面向全球的战略合作，从而使海洋经济、海洋科技、海洋文化在国家总体发展中的地位和作用更加重要，海洋空间、海洋资源和海洋运输成为关系国家盛衰兴亡的重大战略条件。因此，经略海洋，发展海洋经济、海洋科技和海洋文化，建设现代化的海洋强国，应当作为重大国策，为富民强国和推进世界文明发展提供重要保证。

海洋经济被看作是“基于海洋的经济”和人类“与海洋共存并得益于海洋”的可持续发展的经济。① 中国倡导的共建 21 世纪海上丝绸之路，既是中国连接世界的新型贸易之路，也是以建设全球各大洲沿海经济带为主要载体条件的蓝色经济发展之路。通过造福各国人民的“蓝色”合作共赢之路，将不断改善中国经略海洋的国际条件，促进中国与世界各国加强海洋合作、经济合作和政治沟通，以共同利益的增进来抑制、弱化以致消除政治分歧和战略冲突，极大增强合作各方的战略安全。

一、实行建设海洋经济强国的政策和策略

多年来，按照国家海洋经济发展的战略部署和要求，有关部门加强了陆海统筹工作，推动海洋事业发展和海洋经济运行保持了平稳、良好的态势。根据国家发展改革委、国家海洋局、国家海洋信息中心等机构发布的《中国海洋发展报告 2018》《中国海洋经济发展报告 2017》《2017 中国海洋发展指数报告》等，2010～2016 年中国海洋发展指数年均增速为 5%，② 表明近年来海洋事业保持了平稳发展态势。海洋经济已成

① 国家海洋局：《中国海洋发展报告（2018）》，第 100 页，海洋出版社，2018 年版。

② 中国海洋发展指数是对一定时期中国海洋发展水平的量化评价，以 2010 年为基期，基期指数设定为 100。该指数的编制是为了科学度量我国海洋发展水平，综合反映海洋强国建设成效，全面提升全民海洋意识。

长为国民经济的重要组成部分，总规模保持稳步增长。2017 年，全国海洋生产总值达到 77 611 亿元，比上年增长 6.9%，高于同期国民经济增速，占国内生产总值比重为 9.4%。海洋产业结构进一步优化，以海洋生物医药、海洋电力、海水利用为代表的海洋新兴产业持续快速增长，增速超过 12%，高于同期海洋经济增速约 5 个百分点；海洋渔业、海洋油气业、海洋船舶工业、海洋工程装备制造业的许多海工龙头企业加大技术投入，在高端海工装备设计、建造方面取得了重大突破。海洋电力、海上风电、海水利用业中海水淡化规模持续扩大；海洋第三产业增加值占海洋生产总值比重为 54.5%，其中处于领先地位的滨海旅游业增速高达 16.5%；海洋交通运输业总体运行平稳，全年实现增加值 6 312 亿元，比上年增长 9.5%；山东、浙江、广东、福建、天津五个海洋经济试点省市合计海洋生产总值占全国海洋生产总值比重达到 69.2%。2002 年到 2017 年的十多年间，全国海洋生产总值增速总体高于同期国内生产总值增速，表明海洋经济已成为稳定推动总体经济发展的颇具活力的领域。2017 年，我国涉海就业人员总规模达 3 657 万，占全国就业人员总数的 4.71%，比 2001 年净增 1 549.4 万人，增幅达 73.51%。海洋科技与人才支撑能力显著提升，海洋科技人员数量不断增长。

我国海洋经济和海洋事业虽然保持了平稳发展态势，但距海洋经济大国、强国的目标尚有相当长的路程。今后要进一步明确陆海并重的开发和发展战略方向，把海洋作为与陆地同等重要的发展空间、发展载体和新的经济增长领域，形成立足陆地、经略海洋、海陆互补、全球合作、共同发展的政策和战略取向，健全以海强国的战略规划和战略途径，坚定不移地建设陆海一体的经济强国。要总结中外历史上因海而致兴衰的成败得失，吸收借鉴近代以来葡萄牙、西班牙、英国、美国、俄罗斯、日本等海洋强国崛起和发展的经验，摒弃掠夺式、霸权式的海洋经略模式，走出一条科学、文明、互惠、友好的海洋经济发展道路。配合建设 21 世纪海上丝绸之路的战略，制定并不断完善经略海洋和依托海洋经济带推进全球合作发展的政策体系。要在扩大、深化海洋科考的基础上，制定、实施开发海洋资源、发展海洋经济的规划，优化海洋经济发展的布局和实施方案，稳步向海洋经济强国的目标迈进。

在海洋经济领域必须加快传统海洋产业的技术升级，加快海洋新兴产业特别是战略性新兴产业的培育和发展。要稳步提高对海洋资源的开发利用水平，扩大在公海海域发展海洋运输、海洋渔业、海洋矿产勘探开发的生产经营范围和海洋维权执法。推进浙江海洋经济发展示范区、福建海峡蓝色经济试验区、舟山群岛新区等示范区和海洋产业园区建设，加大海南自由贸易试验区建设力度，探索蓝色经济发展的成功模式。建设与蓝色经济发展相适应的科技、教育体系和金融、涉外等服务业，提高海洋经济的国际竞争力和国际合作水平。要进一步优化建设 21 世纪海上丝绸之路的规划、方案和国际合作方式，建立以睦邻、合作、互利、共同命运为基础的各大洲沿海经济带，提高在蓝色经济领域的国际合作水平。

二、优先发展壮大海洋运输业

现代海洋运输是关系国家命运和世界发展前景的重大战略领域。在全球化市场经济条件下，海洋运输已成为一种自身发展强劲且综合带动功能强大的战略性产业。中国经济保持持续、较快发展加大了对世界市场和世界资源的依赖，由此使中国的经济交往活动必然要由陆地延伸到越来越广阔的海洋，而这无疑使中国的经济和国家的战略安全对海洋运输的依赖程度不断提高。因此，必须充分发挥海洋运输成本低、运量大、对经济发展的带动力持久而强劲的优势，发展壮大海洋运输产业，提升海运、造船、港口建设的科学技术水平、经营管理水平和产业现代化水平，使之成为拉动经济增长、推进产业结构升级的重要推动力，成为保障国家战略安全的重要条件。

（一）我国海洋运输发展取得了举世瞩目的成就

随着中国经济的长期持续增长，中国海洋运输产业也实现了持续快速发展。沿海港口生产保持平稳增长，港口设施建设进一步完善。据联合国贸易和发展会议发布的《2017 年海上运输回顾》报告，2016 年，中国船舶数量居世界第 1 位，在全球造船总吨位前 3 名国家中排名第 2，在五大船东经济体的市场占有份额中排名第 3，在四大拆船国中排名第 4，在船舶商业价值五大国中排名第 4。

中国海运企业发展迅速。中国远洋运输（集团）总公司与中国海运（集团）总公司于 2016 年适时进行了重组，成立中国远洋海运集团有限公司，显著提高了中国航运企业在国际航运业的地位，增强了中国海运企业的全球化布局和国际化竞争力。2018 年中远海运位列世界 500 强企业第 335 位，其经营业务涉及全球 160 多个国家和地区，远洋航线覆盖全球 1 500 多个港口，在境外投资码头 21 个，形成了遍及世界各主要地区的经营网络。

中国港口发展令世人瞩目。2017 年，全球十大集装箱港口吞吐量排名中，中国占据 7 个位次，依次为上海港第 1、深圳港第 3、宁波—舟山港第 4、香港港第 5、广州港第 7、青岛港第 8、天津港第 10；全球 20 大港口货物吞吐量排名中，中国占据 14 个位次，依次为宁波—舟山港第 1、上海港第 2、苏州港第 4、唐山港第 5、广州港第 6、青岛港第 7、天津港第 9、大连港第 11、营口港第 13、日照港第 14、烟台港第 16、湛江港第17、香港港第18、南京港第20。[①]“一路一带”倡议促进中国企业越来越多地参与海外港口建设，以获得海外港口经营权为主要形式的港口合作，正逐渐成为中国与港口所在国家经济合作的重要方式。从2002年正式开工援建瓜达尔港至2017年的十多年里，中国参与海外港口建设的项目有10多个，其中获得了7个国外海港的建设和经营权，包括斯里兰卡的汉班托塔港、巴基斯坦的瓜达尔港、以色列的阿什杜德港、希腊的比雷挨夫斯港等。这些港口位于航运要道，具有重要的地理和战略位置，可以建设大批临港型产业和产业集群区、开发区、经济特区等。建设这些港口能够为中国有提供保障海上运输线的基地，同时为国际贸易提供海上通道的便利和公共物流支点，是共同开发海洋资源和陆上资源的重要领域，也是中国建立海上贸易通道的新方式。

（二）发展海洋运输业是海洋经济发展的战略重点

中国经济发展对海洋运输业的依赖程度还将进一步增大。只有大力发展海洋运输业，壮大海运船队，增强国际海运竞争力，才能提升能源、原材料等战略物资的运输保障能力。在全球船舶运能持续过剩、航运业收入增长缓慢、许多航运行业如集装箱运输等严重亏损的情况下，中国航运业要拓展发展视野，认识到全球贸易发展拉动海上运输增长的潜力在不断扩大，海上互联互通能力急需加强。要看到，“全球超过80%的贸易伙伴之间没有直接的海上联系”，这些贸易伙伴因“缺乏直接的海上连接会导致出口额降低40%，而拥有直接的海上连接的贸易伙伴则可以将贸易成本降低9%，”[②]这其中蕴含的发展潜力是巨大的，中国进一步扩大海运规模、增强海运竞争力有着广阔的空间。发展海运要注重弥补短板、增强优势、积蓄竞争实力，在逆境中实现稳步增长。要建设具有强大国际竞争力的海运、造船和港口企业，为海洋运输业发展提供坚实的微观基础，较快由海运大国发展为海运强国。

（三）建设现代化的港口体系

港口是铁路、公路、内河和海运的转运枢纽及集散中心，由于港口的辐射带动功能，港口所在的城市及其周边地区的经济一般都比较发达。[③] 为了促进海运业及其众多关联产业的发展，必须进一步加强港口建设，形成素质精良的港口产业群。要依托我国沿海地区的天然有利条件，充分开发利用优良港湾、各类港口特别是深水港的资源和潜力，加强上海、天津、宁波—舟山、广州、深圳、湛江、汕头、青岛、烟台、大

---

① 中华人民共和国交通运输部：《2017中国航运发展报告》，第51～52、60页，人民交通出版社股份有限公司，2018年版。

② 联合国贸易和发展会议报告：《2017年海上运输回顾》，《中国海洋报》，2017年版。

③ 陆琪：《世界海运地理》，第55页，上海交通大学出版社，2011年版。

连、福州、厦门、泉州、海口、三亚、北海等沿海城市港口建设，完善港口布局，形成以上海、宁波、大连、天津、厦门、香港等国际航运中心为主导，大中小型港口合理布局的现代化港口体系和港口城市体系。国际航运中心要向世界最先进的水平攀升，成为“洲际供应链”与“物流集成服务”的引领者，有能力将大宗矿产、石油能源和制成品进行最优化配置，创造“国际航运生产力”的新水平。

港口和港口体系要以国内各地区和世界各国的贸易为主要服务对象，服务能力覆盖国内和全球的沿海城市及其腹地。配合港口体系建设，加快上海自贸试验区、广州自贸试验区等沿海港口城市自贸试验区建设步伐，探索和健全国际航运中心、国际物流中心、国际金融中心三者密切配套的体制和运行机制，形成与国际通行规则全面接轨的自贸区政策和港口运行发展机制。适应航运中心自由贸易的需要，实现资金自由进出进行交割交易，吸引更多的国外货物在航运中心中转、交割和自由交易，稳步增强上海、宁波等国际中转大港的综合功能，提高其在航运、中转、金融服务、货物定价和自由交易等方面的国际竞争力。

拓展港口服务功能，加快港口物流发展，在沿海地区形成航线稠密、航运市场发达、物流承载功能强大、航班众多、服务功能健全的世界一流的航运业密集带，使之在国家整体发展中发挥战略性的支撑和带动作用。

正确处理沿海港口之间的利益关系，形成竞争服从于联合协作、国内竞争与合作服从于国际竞争需要的实体或联合体。集中优势力量建设上海等国际航运中心。根据国际竞争需要，借鉴国内行业巨头合并重组的成功经验，组合沿海港口在深水港湾、深水岸线、地理位置、临港产业聚集区、经济发达的腹地等方面的优势条件，组建以实力最强的港口为核心企业的港口企业集团，形成有强大竞争力的国际航运与金融中心港。依托天然深水良港的优越条件，积极建设泉州湄洲湾等后备国际中转港，增强沿海港口体系的中期和远期的国际竞争力。注重以发达的航运业带动先进制造业和国际贸易、国际金融、信息、科技、文化等现代服务业发展，合理扩大临港产业规模，促进港口城市的产业升级，使临港产业、港口城市和城市群与海洋运输业之间形成良性互动的发展机制。

建设强大而健全的航运服务体系，提供高质量的转口贸易、中转运输，货物集散吞吐、市场交易、保险、航运信息、海事及海运咨询等航运服务。促进形成发达的市场交易、高效的价值增值、先进而巨大的加工制造和多式联运集疏运体系。不断改善、健全港口、航道、大型机械设备、智能化技术以及公路、铁路、航空、水运等集疏运和各种短途运输的设施条件，保证腹地的货源便捷、有序地进入港口物流体系中。促进港口设施加快改造和升级换代，以较短的周期实现由传统运营模式向现代化、智能化模式过渡。

充分发挥港口、港口城市带动内陆发展的功能，建设以港口城市为主要节点的经济带。依托中远海运等骨干海运企业，强化海铁联运、江海联运设施，发展内陆无水港，促进沿海港口城市的辐射力沿经济带向中西部地区延伸、渗透，带动中西部地区的进出口贸易和一、二、三次产业发展。同时，扩大对亚欧非拉等地区的运输业投资，发展跨国跨洲海铁联运、国际班列，由沿海深入亚欧非拉腹地开拓物流通道，助推国际合作发展。

中国经济和海运业的更大发展必须有保障海上运输线的国外基地，因此要与更多的国家和地区合作建设海外港口，尤其要重视建设为中国海运业服务的海外枢纽港，发展临海型产业基地。以海外港口建设推动延伸覆盖全球的国际航线网络，连接和调动全球的航线服务，发展服务全球的物流体系，拓展合作发展海洋运输业和海洋经济的空间。

大型海运企业和港口企业要在加快自身发展的同时，发展与世界著名航运企业、港口企业之间的合作，建立强强联合、强强联盟，提高企业运行效率、经济效益和国际竞争力。

三、从广度与深度结合上开发海洋资源

以科技创新为主要驱动力，全面开发利用领海和外海的海洋生物资源、海水化学资源、海洋新能源、海底矿产资源、海洋空间资源、海岸和滩涂资源、海湾和海港资源、海岛资源、海洋气候资源等，发展规模大、素质高、现代化水平不断提高的海洋产业群。在优先发展海洋运输业的同时，重点发展先进的海洋装备制造业、海洋种植养殖业、海洋渔业、海洋能源和矿产业、海洋工程建筑业等产业。海洋装备制造业要以造船、建造海上石油平台、海洋矿产开采设备和海洋科学考察设备制造业为主，向世界一流水平攀升。适应国内外旅游消费需求，发展海滨度假旅游、海上观光旅游、海岛生态旅游等海洋旅游业。积极建设海外的渔业基地、能源矿产基地、加工业基地、贸易和投资基地，配套发展海外金融业、服务业，加快发展海洋高科技产业。建设海外产业园区、经济开发区，形成与东道国密切合作、互利共赢、共同发展的海洋产业聚集区。吸收、借鉴世界各国海洋文化精华，发展兼收并蓄、丰富多彩的中华海洋文化，创造和构建体现中华民族特点的海洋文化体系。发展各种形式的海洋教育，大力培养经略海洋所需的科技、经济、文化、海事人才，形成以人兴海、以海富民强国、造福世界、惠及全人类的海洋经济文化体系。

四、发展海洋科学技术

未来的经济发展将越来越依赖海洋资源的开发和海洋科学技术的创新、发展。只有先进的海洋科学技术才能使人类更大规模地开发利用各种海洋资源。成功经略海洋的核心是加快海洋科学技术的创新、发展，为海洋运输和海洋资源调查、资源勘探开发和海洋产业群的发展壮大提供先进技术手段。要建设世界一流的海洋科学技术体系，建设门类相对齐全的海洋科学技术研发机构，形成一批发达的海洋科技研发基地，使海洋开发、海洋产业发展和海洋环境保护获得迅速增强的创新驱动力。加强对海洋科技、海洋经济发展的监测和预测，创立、发展现代海洋开发的经济和社会理论，为建设海洋经济强国提供科学的指导思想和理论依据。

第三节　稳步扩大“一带一路”轴带体系的覆盖范围

一、不断提高轴带体系内外的互联互通水平

稳步扩大“一带一路”轴带体系覆盖范围的首要条件，就是不断提高轴带体系内外的互联互通水平，使经济带的运行发展能力与交通通信设施的综合服务能力形成相互促进的良性循环。

（一）“一带一路”基础设施建设仍面临长期的和多方面的困难

早在20世纪60年代，亚洲许多国家就提出了建设泛亚铁路和亚洲高速公路网的设想和规划，目的是促进亚洲国家以及亚洲与欧洲大多数国家建立广泛、持久的经济合作关系。但是泛亚铁路和亚洲高速公路网规划的实施进展十分缓慢，直到中国实行改革开放政策以后，特别是中国提出和实施“一带一路”倡议以后，泛亚铁路和亚洲高速公路网规划才加快变成现实。

中国在“一带一路”倡议中，首要的措施就是实现“一带一路”沿线国家间的互联互通。由于中国地处亚洲中部且国土面积辽阔，在“一带一路”沿线地区所处的地理位置十分重要，中国国内的交通通信基础设施网络建设实际上成为了实现泛亚铁路

和亚洲高速公路网规划目标的主体工程。中国在改革开放的几十年间不仅卓有成效地完成了这一工程，而且加快了国内交通通信网与周边国家交通通信设施的衔接和联网，使泛亚铁路和亚洲高速公路网的几条主干通道几乎全部连通，其中中国带头建设泛亚铁路的中国—东盟通道的推进速度最快。中国在实施“一带一路”倡议的短短几年间，通过大量投资和参与国外工程建设，促进亚洲主要国家之间以及亚、欧、非三大洲之间形成了互联互通的干线铁路网、公路网和航空网，形成了沟通太平洋、印度洋、大西洋三大洋的大陆桥，极大地改善了东亚地区通向世界各大陆的海运网络，同时也使中国成为全球首屈一指的海运大国。

然而，“一带一路”在基础设施建设方面仍然面临着诸多的困难和问题。当年的泛亚铁路网和亚洲高速公路网规划虽然实现了一些骨干工程的目标，但是由于国家、民族间的分歧和冲突，仍有一些未建成的路段，如印度与缅甸之间、缅甸与泰国之间的铁路，以及许多地段之间的公路等尚未建成。泛亚铁路在技术上尚处在国家间铁路轨距不同的障碍。东南亚、南亚、中亚、西亚、俄罗斯、中国等国家使用着 4 种不同轨距的铁路轨道，有不同的技术标准，将这些国家的铁路连接起来困难很大。亚洲许多国家的铁路由于建成年代久远，总体上需要更新换代。统一亚洲和亚欧非国家间铁路所经国家的海关、检疫、安全检查以及文件填报程序等，虽然进展较快，但仍需时日。建成适应经济合作发展的泛亚铁路网、非洲铁路网和连接亚欧非的公路网、综合交通网，以及开通新的海运航线、建设更多的现代化港口等，不仅投资量巨大，短期内难以筹集所需资金，而且受到社会制度、民族冲突、地缘政治等方面的阻碍，需要国家之间进行长期、艰难的多边协调，合作的难度很大。

（二）进一步发挥中国在“一带一路”基础设施建设领域的优势

促进“一带一路”地区互联互通水平的提高主要依靠沿线各国的紧密合作，其中，中国对沿线各国进一步发挥带动和影响作用，提升合作的广度和深度，是实现更大发展的主要途径。为了战略上的更大目标和长远利益，要重视建设战略意义重大、投资量巨大、技术难度大的交通通信项目，重视打通重要交通线的“卡脖子”屏障，不失时机地完成“天堑变通途”的建设工程。中国在这方面已经创造了诸如青藏公路、川藏公路、青藏铁路、成昆铁路、港珠澳大桥等世界性的成功经验，正在创造川藏铁路、滇藏铁路、中尼铁路等新的世界交通壮举。随着国力的进一步增强，中国的交通建设经验及其积累的经济技术实力，以及交通建设带动产业发展、城镇兴起、城市链发育和地区间的全面合作，正在对世界的交通建设和经济发展产生广泛的影响。今后随着国力的进一步增强和国际合作的发展，在提高国内外互联互通水平领域，也必然会将更多的天堑障碍、政治关系障碍、文化障碍转化为合作发展的有利条件。

为了进一步提高“一带一路”沿线的互联互通水平，中国还必须进行长期不懈的努力。在国际互联互通建设中，首要的是必须加强与周边国家的交通通信合作，建设高水平的出国、出海交通通道和国际通信设施，提升与周边国家的交通通信网联网水平。

进一步推进中越、中老和中缅印孟铁路通道建设。中国与越南已有三条铁路相通，现在正在建设由防城港经东兴与越南规划铁路相连的快速铁路，形成中越第四条通道。中老铁路将于2020年建成通车，中泰已达成高铁合作协议，中老、中泰铁路将形成连接中国、老挝、泰国、马来西亚、新加坡的国际运输通道。中缅印孟铁路通道包括昆明—大理—瑞丽—腊戌（缅甸）、昆明—大理—腾冲—密支那（缅甸）、昆明—大理—临沧—腊戌等主要出国铁路线。

积极推进中国与南亚国家的交通通信合作，包括中巴、中尼铁路和公路建设，以及中印铁路技术合作等。中巴合作建设连接巴基斯坦瓜达尔港与中国新疆喀什的一系列公路、铁路、油气管道运输以及光缆项目的计划协议正在实施。中尼铁路即青藏铁路延伸到尼泊尔加德满都的铁路已开工建设，并将与尼印铁路连通。中国已在印度投资兴建轨道交通装备电气牵引设备制造企业，扩大为印度铁路建设提供技术装备支持。

进一步加强中国与上合组织成员国的铁路合作，促进上合组织成员国间形成发达的交通通信网。中俄在中国东北、华北地区与俄罗斯远东地区和伊尔库茨克地区已有4条铁路相通，双方进一步确定了合作建设北京至莫斯科的欧亚高速运输通道，包括莫斯科至喀山的高铁项目等。中俄之间已经建成了东、西2条输油管道，并计划建设东、西2条输气管道。中国与哈萨克斯坦已有2条铁路相通，双方还将协商规划第三条国际铁路即中国塔城至阿亚古兹的铁路。中哈铁路合作使连云港成为中亚国家的重要出海口岸，使中亚货物进口量和通过连云港输向东亚、东南亚市场的转口量迅速增长。中国—中亚交通沿线城市的海关大力推动通关便利化等领域的先行先试改革，使中国与中亚之间的互联互通水平得到更快提升。中国与吉尔吉斯斯坦、乌兹别克斯坦合作的中吉乌铁路项目前景十分广阔，该铁路可以延伸到伊朗和土耳其等国，与欧洲铁路网联通，成为中国经中亚直通西亚、欧洲的战略性国际通道。中国应当努力与主要过境国伊朗、土耳其、吉尔吉斯斯坦、塔吉克斯坦、阿富汗等签署、执行有关协议，及早建成“中国—阿拉伯钢铁丝绸之路”。

此外，中国还应当在以下几方面发挥引领作用，做出自己的贡献：

第一，适应新的国际合作发展需要，积极探索、开通新的海运航线，建设覆盖世界四大洋、五大洲的海洋运输网络，实现由海运大国向海运强国过渡。

第二，积极发展与世界五大洲有关国家的港口合作，建设连通国内外的港口链，建成支撑海运强国的开放、发达的港口产业体系。

第三，以互利合作为基本原则，积极投资和参与世界各国的交通通信业发展，重点帮助发展中国家建设先进、健全的交通通信设施，促进交通通道和通信网络由沿海深入内陆腹地。

第四，攀登世界交通通信科学技术最高水平，占领并长期保持交通通信技术的优势竞争地位。进一步提高中国在高铁的勘察设计、施工建设、装备制造、运营管理方面以及在通信等领域的技术优势等级，制定和推广中国在优势技术领域的标准体系，形成世界知名品牌。

（三）加快国内综合交通网和战略性交通通道建设

适应国民经济发展需要，进一步完善和实施国内中长期交通通信发展规划，建成世界一流的现代化交通通信设施网络。优先连接国内经济中心地区与各大区域、主要城市群、边疆地区的战略性大通道，使之成为由高速公路和普通公路、高速铁路和普速铁路、航空、水路、管道等多种运输线构成的集束型交通设施网络。

按照2016年7月公布的《中长期铁路网规划》，到2025年铁路网规模达到17万公里以上，其中高速铁路达到3.8万公里左右；2030年基本实现国内外铁路内外互联互通。高速铁路网由已建成的“四纵四横”骨架网扩大为“八纵八横”主通道骨架网。适应各大区域、各省市区、各个城市群发展的需要，增加高铁网的密度和覆盖范围，实现重点高铁线、网的技术升级。在沿海三大城市群及其近辐射区域，以及中西部地区主要城市群，高铁网要陆续实现“1小时至3小时生活圈”和“同城化”效应，地级以上成员城市之间实现动车组公交化开行，高铁网服务水平与经济发达水平基本达到在相互促进中同步提高。全国20多个城市群陆续过渡到以高铁、普铁、高速公路紧密贯通的同城化经济聚集区，各城市群依靠高水平的互联互通设施达到空间组织紧凑合理、经济联系紧密、分工协作深化、城市群范围稳步扩展的一体化结构水平。东部发达省市依托优越的地理位置和较强经济实力，立足省情和发展需要，有条件也有必要建设以高铁为主的更为发达的省域内交通网，在省域交通现代化方面发挥先导和示范作用。中西部各省市区城镇相对密集的经济中心区和城市链、经济带等地区，应当建成由高铁、普铁、高速公路等主要交通线贯通的综合交通网，依托交通网与省域中心城市和国家级的中心城市、城市群形成更高水平的联网、配套能力。

普速铁路建设重点是扩大路网覆盖，特别是中西部的路网覆盖，提升既有路网质量，形成内联外通、通边达海的铁路网。重点通道包括京津冀地区连接东北、长三角、海峡西岸、珠三角、北部湾、西北、西南地区的通道，长三角、珠三角等地区连接国内其他主要地区的通道，以及东北、华北、华中、华南、西北、西南等大区域相互连接的通道，主要发挥高效货运物流网和便捷化的客流网功能。各大通道均以高速、普速铁路为主，包括高速公路、普通公路、航空、管道等运输形式，形成跨区域、便捷化、大运能的区际交通集束网。

与大通道和干线铁路网建设相配套，扩大建设各地的支线铁路、公路、干支线机场等，扩大交通网覆盖面，增强交通网功能。

（四）建设贯通西北与西南的战略通道

从全国区域协调发展和“一带一路”轴带网进一步发展、升级的需要来看，我国西北与西南地区之间以及西北、西南各省市区之间的交通落后状况已成为重要的制约因素。在东中部地区，建设若干条贯通东西南北的交通大通道，织密交通网，并带动城市链、城市群发展，形成“一带”与“一路”在东中部地区的逐步融合发展，现有的条件及其发展的前景均明显优于西部地区。促进“一带”与“一路”在国内实现网络式融合发展的难点主要在西部地区，其中最主要的就是缺乏贯通西北与西南两大地区的交通大通道和城市链。所以，在10~15年的时间内，建成贯通西北与西南的三条交通通道及其辅助线路，并带动沿线的城市链、城市群加快发展，在西部地区形成丝绸之路经济带与海上丝绸之路融合发展的纽带和桥梁，无疑是弥补“一带一路”在国内的轴带网缺陷的重要战略工程，对带动国内经济增长、国内区域协调发展和促进“一带一路”在国外的轴带网延伸发展具有重大战略意义。

贯通西北与西南的三条交通通道，主要是贯通蒙宁陕甘渝川黔滇桂粤的通道、蒙新甘青藏的通道和新疆与西藏的通道。这三条通道可以看作是西部南北大通道的三个分支通道。

1. 贯通蒙宁陕甘渝川黔滇桂粤通道

贯通蒙宁陕甘渝川黔滇桂粤的通道包括3条主要的交通线：东线以呼和浩特—西安—武汉—长沙—广州为主干，辅助线有银川—兰州—汉中；中线为呼和浩特—银川—兰州—重庆—贵阳—南（宁）北（海）钦（州）防（城港）；西线为呼和浩特—银川—兰州—成都—昆明。

贯通蒙宁陕甘渝川黔滇桂粤通道在国内区域发展中的主要功能，是将以呼和浩特和包头为中心的呼包鄂城市群、以西安为中心的关天城市群、以兰州为核心的黄河上游城市群与成渝城市群、长江中游城市群、珠三角城市群、北部湾城市群、黔中城市群、滇中城市群等大型城市群连成西北—东南—西南走向的城市群连绵带，为内蒙古、陕西、宁夏、甘肃、重庆、四川、贵州、云南、广西、广东等西北、西南、华中、华南地区之间的分工协作、融合发展创造基础条件，也为粤港澳大湾区和北部湾城市群向华中和西北内陆区延伸辐射带动作用提供了桥梁。呼和浩特—西安—广州、银川—兰州—重庆—南（宁）北（海）钦（州）防（城港）这两条交通线为西北各省区提供了厦门、泉州、广州、香港、北部湾等十几个优良的出海口，其向外延伸融入海上丝绸之路，可达日韩、台湾地区、菲律宾、澳大利亚、越南、柬埔寨、印尼等东亚、东南亚、印度洋沿岸等更广阔的地区，极大缩短了西北面向海洋发展的空间距离，成为海陆两条新丝绸之路融合发展的重要媒介。呼和浩特—银川—兰州—成都—昆明一线向国外延伸可达东盟、南亚地区，为西北和西南地区发展中越、中老泰孟国际合作提供了战略通道，使地处内陆的西北各省区有条件利用西南出国通道和缅甸、孟加拉国的出海口增强外向经济优势。

2. 贯通蒙新甘青藏通道

贯通蒙新甘青藏的通道包括 1 条主干交通线和 3 条辅助线：主干线路为呼和浩特—银川—兰州—西宁—格尔木—拉萨，辅助线包括额济纳旗—酒泉（敦煌）—格尔木、西宁—玉树—那曲、乌鲁木齐—库尔勒—格尔木。

贯通蒙新甘青藏通道在国内区域发展中的主要功能是连通西北的甘肃、内蒙古、新疆、青海、宁夏与西南的西藏自治区，促进这些地区深化区域分工协作，提升互补优势，形成更多的经济增长点。该通道向国外延伸可达南亚、东盟地区，为西北和西南地区发展与尼印孟缅泰等国的经贸合作提供了战略通道，使地处内陆的西北省区有条件利用西藏出国通道和孟加拉国的出海口增强外向经济优势。

3. 贯通新疆与西藏通道

贯通新疆与西藏的通道包括 1 条主干交通线和 1 条辅助线，主干线即阿勒泰—乌鲁木齐—喀什—噶尔—拉萨，辅助线即库尔勒—若羌—和田—噶尔。

贯通新疆与西藏通道在国内区域发展中的主要功能是将新疆和西藏两个自治区的大多数城市连成城市链，带动两个自治区加强合作发展，改变新疆、西藏沿边地区过于封闭的状况。该通道向巴基斯坦延伸可与中巴经济走廊贯通，形成沿喀什—伊斯兰堡—卡拉奇—瓜达尔走向的 3 000 多公里运输通道和跨国城市链，使中国新疆地区与南亚沿海地区有了直通的桥梁。该通道通向尼泊尔、印度、孟加拉国等南亚诸国延伸可形成中尼印孟走廊，发展中虽有一定的困难，但发展前景十分广阔。该通道建设将带动形成西伯利亚—中国新疆—南亚经济带，沟通陆上和海上丝绸之路，使新疆在中国西部—中亚—南亚这一地区的区域中心地位更加重要。

（五）建设西北—西南战略通道的主要工程措施

将建设西北—西南通道确定为国家交通建设的战略重点之一，提高铁路、公路、航空、管道等设施的现代化水平和综合运输能力。主要包括建设以下重点交通设施：呼和浩特—延安—西安—重庆高速铁路；兰渝和渝北（部湾）高铁；成兰铁路和兰州—成都—昆明高铁；兰州至汉中高速铁路，开通兰州经武汉、长沙至广州和福州的高速通道；兰州至中卫、银川至呼和浩特高速铁路；格尔木—库尔勒铁路、环塔里木盆地铁路；连接喀什与巴基斯坦瓜达尔港的铁路；川藏、滇藏、新藏、甘藏铁路；西部沿边地区的重要出国铁路；与铁路大体平行的高速公路；西北主要城市与重庆、成都、南宁、北海、贵阳、昆明以及东盟主要国家之间的航空运输设施。

建设西北、西南各省市区内的密集程度更高的高速公路网，以及兼顾城市交通、乡村交通的综合交通运输网，疏通西部交通的“毛细血管”。在西部地区建成一批服务全国、连通欧亚的综合交通枢纽、国际货运班列编组枢纽和物流集散转运中心，疏通、健全甘川渝、兰西拉、甘宁蒙、甘陕宁物流通道，增强货物运输、换装和通关能力。建设贯通俄罗斯、蒙古国、中国西部各省市区和东盟国家的多式联运物流作业区和配套园区；西部内陆陆港、空港、保税区建设要配套建设相应的物流基地，并争取与北部湾和广东、福建沿海的港口企业建立、发展紧密型协作联合体。

配合交通设施建设，进一步发展与中西亚、俄罗斯、蒙古国、东盟国家的经济合作，这些国家与西部各省市区在相互在境内共建各种形式的经济合作区、产业园区、商业综合体。大幅度增强西部主要城市的产业载体能力和辐射带动能力。

二、建设连通国内外的城市链

由交通线带动形成的沿线城市链，是一种加快区域经济发育成长的重要空间组织形式。在一时还难以形成团块式城市群的地区，依托重要交通线促进城市链的形成，可以更快地发展沿线各城镇之间的分工协作，更快地在沿线主要的节点地区和中心城市周围形成小型的城镇群，并较快地发育成城市群，使欠发达地区较快地崛起相对发达的经济带。“一带一路”的交通线只有带动形成跨国、跨地区的城市链，才能奠定沿线地区高水平合作和稳定发展的基础。所以，依托重要交通线建设连通国内外的城市链，既是促进国内欠发达地区较快发展的战略措施，同时也是促进“一带一路”地区国际合作走向稳定、持久、紧密和逐步升级的一条可行之路。

（一）注重在欠发达地区的重要交通线上培育和建设城市链

依托交通线培育和建设城市链，是有效带动区域经济发展的一种普遍性途径。而在欠发达地区，这种途径的效果尤其显著。

在我国西部地区的各种重要交通线沿线，尤其是战略性的交通通道沿线，培育和建设城市链是有效带动西部大开发和西部对外开放、合作的重大战略工程。西部的包兰成昆、包西渝、兰渝贵（阳）北（海）、兰新、兰（州）西（宁）拉（萨）、西（宁）格（尔木）库（尔勒）、乌（鲁木齐）喀（什）、喀（什）噶（尔）拉（萨）

等交通线沿线，有的已经形成较为发达的城市链并正在发挥带状城市群的作用，有的仅形成断断续续的城市链，有的则处于城镇稀疏的初始时期，还有的尚未建成铁路通道，仅有简单的公路设施，处于城市链的空白状态。今后要通过在上述交通线沿线地区加强城市链的培育和建设，为西部地区发展探索出一条新的道路。

西部地区周边的国家都是发展中国家，在西部各省市区延伸到周边国家的国际通道沿线，培育建设跨国的城市链，深化城市链各城市间的分工协作和经济合作，可以将短期的、局部的经济合作逐步固化为分工基础上的长期合作、全面合作和一体化发展。这种基于城市链的合作有利于使友好国家间的合作加快升级，也有利于使存在分歧的国家间因共同的经济利益越来越大于分歧而逐渐化解分歧，走向更多更广泛的合作共赢。我国西南的云南、广西两省区延伸到东盟国家的国际交通线，西藏延伸到尼泊尔和印度的国际交通线、新疆延伸到巴基斯坦和中亚国家的国际交通线、内蒙古延伸到蒙古国和俄罗斯的国际交通线，以及黑龙江、吉林延伸到俄罗斯、朝鲜的国际交通线等，都可以通过与邻国间的交通、商贸、投资合作，促进沿线城市链的形成和发展，形成国内城市链与国外城市链逐步衔接、融合的跨国城市链。

我国在帮助亚、非、拉美等发展中国家建设重要交通线的同时，注重在沿线投资建设资源开发、产业发展、城镇建设项目，促进沿线城市链的发育成长，逐步形成一条条由沿海港口城市通向内陆地区的城市链，城市链逐步发育成长为经济发达的城市群、经济带，使“一带一路”合作发展的关系走向稳固、深化，使共同利益落地生根。

无论是在国内还是在国外，“一带一路”轴带体系逐步扩展、逐步走向空间结构合理化和更加有利于合作发展的重要战略途径之一，就是促进交通线带动形成城市链，按照“交通线—城市链—城市群—经济带—经济带网络”的逐步升级路线，加强各方的分工合作并走向一体化发展。

（二）建设城市链的主要思路

采取以下措施有利于城市链的较快形成和健康发展：

(1) 交通设施建设要有长远的战略眼光和战略决心。建设重要的交通设施，既要重视设施运行的直接效益和短期收益，又要重视交通设施建成后带动沿线地区产业和城镇发展、带动形成城市链和城市群、促进各方加强合作发展的间接效益和长期发展成效。例如，我国的高铁设施和西部一些地区的铁路、公路设施，虽然运营企业存在较普遍的亏损问题，但这些设施建成和运营所产生的消费增长、城镇和城市群成长、同城效应、产业发展、经济增长和社会文明水平提高的效果，远远大于交通运营企业的亏损数量。因此，要善于通过科学评估和战略谋划，确定交通设施的综合效益，用一些交通项目产生的显著效益和巨大收益，弥补另一些交通项目在一定时期的亏损，支撑这些暂时亏损的交通项目度过亏损期进入发挥直接效益、间接效益特别是战略性发展成效的阶段。

(2) 在“一带一路”的地区合作和国际合作中，要善于将交通设施建设的合作进一步扩大、延伸为产业合作、城镇建设合作和城镇之间的分工协作，促进合作各方利用交通可达性的有利条件，逐步扩大跨国、跨地区的产业投资、城镇建设投资和城镇间产业配套设施的投资。

(3) 充分发挥交通线所提供的可达性经济效应，促进沿线的重要节点地区和普通城镇成长为区域经济中心。注重建设高铁、普铁、公路、航空、管道等多种交通线形成良好配套的集束型交通通道，发挥其快捷高效、大运力、智能化以及集装箱运输、海铁联运、公铁联运、陆空联运、不同运输方式和运输线路的无缝对接等运输优势，形成市场监管、交通管理、口岸通关、信息服务的一体化协调管理机制，使沿线城市的商贸物流产业率先得以发展，并通过产业链带动一二三产业的连锁性发展，加快沿线城市基础设施建设和城市规模扩张，使各城市的产业载体功能迅速增强，由此形成更多的点状、带状的经济中心。

(4) 不断深化沿线城市间的分工协作，形成分工基础上的紧密型、链条型、网络型产业合作。科技和产业实力强大的中心城市，注重利用沿线地区更为便捷也更能提高效率和效益的有利条件，沿交通线向其他城市扩散科技成果和延伸产业链。沿线城市间要重视追求交通线带来的科技和产业合作的外部效应，积极建立科技合作、产业合作的各种联盟式组织，加快城市和城市联盟的产业成长。注重发挥沿线骨干城市、核心城市的产业扩散效应，逐步将沿线城市用产业链、商业链串联起来。沿线城市要善于共建合力机制，共同促进沿线产业集群的形成、发展，共同促进区域产业布局优化，并辐射带动城市链两侧地区的发展。

(5) 主动发挥交通线和城市链吸引两侧地区的产业、人口向沿线城镇集中，从而有效减轻两侧地区产业、人口对生态环境的压力的优势，并组织沿线城市进行跨区域生态联防联治，形成有效保护生态环境的跨区域合力，使城市链成为高效生产和增值物质财富、精神财富、生态财富的增长极。

三、建设西北西南经济合作区

有效推动“一带一路”轴带网络在国外的空间延伸和深化发展，必须首先提高国内轴带网络的密度，适时弥补国内轴带网络的缺陷，以国内轴带网产生的“轴辐”带动机制，为国外轴带网的结构合理化和延伸发展提供核心驱动力。

（一）促进“一带”与“一路”在西部地区实现融合

“一带一路”轴带网络在国内的覆盖范围及其延伸的深度和广度虽然不断取得进展，但在相当长的时期内仍将存在很大的不足。其中最重要的战略性缺陷，就是丝绸之路经济带与海上丝绸之路经济带二者之间在国内的融合程度太低。从古至今，陆上丝绸之路与海上丝绸之路各自孤立发展均有其难以避免的局限性。在国内外经济逐步走向一体化的现时代，“一带”与“一路”之间隔离性太大无疑将成为国内发展和国际合作走向高级阶段的障碍。由于这种缺陷和障碍，沿海地区与内陆地区的互联互通水平过低，陆海经济的关联程度提高缓慢，沿海城市群特别是主要的港口城市带动内陆地区发展的制约条件太多；以丝绸之路沿线为主的内陆地区扩大开放和发展外向产业，以及国际合作伙伴进一步发展与国内内陆地区的合作等，缺少更多战略通道和更多协作条件的支持。

国内轴带网结构趋于合理化，必将从空间关系上增强“一带”与“一路”的融合度，提高全国经济运行发展的效率、效益和协调水平，增强国内轴带网辐射带动国际轴带网发展的能力，使国内发展与国际合作的良性互动机制更趋成熟、稳定。当然，“一带”与“一路”在国内实现网络式融合发展，要经历一个包括交通通信网络升级、城市群的形成和扩展、区域分工的深化等诸多领域在内的区域经济发育、发展的过程，需要中央和地方从许多方面为之创造条件。但是对在现有条件下能够弥补的突出性战略缺陷，特别是对国内经济发展形成严重障碍的缺陷，应当刻不容缓地采取措施并实施有关项目予以弥补。

促进丝绸之路经济带与海上丝绸之路经济带在国内实现一定程度的融合发展，最主要的一项战略工程就是加快建设连通我国西北地区与西南地区的战略性通道，依托这一战略通道建设“西北—西南经济合作区”，并进一步将其扩展、升级为“上合—东盟合国家作区”。配合这一战略工程，在东北、华北、华中、华南等地区，应当采取相应的措施，增强陆海互联互通、相辅相成的融合发展关系。

（二）依托西部南北通道增强西北与西南两地区融合发展水平

1. 西部地区的南北通道促进区域融合发展的战略功能

贯通西北与西南的 3 条分支通道即蒙宁陕甘渝川黔滇桂粤通道、蒙新甘青藏通道和新疆—西藏通道，使西北、西南的内陆地区与西南、华南的出海口和边境口岸城市相连接，为沿海城市群、港口城市和边境城市辐射带动内陆地区发展架起了直通的桥梁。建设西部南北通道的近期目的是依托现有的交通设施，促进西部内陆地区实行向南和向北双向开放，发展物流、外贸、旅游和各地的特色产业，发展西部各地区之间及其与华中、华南地区的经济协作。中长期的目的是促进以重庆、成都、西安、兰州为中心的西部内陆地区与西南、华中、华南沿海沿边地区以及东盟、东亚、上合组织各国之间形成发达的交通设施网络，带动沿线地区形成越来越发达的经济带。地处内陆的西部各地，将因南北交通的改善和南北向经济带的崛起而获得新的发展机遇、发展动力，其产业和城镇的发展无疑将加快步伐。

打通多条出海、出国通道，尤其是打通距离最近的出海通道，将为西部内陆地区经济增长开辟出许多新领域，增加新的推动力。在现代开放型世界经济条件下，港口的辐射带动功能是内陆城市无法相比的。依托便捷的出海、出国通道和健全的港口设施，可以显著降低内陆地区物流、进出口产业的成本，降低对外投资、承接国内外产业转移和旅游业等产业的成本，刺激内陆更多的企业从事进出口生产经营，并通过产业链拉动越来越多的内向和外向产业获得发展。

西部内陆地区依托南北通道的功能，成为“一带”与“一路”融合发展的战略核心地区。西部沿海沿边地区也因南北通道的战略桥梁功能，加强与内陆地区的合作而进一步加快其发展步伐。因此，西部内陆地区与沿海沿边地区通过建设南北通道，可以充分利用“一带”与“一路”两条跨国经济带的强力拉动，弱化内陆地区的劣势，改变沿海沿边带动力不足的局限，增强沿海沿边和内陆地区各自全方位开放的诸多优势，较快提高进出口、对外投资和承接产业转移等外向经济在经济总量中的比重，以南北双向合作作为拉动经济持续增长的新领域，开创以开放促发展的新局面。

2. 依托西部南北通道建设多条跨国经济带

建设西部南北通道将形成一条南北向的商贸之路，可以带动形成多条跨省市和跨国的经济带。西部各省市区应当合力将南向通道与北向通道连通起来，即把兰银呼乌伊通道（即兰州—银川—呼和浩特—乌兰巴托—伊尔库茨克通道，包括汉中—西安—呼和浩特区段）与兰成昆老缅通道（即兰州—成都—昆明—老挝—缅甸通道，包括乌鲁木齐—西宁—兰州区段）、兰渝贵北越通道（兰州—重庆—贵阳—北海—越南）、兰汉武长广通道（兰州—汉中—武汉—长沙—广州）、环天山—中巴经济走廊等，连成南北贯通的大型跨国经济走廊。并进一步促进南北经济走廊与东西经济走廊互联互通互补，将中中西走廊（中国—中亚—西亚）、中蒙俄走廊与中菲澳海上走廊（中国—菲律宾—澳大利亚）和中泰新走廊、中缅印孟走廊连成一体，使重庆、成都、西安、兰州这一核心区成为东西南北多条跨国经济走廊的重要支点和战略枢纽。获得这一战略地位将增强西部内陆各省市区承接产业转移和参与国内外市场竞争的能力，扩大经济要素在这些地区聚集和扩散的规模，提高要素在内陆地区配置的效率和效益水平。内陆的物流企业依托多条通道及其串联起来的城镇、城市群和经济聚集区，在西北、西南、华北、华中、华南等越来越广大的区域集散货物，促进内贸、外贸及其配套业务的发展，使物流和内外贸产业的规模迅速扩大，规模效益显著提高。

建设东西南北多条跨国经济走廊是西北、西南各省市区建立更广泛的合作关系和组织联合优势、实现更大发展的战略需要，同时也有利于中南、华南各省打通其北向通道，寻求更多的发展机遇。南向和北向通道建设将带动形成日益发达的俄罗斯—蒙古国—中国西北和西南地区—东盟国家—南亚国家这样一条大型的跨国经济带，并且与丝绸之路经济带、长江—雅鲁藏布江经济带和海上丝绸之路形成交叉、融合的布局特点，必将对全国发展大局和“一带一路”倡议的实施产生重大而积极的带动、促进作用。

3. 提升西部南北通道沿线地区的战略协作水平

促进呼兰渝北（包括呼和浩特—西安—重庆区段）、呼兰成昆（包括乌鲁木齐—西宁—成都区段）、兰汉武、兰西拉、环天山—中巴经济走廊沿线城市链、城镇群发展，提升包头、呼和浩特、西安、银川、兰州、成都、昆明、贵阳等内陆中心城市及其辐射带动的城市群、都市圈的建设水平，使这些城市、城市群、都市圈成为俄蒙中泰新经济带各主要区段的经济中心，带动沿线城市链和经济走廊的形成、发展，构造西部产业融合发展和区域深度协作的带状增长极。在北部湾地区建设西北和西南主要省区的经济协作产业园区，为各省区提供发展临港产业的飞地式平台。建设以北部湾港口群为龙头的内陆省区陆港群，形成西部海港连接陆港、陆港促进海港的互动发展联合体。发展与海港—陆港联合体相配套的西部物流企业集团或物流企业协作体，降低物流和内外贸成本，提高物流商贸业运行发展的效率和效益。

四、将西北西南合作区扩展、升级为上合—东盟国家合作区

（一）西北西南经济合作区有条件扩展、升级为上合—东盟国家合作区

西部 12 省市区共同促进以南北通道为重要依托的多条跨国经济轴带的形成和发展，促进这些经济带以“西北—西南经济协作区”或“一带与一路融合发展区”的名义上升为国家重大战略。以国家战略的规模和推动力，将国内的西北西南合作区发展为上合组织与东盟国家的国际经济协作区，稳步向一体化的自贸组织过渡。制定相应的政策和规划，推动上合组织与东盟国家的国际经济协作区成为国内区域发展和国际合作共赢发展方面的战略典范。

在“一带一路”的国际合作中，中国与上合组织的其他几个成员国和东盟国家的合作成效是最稳定、最显著的。产生这种成效不是偶然的，而是由国际关系的大局变化和这些国家的特殊国情、特殊利益和长期交往决定的。由于中国的特殊地位和特殊

作用，上合组织与“东盟10+1”形成紧密型国际合作关系的有利条件十分明显，有可能通过进一步加强合作和融合发展，形成零关税的区域自贸组织。但是，如果西北与西南地区交通设施过于落后、经济交往长期处于不发达状态、各省市区之间隔离性较强，就会成为上合组织与东盟国家之间紧密合作、融合发展的空间隔离带。相反，只有中国西北与西南地区实现深度合作和融合发展，才能使上合组织与东盟国家在地域空间上走向连片式融合，才有利于上合组织与“东盟10+1”在经济与社会发展各领域走向全面的合作、融合发展。所以，提高西北与西南地区融合发展水平，并沿几条重要走廊向四周扩展融合发展的范围，就为上合组织与“东盟10+1”的深度合作和融合发展提供了桥梁和核心区。

随着我国西部南北通道形成发达的陆海空交通集束设施，将西部各类地区连成一体化的供应链、产业链、城镇链、利益共同体网络，必然会形成日益发达的西北西南经济合作区。在此基础上，通过国内有关地区和中央的共同努力，以及中国与上合组织其他成员国和东盟各国的共同努力，可以将中国的西北西南合作区发展为上合组织和东盟国家的国际经济协作区，并向一体化的自贸组织过渡。这一战略步骤若取得成功，必将有力地带动“一带一路”沿线地区的发展，创造出推动和影响世界经济发展的奇迹。

（二）西部各省市区应在广泛合作中增强各自的区域分工职能

在建设西北西南经济合作区中，西部各省市区应当根据各自的省情条件，审视和规划本省市区以及下属地区在国内外区域合作大局中的分工位置，部署和发展适应大局发展需要的产业和重大项目。同时，要努力争取国家出台有关本省市区及下属主要地区融入合作区的特殊政策。各省市区应当在广泛交流、协商的基础上，一方面要联合商定共同的重大建设方案和项目，如连通若干个省市区的大型交通通信项目、需要几个省市区合作建设的能源、水利工程等；另一方面要重点提出发挥本地区分工优势的主要方案和项目。这些项目包括：主要交通线经过本地区的骨干项目和配套项目；南北通道经过本地区的重要区段的建设规划和主要项目；交通线沿线形成城市链和城市群涉及本地区的主要城镇的建设项目；本地区内有条件成为“一带”与“一路”融合发展的轴带枢纽区的主要项目；本地区在“一带”与“一路”融合发展区建设中发挥支持功能和配合优势的建设方案和主要项目，包括产业的调整、升级项目；进一步发展与周边国家的经济合作方案，争取与这些国家在境内共建各种形式的经济合作区、产业园区的方案和项目；加快补足本地区发展短板的方案和主要项目；其他重要方案和项目等。

（三）积极部署产业和城镇的配套发展

南北通道建设将显著降低外向产业发展的成本，从而拉动西部大批产业和城镇发展。适应这一趋势，西部各省市区应进一步加强一二三产业的基础环节、中间环节和高端环节建设，使产业、城镇、设施、环境等与南北通道产生的市场需求和内外合作条件相适应、相配套。主要包括：进一步提升特色农产品、旅游、制造业等在国内外有显著优势的产业发展水平，扩大占领国内外市场；对有一定基础但因出口成本过高而发展缓慢的产业给予扶持，使之在南北通道显著降低进出口成本的新环境中获得快速发展；对有一定潜力但因缺乏某些条件，尤其是缺乏协作、配套条件的产业，积极创造为其提供协作配套的条件，促其发展壮大；对有希望向价值链高端发展的产业，提高其创新能力，促其占领国际高端产品市场；主动寻找本地区产业链与其他省市区产业链的衔接点，发展以区际产业链为主要纽带的经济协作网络，带动本地区以更多、更强的优势融入区域一体化发展；谋划和建设一批省际、国际合作园区项目，以承接更多的产业转移；开发区、产业园区等要注重发展面向合作区市场和国际市场的高端产业，成为主要产业链的龙头环节聚集区，发挥省域增长极的“极核”功能；在科技创新、战略性新兴产业、经济总量、吸引外资、文化发展和带动少数民族地区发展等方面，增强省域一二级城市的创新基地和产业聚集功能。

第四节　引领中国经济与世界经济互动协调发展

“一带一路”轴带网作为一种结构和功能逐渐复杂化的综合性增长极体系，既是中国经济与世界经济融合发展的重要载体和桥梁，也是引领中国经济与世界经济互动协调发展的一种组织形式和运行机制。积极建设“一带一路”轴带网，促其适应国内外经济发展需要而不断发展、完善，是推动中国高质量发展和建立人类命运共同体的开创性战略途径。

一、以“一带一路”轴带网带动国内经济高质量发展

中国未来发展的战略思路之一，应当以“一带一路”轴带网为重要的空间组织形式和运行发展机制，有效带动国内经济合理、高效、可持续增长，促进经济规模稳步

扩大，发挥好现有的优势，并培育和增强新的优势；有效带动创新能力的增强，加快“创新极”的形成、壮大和创新成果的扩散，提高各级经济系统的组织结构水平和经济运行发展的效率、效益，实现高质量发展。

（一）发挥跨国轴带网带动高效增长的功能

“一带一路”延伸形成的跨国经济轴带网，是一种将国内各种增长极连成整体网络的空间组织形式，具有促进经济增长和弱化、消除区域发展不平衡的功能。通过建设纵横交织、分支越来越多、密度越来越大的轴带和轴带网，使全国所有的城市群、城市链、都市圈、中心城市，以及东中西各类大区域、各种行政区等，增强以深化分工协作为基础的融合度，加快要素流动、产业转移、创新扩散，增强企业、行业、技术研发机构的溢出效应，减少经济运行、交往的障碍，形成更强的增长动力和更加优越的互动增长机制。沿海地区的大型增长极，如粤港澳大湾区、长三角、京津冀、北部湾等，不仅可以借助国际合作的扩大和国内要素的优化配置而加快升级，而且能够逐步将辐射带动的范围深入越来越远的内陆腹地。而内陆地区则可以借助跨国经济带的结构升级和空间延伸，一方面加强与沿海地区协作发展的广度和深度，另一方面可以走更直接的途径发展对外经贸合作，从而极大拓展发展的空间，形成更多的增长点。粤港澳大湾区、长三角、京津冀、北部湾以及内陆的各种城市群、都市圈、中心城市等增长极之间，以及这些增长极与其腹地之间的技术经济联系更加直接、便捷，有利于加快各种增长极的升级和腹地的发展。国内外各种地域组织和发展主体依托轴带网而形成的融合发展、互利发展机制，显然比以往那种各自孤立、难以融合的发展机制优越得多。

今后应当更加充分地发挥“一带一路”跨国轴带网带动、组织经济增长的功能，使经济增长合乎规律地走向高效、均衡、可持续。而发挥轴带网带动高效增长功能的基本途径，就是将轴带网建设确定为促进高效增长的重要途径，将主干轴带区和轴带网覆盖区确定为国家或地区的重点增长区，在轴带网尚未有效覆盖的地区加快轴带网的延伸和建设。同时，进一步探索、完善跨国轴带网带动高效增长的更多途径和有效措施。

（二）发挥轴带网增强创新驱动力的功能

跨国轴带网有利于全面增强国内各地区的创新能力。北京、上海是全国的科技创新中心，具有聚集国内外创新资源、辐射带动国内外特别是国内各地创新发展的领先优势。其中北京科创资源聚集程度更高，原始创新、综合创新能力更强，而上海更长于科技创新成果的转化，在企业创新和高技术产业发展方面领先全国。其次如天津、广东、江苏、浙江等省市较稳定地发挥着国家创新次中心的功能，河北、安徽、河南等省为中部地区的创新中心，重庆、四川、陕西是西部地区的创新中心，其他各省区的省会城市则是省域的创新中心。这些不同的创新中心之间形成有益的分工和竞争，有利于带动形成成片、成带的综合创新区或专业性创新区。纵横交织的轴带网将这些不同层次、功能各有侧重的创新中心连成交互传导、广泛影响的整体，使创新成果在供给适应需求、需求推动供给的市场关系推动下，以及创新效益的外部性溢出效应推动下，一方面强化创新中心的极化式发展，另一方面加快向创新能力相对薄弱的地区扩散创新成果。科技创新的极化发展和扩散发展相辅相成，使创新中心和创新能力相对薄弱的地区都能够进入充分的竞争—合作的状态，推动、刺激那些有条件的地区以超常的方式增强其创新能力和创新水平，成为此起彼伏的创新“亮点”或创新高地。

所以，应当从以下几方面充分发挥轴带网络强化创新的功能：将创新的区域差距转化为创新动力；使创新要素借助轴带网的连通、传导功能，增强流动性和聚集、配置、扩散效应；促进创新主体与经济主体之间形成更直接、更便捷的联系；促进新的创新中心更多、更快形成；加快国内创新与国际创新交流和合作。

（三）发挥轴带网提高经济运行效率和效益的功能

应当注重从以下几方面发挥跨国轴带网提高国内经济运行效率和效益的功能：借助轴带网的连通、传导功能，提高企业供应链的组织结构水平，减少企业运行的外部摩擦和障碍因素；为企业运行提供最便捷的外部交往条件，降低企业运行的成本；深化行业、地区之间的分工水平，组织高度分工基础上的产业关联和地区协作，降低结构雷同、恶性竞争造成的浪费；组织物流网络，降低物流成本，为一二三产业提供更优越的运行条件；适应轴带网的结构和功能特点，改善行政管理的体制机制和工作方式；放大轴带网带来的各种溢出效应，提高微观和宏观经济运行的外部性效益。

（四）发挥轴带网培育新的竞争优势的功能

跨国轴带网为各种经济主体提供了四通八达的交往条件，有利于经济主体在交往中取长补短，提高自身，形成新的竞争优势，增强发展能力。应当从以下几方面发挥轴带网培育新竞争优势的功能：选择最佳合作、协作对象，形成和增强优劣互补的新优势；引进短缺要素，形成和增强要素配置的新优势；消除市场分割，增强市场竞争的新优势；及时发现消费热点和新的消费趋势，形成和增强适应消费变化的新优势；将消费升级转化为人力资本优势；在不同半径的空间范围内和不同性质的利益主体之间组建利益共同体，形成和增强利益共同体的联合优势。

二、在世界分工体系中发挥中国的优势

全球200多个国家和各类地区、各种经济组织构成的国际经济体系，在科技革命和国际经济交往的推动下，不断提高分工协作的广度和深度，为每一个国家、地区、组织提供了发挥自身优势的舞台。经济主体的每一种国际优势的产生和发挥，意味着对某一国际分工位置的占领和刺激、推动另一些分工位置的产生，即意味着对国际分工范围的扩展和分工程度的深化做出贡献。每一个国家、地区、组织越是能够利用全球分工的扩展和深化发挥出自身的优势，就越是能够为自身的发展带来利好，为全球的发展做出贡献。“一带一路”轴带网有利于世界每一个国家、地区、组织更好地利用世界舞台发挥自身优势，有利于各经济主体之间形成优劣互补、强强联合、互利共赢的分工合作关系，因而是不断增大世界发展合力的一种驱动器。中国作为“一带一路”倡议的首创国，由于自身的一系列特殊条件，其在国际分工体系中发挥优势的核心，就是增强对世界经济发展的带动力和贡献度。

（一）发挥经济总量优势

中国经济的体量大，潜在规模更大，因而不断扩大经济总量，就能够对世界发展做出不可取代的贡献。总量优势，是中国在世界分工体系中可以牢固占领的优越位置。中国用相当于一个中等省市的经济能量，或者中国经济总量每实现一个百分点的增长，就可通过对外投资、进出口、对外援助等途径，拉动几个中小国家的经济实现显著增长。所以，中国保持经济总量稳步、持续增长，其所产生的国际带动力无疑是非常巨大的。经济上的这种优越位置，也为中国在世界政治格局和外交、文化交往中提供了诸多有利条件，使中国在全球化发展中相对减少了风险和阻力，降低了经济运行的成本。

中国在“一带一路”轴带网的建设和发展中，应当发挥的最主要的总量优势就是市场规模优势。中国是世界第一人口大国，国内的生活消费市场和生产资料市场规模巨大。而且随着经济的持续、较快发展，国内市场的规模将持续扩大。中国国内市场的扩大也决定了对国际市场的依赖性在增强，因而开拓国际市场和刺激国际需求增长的能力、规模等，也会大体同步增强、扩大。这就使得与中国建立稳定的经贸合作关系的国家，可以显著降低市场风险。中国的市场需求和中国发展刺激世界市场需求的扩大，甚至可以使相当数量的中小国家在与中国的合作中享有“早涝保收”的好处。如中国的能源需求规模，可以使一大批能源出口国在与中国的能源合作中降低能源生产和销售的风险。又如随着中国金融实力的增强，对外投资能力越来越大，金融业的

辐射面和行业带动领域越来越广阔，可以使许多缺乏资金的发展中国家因吸收中国投资而加快发展。只要中国把握好发挥总量优势的条件、机遇、策略，在国际交往中发挥大开放、大市场、大发展、大潜力的优势，中国与世界的良性互动发展关系将会越来越巩固。

（二）发挥分工发达、产业门类相对齐全的优势

中国作为世界经济大国，自然资源和人力、人才、科技、教育、文化等经济社会资源相对于中小国家来说，在总量和种类方面占有明显优势，这些都为产业的不断分工、细化提供了雄厚的基础。新产业的萌发依赖相对发达的科研分工和门类众多的科研成果，从最上游的环节——成果研发开始，包括成果转化、成果引进、成果产业化、产业引进和产业承接、产业扩张、产业成熟、产业升级、产业配套条件等中下游环节，中国可以占据越来越多的分工位置，形成门类众多、产业链相对完整的新兴产业。中国各类产业的形成和发展，不论是重化工、汽车、家电、轻纺等传统工业，还是新能源、信息通信、航空航天、人工智能等战略性新兴产业，基本上都是依赖相对雄厚的人力、人才、科技、资金等资源和配套条件，以“群起群发”的特殊形式占据众多的分工位置，形成相对齐全的产业体系。中国依赖这种优越条件，已经形成了世界上最齐全的工业体系，并且正在形成世界上最齐全的科技、教育体系和服务业体系。尤其是那些具有重大战略意义的主导产业和新兴产业，在中国更易于以产业门类群和产业地域集群的形式快速成长，同时占据众多领域的国际制高点。

在国际对比和国际竞争中，与那些在人力、人才、自然资源和配套条件方面领域狭窄的国度不同，中国的各类产业不仅有足够的人力、人才、组织机构（包括企业）来承担，有广阔的地域空间供产业择优落地生根，而且受本国巨大的市场需求的直接拉动，以及相对完整的产业链条、发达的协作网络等诸多有利条件的助推，产业成长的动力强劲而风险却相对较小。在一些中小型国家，发展某一种战略意义重大的产业往往面临缺东少西的困境，而在中国，只要是前景广阔、意义重大的产业，可以在国内迅速集聚资源，组织起相对完整的产业链和协作网，并跨越一定的成长阶段，由“幼稚”阶段进入快速发展阶段。不仅规模扩张快，而且技术、结构升级也快，在相对较短的时期内易于形成问鼎国际市场的品牌竞争力。

产业分工发达，决定了产业结构的演变、升级就快。一些支柱产业在其支柱作用还没有得到充分发挥的时候，就面临被新的支柱产业取代的局面，这就逼迫一些传统的支柱产业必须加快技术升级，并寻求向国外转移产能，由此刺激这些产业在改造升级和外向发展上寻找新的出路。中国改革开放40余年来，产业演化、产业结构升级的步伐在世界上算是最快的，许多产业从严重落后、依靠引进、被迫跟进到主动参与竞

争、领先对手甚至独占鳌头，一般也就经历20年左右的时间。由此成功地走出了一条中国式的快速工业化和跨越式信息化的发展道路。

中国在今后的发展中无疑应当更好地发挥分工发达、产业门类相对齐全的优势，努力发展满足国内外市场需求的更多产业门类，形成更加完整的产业体系和产业链条。不仅要占领不断扩大的国内外市场，更要注重依赖相对齐全的产业体系建立更加广泛的合作关系，同时将国际上针对中国而实行的垄断、封锁、孤立政策的风险降到最低。

（三）发挥大国潜力优势

中国在世界上是一个发展潜力巨大的国家。潜力作为一种潜在的发展力，包括自然资源、经济社会资源和内外部的环境、条件、形势、机遇等，总是处于不断变化之中。随着内外部的环境、条件、形势、机遇等因素的变化，以及发展方向、发展政策、社会制度、交往关系、发展水平的变迁，一些潜力减弱了或消失了，新的潜力产生了，另一些潜力则增大了。而且，不仅潜力在一定程度上决定着发展能力和发展成效，发展能力和发展成效反过来也能够促进潜力的增值或消减。中国在发展本国经济和建设跨国经济带、发展对外经济合作的过程中，可以在以下几方面发挥大国潜力的优势：

（1）资源总量的优势。中国在重要的自然资源和经济社会资源方面都占有总量优势，对这些资源进行合理的开发利用，无疑会产生总量的经济优势和社会优势。为了实现重大的战略性目的，国家可以通过实行一定的政策、规划、措施，集中优势的资源总量或资源种类，形成巨大的投资能力和投资规模，办成中小国家办不到的事情。这其中不仅包括解决中国自身发展中的重大问题，以自身的发展成效和综合实力对世界发展做出贡献，而且也包括在国际交往中推动建立大型的国家、地区联合体，投资建设大型的基础设施，帮助更多的国家克服发展中的困难，防止、制止、控制地区性冲突等。

（2）体制、政策的创新优势。适应世界发展趋势和中国发展的需要，选择优越的体制、政策和正确的路线、方式，不仅可以直接发挥这些政治要素的优越性，更重要的是这些政治要素具有拓宽发展潜力的作用，使原本薄弱的或缺乏的潜力得以增值或产生。譬如中国实行改革开放的政策，不仅直接推动了经济社会的发展，而且使发展的潜力领域不断拓宽，使原本难以开发利用的资源变成了财富增值的源泉，同时也为世界许多国家提供了市场、资源、合作、友好交往等有利条件。未来中国发展的潜力主要蕴含在政策、体制、方式、文化之中，在这些领域进行成功的、持续不断的创新和变革，将使不合理的利益关系得到最大程度的改造，使经济社会发展的积极因素充分释放，中国由此将获得更加巨大的发展能力和发展成就，也使世界从中不断受益。

（3）人口素质优势。中国在创造几十年连续快速发展的奇迹中，人口总量和劳动力数量方面的优势起到了不可取代的战略作用。但这种优势随着时间的推移不可避免地要走向衰减。只有形成具有世界性意义的人口素质、劳动力素质优势，中国才能实现可持续的高质量发展。中国现在还是一个发展中国家，人均重要的经济社会指标低于世界平均水平，其中人口和劳动力素质有待提高已成为高质量发展的基础性制约因素。为了全面提高人口和劳动力素质，必须将教育和社会保障确定为战略重点。要深化教育改革，建立以塑造道德型人格、创造型人才和全面发展型人口为核心的现代教育体系。同时配合教育改革，提高社会福利、社会保障、社会法制水平，使每一个社会成员享有保障其尊严、健康、平等的生活条件。提高人口素质是实现劳动者劳动能力倍增式提高的社会工程，而劳动能力的倍增式提高同时也就意味着经济社会发展能力和发展水平的几何级数式提高。中国只有不断挖掘人口素质方面的潜力，提高全民的创造力和全面发展水平，才能使经济社会的发展之源永不枯竭。

（4）发挥善于“补短板”的优势。中国在经济结构调整中提出的“补短板”措施，不仅具有在特殊条件下应用“木桶原理”的对策意义，而且具有经济学和哲学方面的普遍意义。这是因为世间任何事物的发展变化都遵循对立统一的矛盾法则，都是在与自身的缺陷或“短板”进行不断的斗争中实现的。缺陷、局限性或“短板”，不是只在特殊主体身上或特殊时期才出现的不足，而是世间一切事物无一例外地都会具有的一种片面性本性，事物就是因为具有相对的全面性与绝对的片面性相统一的本性，才有旺盛的生命力，才能不断地战胜自己的片面性，增强全面性，实现由低级到高级的发展、进化。最能弥补自身的缺陷、纠正自身的错误、克服自身局限性的发展主体，也就是发展潜力最大、生命力最强的主体。发展能够创造成就，能够推动历史前进，但同时也必然会遇到内外部诸多不可把控的因素，会因为发展主体难以避免的局限性或片面性而产生失误、错误、缺陷、不足，从而为下一步发展带来“短板”或障碍。中国在自身的发展过程和与世界各国的交往、合作中，会遇到各种险恶的环境和不可控因素的干扰，会因为历史条件、认识水平、实践能力、决策时限等方面的局限性和制约因素而导致失误，陷入危机，因此最需要具备的一种软实力就是正视和防范危机的意识，以及将危机意识及时转化为纠错行为的精神素质。有意识地培养这种素质，就能将一个人、一个组织、一个国家时时置于清醒地思考未来、准确地判断形势、成功地实现发展目的的健康状态中。中国在 70 多年的自主发展中已经创造了世界性的发展奇迹，但在取得成就、创造奇迹的同时也产生了许多的失误、缺陷、不足。中国在未来发展中还将取得更大更多的成就甚至奇迹，但同时也不可避免地会产生新的失误、缺陷、不足。市场经济是一种充满活力的经济体制，但同时也是一种不断产生危机又不断地走出危机的经济体制。在市场经济体制下，甚至可以说在一切经济和政治体制下，尤其是在由一个个国家机器组成的现代国际社会中，每一个国家、民族、企业等发展主体只有时时保持科学、健康的危机意识，时时保持“如临深渊、如履薄冰”的忧患感，懂得成就和失误是一枚硬币的两面，才能及时纠正失误、弥补缺陷或“短板”，不致产生喜忧参半的发展效果，不会陷入深重危机之中，从而提高发展过程的成功率和总体质量。世界的引领者不是没有“短板”，而是在思想认识上、体制上和经济社会运行过程中善于正视“短板”，时时审视“短板”，及时弥补“短板”，这样才能从根本上保证发展质量，在国际社会的变化中把握主动，赢得最好的发展成就。

三、引领国内经济与世界经济互动协调发展

中国是世界上数一数二的经济大国，世界是中国获得更好更快发展的舞台。中国要实现持久、健康的发展，就必须具备更强大、更加多样性的优势，发挥对世界发展的良好引领作用，不断为自己的舞台增添稳定、协调、富裕、文明的因素，使中国自身的发展与世界整体的发展达到长久的互动协调。在这方面，中国要创立并不断丰富最科学、最进步、最具人道主义的国际社会发展观，推动形成不断消除对抗、冲突的全球化发展模式，为加快世界文明进程做出自己的贡献。

（一）倡导和实行互利共赢型合作发展模式

在文明发展史上，列国纷争、民族冲突曾为人类带来过无数次的灾难和浩劫。在现时代，这种以暴力方式解决国际争端的经济基础正在发生变化。以往依靠暴力能够获得的国际利益，现在则可以用和平和合作的方式来获得。这是因为多次出现的科学技术革命使社会化大生产变成了全球化大生产，不同国家、不同民族甚至各类企业之间的国际依赖性极大地增强了，而它们之间的隔离性、排他性在逐步减弱。在良好的国际合作中，每一方从共同利益中所分得的那一份，往往大于甚至成倍地大于它们在对抗中所能获得的利益。适应现代国际经济关系的这种合作化、一体化的趋势，倡导和实行互利共赢型合作发展模式，是实现一国发展与各国发展协调推进的必由之路。中国以“一带一路”这种大型跨国经济轴带网为重要载体，倡导和实行互利共赢型合作发展模式，倡导建立人类命运共同体的国际社会模式，必将成为引领国内经济与世界经济互动协调发展的典范。

为此，中国在未来的开放发展中应当倡导和实行以下合作发展原则：

（1）联合发展优于孤立发展。倡导和实行企业、地区、国家之间的跨国、跨境联合，倡导和组织行之有效的国际联合体，用国际联合的方式解决各个发展主体面临的特殊难题和国际社会面临的共同难题。用具有国际创新意义的联合发展方式、联合发展组织、联合发展项目、联合发展成就，展示国际联合发展的优越性，改变一些孤立

发展主体势单力薄的困境，带动越来越多的利益主体走联合发展之路。

（2）合作发展优于单独发展。遵循马克思揭示的生产片面性与消费全面性矛盾运动规律，倡导和实行以深化分工为基础的合作发展道路，使之成为世界各类发展主体追求更大利益的新型全球化模式。组织以国际合作为重要纽带的产业链，深化产业链的国际分工，提高合作各方的发展效率和效益，推动合作发展成为世界发展的主流。

（3）复合体发展优于单体发展。倡导和组织能够实现稳定合作的联合体、利益共同体，维护、健全有利于国际合作发展的区域组织、自贸区组织、金融组织等，提高国际联合、合作的组织水平，推动国际合作组织向紧密型利益共同体和命运共同体过渡。

（4）共赢发展优于零和博弈。倡导和坚持共赢发展的平等原则和利益分配原则，制定合理分配合作发展成果的政策和利益机制，反对、遏制、弱化国际合作和国际竞争中的丛林法则、零和博弈，不断寻求、开拓共赢发展的有效途径，创造共赢发展的组织形式，制定、完善共赢发展的国际准则，展示共赢发展的优越性。

（5）高级合作、深层合作优于初级合作、简单合作。在成功进行初级合作、简单合作的基础上，促进国际合作的方式和组织机构实现由低级到高级、由浅层到深层的演变、升级，倡导和实行合作各方在重大政策、战略规划、体制机制等方面的对接和协调，推动国际合作向共同政策、共同规划、同一体制机制的高度化方向过渡。

（二）实行适应各国国情的国际交往原则

（1）区别不同的国情、区情，建立、发展相应的合作关系。当今世界，国家、地区间的利益关联、利益冲突纷纭复杂，必须分类对待。要重点支持友好国家发展，帮助面临困难的友好国家走出困境，并与之建立维护和增大共同利益的国家关系，树立友好交往的典范。对发达国家，一方面加强学习和引进其先进科学技术和文化，注重在高端产业领域深化互利合作，加快国内高端产业发展；另一方面要坚持利益对等原则，开放国内的产业和市场，以中国的市场需求促进其经济增长，建立互利互信的合作关系。对政局动荡、战乱频发的地区和国家，要攻克经贸合作和政治外交方面的诸多难关，包括不断创新“一带一路”倡议的实施方式，促进建立化干戈为玉帛、变对抗为互利的国际组织，推动地区和世界战略格局向着和平、合作、互利的主流形态变化。

（2）倡导和实行以大国带小国、以强国济弱国的国际交往原则，向世界展示大国、强国应当遵循的国际行为准则。中国作为新兴的世界经济大国和未来的经济强国，在与中小国家的经贸合作中，不仅应当坚持平等、公正、互利的原则，而且应当坚持以大国、强国的优势带动中小国家共同发展的原则和精神，实行既“授人以鱼”又“授人以渔”的合作方式，打实与中小国家一起建立命运共同体的基础。在与弱小国家的合作中，不仅要遵循市场交易的规则推动合作各方各展其长，各得其所，而且要坚持国际道义原则，履行好国际援助的责任。要用自己“大而强”的优势扶济“弱而小”的近邻远亲，实实在在地帮助弱小国家战胜困难、灾难，走出困境，增强自我发展能力。

（3）在思想理论和政策、措施上为建立人类命运共同体进行不懈努力。把“四海之内，视如室家”的道义原则①推广到国际社会中，倡导修“大道”于全球，铸信义于列国的命运共同体精神，全面发展建立人类命运共同体的思想理论基础，实行以己发展助人发展，为世界的和平、进步、繁荣尽责尽力的各项政策。

（三）建立健全以共同利益防范、化解冲突的国际组织

政治、军事、文化上的对抗和冲突归根结底来源于经济利益。只有不断谋求和增大共同的经济利益，才能最终化解政治、军事、文化上的对抗和冲突。而要能够成功、持久地谋求和增大共同的经济利益，除过政治、经济、外交、文化方面的措施外，必须建立并逐步扩大维系共同利益的国际组织。中国有条件在以下几方面为建立这样的国际组织做出努力：

（1）以建设“一带一路轴带网络体系”② 为战略基础，遵循由小到大、由松散到紧密、由低级到高级的演变、发展趋势，分阶段促进“一带一路”倡议与欧亚经济联盟、上合组织、东盟、南亚联盟等区域经济组织实现战略对接和政策、制度框架的统一。在条件成熟时，不失时机地提出和实行“一带一路”倡议与欧亚经济联盟、上合组织及东盟等国际区域组织整合为统一的国际区域大战略的倡议和方案，带头实施并取得成效，逐步形成以亚欧伙伴国为核心的新丝绸之路经济联合体组织。

（2）以“一带一路”轴带网络建设为重要过渡形式，推动形成上合组织自贸区、“东盟”升级版自贸区、中国—南亚自贸区、中国与其他国家的自贸区等，为以新丝绸之路经济联合体为核心的包括亚、欧、非、澳、美五大洲众多国家的更大自贸区的形成创造条件。

（3）进一步为新丝绸之路经济联合体的形成、扩容和升级创造互联互通、贸易投资便利化和政策、制度框架等基础条件，将越来越多的国家和区域组织吸收到“一带一路”轴带体系和新丝绸之路经济联合体中来，最终发展成为包括亚、欧、非、澳、美五大洲众多国家在内的以自由贸易为主要纽带的经济、政治一体化组织。

---

① （三国）诸葛亮著，段熙仲、闻旭初编校：《诸葛亮集》，第 79 页，中华书局，2012 年版。

② 安江林：《“一带一路”轴带体系的空间结构和功能特点》，《甘肃社会科学》，2016 年第 2 期。

（4）中国在推动形成新丝绸之路经济联合体并发展成为世界性的经济政治一体化组织的过程中，应当发挥首倡、引领、驱动作用，不断探索和完善新丝绸之路经济联合体与欧盟、亚太经合组织、非盟、北美自由贸易区等区域组织走向经济一体化的机制和对策。要以自贸协议谈判为重要推动力，与新丝绸之路经济联合体成员国协调步伐，主动对接有关组织发起成立“世界自贸区联合会”等倡议和行动，促进全球自由贸易区数量不断增加、各类自贸区走向融合和世界整体贸易自由化水平不断提高，使新丝绸之路经济联合体成为辐射带动全球自由贸易区网络和全球命运共同体的核心。

（四）在适应世界和积极影响世界的辩证关系中走向繁荣昌盛

中国只是世界的一部分，世界的发展变化不完全取决于中国如何发展，而是有它自身的规律、趋势和特征。因此，中国只有适应世界的发展特点和发展趋势来决定自己如何发展，才能最大限度地利用世界提供的各种有利条件，使自身的发展更加顺利、更有成效。但中国毕竟是世界上为数不多的几个大国、强国之一，甚至有可能成为世界上最大最强的国家，因而有条件、有能力也有责任用自己的优势和贡献来积极影响世界的发展，使自己所依赖的大环境条件不断得到改善，使自己的同类——世界其他国家和民族从中国的发展中不断受益，使全球社会因中国的贡献和影响而增强和平发展能力，减少对抗和冲突因素。

中国适应世界的发展特点和发展趋势来决定自己如何发展，就必须主动地取人之长、补己之短，正确地认识世界、认识世界上的各类发展主体，同时在对比中正确地认识自己。中国自古以来普遍崇尚的“三人行，必有我师”的格言，在当今的国际社会中同样适用。不论在国内社会还是在国际社会，个人、组织、国家、民族等都不可能孤立发展而取得重大成功，相反，只有在开放的、广泛合作的社会关系中才能克服个体的局限性，获得越来越丰富的本质和属性，成为精神力量和物质力量的强者。中国只有在国际社会中知己知彼，善于师人也善于正己，不失时机地推行改革，创新政策，增强优势，革除弊端，才能使自己在开放发展中变得更加进步、强大、文明。

中国用自己的优势和贡献来积极影响世界，主动参与国际社会的合作、变革和治理，这既是不可推卸的国际责任和国际义务，同时也是为本国本民族谋求长远利益的战略途径。为了有优势，为了做贡献，自己就必须发展得更快、更好。用自己更快更好的发展在一定程度上影响甚至改变了世界，就等于拓展、美化了供自己表演的舞台，使自己未来的发展减少了阻力，增大了动力，提高了效率和效益。而效率和效益的积累，则是命运的改变。较高的效率和效益的长期积累，就会成为命运的强者；反之，则成为命运的弱者。中国用不断增强的优势和越来越大的贡献积极影响世界，将使自己成为命运的强者和国际社会中最有资格的引领者。